강해설교

데살로니가전·후서
골로새서

윤 석 희

기독교개혁신보사

지은이 | 윤석희

저자는 전통적인 유교와 불교 그리고 샤머니즘이 혼합된 시골 집안에서 태어났으나 어릴 때부터 4km떨어진 교회를 다녔다. 이 일로 집안에서 온갖 고통을 당했지만 오히려 모든 가족들을 전도해서 교회로 인도할 정도로 신앙과 열심을 가지고 있었다.

1980년 4월 20일 현재 담임하고 있는 천성교회를 개척, 오직 '하나님의 영광을 위하여' 그리고 '개혁교회를 세우겠다'는 생각으로 지금까지 목회에 전념해 오고 있다. "어떤 한 가지 방법론에 집착하는 것보다 목회자는 기본적인 것이 갖추어져 있어야 하며 목회는 종합예술과 같다"는 신념을 지금까지 잃지 않고 있다.

총신대(B.A.)와 합동신학대학원대학교(M.Div.)를 거쳐 Birmingham 신학대학원(D.Min.)에서 수학했다.

대한예수교장로회(합신) 총회장과 한국장로교총연합회 대표회장, 기독교개혁신보사 사장, 합동신학대학원대학교 이사를 역임했으며, 현재, 천성교회 담임목사로 교단과 교계를 위해 봉사하고 있다.

저서

- 창세기 강해 『창세기』(2008년, 서울: 기독교개혁신보사)
- 출애굽기 강해 『출애굽기』(2008년, 서울: 기독교개혁신보사)
- 민수기 강해 『민수기』(2009년, 서울: 기독교개혁신보사)
- 신명기 강해 『신명기』(2010년, 서울: 기독교개혁신보사)
- 여호수아 강해 『여호수아』(2012년, 서울: 기독교개혁신보사)
- 사사기 강해 『사사기』(2012년, 서울: 기독교개혁신보사)
- 사무엘상 강해 『사무엘상』(2015년, 서울: 기독교개혁신보사)
- 사무엘하 강해 『사무엘하』(2016년, 서울: 기독교개혁신보사)
- 열왕기상 강해 『열왕기상』(2017년, 서울: 기독교개혁신보사)
- 열왕기상 강해 『열왕기하』(2018년, 서울: 기독교개혁신보사)
- 마태복음 강해 I 『왕과 백성 그리고 하나님 나라』(2004년, 서울: 기독교개혁신보사)
- 마태복음 강해 II 『교회와 하나님 나라』(2005년, 서울: 기독교개혁신보사)
- 마가복음 강해 『마가복음』(2017년, 서울: 기독교개혁신보사)
- 누가복음 강해 『누가복음』(2011년, 서울: 기독교개혁신보사)
- 요한복음 강해 『요한복음』(2013년, 서울: 기독교개혁신보사)
- 사도행전 강해 『성령께서 인도하신 초대교회 역사』(2005년, 서울: 기독교개혁신보사)
- 로마서 강해 『로마서』(2014년, 서울: 기독교개혁신보사)
- 고린도전후서 강해 『하나님의 교회』(2006년, 서울: 기독교개혁신보사)
- 에베소서 강해 『에베소서』(2007년, 서울: 기독교개혁신보사)
- 갈라디아서 강해 『갈라디아서/빌립보서』(2019년, 서울: 기독교개혁신보사)
- 공동서신 강해 『하늘가는 나그네』(2005년, 서울: 기독교개혁신보사)
- 요한계시록 강해 『그리스도의 재림과 하나님의 나라』(2004년, 서울: 기독교개혁신보사)
- 윤석희목사 사진집 『길에서 길을 만나다』(2012년, 서울: 기독교개혁신보사)
  저자는 시공간 앞에서 자신을 내려놓는 마음으로 사진을 대한다. 그래서 저자의 사진집에서는 눈이 시리도록 아프게 하는 서정적인 이야기들이 고스란히 드러난다. 이것은 창조주 하나님 앞에서 살아가는 목회자만이 가지는 또하나의 삶의 고백일 것이다.

강해설교

데살로니가전·후서
골로새서

강해설교
데살로니가전 · 후서 / 골로새서

윤석희 지음

초판 인쇄	2019년 10월 19일
초판 발행	2019년 10월 26일
발행처	기독교개혁신보사출판부
발행인	황인곤
등록번호	제1-2489호
등록일자	1999년 5월 7일
편집	신명기
디자인	최성실

서울시 종로구 대학로 19   기독교연합회관 710호
전화 02-747-3600(대표) 팩스 02-747-3601
rpress@rpress.or.kr
www.rpress.or.kr

저작권자 ⓒ 윤석희

값은 표지에 있습니다.
ISBN 978-89-97241-31-6   03990

강해설교

데살로니가전·후서
골로새서

기독교개혁신보사

머리말

금번에 골로새서와 데살로니가전 · 후서를 묶어 설교집을 출간하면서 부족하고 허물 많은 사람을 사랑해 주시고 축복해 주신 하나님의 은혜에 감사를 드립니다. 그리고 좋은 협력자로 수고해 주신 모든 분들께 감사를 드립니다.

천성교회 출판위원회 위원장 최준택 장로님을 비롯하여 이명희, 나상선, 이미자 그리고 회계로 수고하신 임봉희 권사님께도 감사를 드립니다. 교정 위원들과 재정 위원들께도 감사를 드립니다. 그리고 항상 곁에서 위로와 격려로 함께 하는 아내에게 이 자리를 빌어 고마움을 전합니다. 출판을 위해 지난 이십여 년 동안 봉사해 주신 송영찬 목사님께도 감사를 드립니다.

골로새서의 중요 메시지가 무엇입니까?

첫째로, 예수 그리스도의 탁월성을 강조한 책입니다. 예수 그리스도는 성도의 구속주로서 영적 세계와 물질계를 포함하여 모든 우주 만물을 창조하신 분입니다. 또 교회의 머리이십니다. 교회의 왕이시고 주인이십니다.

둘째로, 예수 그리스도의 구속 사역의 완전성입니다. 예수 그리스도의 십자가는 그 자체로 완전합니다. 죄인들을 구원하기에 충분합니다. 그리스도의 부활은 그 자체로 넉넉합니다. 부족함이 없는 부활입니다. 누구에게나 영광과 찬송과 존귀가 있게 하는 것이 부활입니다. 더하거나 뺄 필요가 없습니다. 완전한 구원이요 완전한 부활입니다.

셋째로, 성도와 교회와의 관계입니다. 성도와 교회는 어떤 관계에 있어야 하는가? 교회의 주인이 주님이십니다. 주님이 머리이십니다. 머리되신 그리스도에게 붙어 있는 성도가 생명이 있고 은혜가 있고 성장할 수 있습니다.

넷째로, 교회의 일꾼의 자세는 무엇인가? 바울은 교회의 일꾼에게 고난과 수고가 있어야 할 것을 밝혔습니다. 그리스도의 남은 고난을 자기 육체에 채운다고 고백했습니다. 주께로부터 오는 영광을 바라보면서 소망 중에 수고하는 사람이 교회 일꾼입니다.

그리고 데살로니가전서의 메시지를 요약하면 사역자의 기쁨과 위로입니다. 데살로니가 교회의 믿음과 사랑과 소망에 대하여 듣고 기뻐하고 위로를 얻는 사람이 전도자입니다. 목회자의 진정한 기쁨이 무엇인가?

그리고 삶의 모범의 문제입니다. 자기 자신의 사역이 무엇인가? 바울은 진정한 관심과 사랑으로 그리스도의 복음을 나눴습니다. 바울은 능력과 확신으로 전파했고, 기쁨과 위로를 안겨 주었습니다. 바울은 복음을 전하고 복음대로 살았던 사도였습니다.

또한 그리스도인의 도덕적 성결입니다. 하나님의 자녀들은 도덕적으로 성결해야 합니다. 이것이 시대를 초월하여 하나님의 뜻입니다. 그리고 영적 각성과 근신입니다. 각 장마다 주의 재림에 대하여 언급했는데, 이것은 종말을 살아가는 성도의 특징을 보여줍니다. 즉 깨어 있는 삶입니다. 언제나 부끄러움 없이 준비했다가 주님을 맞이하는 삶입니다.

세속적인 안일과 쾌락에 빠지지 않고 깨어 근신하는 것, 대인 관계에서 화목과 선을 추구하는 것, 항상 기뻐하고 기도하며 감사하는 생활을 하는 것입니다. 일상 생활이 그런 것입니다. 재림 신앙과 생활은 멀리 떨어져 있지 않다는 점입니다.

데살로니가후서의 기록한 목적이 무엇인가?

첫째로, 환난과 핍박 속에 있는 성도들을 격려하기 위함입니다. 데살로니가 교회가 어려움을 당할 때 환난의 의미와 결말에 대하여 바울이 다시 한번 더 성도들을 위로하고 격려하기 위해 데살로니가후서를 기록한 것입니다.

둘째로, 예수님의 재림에 대한 성도들의 오해를 교정해 주고, 그리스도의 재림 신앙에 합당한 삶을 살도록 권면한 내용입니다. 데살로니가 교회 안에는 '그리스도의 재림이 이미 임하였다'라는 주장도 있었습니다. 이런 거짓된 교리를 주장한 결과 성도들의 삶에 심각한 부작용이 뒤따르게 된 것입니다. 어떤 성도는 생업을 포기하는 일까지 발생하게 되고, 영적으로나 생활에 있어서 무질서한 결과를 초래하게 되었습니다.

그러므로 사도 바울은 그리스도의 재림에 대한 오해를 교정해 주고, 불법의 사람의 출현까지 예고했던 것입니다. 바울은 그리스도의 재림에 대한 바른 교리만이 아니라 성도의 바른 생활까지 굳세게 해 주고 있습니다. 진정으로 그리스도의 재림을 믿는 사람의 신앙은 환난 속에서 믿음을 지키고 일상 생활에서 최선을 다하는 것이라고 교훈해 주는 데 본서의 목적이 있습니다.

이 설교집이 하나님께 영광이고, 읽는 모든 성도들에게 하나님의 은혜가 임하기를 바랍니다. 나는 설교집을 출판하면서 문서 선교의 중요성도 깨닫게 되었고, 후세와 교회의 기본적인 안내 책자도 되며, 여러 목회자들에게 도움이 된다는 것을 알게 되었습니다.

지금까지 금그릇처럼 사용해 주신 하나님께 영광! 영광을 돌립니다. 아멘.

2019년 9월 7일
천성복지관에서 윤 석 희

목 차

머리말 / 6

● 데살로니가전서 ●

●데살로니가후서●

● 골로새서 ●

데살로니가전서

데살로니가전서
목 차

제1강
데살로니가전서 1장 1절

서   론

데살로니가전서는 새롭게 세워진 교회를 향한 바울의 사도적 기쁨과 사랑 그리고 그리스도의 재림을 고대하는 성도로서의 바른 삶을 교훈하고 있습니다. 어떤 서신서든지 연구할 때 저자가 어떤 상황에서 어떤 목적을 가지고 누구에게 쓴 편지인지를 아는 것이 매우 중요합니다. 그래야 그 성경의 기록 목적도 이해가 되고 하나님의 깊은 뜻을 더 잘 알 수 있기 때문입니다.

1. 기본적인 이해

데살로니가전서의 수신자는 데살로니가 교회입니다. 당시 상황을 이해하기 위해서는 바울의 2차 선교 여행의 역사적인 배경을 살펴보는 것이 필요합니다. 데살로니가 교회는 제2차 선교 여행(A.D.49-52년) 당시 빌립보 교회를 먼저 세우고 나중에 데살로니가 교회를 세웠습니다(행17:1-9).

데살로니가 지방은 동서양을 잇는 교통과 상업의 중심지였습니다. 당시 인구는 20만 정도로 추정되고 마게도냐 지방에서 제일 큰 도시로 데살로니가는 행정적인 수도였습니다. 그래서 선교 전략상 매우 중요한 위치를 차지하는 도시였습니다.

바울 사도가 빌립보 지방을 전도하고 데살로니가 지방으로 옮겨와서 전도 활동을 했을 때 이방인의 많은 무리가 회심하게 되었습니다(행 17:4). 그러나 데살로니가 지역 사람들의 적대적인 반대와 유대인들의 박해 때문에 긴 기간 동안 전도하지는 못했습니다.

바울은 신생 교회인 데살로니가 교회가 염려되어 데살로니가 지역을 방문하려고 노력하지만 사탄의 방해로 무산되었습니다. 바울은 아덴에서 디모데를 데살로니가 지방으로 파송하게 됩니다. 바울은 고린도 지방으로 가서 복음을 전하는 중에 디모데가 귀환하여 데살로니가 교회에 대한 소식을 듣게 되었습니다(행18:5).

디모데로부터 데살로니가 교회에 대한 소식을 듣고 바울이 데살로니가전서를 기록하게 되었습니다. 바울은 염려했던 것과는 달리 좋은 소식을 듣게 되었습니다. 성도들은 환난 가운데에도 주의 재림을 기다렸습니다. 꿋꿋하게 믿음을 지키고 사랑이 풍성했습니다. 그래서 바울은 데살로니가 교회에 대한 감사와 믿음을 칭찬하고 격려하는 메시지를 보냈습니다.

물론 데살로니가 교회는 긍정적인 면만 있는 것이 아니었습니다. 주님의 재림 때에 성도의 부활에 대한 그릇된 이해(살전4:13-15), 성적인 성결문제(살전4:3-8), 일부 성도들의 게으름(살전4:11-12), 영적 은사에 대한 불분명한 이해(살전5:19-20) 등 새롭게 세워진 교회로서 교리적인 미숙과 도덕적인 측면에서 연약한 면들이 있었습니다.

특별히 주님이 재림하실 때 잠자는 자들이 과연 부활할 것인가? 바울은 부활 문제에 대하여 명확하게 제시할 뿐만 아니라 실제적인 삶에서 깨어 근신하고 성결한 삶을 살 것을 교훈하고 있습니다. 데살로니가전서는 매 장마다 주의 재림(the Lords second coming)에 대해 말합니다. 그래서 데살로니가전 · 후서는 바울의 종말론적 서신들이라고 불립니다.

2. 데살로니가전서의 구조

바울 서신은 도입부와 본론부 그리고 종결부로 구분할 수 있습니다. 1장 1-10절은 도입부, 2장 1절부터 5장 24절까지는 본론부, 5장 25절부터 28절까지는 종결부로 구성되어 있습니다.

도입부에서는 발신자와 수신자, 축도와 감사, 신앙에 대한 칭찬과 격려가 담겨져 있습니다. 본론부에서는 데살로니가 교회를 향한 사도의 기쁨과 사랑, 교회가 직면한 문제에 대한 교훈과 권면을 다루었습니다. 결론부에서는 데살로니가 성도를 향한 바울의 부탁과 당부, 인사와 축도입니다.

바울은 데살로니가 지역에서 어떤 자세로 복음을 전했는가? 성도들이 환난과 박해 속에서도 하나님의 말씀을 순수한 마음으로 받았습니다. 복음과 고난에 대한 교인들의 자세에 대해 하나님께 감사했습니다.

또 디모데를 데살로니가 교회에 파송하게 되고 디모데가 데살로니가 교회의 믿음과 사랑에 대하여 기쁜 소식을 전하게 되자 큰 위로를 받게 되었습니다. 그 결과 바울은 데살로니가 교회를 다시 방문하려고 기도했던 것입니다.

그리고 성도들은 하나님을 기쁘시게 하는 삶을 살아야 할 것을 권면합니다. 성적으로 성결한 삶을 살고 형제 사랑에 더욱 힘쓰며, 자신의 직업에 충실하고 근면해야 할 것을 권면합니다.

마지막으로 재림을 기다리는 성도의 바른 삶에 대해 다룹니다. 죽은 자가 부활할 수 있는 것인가? 이런 문제에 대하여 주 안에서 잠든 자가 재림 때 먼저 부활할 것이고 성도들은 영적으로 각성하고 근신해야 할 것을 가르치며 바람직한 신앙 생활을 교훈합니다.

3. 메시지 요약

1) 사역자의 기쁨과 위로

데살로니가 교회가 세워진 지 1년도 되지 않아 데살로니가전서가 쓰여집니다. 교회를 향한 바울의 관심과 염려가 배어 있습니다. 데살로니가 교회의 믿음과 사랑과 소망에 대하여 듣고 기뻐하고 위로를 얻는 사람이 전도자입니다.

저도 평생을 목회하지만 성도가 잘 믿고 믿음으로 순종하여 영육간에 하나님의 은혜와 복을 받을 때 그보다 더 좋은 것이 없습니다. 바울도 성도들의 영적인 성장과 안정을 바라보는 목회자의 진정한 기쁨과 위로가 무엇인가를 말해 주고 있습니다.

2) 삶의 모범

자기 자신의 사역이 무엇인가? 바울은 진정한 관심과 사랑으로 그리스도의 복음을 나누었습니다. 성도와 하나님이 증인이 되실 정도로 거룩하고 흠이 없었습니다. 바울은 능력과 확신으로 전파했고, 기쁨과 위로를 안겨 주었습니다. 바울은 복음을 전하고 복음대로 살았던 사도였습니다.

목회자의 말씀 선포 사역과 삶의 조화를 보면서 많은 교훈을 받게 됩니다. 저는 부족한 사람이라서 연약한 면도 많이 있었음을 요즘 와서 더욱 발견하게 됩니다. 좀더 능력과 은혜가 많았으면 좋겠다는 생각을 지울 수가 없습니다.

3) 그리스도인의 도덕적 성결

성적으로 정결해야 했습니다. 성 문제는 다루기가 쉽지 않은 문제입니다. 로마서 1장 24절을 보면 인간의 본성이 부패하고 타락한 존재임을 증명합니다. 성적 타락과 부정행위로 연결됩니다.

하나님의 자녀들은 도덕적으로 성결해야 합니다. 이것이 시대를 초월하여 하나님의 뜻입니다. 특별히 교회는 이런 면에 더욱 은혜와 능력을 공급받아야 합니다. 지금 세상은 너무나 혼탁하고 비윤리적이고 비상식적인 일들이 많은 세상입니다. 성적으로 더욱 그렇습니다. 소돔과 고모라를 방불케 하는 세상입니다.

4) 영적 각성과 근신

각 장마다 주의 재림에 대하여 언급했습니다. 특히 데살로니가전서 4장 13절부터 5장 11절까지는 그리스도의 재림과 연관된 교훈입니다. 종말을 살아가는 성도의 특징은 깨어 있는 삶입니다. 언제나 부끄러움 없이 준비했다가 맞이하는 삶입니다.

세속적인 안일과 쾌락에 빠지지 않고 깨어 근신하는 것, 대인 관계에서 화목과 선을 추구하는 것, 항상 기뻐하고 기도하며 감사하는 생활을 하는 것입니다. 일상 생활이 그런 것입니다. 재림 신앙과 생활은 멀리 떨어져 있지 않다는 점입니다.

그리고 데살로니가전서는 크게 두 부분으로 말할 수 있습니다.

1장부터 3장까지는 데살로니가 교회에 대한 칭찬과 감사의 내용입니다. 데살로니가 교회가 환난에도 불구하고 믿음과 사랑을 유지한다는 소식을 듣고 하나님께 감사하며, 칭찬과 격려를 하면서 교회에 대한 애정과 관심을 보인 내용입니다.

데살로니가 교회는 바울이 제2차 선교 여행 기간(A.D.49-52년) 중 마게도냐에서 빌립보 교회에 이어 두 번째로 세운 교회입니다. 디모데로부터 데살로니가 교회에 대한 소식을 듣고 기록한 내용입니다. 바울이 개척한 데살로니가 교회에 대한 사랑과 애정과 관심을 느낄 수 있습니다. 목회자는 하나님의 말씀을 선포하고 성도의 믿음이 굳세어지기를 원해야 할 것입니다.

후반부인 4장부터 5장까지는 데살로니가 교회의 문제에 대한 교훈과 권면입니다. 데살로니가 교회는 환난 중에도 믿음을 지키고, 서로 사랑하며, 그리스도의 재림을 기다리는 소망의 사람들이었지만 성적 성결과 도덕적인 문제에서 사도의 가르침이 필요했던 교회입니다.

일부 교인들은 그리스도의 재림과 부활에 대한 오해, 죽은 자에 대한 생각과 게으름 피는 문제들이 있었습니다. 그래서 바울은 실제적인 신앙의 교훈과 권면을 제시하고 있는 것입니다.

특별히 1세기 헬라 사회에서 남성들은 쾌락을 위해 아내만이 아니라 창녀들과도 성적 관계를 하였습니다. 실례로 고린도의 아프로디테 신전에 있었던 천여 명의 여사제들은 모두 종교적인 창녀들이었습니다.

바울은 중보기도를 올렸습니다. 첫째는 거룩한 생활에 대한 기도였습니다. 거룩에 대한 교훈과 재림 때까지 매사에 충성할 것을 지적합니다. 일상 생활 속에서 어떤 자세를 가지고 살아가야 할지를 교훈했습니다.

또 바울은 두 번째 중보기도에서 서로 위로하고 격려하며, 세속적인 안일과 쾌락에 빠지지 않고 근신하여 깨어서 화목과 선을 추구하는 것, 항상 기뻐하고 기도와 감사 생활의 태도를 지니라고 가르쳤습니다.

이러한 삶은 재림과 관련이 있습니다. 주님의 재림 때 흠 없이 나타날 수 있도록 자신의 영혼과 몸을 성결하게 지키는 일이었습니다. 우리는 과거에도 성결하게 사는 것이 쉽지 않듯 현재에도 쉽지 않은 세상을 살고 있습니다. 그래도 성도는 성결을 추구하고 올바른 믿음생활을 하여 영적으로 깨어 있어야 할 것입니다.

제2강
데살로니전서 1장 1절

문안 인사

데살로니가전서를 읽을 때마다 생각나는 성경 구절이 있습니다. "항상 기뻐하라 쉬지 말고 기도하라 범사에 감사하라 이는 그리스도 예수 안에서 너희를 향하신 하나님의 뜻이니라"(살전5:16-18)라는 말씀입니다. 여러분도 그러시죠?

이 말씀은 언제 보아도, 어느 때 들어도 은혜가 넘치는 생명력 있는 하나님의 말씀입니다. 그리고 기독교인으로서 삶의 특징이 무엇인지 한마디로 요약해 준 말씀이기도 합니다. 이런 말씀을 기억할 때마다 나는 어떤 기독교인가를 생각하게 만들기도 합니다.

'데살로니가전서'란 본래 헬라어 원문에는 '데살로니가인들에게 첫 번째로'라고 되어 있습니다. 신약성경은 집필자의 이름을 붙여 '마태복음, 마가복음, 누가복음, 요한복음' 이렇게 불렀지만 때로는 수신자 이름을 붙여서 '디모데전서, 디모데후서, 디도서, 빌레몬서' 이렇게 부르기도 했습니다. 그리고 수신지(지명) 이름을 붙여서 '고린도전서, 고린도후서, 갈라디아서, 에베소서, 골로새서' 이렇게 부르기도 했습니다.

데살로니가전서는 바울이 기록한 하나님의 말씀입니다. 그런데 19세기 이후에 쉬레더는 바울의 저작을 의심했습니다. 바우르(Baur) 및 튜빙

겐 학파들은 저작권의 문제를 제기했습니다. 왜냐하면 사도 바울은 다른 서신에서는 구약을 인용했는데 데살로니가전 · 후서에서는 인용구가 없다는 점과 그리스도 안에서 믿음으로 의롭다함을 받는다는 이신득의를 주장하지 않았다는 점을 들어서 저작권을 의심했던 것입니다.

그러면 왜 데살로니가전 · 후서에서는 구약성경을 인용하지 않았을까요? 그 이유로는 데살로니가 교회의 문제 때문에 기록하게 된 책이기에 구약성경을 인용하지 않았습니다.

그러면 왜 데살로니가전 · 후서를 기록했을까요? 사도 바울이 제2차 선교 여행 혹은 전도 여행을 했습니다. 첫 번째 세운 교회가 빌립보 교회였습니다. 사도행전 17장 1절부터 7절에서 데살로니가 지방으로 옮겨가 두 번째 교회를 세운 것으로 보입니다. 데살로니가에 있는 유대인들이 바울을 박해하여 베뢰아로 가게 되고, 그 이후에 아덴 지방으로 가게 되었습니다.

바울 일행은 데살로니가 지방에서 충분히 그리스도의 복음을 전할 수가 없었습니다. 세 안식일 동안에만 복음을 전했기 때문입니다. 데살로니가 교회를 사랑했던 바울은 교회를 돌보기 위해서 디모데를 파송했습니다. 교인들의 신앙을 굳게 하고 고난을 위로하며 환난을 이겨낼 힘을 주고자 했습니다. 바울이 아덴에서 고린도 지방에 가서 복음을 전하고 있을 때 디모데가 돌아왔습니다. 디모데를 통해 데살로니가 교인들의 믿음생활에 대하여 듣게 되었습니다(살전3:6-10).

바울 사도는 데살로니가 교인들을 생각할 때 정말 감사했습니다. 믿음의 역사, 사랑의 수고, 소망의 인내가 있었기 때문입니다. 그래서 그들을 위로하고 격려하기 위해 데살로니가전 · 후서 성경을 기록하게 된 것입니다. 사랑하는 성도 여러분! 이 성경을 접할 때나 설교 말씀을 들을 때 하나님의 위로를 많이 경험하기를 바랍니다.

먼저 바울은 데살로니가 교회에게 문안 인사를 했습니다. "바울과 실루아노와 디모데는 하나님 아버지와 주 예수 그리스도 안에 있는 데살로니가인의 교회에 편지하노니 은혜와 평강이 너희에게 있을지어다". 당시 로마나 그리스 시대에 일반적인 편지 형식입니다. 다른 서신들도 발신자, 수신자, 축복을 기원하고 있습니다.

1. 발신자

'바울과 실루아노와 디모데' 입니다. 바울은 동역자 두 사람을 소개하고 있습니다. 바울은 다른 교회에서는 사도직을 의심받았습니다. 그러나 데살로니가 교인들은 바울의 사도성, 사도직을 의심하지 않았습니다. 그래서 사도직을 강조하지 않았습니다.

바울의 사도직을 의심했던 교회는 로마 교회, 고린도 교회, 갈라디아 교회, 에베소 교회, 골로새 교회들이 있었습니다(롬1:1, 고전1:1, 갈1:1, 엡1:1, 골1:1). 그러나 데살로니가 교회는 바울의 사도권을 의심하지 않았습니다.

바울은 동역자들을 귀하게 여겼습니다. 세 사람이 나온다고 해서 공동 저작을 말하는 것이 아닙니다. 바울이 저자입니다. 두 사람의 동역자를 거론하여 수신자들에게 친밀감을 주고자 하는 의도에서 그 두 사람의 이름을 기록하고 있는 것입니다.

바울은 왜 사도라는 호칭을 붙이지 않았을까? 자기가 사도임을 말하지 않아도 데살로니가 교인들이 사도의 권위를 인정했기 때문입니다. 데살로니가 교인들은 바울을 대하는 자세가 잘 갖추어져 있었습니다.

사랑하는 성도님들이 꼭 명심해야 할 것이 있습니다. 목회자는 여러분을 사랑합니다. 앞으로도 사랑할 것입니다. 문제는 성도들이 목회자의 사랑을 어떻게 받아들이느냐? 이것이 중요한 관건일 것입니다.

실루아노는 누구입니까? 사도행전 15장 22절, 17장 10절에 나오는 '실라'와 동일 인물입니다. 실라는 '히브리식 발음'이고, 실루아노는

'로마식 발음'입니다. 누가가 사도행전을 기록할 때는 히브리식으로 표기했고, 바울이 데살로니가서를 기록할 때는 로마식으로 표기했기 때문에 다른 이름처럼 보인 것입니다.

바울이 제2차 선교 여행을 떠날 때 마가 요한의 문제로 바나바와 심히 다투었습니다. 피차 갈라설 때에 바울을 따라 나선 사람이 실라입니다. 바나바를 대신하여 바울을 돕던 사람이 실라입니다. 실라는 로마의 시민권이 있는 사람이고, 베드로와 함께 일도 했던 초대 교회에서 중요한 인물이었습니다(벧전5:12).

디모데는 바울의 제1차 선교 여행 때 회심한 사람입니다. 제2차 여행 때부터 인정받아 동역자로서 함께 하나님 나라를 위해 봉사했던 인물입니다. 바울은 종종 '형제' 혹은 '아들'이라는 말로 표현할 정도로 디모데를 사랑했습니다. 바울이 없을 때 그 자리를 채우면서 데살로니가 교회를 섬겼던 중요한 인물이었습니다. 사도행전 17장 14절에 "형제들이 곧 바울을 내보내어 바다까지 가게 하되 실라와 디모데는 아직 거기 머물더라"라고 했습니다.

사랑하는 성도 여러분! 디모데와 실라같은 목회자의 동역자가 됩시다. 어차피 우리는 하나님 나라의 일꾼으로 부름받았습니다. 함께 일하고 함께 예배하고 함께 성장해 가는 성도들이 되셔서 훗날 하나님 앞에서 잘했다 칭찬받는 성도가 됩시다.

그리고 목회자로서 바울은 데살로니가 성도들을 생각할 때마다 감사했습니다. 짧은 기간 동안 복음을 전했지만 대단한 믿음과 소망과 사랑을 가진 교회였기 때문입니다.

바울을 비롯한 사역자들이 무엇 때문에 그렇게 감사했을까? 감사의 근거가 무엇인가? 역사와 수고와 인내였습니다. 믿음, 사랑, 소망은 그리스도 안에서 하나님이 주신 생명과 같습니다. 세 가지를 기초한 열매가 있는 성도들을 보고 감사했습니다.

에베소서 5장 20절에 "범사에 우리 주 예수 그리스도의 이름으로 항상 아버지 하나님께 감사하며"라고 했습니다. 골로새서 3장 17절에도 "또 무엇을 하든지 말에나 일에나 다 주 예수의 이름으로 하고 그를 힘입어 하나님 아버지께 감사하라"라고 했습니다.

특별히 감사하는 동역자가 됩시다. 빌립보서 4장 6절에 "아무 것도 염려하지 말고 다만 모든 일에 기도와 간구로, 너희 구할 것을 감사함으로 하나님께 아뢰라"라고 했습니다. 골로새서 4장 2절에 "기도를 계속하고 기도에 감사함으로 깨어 있으라"라고 했습니다.

2. 수신자

"하나님 아버지와 주 예수 그리스도 안에 있는 데살로니가인의 교회에 편지하노니 ..."라고 했습니다. 바울은 데살로니가 교회에 인사를 할 때 성부와 성자의 이름으로 하고 있습니다. 자신이 사도입니다. 그럼에도 불구하고 사도임을 강조하지 않고 성부 아버지를 강조합니다. 성자 예수님을 강조합니다. 이것이 진정한 겸손이라고 말할 수 있을 것입니다.

유대인들은 항상 하나님을 '아버지' 개념, '부성(父性)' 개념으로 이해했습니다. 역사적으로 하나님은 이스라엘의 하나님이 되십니다. 아브라함의 하나님, 이삭의 하나님, 야곱의 하나님이 되십니다. 예수님도 '나의 아버지, 너희 아버지'라고 말씀하셨습니다. "너희 착한 행실을 보고 하늘에 계신 너희 아버지께 영광을 돌리게 하라"(마5:16)라고도 하셨습니다.

바울이 왜 아버지를 말하고 있는 것일까요? 너희 이방인들이 하나님의 자녀가 되었음을 선언하기 때문입니다. 이방인이었지만 이제는 하나님이 우리의 아버지가 되셨음을 확신시켜 주었습니다. 하나님은 예수 믿는 우리의 아버지가 되십니다. 하나님을 '아빠 아버지'라고 부를 수 있는 양자의 영을 받았습니다. 확신 속에서 하나님을 아버지라고 부를 수 있기를 바랍니다.

또 '주 예수 그리스도'로 표현했습니다. '주'라는 명칭은 창조주 하나님께 합당한 명칭입니다. 그런데 예수님을 향하여 '주'라고 호칭하고 있습니다. 예수님은 재창조주가 되시기 때문입니다.

사도 베드로나 초대교회도 주님을 '주'라고 고백했습니다. 예수님은 구원자로서 기름부음을 받은 분입니다. 부름받은 성도에게 주님처럼 귀한 분이 어디 있습니까? 성부 아버지처럼 귀한 분이 또 있습니까? 교회는 아버지와 주님으로 만족하는 단체입니다.

3. 목적이 무엇입니까?

"은혜와 평강이 너희에게 있을지어다".

'은혜'라는 말은 헬라인들의 인사법에서 사용되었습니다. 은혜는 자기 백성들을 향한 하나님의 기쁨을 나타내는 말입니다. 백성들이 받을 만한 공로가 없음에도 불구하고 거저 주시는 것으로 과분한 호의입니다.

'평강'은 유대인들의 인사법에서 사용된 말입니다. 평강은 하나님의 은혜를 입은 자의 내면에서 이루어지는 완전한 평강을 말합니다. 바울은 헬라식과 유대식 인사법을 다 사용하는 것이 특성입니다. 데살로니가 교회 위에 하나님의 복이 임하기를 기도하는 바울입니다.

은혜의 결과는 구원이요, 평강입니다. 하나님의 은혜로 구원받습니다. 에베소서 2장 8절에 "너희는 그 은혜에 의하여 믿음으로 말미암아 구원을 받았나니 이것은 너희에게서 난 것이 아니요 하나님의 선물이라"라고 했습니다. 죄인이 의인 된 것은 전적인 하나님의 은혜입니다.

부활하신 주님은 "너희에게 평강이 있을지어다"라고 축복하셨습니다. 사도 바울도 데살로니가 교회에 평강이 있기를 기도했습니다. '평강'은 하나님과 사람, 사람과 사람 사이에 화해와 교제를 말합니다. 영적으로 완전함을 가리키기도 합니다. 바울은 데살로니가 교회가 굳게 서서 잘 성장하기를 원했습니다.

제3강
데살로니가전서 1장 1-10절

그리스도를 본받는 교회

구원받은 성도의 목표가 무엇일까요? 하나님의 형상을 회복하는 것입니다. 이것은 기독교 교육의 목표이기도 합니다. 저나 여러분이 믿음으로 구원받은 하나님의 사람, 하나님의 아들과 딸들로서 하나님의 형상과 모양을 회복하는 성도가 됩시다. 우리의 구원자이신 예수님을 닮아가는 성도가 됩시다.

우리 교회는 예수님을 본받는 교회가 됩시다. 우리가 예수를 믿고 따르는 것도 중요하지만 그분을 닮는 것은 더욱 중요한 일입니다. 저는 어려서부터 부름받고 수십 년간 주님을 믿고 따르고 있지만 주님을 닮은 면이 너무나 적은 사람입니다. 적다 못해 없는 면도 있습니다. 우리 모두 일어나서 힘 있게 성장하여 그리스도를 닮는 축복이 임하기를 바랍니다.

사도 바울은 서신서의 양식을 따라 보내는 자와 받는 자, 발신자와 수신자를 밝히고 있습니다. 그리고 축복을 선언했습니다. 바울은 데살로니가 교인들 위에 믿음과 소망과 사랑이 있기를 바랐습니다.

데살로니가전서 1장 3절에 "너희의 믿음의 역사와 사랑의 수고와 우리 주 예수 그리스도에 대한 소망의 인내를 우리 하나님 아버지 앞에서 끊임없이 기억함이니"라고 했습니다. 데살로니가 교인들이 믿음의 역사와 사랑의 수고 그리고 소망의 인내가 있었기 때문에 늘 하나님께 감사드렸습니다. 순서로 볼 때 믿음과 사랑과 소망을 말했습니다.

데살로니가전서 5장 8절에서는 "우리는 낮에 속하였으니 정신을 차리고 믿음과 사랑의 호심경을 붙이고 구원의 소망의 투구를 쓰자"라고 했습니다. 우리의 소속은 밤이 아니라 낮입니다. 낮이기 때문에 정신을 차려야 합니다. 그리고 믿음과 사랑과 소망이 있는 삶을 살아야 합니다.

바울이 갈라디아 교회를 향하여 기록한 내용을 봅시다. 갈라디아서 5장 5절에서 "우리가 성령으로 믿음을 따라 의의 소망을 기다리노니"라고 했습니다. 갈라디아 교회에는 믿음 다음에 소망을 말했습니다.

골로새 교회를 향하여는 골로새서 1장 4-5절에서 "이는 그리스도 예수 안에 너희의 믿음과 모든 성도에 대한 사랑을 들었음이요 너희를 위하여 하늘에 쌓아 둔 소망으로 말미암음이니 곧 너희가 전에 복음 진리의 말씀을 들은 것이라"라고 했습니다. 골로새 교회를 향해서도 믿음과 사랑과 소망입니다.

고린도 교회를 향해서는 고린도전서 13장 13절에서 "그런즉 믿음, 소망, 사랑, 이 세 가지는 항상 있을 것인데 그 중의 제일은 사랑이라"라고 했습니다. 고린도 교회를 향한 말씀은 믿음, 소망, 사랑이었습니다.

이런 구절들을 볼 때 강조점이 약간 다르다는 것을 발견하게 됩니다. 고린도전서 13장은 사랑장이니까 바울 사도는 사랑을 강조하여 "그 중에 제일은 사랑이라"고 했습니다.

데살로니가 교회를 향한 편지에서는 소망을 뒤로한 이유가 무엇일까? 고린도전서 13장은 사랑을 뒤로 기록하였습니다. 이런 차이점은 아마도 바울의 마음 속 깊이 있었던 강조점 때문일 것입니다. 소망이 강조냐 아니면 사랑이 강조냐? 이것에 대한 강조점 때문에 언급한 내용입니다. 고린도 교회 안에는 베드로파, 바울파, 아볼로파와 같은 분쟁의 요소가 있으니까 바울은 사랑을 강조한 것입니다.

데살로니가 교회 교인들이 예수 그리스도 안에서 구원의 소식을 버리고, 믿음으로 가르친 복음을 받지 못하였기 때문에 그렇게 기록한 것으로 보입니다. 데살로니가 교회는 환난과 핍박이 있었던 교회였기 때문에 그렇게 기록한 것입니다. 성도가 복음이나 믿음 때문에 당하는 고난이 있을 때 목회자 바울은 위로하기 위하여 소망을 말하고 있는 것입니다.

바울은 환난과 박해를 당하는 데살로니가 교인들에게 예수님의 강림, 재림에 대해 강조하여 말합니다. 데살로니가전서 1장 10절에 "또 죽은 자들 가운데서 다시 살리신 그의 아들이 하늘로부터 강림하실 것을 너희가 어떻게 기다리는지를 말하니 이는 장래의 노하심에서 우리를 건지시는 예수시니라"라고 했습니다.

데살로니가전서 2장 19-20절에서는 "우리의 소망이나 기쁨이나 자랑의 면류관이 무엇이냐 그가 강림하실 때 우리 주 예수 앞에 너희가 아니냐 너희는 우리의 영광이요 기쁨이니라"라고 했습니다.

데살로니가전서 3장부터 4장을 연구해 보면 계속하여 이점을 강조합니다. 각 장마다 예수 그리스도의 재림을 언급합니다. 소망을 뒤로하고 재림을 강조합니다. 소망보다 재림을 알 때 위로를 받게 되는 것입니다.

성령 하나님께서 성경을 기록한 저자이신데 강조할 데를 강조하신 것입니다. 이것이 성령의 역사입니다. 우리로 하여금 이해하거나 외우기 쉽게 한 것이 아니라 강조할 데를 강조하신 것입니다. 설교는 설교자의 심정을 이해하면서 듣는 것이 매우 중요합니다.

1. 믿음의 역사가 일어나는 교회

에베소서 2장 8-9절에 "너희는 그 은혜에 의하여 믿음으로 말미암아 구원을 받았으니 이것은 너희에게서 난 것이 아니요 하나님의 선물이라 행위에서 난 것이 아니니 이는 누구든지 자랑하지 못하게 함이라"라고 했습니다.

우리가 구원받는 것은 하나님의 은혜 때문입니다. 또 우리의 믿음 때문입니다. 하나님의 은혜를 받은 사람은 자기 자신을 믿는 것이 아니라 하나님의 아들 예수 그리스도를 믿는 것입니다. 예수를 믿음으로 우리가 의롭다 하심을 받게 되는 것입니다.

로마서 10장 17절에서는 "그러므로 믿음은 들음에서 나며 들음은 그리스도의 말씀으로 말미암았느니라"라고 했습니다. 예수 그리스도의 말씀이 진리입니다. 믿음의 뿌리를 진리에 두는 믿음입니다. 이런 믿음은 흔들리지 않습니다. 씨뿌리는 자의 비유도 생각해 봅시다. 길가나 돌밭, 가시떨기밭은 열매가 없습니다. 좋은 밭만이 열매를 맺었습니다.

데살로니가전서 1장 7-8절에 "그러므로 너희가 마게도냐와 아가야에 있는 모든 믿는 자의 본이 되었느니라 주의 말씀이 너희에게로부터 마게도냐와 아가야에만 들릴 뿐 아니라 하나님을 향하는 너희 믿음의 소문이 각처에 퍼졌으므로 우리는 아무 말도 할 것이 없노라"라고 했습니다. 데살로니가 지방의 성도들의 믿음에 대한 소문이 각 처에 퍼졌습니다.

우리들이 일상생활에서 전기를 사용하지만 혹 전기불이 들어오지 않으면 초를 사용합니다. 초를 생각해 보십시다. 초는 심지가 주로 탑니다. 초가 움직이면 불도 움직입니다. 우리들이 깊이 생각해 봅시다. '주' 자가 들어간 곳에는 정착의 의미가 드러납니다. 주차, 주거지, 주목, 주기도문 이런 말들은 흔들림이 없는 정착의 뜻이 깊습니다. 우리도 주님의 말씀에 뿌리를 박아 믿음의 용사들이 다 됩시다.

믿음을 하나님의 말씀 위에 세운 사람들은 사람들 때문에 실망하지 않습니다. 그리고 세속적인 것들 때문에 낙심하지도 않습니다. 여러 가지 힘들고 어렵더라도 이기고 기쁨으로 살아갑니다. 우리 모두 하나님의 언약을 믿는 믿음으로 승리합시다.

2. 사랑의 수고가 있는 교회

멕시코와 미국은 서로 국경을 맞대고 있지만 한 곳은 가난하고 다른 곳은 부요합니다. 저는 세속적인 문화의 이해를 위하여 멕시코를 방문했던 적이 있습니다. 주로 태양신전을 살펴보기 위한 목적이었습니다. 당시 멕시코와 페루를 방문하여 태양신을 숭배하는 사람들의 문화와 문명을 살펴본 경험이 있습니다.

하나님의 교회는 다양한 계층과 성격의 사람들이 모이는 공동체입니다. 서로 다른 사람들이 모여서 하나의 공동체를 이루는 단체가 교회입니다. 중요한 것은 우리 교회는 끈끈한 정이 있는 교회, 따뜻한 사랑이 있는 교회, 그러면서도 뜨거운 믿음이 있기를 바랍니다.

미국에서 최근에 일어났던 사건입니다. 임신한 어머니, 산모가 유방암에 걸려 죽어가고 있었습니다. 산모를 살리고 태중의 아이를 죽일 것이냐 아니면 엄마가 죽게 하고 태중의 아이를 살릴 것이냐? 정말 어려운 상황이었습니다.

산모, 엄마가 죽기로 작정했습니다. 실제적으로 아이가 출산된 후 엄마는 죽었습니다. 그때 아버지가 아이를 품에 안고 하는 말이 무엇이었을까요? '너의 어머니는 목숨을 바쳐 너를 사랑하여 살렸다'. 너를 위해 목숨을 바쳤어! 생명을 바친 사랑을 말했습니다.

수고는 내가 해야 합니다. 내가 상대방을 위하여 하는 것입니다. 희생도 사랑도 그렇습니다. '나'라는 존재가 중요하지만 교회도 나 못지않게 중요합니다. 그래서 어느 것이 먼저냐? 이것이 아주 중요합니다.

과거에 어느 교회의 표어를 보니까 '먼저 하나님, 먼저 교회, 먼저 이웃'이라고 했습니다. 저는 그 표어를 보고 사십여 년이 지났지만 지금도 제 뇌리 속에 남아 있어 종종 깊이 생각해 볼 때가 있습니다.

무슨 일이든지 동기도 중요합니다. 왜 그것을 하느냐? 하나님이 먼저 우리를 사랑했습니다. 하나님이 먼저 아들을 주셨습니다. 하나님이 무조건적인 사랑으로 우리를 구원하셨습니다. 사랑은 말과 혀로만 하는 것이 아닙니다. 행함과 진실함으로 하는 것입니다.

3. 소망의 인내가 있는 교회

여기서 말하는 소망은 미지근한 소망이 아니라 확실한 소망입니다. 그리스도 안에 있는 소망은 인내가 있는 확실한 소망입니다. 사람에게 꿈과 소망과 장래 희망이 있다는 것은 매우 중요한 것입니다.

사도 바울이 데살로니가 교인들에게 덧붙여 준 말이 무엇입니까? "우리 주 예수 그리스도에 대한 소망"입니다. 예수 그리스도가 흔들리지 않기에 흔들림이 없는 소망입니다. 우리의 소망은 분명합니다. 이루어지는 과정까지 인내합니다. 인내의 특성은 기다림이요, 참는 것입니다.

조창호 소위를 아십니까? 중공군의 포로가 되어 이북으로 송치되고 43년을 포로로 견디다가 남한으로 왔던 사람입니다. 고백이 무엇입니까? '나는 살아서 예수를 자유롭게 믿는 남한에 가리라'. 그리고 월남하여 서울 새문안교회에 등록 교인이 되었습니다.

범사에 불평을 많이 하는 목수가 어느 집회에 참석했습니다. 집회 때 목수가 회개하고 예수님을 믿었습니다. 그 사람이 에드워드 모트라는 사람입니다. 50세까지 돈을 벌었던 모든 것을 모두 하나님께 드리고, 1,000여 편의 찬송시를 썼던 인물입니다. 찬송가 488장입니다. '이 몸의 소망 무언가?'도 에드워드 모트의 작품입니다.

사랑하는 성도 여러분! 우리가 지금은 힘들고 어렵고 고통스럽다 할지라도 인내함으로 이기면 좋은 결과가 있습니다. 예수님의 재림의 날에 면류관도 있고 생명의 부활도 있습니다. 그리고 영광과 칭찬과 존귀도 있습니다.

제4강
데살로니가전서 1장 2-4절

바울의 감사

사도 바울은 제2차 선교 여행을 할 때 데살로니가 교회를 세웠습니다. 빌립보 교회를 세운 바울이 데살로니가 지방에 가서 예수의 복음을 전함으로 데살로니가 교회가 세워진 것입니다. 그럴 때 목회자 바울은 데살로니가 교회를 친자녀와 같은 마음을 가지고 대했습니다. 그리고 하나님 아버지께 늘 감사 기도를 올렸습니다.

1. 바울의 감사

"우리가 너희 무리를 인하여 항상 하나님께 감사하고"라고 표현했습니다. 바울은 항상 하나님 아버지 앞에 감사하는 삶을 살았습니다. 바울은 주님의 가르침을 따라 늘 감사하는 생활을 가르쳤는데, 감옥에서나 회당에서나 항상 그렇게 가르쳤고 그렇게 살았습니다.

여기 '항상'이라는 말이 우리를 부끄럽게 만듭니다. 바울은 공동체된 교회를 생각하든지, 아니면 개인을 생각하든지 항상 감사하는 마음을 잊지 않았습니다. 그런데 우리는 교회를 생각할 때도 부정적이거나 불평적인 언사를 서슴없이 늘어놓거나 개인을 대할 때도 그런 경우가 있지 않습니까?

바울은 항상 감사, 부단히 감사하고 계속적으로 감사했습니다. 그래서 "항상 기뻐하라 쉬지 말고 기도하라 범사에 감사하라 이것이 그리스도 예수 안에서 너희를 향하신 하나님의 뜻이니라"(살전5:16-18)라고 말했습니다.

구약의 인물 중에 욥을 기억하게 됩니다. 하루 아침에 모든 재물을 잃었습니다. 십 남매도 모두 죽었습니다. 자기 자신의 몸은 병들어 죽게 되었습니다. 그때에 고백한 말이 무엇입니까?

"내가 모태에서 알몸으로 나왔사온즉 또한 알몸이 그리로 돌아가올지라 주신 이도 여호와시요 거두신 이도 여호와시오니 여호와의 이름이 찬송을 받으실지니이다"(욥2:21)라고 했습니다. 욥은 고난 속에서 하나님을 찬송했습니다.

시편 100편 4절에 "감사함으로 그의 문에 들어가며 찬송함으로 그의 궁정에 들어가서 그에게 감사하며 그의 이름을 송축할지어다"라고 했습니다. 감사는 성도의 특징입니다.

그러면 바울은 무엇 때문에 감사했습니까? 바울 서신의 특징 중의 하나가 감사로 시작하는 것이지만 데살로니가 교인들의 믿음생활 때문이었습니다. 데살로니가 교인들의 믿음을 생각하면서 하나님께 감사했습니다. 저나 여러분이나 목회자가 볼 때 믿음생활을 보고 감사할 수 있을까? 그렇게 할 수 있기를 바랍니다.

도대체 데살로니가 교회가 어떻게 신앙생활을 했을까요? 바울이 데살로니가 지방에서 복음을 전할 때 유대주의자들의 박해 때문에 길게 그리고 충분히 복음을 전할 수 없었습니다. 겨우 세 안식일 동안 복음을 전했을 뿐입니다. 데살로니가 교회를 굳게 다질 시간도 없이 유대인들의 심한 박해로 인해 급하게 떠났던 곳이었습니다(행17:5-10). 그런데 데살로니가 교회의 교인들은 믿음생활을 굳건하게 했습니다.

사도 바울은 유대인들의 박해를 피하여 베뢰아, 아덴, 고린도 지방에 가서 복음을 전하게 되었습니다. 유대인들은 그곳까지 쫓아와서 바울의 사역을 방해하고 복음을 전하지 못하게 했습니다.

과거나 현재나 교회를 박해하는 사람들을 보십시오. 믿지 않던 사람들이 아닙니다. 믿는데 잘못된 믿음의 사람이거나 처음부터 고장난 믿음의 사람들이 교회를 박해합니다. 그리고 비방합니다. 아프게 하고 괴롭힙니다.

여러분이나 저나 모두 다 감사하는 성도가 됩시다. 제 경험으로는 여러분이 하나님 사랑하는 모습을 볼 때 정말 좋습니다. 여러분이 주님께 몸과 마음을 드려 헌신할 때 감사와 찬송이 쏟아져 나옵니다.

사람은 다른 사람에게 영향을 끼치게 되어 있습니다. 좋은 사람은 좋은 영향을 끼치고 안 좋은 사람은 좋지 않은 영향을 끼치게 되어 있습니다. 여러분이 믿음이 좋다면 다른 사람들에게 좋은 영향을 끼치게 될 줄로 믿습니다. 다른 사람이 본받을 수 있는 신앙의 사람이 됩시다.

2. 바울의 기도

바울은 "기도할 때에 너희를 기억함은"이라고 했습니다. 바울은 데살로니가 교회가 거리적으로는 멀리 떨어져 있지만 항상 하나님께 감사 기도를 드렸습니다. 영적인 교통, 영적 교제입니다.

기독교적인 교제는 서로가 기도해 주는 일입니다. 하나님 앞에 기도를 함으로 성도의 교제가 일어날 때 부작용도 없고 서로 사랑하게 됩니다. 여러분이 기도하는 사람과 자주 만나보십시오. 사람이 단순해집니다. 복잡한 일이나 잡다한 일이 없어집니다. 아주 쉽습니다. 세상을 살 맛도 납니다.

골로새서 4장 2절에 "기도를 계속하고 기도에 감사함으로 깨어 있으라"라고 했습니다. 심지어 바울은 빌립보 성도들에게 "아무것도 염려하지 말고 다만 모든 일에 기도와 간구로 너희 구할 것을 감사함으로 하나님께 아뢰라"(빌4:6)라고 했습니다. 기도는 성도의 생명과 같습니다. 기도해야 삽니다.

사도 바울은 가는 곳곳마다 복음을 전했고, 예수를 전했을 때 열매도 많이 있었습니다. 바울이 복음을 전할 때마다 능력이 나타난 이유가 있다면 그것은 기도 때문입니다. 바울 자신이 기도하는 종이었습니다. 그리고 데살로니가 교회가 기도해 주는 교회였습니다. 목회자와 교회가 서로 기도해 주었습니다. 기도하는 사람이 행복한 사람입니다. 기도하는 교회가 행복한 교회입니다.

여러분은 기도하는 성도입니까? 기도하는 성도가 아름답고 자신이 행복합니다. 항상 기도가 뒷받침될 때 능력있고 은혜롭게 되어 있습니다. 시험든 사람의 특징이 있다면 기도하지 않는다는 공통점이 있습니다. 우리는 예수님의 말씀을 생각해야 합니다. "시험에 들지 않도록 깨어 있어 기도하라"(마26:41). 만고의 진리의 말씀입니다. 과거나 현재 그리고 미래까지 누구나 예외없이 적용되는 진리입니다. 깨어서 기도하는 그리스도인이 되기를 바랍니다.

3. 이유가 무엇인가?

데살로니가전서 1장 3-4절에 "너희의 믿음의 역사와 사랑의 수고와 우리 주 예수 그리스도에 대한 소망의 인내를 우리 하나님 아버지 앞에서 쉬지 않고 기억함이니 하나님의 사랑하심을 받은 형제들아 너희를 택하심을 아노라"라고 그 이유를 밝혔습니다.

먼저 '믿음의 역사' 입니다. 내적인 믿음이 외적으로 드러나는 것이 있는데 그것을 '역사' 라고 말했습니다. 공동번역에서는 '믿음의 활동' 이라고 했습니다. 살아있는 믿음이라면 행동이 있고 삶이 있습니다. 삶의 변화, 달라지는 것이 있습니다. 다른 사람에게 보여줄 증거도 있습니다.

믿음과 행동은 구별될 수 있는 것이지만 분리될 수는 없는 것입니다. 믿음이 있으면 반드시 행동으로 열매를 맺습니다. 행함이 없는 믿음은 죽은 믿음입니다. 죽은 믿음이기 때문에 실천이 없고 행동이 없는 것입니다. 우리의 믿음을 살리는 운동을 전개합시다. 성도가 죄악 많은 세상에서 살아가는 삶의 방식이 무엇인가? 믿음의 능력입니다. 믿음의 능력을 나타내고 보여주고 믿음대로 되는 축복을 누리면서 사는 사람이 기독교인입니다.

골로새 교인들에게도 하신 말씀이 무엇입니까? "우리가 너희를 위하여 기도할 때마다 하나님 곧 우리 주 예수 그리스도의 아버지께 감사하노라 이는 그리스도 예수 안에 너희의 믿음과 모든 성도에 대한 사랑을 들었음이요 너희를 위하여 하늘에 쌓아 둔 소망으로 말미암음이니 곧 너희가 전에 복음 진리의 말씀을 들은 것이라"라고 했습니다 (골1:3-5).

믿음은 들음에서 나옵니다. 그리스도의 말씀을 들으십시오. 하나님의 말씀을 귀담아 들으십시오. 성경 말씀을 기도하면서 들으십시오. 바울이 말했습니다. 로마서 10장 17절에 "그러므로 믿음은 들음에서 나며 들음은 그리스도의 말씀으로 말미암았느니라"라고 했습니다. 예수님께서는 "귀 있는 자들은 들을지어다" 하셨고, 요한계시록에는 "귀 있는 자들은 성령이 교회들에게 하시는 말씀을 들을지어다"라고 했습니다.

우리는 하나님의 말씀을, 하나님의 말씀으로 들어서 믿음의 역사를 일으키는 하나님의 사람들이 다 됩시다. 고린도 교회를 향하여 하신 말씀도 기억합시다. "그러므로 내 사랑하는 형제들아 견실하며 흔들리지 말고 항상 주의 일에 더욱 힘쓰는 자들이 되라 이는 너희 수고가 주 안에서 헛되지 않은 줄 앎이라"라고 했습니다(고전15:58).

두 번째로는 '사랑의 수고'가 있었습니다. '수고'는 '엄청난 노력이 기울여진 고생'을 말합니다. 달리기 선수를 생각한다면 계속적으로 경주하는 모습을 나타내는 말입니다. 교회와 그리스도를 위한 봉사생활을 말합니다. 수고와 희생이 없는 사랑이 진실한 사랑이겠습니까?

예수님께서는 마가 요한의 다락방에서 발만 씻기신 것이 아니라 십자가에서 그의 사랑을 나타내고 보여주셨습니다. 사랑은 이렇게 하는 것이라고 밝혀 주셨습니다. 데살로니가 교회 교인들은 스스로 희생하여 교회와 다른 사람을 유익하게 할 줄 아는 성도들이었습니다. 이것이 성숙한 신앙인의 모습일 것입니다.

바울은 로마서 5장 8절에서 "우리가 아직 죄인 되었을 때에 그리스도께서 우리를 위하여 죽으심으로 하나님께서 우리에 대한 자기의 사랑을 확증하셨느니라"라고 했습니다.

사도 요한은 "그가 우리를 위하여 목숨을 버리셨으니 우리가 이로써 사랑을 알고 우리도 형제들을 위하여 목숨을 버리는 것이 마땅하니라"라고 했습니다(요일3:16). 아무리 생각해 보아도 형제를 위하여 목숨을 버릴 수 없는 현재의 믿음을 보면서 안타깝게만 느끼면서 살아가는 사람입니다. 여러분은 형제를 위하여 목숨을 버릴 수 있습니까?

세 번째는 '소망의 인내'가 있었습니다. 데살로니가 교인들은 역사적으로 재림에 대한 소망이 있었습니다. 궁극적인 소망입니다. 현실의 삶 속에서 멀리 떨어진 것 같은 소망입니다. 멀게만 느껴지는 소망입니다. 데살로니가 교인들은 일상생활에서 만나는 여러 가지 유혹을 물리치고 내세에 대한 소망이 넘치는 성도들이었습니다.

코람데오('하나님 아버지 앞에서')라는 말은 종교개혁자들이 아주 즐겨 사용하고 좋아했던 문구입니다. 하나님의 사랑하심을 받은 형제들아! 너희를 택하심을 아노라. 구약시대에는 주로 이스라엘이 선민이요 하나님의 자녀들이었습니다. 신약에 와서 예수 그리스도를 믿는 자들에게는 하나님의 자녀가 되는 권세를 주셨습니다. 누구든지 주의 이름을 부르는 자들에게 하나님께서 크신 복과 은혜를 주십니다.

하나님의 예정과 선택된 사람들은 살아가는 모습이 다릅니다. 믿는 모습이 다릅니다. 사랑하는 모습도 다릅니다. 소망을 이땅에만 두지 않고 하늘에 소망을 둡니다.

제5강
데살로니가전서 1장 5-8절

데살로니가 교회의 칭찬

개인이나 단체나 사람들로부터 칭찬받는 일은 행복한 일입니다. 더군다나 성도가 주님으로부터 칭찬을 받는다면 더 없는 영광과 기쁨과 감사한 조건이 되고, 그보다 행복한 일이 없을 것입니다. 칭찬은 하는 사람도 기분 좋고, 받는 사람도 기분 좋은 일입니다.

부활하신 주님이 서머나 교회와 빌라델비아 교회를 칭찬하시듯 바울 사도는 데살로니가 교회를 칭찬했습니다. 여러분은 평생을 교회를 섬기는 목회자의 칭찬과 우리 주님으로부터 칭찬받는 교인, 칭찬받는 교회가 되십시다.

바울이 데살로니가 교회를 세우기 위해 복음을 전할 수 있었던 기간은 세 안식일뿐이었습니다. 한 달도 채 안 되는 기간이었지만 많은 사람들이 회개하고 복음을 믿고 그리스도인이 되었습니다.

그런데 유대인과 이방인이 합세하여 바울과 그 일행을 박해하고 괴롭혔습니다. 바울은 어쩔 수 없이 베뢰아 지방과 아덴 그리고 고린도 지방으로 옮겨 가면서 복음을 전하게 되었습니다.

세 안식일 동안 복음을 전했던 데살로니가 지방에서 무슨 일이 일어났을까요? 믿음의 역사가 일어났습니다. 살아 있는 믿음의 사람들이 교회를 형성했습니다. 사랑의 수고도 있었습니다. 교회를 위하여 힘쓰고 애쓰는 교인들이 많이 있었습니다. 심지어 소망의 인내심이 있는 교회로 발전했습니다.

사랑하는 우리 교회도 믿음, 소망, 사랑이 충만한 교회로 발전되기를 원합니다.

1. 복음과 사람

복음이 귀중하지만 그 복음을 전하는 사람도 중요합니다. 일반적인 사람들은 하나님을 먼저 생각하거나 바라보는 것이 아니라 사람을 먼저 보거나 생각하게 됩니다. '먼저 믿는 사람'이 믿음이 있는 삶과 행동을 하면 새로 믿는 사람들이 감동을 받게 됩니다. 반대로 먼저 믿는 사람이 거짓말이나 하고, 남을 해롭게 하는 행동을 하면 그 교회에 나오지 않을 것입니다.

사도 바울이 고백했습니다. 5절 하반절에서 "우리가 너희 가운데서 너희를 위하여 어떤 사람이 된 것은 너희가 아는 바와 같으니라"라고 했습니다. 바울 일행이 데살로니가 지방에서 어떤 모습으로 그들을 대했는지 그들 자신이 아는 바와 같다는 말입니다.

믿는 사람들은 주변 사람들에게 평가를 받아볼 필요가 있습니다. 자기 가정 식구의 평가는 더욱 중요합니다. 나 어때? 나, 어떤 사람이야? 혹은 내 믿음생활은 어느 정도로 믿는 사람이야? 특별히 여러분을 위하여 기도하고 사랑하는 사람에게 물어보십시오.

사람에게 있어서 가장 중요한 것은 복음을 말하는 사람, 복음이 있는 사람, 복음대로 사는 사람, 복음적인 사람이어야만 합니다. '복음'이란 사람에게 '복된 소식, 복소리'인데 하나님에 대한 소식이나 예수님에 대한 소식이 인간에게 있어서 가장 좋은 복음입니다.

바울은 세 가지 평가가 있다고 말했습니다. 첫째는 교인이나 사람이 하는 평가입니다. 둘째는 자기 자신이 자기를 향한 평가입니다. 셋째는 하나님이 하시는 평가입니다. 고린도전서 4장에서 말해 주었습니다.

물론 약간의 의미는 다르지만 바울은 자기 자신을 평가하지 않았습니다. 맡은 자로서 충성을 했기 때문입니다. 고린도 교인들이 바울을 평가할 때는 매우 작은 일로 여겼습니다. 왜냐하면 의롭다함을 얻을 수 있는 평가는 교인이나 사람의 평가가 아니라 하나님의 평가이기 때문입니다.

사도 바울이 데살로니가 교인들을 향하여 어떠한 사람이 되었습니까? 복음을 전하는 사람입니다. 복음을 전하는 사람이 그렇게 중요합니다. 전도자가 중요합니다. 5절입니다. "이는 우리 복음이 너희에게 말로만 이른 것이 아니라 또한 능력과 성령과 큰 확신으로 된 것임이라"라고 했습니다. 사도 바울은 말만 하는 사도가 아니었습니다. '능력과 성령과 큰 확신'으로 전하는 사도였습니다.

복음을 전할 때 전하는 사람이 아주 중요합니다. 사도 바울처럼 '능력과 성령과 큰 확신'이 있어야 합니다. 능력이란 이적입니다. 초자연적인 능력을 말합니다. 십자가는 하나님의 능력입니다. 그 능력으로 사람을 구원하는 길로 인도하기 때문입니다(고전1:18).

성령이 우리에게 내적인 역사라면 확신은 외적인 능력입니다. 우리도 날마다 기도하여 능력을 받고 다른 사람에게 복음을 전합시다. 우리도 날마다 천국 창고를 채우기 위하여 추수하는 선한 일꾼들이 다 되십시다. 여러분의 부모형제와 일가친척 그리고 친구들을 생각해 봅시다.

2. 본받는 교인

또 중요한 것이 있다면 복음을 전하는 자도 중요하지만 복음을 듣는 자의 자세도 중요합니다. 복음을 듣는 태도입니다. 어떤 사람은 복음을 말로만 받는 사람이 있습니다. 자기 맘에 드는 것만 받는 사람이 있습니다. 귀를 즐겁게 하는 것만 듣기를 좋아하는 교인도 있습니다. 예배 시간마다 잠자는 사람도 있습니다. 심지어는 무슨 말을 하나 꼬투리를 잡기 위해서 듣는 사람도 있습니다. 이 모든 사람의 공통점은 시험에 든 사람들입니다.

데살로니가 교인들은 바울을 통해서 전달되는 하나님의 말씀을 세 안식일 동안 어떻게 들었을까요? 사람의 말로 들었을까요? 자기 맘에 드는 것만 '아멘' 했을까요? 6절을 보십시다. "또 너희는 많은 환난 가운데서 성령의 기쁨으로 말씀을 받아 우리와 주를 본받은 자가 되었으니"라고 했습니다.

데살로니가 교인들은 당시 로마가 통치하던 시대이기 때문에 많은 어려움, 환난 속에 살던 교인들이었습니다. 정치적으로 주권이 없던 사람이 많았습니다. 경제적으로 가난하고 어려웠습니다. 신앙적으로 핍박과 박해 속에 있었습니다. 믿음 때문에 고난도 많이 받았습니다. 유대인들의 시기와 증오가 있었습니다. 이방인들의 조롱도 있었습니다. 심지어 괴팍한 자들을 동원하여 박해도 당했습니다.

그래도 데살로니가 성도들은 성령으로 말씀을 받았습니다. 성령이 기록한 말씀을 성령의 인도하심을 따라 받았습니다. '성령의 기쁨으로 말씀을 받아' 입니다.

원수들이 박해를 했지만 내부적으로는 기쁨이 넘쳤습니다. 믿음은 자신의 힘이 아니라 성령의 능력으로 믿는 것입니다. 성령의 인도하심을 따라 살아가는 것이 믿음생활입니다.

내가 복음을 믿거나 주님을 믿으려고 하면 못믿습니다. 하나님께서 은혜를 주셔야 믿게 됩니다. 심지어 데살로니가 교인들은 사도 바울을 본받고 주님을 본받았습니다. 환난과 핍박과 고난 속에서 승리한 바울을 본받았습니다. 십자가의 주님을 본받았습니다.

어느 시대나 복음을 전하는 사람이 중요합니다. 동시에 받는 사람도 중요합니다. 데살로니가 교인들은 환난과 핍박 속에 살았습니다. 그래도 성령의 인도를 받았습니다. 바울을 본받고 주님을 본받았습니다. 이것이 굉장히 중요한 부분입니다.

주님을 닮고 바울을 닮는 교인들이 되었습니다. 여러분들은 누구를 닮았습니까? 주님을 닮으십시다. 잃어버린 하나님의 형상과 모양을 되찾아서 하나님 앞과 사람 앞에 떳떳하게 섭시다.

3. 본이 된 교회

복음을 전하는 자의 능력과 성령과 큰 확신이 있을 때 어떤 결과를 가져왔을까요? 받는 자들이 환난 가운데서 기쁨으로 하나님의 말씀을 받은 결과가 무엇입니까? 7절에 "그러므로 너희가 마게도냐와 아가야에 있는 모든 믿는 자의 본이 되었느니라"라고 했습니다. 8절에 "주의 말씀이 너희에게로부터 마게도냐와 아가야에만 들릴 뿐 아니라 하나님을 향하는 너희 믿음의 소문이 각처에 퍼졌으므로 우리는 아무 말도 할 것이 없노라"라고 했습니다.

자기들이 살고 있는 지역을 떠나서 모든 믿는 자의 본이 될 수 있는 성도, 본이 되는 교회가 되었습니다. '들리다' 라는 말은 '소리가 밖으로 울려퍼져 나가다' 라는 의미입니다. 마치 트럼펫에서 울려 퍼지는 소리가 멀리 들리듯, 천둥 소리가 울려 퍼지듯 멀리까지 퍼져나갔습니다. 등산을 하다가 야호를 외쳐 봅니다. 멀리까지 퍼진 소리가 메아리가 되어 골짜기 끝까지 이르는 것을 알 수 있습니다. 말씀의 주체는 주님이십니다. 사람이 말씀의 주체일 수 없습니다.

모델이 얼마나 중요합니까? 그리고 얼마나 아름답습니까? 우리 교회는 건물을 자랑할 교회는 아닙니다. 숫자를 자랑할 교회도 아닙니다. 그러나 믿음만은 자랑할 수 있는 교회가 되십시다.

'본'이란 '모형(types)'이나 '화폐에 찍힌 상'을 말합니다. 자국이나 형상을 가리키는 뜻입니다. 모범입니다. 다른 지역에 사는 교인들이 닮아야 할 기준이 되었습니다. 정말 모범적인 사람들이 된 것입니다.

데살로니가 교인들이 환난 때문에 소리 소문없이 믿는 것 같았지만 각처에 소문의 소문으로 퍼졌습니다. 데살로니가 교인들의 소문은 트럼펫 소리처럼, 우레 소리처럼 크고 분명하게 전해졌습니다. 복된 소리가 멀리멀리 퍼져나갔습니다. 조용한 것 같지만 사람들의 마음을 뒤흔들어 놓았습니다. 인생을 바꾸어 놓았습니다.

핍박 속에서 기쁨으로 말씀을 받는 자세를 본받아야 합니다. 환난이 있을 때 곧 넘어지는 자는 돌밭과 같은 신앙입니다. 자기 중심적인 믿음생활입니다. 다른 지역에까지 소문의 소문이 날 수 있는 믿음생활이 우리에게 필요합니다.

나무테 이야기를 생각해 봅시다. 벌목꾼이 100여 년씩 된 나무를 벌목합니다. 쉬는 시간에 나이테를 자세히 보았습니다. 어떤 나이테는 간격이 아주 좁은데 어떤 나이테는 간격이 넓었습니다. 이유인즉 가뭄이 들었을 때는 자라나지 못했지만 뿌리를 깊이 내렸다는 이야기입니다. 뿌리를 깊이 내리니까 그 다음에는 많이 자랄 수 있었고, 크게 성장할 수 있었습니다.

믿는 사람에게 어려움이 많이 있을수록 더 믿음의 역사를 일으키는 교회가 되십시다. 데살로니가 교인들이 그렇게 했습니다. 믿는 것이 무엇인지, 어떻게 믿어야 하는지를 가르쳐 주었습니다. 죽은 믿음이 아니라 산 믿음을 가져야 합니다.

여러분의 믿음이 다른 사람들에게 소문의 소문이 나야 합니다. 로마교회는 어떠했습니까? "먼저 내가 예수 그리스도로 말미암아 너희 모든 사람에 관하여 내 하나님께 감사함은 너희 믿음이 온 세상에 전파됨이로다"(롬1:8)라고 했습니다.

그리고 사랑의 수고가 있어야 합니다. 고통이 뒤따른다 할지라도 애쓰고 힘써서 봉사하고 수고하는 사람이 되십시다. 또 소망의 인내심을 가지십시다. 자신을 낮추고 겸손한 마음으로 하늘의 소망을 소유해서 늘 기쁘고 보람있는 나날을 보낼 수 있기를 바랍니다.

제6강
데살로니가전서 1장 9-10절

칭찬받은 교회

데살로니가 교회는 하나님으로부터 칭찬받는 교회였습니다. 교회가 칭찬받는다는 말은 교인들이 칭찬받을 것이 있었다는 의미입니다. 어떤 면에서 데살로니가 교회는 주님으로부터 칭찬을 받았을까요?

사도 바울이 겨우 세 안식일 동안 복음을 전했지만 믿음의 역사, 사랑의 수고, 소망의 인내가 있는 교회로 발전했습니다. 여러분도 주님 앞에서 칭찬받을 수 있고, 목회자에게도 자랑할 것이 있는 성도가 되십시다.

1. 바울의 진입로

우리는 바울이 데살로니가 지방에 어떻게 들어가서 복음을 전했는지에 대한 관심이 많습니다. 저 사람이 어떻게 대학에 들어갔을까? 그 유명한 회사에 어떻게 들어가게 되었을까? 대부분의 사람들은 그런데 관심을 가지고 말을 하며 삽니다.

사도 바울이 어떻게 데살로니가 지방에 들어오게 되었는가? 바울은 바나바와 함께 수리아 안디옥 교회로부터 파송받은 선교사였습니다. 바울 일행은 아시아 지방으로 가려고 하지만 성령께서 가지 말라고 하셨습니다. 비두니아 지방으로 가려고 하지만 예수의 영이 허락하지 않았습니다. 그런데 환상 중에 마게도니아 지방에서 한 사람이 도와달라고 손짓을 했습니다. 지금 빨리 와서 우리를 도우라는 것이었습니다.

이렇게 하나님의 뜻 가운데서 사도 바울은 마게도니아로 건너가 먼저 빌립보 지방에서 루디아를 만나 빌립보 교회를 세웠고, 이어서 데살로니가 지방으로 가서 복음을 전했습니다. 세 안식일 동안 복음을 전했습니다. 짧막한 기간이었지만 복음을 들은 데살로니가 교인들은 믿음의 역사와 사랑의 수고와 소망의 인내가 있는 교회로 발전하게 되었습니다.

데살로니가 교인들은 사도 바울이 어떻게 데살로니가 교회를 세우게 되었는지를 알게 되었습니다. 이것이 아주 중요한 요소입니다. 여러분은 지금의 우리교회가 어떻게 세워졌다고 생각하십니까? 하나님께서 왜 세웠다고 생각하십니까? 그리고 담임목사는 어떤 목회철학을 가지고 있다고 생각하십니까? 우리교회는 그냥 세워진 교회가 아닙니다. 기성적으로 세워진 교회도 아닙니다. 개혁주의 신앙을 표방하는 목회자가 성경말씀을 가지고 세우는 교회입니다. 영적으로나 신앙적으로 한 단계 높이기 위한 교회입니다. 이런 것을 잘 이해하고 교회와 함께 하시기를 주님의 이름으로 축원드립니다.

바울 일행은 능력과 성령과 큰 확신으로 전했습니다. 사도 바울은 데살로니가 지방에서 아름다운 교회를 세우고 주변 지방을 복음화하려고 노력했습니다. 그러나 유대인들과 괴악한 무리들의 방해로 그렇게 하지 못했습니다. 바울의 원대한 포부가 꺾였습니다. 선교 계획이 수정되었습니다. 그렇다고 모든 것이 포기되었을까요?

중요한 것은 누가 말해 주지 않았는데도 그리고 누가 시키지도 않았는데 자기들 스스로 전파하고 다른 사람들에게 복음을 말하게 된 점입니다. 데살로니가 교인들의 믿음은 그랬습니다. 그냥 예수님을 자랑했습니다. 누가 시키지 않았는데 십자가를 자랑했습니다. 그리고 전도했습니다. 그것이 살아 있는 성도의 특징입니다. 이것이 데살로니가 교인들의 첫 번째 특징입니다.

그 결과가 무엇입니까? 사도행전 17장에 나타납니다. 바울 일행이 회당에 들어가서 복음을 전했을 때 경건한 헬라인의 큰 무리가 회개합니다. 그리고 많은 귀부인들이 협력하여 복음을 받아들였습니다. 그렇습니다. 살아 있는 성도는 강조하지 않아도 십자가를 자랑하고 부활의 영광을 소망하면서 살아갑니다. 여러분은 누구에게 십자가를 말해 보았습니까? 부활에 대하여 말해 보았습니까?

2. 교인들의 반응

바울 일행이 복음을 전했을 때 데살로니가 교인들의 반응이 중요했습니다. 어떤 반응을 보였을까요? 데살로니가 교인들은 믿음에 있어서 분명했습니다. 살아 계신 하나님께로 돌아와서 쓸데없는 우상을 버렸습니다. 입이 있어도 말하지도 못하고 눈이 있어도 보지 못하는 우상을 버렸습니다. 아무리 전통적으로 내려오는 것이라 할지라도 미신이나 더럽고 추하게 만드는 것을 다 버렸습니다. 이것이 성도의 반응입니다.

그리고 살아 계시고 참되신 하나님께로 돌아왔습니다. 하나님만을 섬겼습니다. 하나님만을 사랑했습니다. 여기 '돌아오다' 라는 말은 '완전히 돌아서다, 방향을 바꾸다, 되돌아서다' 라는 뜻입니다. 과거에 발생한 일회적이고 단회적인 사건을 가르치고 있습니다. 데살로니가 교인들의 신앙은 단번에 확 돌아선 것을 가리킵니다. 이것은 배신이 아닙니다. 배교도 아닙니다. 하나님 앞에서 제 갈 길을 찾는 것입니다. 영적으로 말하자면 종교개혁일 것입니다. 우상을 숭배하던 자리에서 확 돌아서서 하나님께로 나온 것입니다. 신학적인 용어로는 회심입니다. 회개라고도 표현합니다.

우상과 하나님 사이에서 방황하지 않았습니다. 우상으로부터 뛰쳐나와 하나님을 향했습니다. 마치 눈으로 보는 것처럼 하나님 품으로 달려갔습니다. 하나님은 영원히 살아 계셔서 활동하시는 하나님이십니다. 우상은 반대입니다. 비도덕적이고 비윤리적입니다. 이것이 데살로니가 교인들의 두 번째 특징입니다.

사도행전 14장 15절에 "여러분이여 어찌하여 이러한 일을 하느냐 우리도 여러분과 같은 성정을 가진 사람이라 여러분에게 복음을 전하는 것은 이런 헛된 일을 버리고 천지와 바다와 그 가운데 만물을 지으시고 살아 계신 하나님께로 돌아오게 함이라"라고 했습니다. 사도행전 17장 12-13절에 "그 중에 믿는 사람이 많고 또 헬라의 귀부인과 남자가 적지 아니하나 데살로니가에 있는 유대인들은 바울이 하나님의 말씀을 베뢰아에서도 전하는 줄을 알고 거기도 가서 무리를 움직여 소동하게 하거늘"이라고 했습니다.

모든 이방인들은 쓸데없는 우상을 버려야 합니다. 이것이 진정한 의미에서 회개입니다. 회개는 말로만 하는 것이 아닙니다. 믿음으로 하는 것입니다. 입으로만 고백하는 것이 아닙니다. 행동으로 하고 삶으로 하는 것입니다.

여러분은 이미 우상을 버린 성도입니다. 그렇다면 하나님만 섬겨야 합니다. 그런데 우리들은 은연 중에 세상 것을 마음에 품고 사는 경향이 있습니다. 때로는 세상 것에 사로잡혀 이끌리고 있지 않습니까? 하나님을 생각하고 하나님으로 만족하고 하나님을 기뻐해야 할 사람들이 세상 것, 앞으로 몇 년 정도 사용하다가 떠날 그 무엇에 얽매이고 있지 않은지 생각해 보십시오.

살아 계신 하나님은 생명의 근원자이십니다. 영원부터 영원까지 자존자가 되십니다. 출애굽기 3장 14절에 "하나님이 모세에게 이르시되

나는 스스로 있는 자이니라 또 이르시되 너는 이스라엘 자손에게 이같이 이르기를 스스로 있는 자가 나를 너희에게 보내셨다 하라"라고 했습니다.

인간은 하나님이 살아 계심을 알 때 자발적인 충성을 다하게 됩니다. 살아 계신 하나님을 섬기는 일을 할 때 우상과 단절을 선언하고, 마땅히 충성하고 봉사하는 사람으로 발전되는 법입니다. 자발적인 봉사와 헌신이 하나님을 섬기는 성도의 아름다움 그 자체요 가장 숭고한 덕일 것입니다.

3. 예수님을 기다렸습니다

여러분은 누구를 기다리며 사십니까? 데살로니가 교회 교인들은 죽은 자 가운데서 살아나신 예수님을 기다리며 살았습니다. 십자가에 달려 죽으시고 삼 일 만에 다시 살아나신 주님을 바라보면서 하루하루를 살았습니다. 이것이 데살로니가 교인들의 세 번째 특징입니다. 그리스도의 재림을 기다리는 신앙생활입니다.

초대교회의 성도들은 지금과 같이 넉넉한 생활을 한 사람들이 아닙니다. 잡히면 죽임을 당하고 산 속이나 토굴에 숨어서 살던 사람들입니다. 심지어 지하 공동묘지에서 지내다가 죽어간 사람들입니다. 그리스도의 재림을 기다리는 믿음생활이 어떤지를 말해 줍니다. 여기 '기다린다' 는 말은 인내와 확신을 가지고 고대한다는 뜻입니다. 끊임없는 기대를 가지고 기다린다는 말입니다. 그리스도께서 오실 것이라는 확신을 가지고 살았습니다.

고린도 교인들을 봅시다. 고린도전서 1장 7절에 "너희가 모든 은사에 부족함이 없이 우리 주 예수 그리스도의 나타나심을 기다림이라"라고 했습니다.

빌리보 교인들도 마찬가지입니다. "그러나 우리의 시민권은 하늘에 있는지라 거기로부터 구원하는 자 곧 주 예수 그리스도를 기다리노니"
라고 했습니다. 하늘의 시민권자의 특징은 그리스도의 재림을 기다리
는 것입니다.

바울 자신도 그랬습니다. "이제 후로는 나를 위하여 의의 면류관이
예비되었으므로 주 곧 의로우신 재판장이 그날에 내게 주실 것이며 내
게만 아니라 주의 나타나심을 사모하는 모든 자에게도니라"(딤후4:8)라
고 했습니다.

바울은 십자가만 자랑한 것이 아닙니다. 부활도 자랑했습니다. 부활
만이 아닙니다. 재림도 자랑했습니다. 성도의 궁극적인 구원에 관하여
총체적으로 자랑했습니다. 사람들은 치우치는 성향이 있지만 바울은
균형잡힌 믿음의 사도였습니다. 십자가와 부활과 재림의 주님을 기다
리며 살았습니다.

그리스도께서는 죽은 자 가운데서 부활하여 하나님 우편 보좌에 앉
아 계십니다. 주님은 천사장의 나팔 소리와 함께 하늘로부터 강림하실
것입니다. 성도들의 생명의 부활을 위하여 강림하실 것입니다. 십자가
에서 저주의 죽음을 죽으셨지만 하나님의 자녀들의 생명의 부활을 위
하여 다시 강림하십니다. 영원한 심판주로 오십니다.

우리가 살고 있는 삶의 현실이 얼마나 불공평합니까? 그러나 주님이
오시면 공의로운 심판이 수행될 것입니다. 자기 말로 자기가 정죄를 당
하고 자기 말로 자기가 의롭다 함을 받을 것입니다. 그러므로 초대교회
성도들은 장래에 진노하심에서 건지시는 주님을 기다리는 신앙을 가졌
습니다. 공의의 심판을 기다렸습니다.

우리도 종말론적인 사건으로 부활과 재림 그리고 최후 심판을 믿습
니다. 믿음 없는 불신자들은 한없는 고통의 시간이 기다리고 있습니다.
성도에게는 한없는 기쁨과 영광의 시간이 기다리고 있습니다. 그 날이
구원의 때입니다. 구원의 절정의 시간입니다. 생명의 부활로 나올 것입
니다. 칭찬과 영광과 존귀가 준비된 시간입니다.

바울은 심판주로서의 주님을 말하지만 구원주로서의 재림의 주님을 강조하여 말했습니다. 예수님은 우리의 영원한 구원자이십니다. 길과 진리와 생명이십니다. 주님은 우리의 영원한 피난처이십니다.

56

제7강
데살로니가전서 2장 1-4절

전도자 바울

저는 총신대학교를 1971년부터 1978년까지 다녔습니다. 물론 중간에 군대생활 삼 년을 포함한 말입니다. 설교 준비를 하면서 총신대학교의 교훈이 생각이 났습니다. "신자가 되라, 학자가 되라, 성자가 되라, 전도자가 되라, 목회자가 되라".

수십 년이 지난 지금 와서 되돌이켜 생각해 보면 나는 아무 것도 되어 있는 것이 없는 사람이라는 생각도 해 봅니다. 여러분은 지금 어떤 사람이 되어 있습니까? 그리고 어떤 사람이 되고 싶습니까? 어떤 사람이 되어가고 있을까요?

사도 바울은 자신을 가리켜 '하나님의 아들'이라고 고백했습니다. 바울은 신학자입니다. 그리고 성자였습니다. 복음을 전하는 전도자였습니다. 가는 곳곳마다 양떼를 먹이고 돌보는 목회자였습니다. 그중에 제일 관심이 많은 말은 '하나님의 아들'이었습니다.

1. 복음을 말하는 사람

바울이 데살로니가 지방을 왜 방문하게 되었을까요? 본래 바울은 아시아 지방에서 복음을 전하기를 원했지만 성령 하나님께서 아시아 지방에서 복음을 전하지 못하게 했습니다. 비두니아 지방으로 가려고 애썼지만 예수의 영이 허락하지 않았습니다. 환상 가운데 한 사람이 손짓을 하는데 마게도냐로 건너와서 우리를 도우라는 것이었습니다.

환상을 본 사도 바울은 마게도냐 지방으로 가려고 힘쓰고 애썼습니다. 그후에 도착한 곳이 빌립보 지방이었습니다. 빌립보 지방에서 루디아를 만났습니다. 하나님을 공경하는 여인입니다. 루디아는 마음을 열고 바울의 말을 잘 들었습니다. 바울을 집으로 초대하여 복음의 소식을 듣고 온 집이 다 주님을 믿고 세례를 받았습니다. 빌립보 교회가 루디아의 집으로부터 시작하게 되었습니다.

또 하나의 사건은 바울이 빌립보 지방에서 점치는 여자, 귀신들린 여자를 고쳐 주었습니다. 점치던 많은 사람들이 점을 칠 수 없게 되자 바울과 실라를 감옥에 가두게 되었습니다. 감옥에 갇힌 바울과 실라는 하나님 앞에 찬송과 기도를 올렸습니다. 하나님은 지진으로 옥문이 열리게 합니다. 옥문이 열린 것을 보고 빌립보 감옥을 지키던 간수가 죄수를 지키지 못하면 자기가 대신 죽어야 하는 것을 알고 있기에 자결하려고 했습니다.

바울이 큰 소리로 외칩니다. "네 몸을 상하지 말라 우리가 다 여기 있노라". 그때에 간수가 바울과 실라 앞에 무릎을 꿇었습니다. 그리고 하는 말이 "선생들이여 내가 어떻게 하여야 구원을 받으리이까?"라고 물었습니다.

바울의 대답이 무엇입니까? "주 예수를 믿으라 그리하면 너와 네 집이 구원을 받으리라"(행16:31)라고 했습니다. 이 복음의 소식을 듣고 간수는 바울과 실라를 자기 집으로 인도했습니다. 집에 당도한 간수는 바울의 입으로부터 나오는 주의 말씀을 들었습니다. 간수의 가족이 모두 다 하나님의 말씀을 받았고, 온 집이 세례를 받았습니다.

날이 밝자 상관들이 바울과 실라를 내 놓으라고 말했습니다. 상관들이 자기의 밑에 사람을 보내어 이 사람들을 다 풀어주라고 명령했습니다. 그래서 '이제는 나가서 평안히 가라' 라고 말했습니다.

바울의 항변이 무엇입니까? "로마 사람인 우리를 죄도 정하지 아니하고 공중 앞에서 때리고 옥에 가두었다가 이제는 가만히 내보내고자 하느냐 아니라 그들이 친히 와서 우리를 데리고 나가야 하리라"(행16:37)라고 주장했습니다.

바울이 로마 사람이라는 말을 들은 상관들은 사도 바울이 유대인이지만 로마의 시민권을 가진 로마 사람인줄 알게 되었고 두려워 벌벌 떨게 되었습니다. 상전들은 와서 두 사람이 성을 떠나기까지 전송했습니다.

그후에 바울 일행이 도착한 곳이 데살로니가 지방이었습니다. 데살로니가에서는 세 안식일 동안 회당에 들어가서 복음을 전했습니다. 성경을 가지고 예수 그리스도께서 십자가에 죽으신 것을 가르쳤습니다. 다시 살아나신 부활을 전했습니다. 지금 사도 바울은 데살로니가 지방의 전도 사역을 회상하고 있습니다. 여러 환난과 핍박이 있었지만 사람들에게 복음을 전하고야 말겠다는 강한 의지가 엿보입니다.

예수님을 전했을 때 헬라인들이 회개했습니다. 경건한 부인들도 회개했습니다. 데살로니가 지방에 가서 복음을 전한 것이 헛되지 않았습니다. 믿음의 역사, 사랑의 수고, 소망의 인내가 있는 교회로 발전했습니다.

바울 일행은 빌립보 지방에서 영적인 싸움을 했습니다. 육체적인 고통도 많이 받았습니다. 매도 많이 맞았습니다. 옥에도 갇혔습니다. 사람들에게 조롱도 당했습니다. 그래도 승리할 수 있었던 것은 하나님의 능력을 힘입었기 때문이었습니다.

바울 일행은 하나님의 능력을 덧입어 복음을 전했을 때 교회가 세워졌습니다. 여러분은 지금 교회를 허는 사람입니까 아니면 세우는 사람입니까? 세우는 사람의 특징은 시공간을 초월하는 똑같은 원리가 있습니다. 그것은 기도와 복음 전파입니다.

인간은 사악한 존재입니다. 바울과 실라에게 고난을 안겨주던 자가 짐승입니까 아니면 사람입니까? 하나님의 사람에게 매질하던 자가 성령입니까 아니면 사탄이었습니까? 때로는 유대인들이요 괴악한 사람들이었습니다.

지금 사도 바울은 과거에 일어났던 일들을 생각하고 있습니다. 매 맞으면서 하나님의 복음을 전했던 바울, 용감했습니다. 영적인 영웅입니다. 교회는 대가 없이 세워지는 것이 아닙니다. 철저한 희생과 사랑으로 헌신하는 봉사로 세워지는 법입니다.

사랑하는 성도 여러분! 교회를 세우는 사람들이 되십시요. 헛되지 않은 것이 복음 전하는 일입니다. 말씀을 뿌리면 씨앗이 나고 잎이 나고 꽃도 피고 열매를 맺게 되어 있습니다. 이것이 교회를 세우는 일입니다.

2. 어떤 내용을 전했습니까?

3-4절입니다. "우리의 권면은 간사함이나 부정에서 난 것이 아니요 속임수로 하는 것도 아니라 오직 하나님께 옳게 여기심을 입어 복음을 위탁 받았으니 우리가 이와 같이 말함은 사람을 기쁘게 하려 함이 아니요 오직 우리 마음을 감찰하시는 하나님을 기쁘시게 하려 함이라"라고 했습니다.

사도 바울이 빌립보 지방이나 데살로니가 지방에 가서 복음을 전한 것은 권면하는 마음이었습니다. 권면이란 '곁으로 부르다' 라는 뜻입니다. 일반적으로 책망할 때는 '앞으로' 부릅니다. 그러나 위로하고 친근감 있게 말할 때는 '곁으로' 부릅니다.

1) 바울이 전한 복음은 '간사' 한 것이 아닙니다. 간사는 '미혹시키다' 란 말입니다. 바울은 속임수나 오류가 있는 것을 전한 사람이 아닙니다. 모순이 있는 것이 아닙니다. 사람들을 실망시키거나 인생을 망하

게 하는 것들이 아니었습니다. 예수 안에서 행복해지는 법을 가르쳤습니다. 영원히 잘 되는 길로 인도하는 복음을 전했습니다.

2) 바울이 전한 것은 '부정한' 것도 아니었습니다. 물질적으로나 이성적으로 부정함이 없었습니다. 바울은 물질적인 면에 깨끗했습니다. 이성적인 면에 깨끗했습니다. 이 두 가지 면에 깨끗하다는 것은 상당히 인격적인 사람임을 나타내는 말입니다. 게하시도 넘어졌습니다. 아나니아와 삽비라도 실패했습니다. 여호수아 시대에 아간도 이 시험에 빠졌습니다. 여러분은 물질적인 면에서 하나님 앞에 깨끗합니까?

3) 바울이 전한 복음은 '궤계'도 아니었습니다. 궤계는 간사하고, 속임수를 말합니다. 당시 헬라 철학자들은 말로 속임수를 썼습니다. 말로 위장했습니다. 교묘한 속임수를 썼습니다. 바울은 그런 사람이 아닙니다. 사람들은 자신의 이익이나 유익을 취하기 위해서 그럴싸한 이론을 전개합니다.

하나님의 복음은 진실합니다. 거짓이 없습니다. 순수합니다. 그래서 복음을 믿으면 구원받습니다. 일반적으로 인간은 심은대로 거둡니다. 많이 심으면 많이 거두고 적게 심으면 적게 거둡니다.

사도 바울은 하나님이 옳게 여기는 것을 전했습니다. 하나님이 부탁하신 것만 전했습니다. 하나님이 인증하신 것입니다. 마치 순금임을 입증하듯 입증된 것만 전했습니다. 교회 일은 아무나 하는 것이 아닙니다. 하나님이 부탁한 사람이, 부탁받은 것을 가지고, 하나님의 방법으로 하는 것이 하나님의 일입니다.

3. 하나님을 기쁘시게 하는 사람

사도 바울은 사람을 기쁘게 하려는 사람이 아니었습니다. 사람보다는 하나님을 기쁘시게 하는 전도자였습니다. 갈라디아 교인들에게도 같은 말을 합니다. "내가 하나님을 기쁘시게 하랴 아니면 사람을 기쁘게 하랴? 내가 지금까지 사람을 기쁘게 하는 사람이었다면 그리스도의 종이 아니니라"라고까지 선언했습니다.

하나님을 기쁘시게 하려다보니 아첨의 말을 하지 않았습니다. '아첨'의 말이 무엇입니까? 자기 자신의 유익을 위해서 다른 사람의 기분을 맞춰주고, 그러면서 자기의 음흉한 행위를 가리고자 하는 말입니다. 현대인들이 얼마나 이렇게 말을 하면서 세상을 살아갑니까? 하나님을 기쁘시게 하는 종들이 되십시다.

바울은 '탐심'의 탈도 쓰지 않았습니다. 바울은 탐심의 탈이 없었습니다. '탐심'이란 가면을 쓰는 것을 가리킵니다. 탐심을 이루기 위해서 겉으로 성결을 말합니다. 겉으로 사랑하는 척합니다. 혼자서 교회 일을 다하는 척합니다.

종교개혁자 칼빈은 진정한 전도자인지 아닌지를 평가하는 기준이 바로 '아첨과 탐심'이라고 했습니다. 목회자가 사람들에게 아첨합니까? 진실한 목회자가 아닙니다. 전도자가 탐심이 있습니까? 진실한 전도자가 아닐 것입니다.

사도 바울은 진실한 목회자였습니다. 진실한 전도자였습니다. 누가 증거합니까? 누가 증인입니까? "하나님이 증거하시느니라". 하나님이 증인입니다. 이 말이 위대한 말입니다. 사랑하는 여러분은 인생을 살면서 수많은 사람들을 보며, 이야기하며, 지금까지 왔을 것입니다. 또 앞으로도 많은 사람들을 만나야 할 것입니다. 여러분은 어떤 사람이 되고 싶습니까? 그리고 어떤 사람을 만나고 싶습니까?

저는 진실한 사람이 되고 싶습니다. 그리고 진실한 사람을 만나고 싶습니다. 그런데 그런 것보다 더 중요한 것은 하나님을 기쁘시게 하는 사람, 아첨이나 탐심이 없는 사람, 하나님이 사랑하고, 하나님이 함께하고, 하나님이 좋아하는 하나님의 사람을 만나고 싶고 보고 싶을 뿐입니다.

바울이 복음을 전하는 목적이 무엇입니까? 복음을 맡기신 하나님을 기쁘시게 하는 데 목적이 있었습니다. 오직 하나님을 위한 것이었습니다. 마음을 감찰하시는 하나님, 심장과 폐부를 살피시는 하나님을 위하여 복음을 전했습니다. 이것이 바울이 복음을 전한 동기요 목적이었습니다.

제8강
데살로니가전서 2장 6-9절

유모같은 바울

사도 바울은 데살로니가 교회를 어떤 마음으로 섬겼을까요? 세 안식일 동안이었지만 어떤 자세로 하나님의 교회 일을 했을까요? 바울이 우리에게 큰 교훈과 도전을 줍니다. 아버지와 어머니같은 마음, 그리고 그런 자세로 교회를 섬기고 봉사하며 헌신했습니다.

제가 학위 논문을 쓰기 위해 21년간 봉사한 천성교회를 대상으로 설문조사를 해본 적이 있습니다. 위임목사가 여러분에게 어떤 느낌으로 다가오느냐? 대통령처럼 보인다, 아버지처럼 보인다, 큰 형님같다, 독재자같다. 정확하게 세어보지는 않았지만 135명 중에 2명 정도는 큰 형님처럼 보인다, 12명 정도는 대통령처럼 보인다, 10명 정도는 독재자이다, 그 나머지 105-110명 정도는 아버지같이 느껴진다라고 대답했습니다. 그 설문조사를 보면서 많이 웃고 함께 즐거워했습니다. 저의 기본적인 마음은 처음이나 지금이나 변함이 없습니다.

사도 바울은 데살로니가 교회를 섬길 때 어떤 마음을 가지고 섬겼을까요? 이런 자세를 우리 모두 본받아서 하나님의 교회를 섬기십시다.

1. 바울은 예수 그리스도의 사도입니다

사도 바울은 이방인의 사도이지만 예수 그리스도의 사도입니다. 사도로서 존귀히 여김을 받는 것이 당연한 일이었습니다. 그러나 바울은 사람의 영광을 구하지 않았습니다. 오직 하나님의 영광을 구했습니다. 지금은 하나님의 영광보다 사람의 영광을 구하는 경우가 참 많은 세상입니다. 우리 모두 하나님의 영광을 구하는 성도가 됩시다. 바울은 "먹든지 마시든지 무엇을 하든지 다 하나님의 영광을 위하여 하라"라고 했습니다.

많은 사람이 충성스럽지만 장로직, 권사직, 집사직을 맡고도 충성하지 않는 사람이 있습니다. 하나님 앞과 교회 앞에 충성을 힘쓰는 것이 아니라 누가 칭찬해 주지 않나? 알아주지 않나? 높여주지 않나? 하고 직분을 벼슬처럼 생각합니다.

사도 바울은 사람의 영광을 구하지 않았습니다. 사람의 영광을 구해도 되는 사도이지만 그것을 구하지 않았습니다. 이것이 바울의 위대한 점입니다. 사도는 예수 그리스도의 보냄을 받은 자입니다. 바울 일행을 데살로니가 지방으로 보낸 분이 누구입니까? 누가 보냈습니까? 성령 하나님이 보냈습니다. 하늘에 계신 주님이 보내셨습니다. 교회의 주인이신 그리스도께서 보내셨습니다. 사도 바울은 사도의 권위가 있는 사람입니다.

사도는 아무나 되는 것은 아니었습니다. 주님이 직접 불렀다는 의미가 있습니다. 예수님과 3년 동안 동행하며 함께한 사람입니다. 십자가와 부활을 목격한 사람입니다. 특별한 이적과 기사를 행할 수 있는 능력이 있는 분들입니다. 성경을 기록하고 교회를 세우는 권세가 있는 분들이었습니다.

본래 사도직은 인류 역사상 열두 명밖에 없는 직분입니다. 초대교회에 있어서 아주 존귀한 직분이었습니다. 지금도 사도들의 터 위에 세움을 입는 자가 교회요 교인들입니다. 정말 존귀한 분들이 사도입니다.

여러분! 사람이 여러분을 알아주기를 바라지 말고 여러분이 사람을 알아주기를 바랍니다. 저 사람이 하나님의 사람이야, 저 사람이 장로님이야, 저 분이 기도 많이 하는 권사님이야, 저 분이 나에게 복음을 전해 준 분이야, 일평생을 하나님과 교회를 위해 헌신 많이 하신 그 장로님이야.

사도 바울은 이방인의 사도였습니다. 식사 대접을 받는 것이라든지(눅10:8, 고전9:4), 구제 헌금이나 선교 헌금을 받을 수 있는 권리도 있습니다(행4:35, 갈2:10). 얼마든지 교회에 요구할 수 있는 사람이었습니다. 그러나 받은 경우도 있지만 그렇게 하지 않은 경우가 많았습니다.

하나님께서 사도들에게 특별한 은혜를 주셔서 기적과 능력과 권능이 있었습니다. 교회나 성도들로부터 대접받을 권리가 있었습니다. 그러나 권리를 포기하고 가급적이면 적게 받으려고 했음을 밝히고 있습니다. 사도직은 존중히 여겨야 할 직분입니다. '존중'이란 '무게가 있다'라는 말로 당연히 사도로서의 위엄이 있었습니다.

저나 여러분은 헌신과 봉사는 많이 하고, 칭찬과 상급은 사양하며, 존귀와 영광은 하나님께 돌릴 수 있기를 바랍니다. 그러면 사도 바울이 왜 사도로서의 영광을 포기했을까요? 복음 전도를 위해서 그렇게 했습니다. 하나님의 영광스러운 복음이 널리널리 선전되기를 간절히 바라는 마음에서 그렇게 했습니다. 지금도 하나님은 저와 같이 부족한 사람들을 통해 영광스러운 복음이 널리 선전되기를 원하십니다. 그러므로 서로 협력하고 봉사하며 헌신하는 성도가 되십시다.

2. 유모같은 바울이었습니다

사도 바울은 유순한 자였습니다. '유순하다'는 말은 두 가지 의미로 해석됩니다. '유순'이라는 말과 '어린'의 의미입니다. 어떤 사본은 유순으로 기록하고 어떤 사본은 어린이라는 말로 기록되어 있습니다.

어머니가 어린 아이, 어린 자녀들을 어떻게 기릅니까? 염려하고 보살핌으로 기릅니다. 지극한 정성을 다합니다. 있는 힘과 정성을 다하여 기릅니다.

바울은 데살로니가 교인들을 기를 때에 유모가 자녀를 기르는 것처럼 교인들을 양육했습니다. 유모가 자녀를 어떻게 기릅니까? 의무감에서 기르지 않습니다. 사랑해서 기릅니다. 바울은 성도들을 사랑해서 길렀습니다. 교회를 사랑하고 애착심을 가지고 길렀습니다.

사도 바울이 어머니가 어린애를 기르는 것같이 길렀다고 했는데 그 증거가 무엇입니까?

1) 하나님의 복음을 전했습니다. 하나님의 복음을 전한 것이 사랑의 표시였습니다. 목회자가 교회를 위해 쏟아부을 수 있는 최고의 것은 복음입니다.

제가 과거에 설문조사를 했을 때 많은 사람들이 설교에 은혜가 된다고 대답했습니다. 설교를 잘 해서가 아닙니다. 하나님의 복음을 들려주는 것이 목사의 사명입니다. 흉악한 이리 떼한테 잡혀가지 않도록 보호하는 것이 목사의 사명입니다. 목사의 인격이나 삶이 훌륭해서가 아닙니다. 사명감과 소명의식 때문에 더욱 그렇습니다.

여러분, 복음이 무엇입니까? 사도들과 선지자들을 통해서 전한 모든 것이 복음입니다. 넓게 말하면 하나님에 대한 모든 소식이 다 복음입니다. 예수님에 대한 모든 것이 복음입니다. 목회자로서 교인을 사랑하는 사람은 하나님의 복음을 들려 주게 되어 있습니다.

예레미야 성경을 기억할 것입니다. 거짓 선지자들이 '내가 꿈을 꾸었다 꿈을 꾸었다' 하며 성도들을 미혹하고 있습니다. 이런 거짓된 꿈은 사탄의 역사입니다. 성령께서는 그렇게 일하시지 않습니다. 성령은 인격적인 하나님이십니다. 어머니가 어린 아이에게 젖을 먹이듯이 하나님의 사람은 복음으로 교회를 이끌어 가는 사람입니다.

2) 바울은 자기의 목숨을 주님을 위하고 교회를 위하여 주기를 즐겨했습니다. 사도 바울은 목숨을 던져서라도 하나님의 교회를 세우기를 원했습니다. 목숨이란 육체적인 생명보다는 인격 전체를 말하는 뜻입니다. 인격 전체를 불살라 하나님 앞에 바치고 교회 앞에 바치는 사람이었습니다.

바울과 실라 그리고 디모데는 정말 목숨 내놓고 복음을 전했습니다. 순교를 각오하고 복음을 전했습니다. 말씀만 전한 것이 아닙니다. 삶 전체를 드렸습니다. 이게 목회입니다. 왜 그렇게 했습니까? "너희가 우리의 사랑하는 자 됨이니라". 교인을 사랑했기 때문입니다. 옥에 갇혀 있거나 떠나 있는 지금도 그런 사랑이 계속되고 있었습니다.

사랑하는 우리 성도들은 목회자의 심정을 아십니까? 목사가 무엇하는 사람인지 그리고 왜 큰 소리를 치는지 아십니까? 저는 자녀를 기르는 부모의 심정으로 우리 성도들을 대합니다. 비록 여러분 마음에 흡족하지는 않겠지만 그 마음이 있기 때문에 지금까지 달려왔고 앞으로도 달려갈 것입니다.

3. 일하면서 전했습니다

형제들아, 우리의 수고와 애쓴 것을 기억하라. 어떻게 수고했습니까? "밤과 낮으로 일하면서 너희에게 하나님의 복음을 전파하였노라". 나는 목회자로 일평생을 살면서 여러 가지를 생각해 보았습니다. 더군다나 한국 교회의 현실을 보면서 정말 안타깝다는 생각도 많이 했습니다. 저는 이 본문을 2001년도에 다루어 드린 바도 있습니다.

한국 교회의 현실을 여러분은 아십니까? 수많은 목회자가 신음하면서 살다가 죽어가고 있습니다. 말 못하고 죽어갑니다. 옛날에는 동참하는 성도들이 많았습니다. 먹을 것을 나누어 먹고, 입을 것을 나누어 입던 시절이 있었습니다. 지금은 돈만 조금 주면 그것으로 다 끝입니다.

농어촌이나 도시 교회의 이면을 살펴 보십시오. 정말 힘들어서 남몰래 이것저것을 해야 삶이 유지되는 세상이 되었습니다. 그래서 20여 년 전부터 목회자의 이중직에 대하여 한국 교회는 뜨거운 감자처럼 이러지도 못하고 저러지도 못하는 상황에 빠져 있습니다. 그러면서 음성적으로는 다 묵인하는 세상이 되었습니다. 왜냐하면 총회나 노회가 책임질 수가 없는 상황입니다. 물론 교회가 책임져야 할 부분을 감당하지 못하기 때문에 생겨나는 문제들입니다.

왜 바울은 밤낮으로 일하면서 복음을 전했을까요? 역시 사랑의 증거입니다. 사랑하기 때문에 대가를 받지 않고 일했고, 대가를 생각하지 않고 수고했습니다. 바울은 육체적인 노동도 했습니다. 때로는 굶주리고 매맞고 핍절한 상태에서 수고했습니다. 자비량 전도를 했습니다. 자격이 없어서가 아닙니다. 사도가 아니기 때문도 아닙니다. 성도들에게 부담을 덜어주려는 마음입니다. 교회에 짐을 지우지 않으려는 바울의 심정입니다. 바울의 모범이라고 말할 수 있습니다.

목회자의 마음을 읽을 수 있기를 바랍니다. 이해가 되지 않으면 물어 보세요. 이상한 말이나 글을 쓰지 말고, 그것은 범죄 행위입니다. 우리 모두 성령의 인도하심을 따라 봉사하고 헌신해서 주님께 영광을 돌린 데살로니가 교인같은 성도들이 다 되십시다.

세상에는 더 좋은 방법이 있지만 항상 좋은 방법으로만 할 수 없는 세상입니다. 더 성장하고 더 발전하면 더 좋은 방법으로 하지 말라고 해도 하게 되어 있습니다.

일하는 것은 아름다운 것입니다. 일하지 않는 것이 더 큰 문제입니다. 일을 하더라도 하나님과 교회에 유익된 일을 생각하면서 일을 해야 합니다. 그렇지 않으면 항상 문제가 드러나게 되어 있습니다. 중요한 것은 일을 하느냐 하지 않느냐보다 복음을 전하느냐 전하지 않느냐가 더 중요한 문제일 것입니다.

제9강
데살로니가전서 2장 10-12절

아버지같은 바울

사도 바울이 동역자 실라와 디모데와 함께 빌립보 지방과 데살로니가 지방에 가서 복음을 전할 때 영적인 싸움을 해야만 했습니다. 때로는 매맞고 갇히고, 능욕을 당했습니다. 그렇게 많은 역경과 고난을 당했지만 바울 일행은 세상적으로 궤사한 짓을 하지 않았습니다. 부정직한 일도 하지 않았습니다. 하나님이 부탁하신 일을 감당하기만 했습니다. 사람을 기쁘게 하려 하지 않았고, 자기들을 보낸 하나님만 기쁘시게 했습니다.

바울은 이방인의 사도였습니다. 인류 역사상 이방인의 사도는 한 사람뿐이었습니다. 존귀한 자이기에 존중히 여김을 받고 사람의 영광을 구할 만도 했지만 구하지 않았습니다. 그러면서 자기 할 일만 성실하게 감당했습니다. 교회를 섬기거나 사람을 대할 때에 어떻게 했을까요? 어머니가 어린 아이를 기르는 것처럼 하나님의 복음을 증거했습니다.

그리고 자기의 목숨까지 주려고 노력했습니다. 왜냐하면 데살로니가 교인들을 사랑했기 때문입니다. 사랑했기 때문에 밤낮없이 일하기도 하고 수고를 아끼지 않았습니다. 현대 교인들이 오늘 성경에서 바울로부터 배워야 할 교훈이 무엇입니까?

1. 바울은 어떤 사람이었습니까?

사도 바울은 먼저 믿는 성도들을 어떤 모습으로 대했습니까? '거룩하고 옳고 흠 없이' 사람을 대했습니다. 이것이 복음 전하는 자의 자세입니다. 다른 사람에게 예수를 전하는 사람이 가져야 할 태도이기도 합니다. 또 믿는 자가 믿는 자에 대한 태도요 믿지 않는 사람에 대한 태도입니다. '거룩하고 옳고 흠 없이' 대했습니다.

자세히 연구해 봅시다. 먼저는 '거룩'입니다. 거룩은 하나님께 대하여 가지는 성도의 자세를 말합니다. 하나님과의 관계를 먼저 생각하는 바울입니다. 하나님께 가지는 덕목으로 '구별된 것, 구별되다'라는 의미입니다. 소극적으로는 죄를 피하는 행동, 죄를 멀리하는 행동입니다. 내적인 경건입니다. 적극적으로는 구별되다, 성별된 자를 거룩이라고 말합니다. 하나님께 바쳐진 존재를 일컫는 말입니다.

하나님의 교회를 섬기거나 봉사하는 사람들이 가져야 할 자세, 하나님의 영광스러운 복음을 전하는 사람이 먼저 가져야 할 일이 거룩입니다. 히브리서를 기억하십니까? "거룩함이 없이는 아무도 주를 볼 수 없느니라". 우리가 믿는 하나님이 거룩하신 하나님! 우리가 가는 나라가 거룩한 나라요 거룩한 백성이 되는 것은 당연한 일입니다.

두 번째는 무엇에든지 옳아야 합니다. 하나님 보시기에도 옳고 사람 보기에도 옳아야 합니다. 옳은 것은 사람에게 대한 것들입니다. 다른 사람을 대하는 데 있어서 덕목이 반드시 옳아야 합니다. 우리가 죄인이기 때문에 다 옳을 수는 없을 것이지만 그래도 다른 사람을 대할 때 반드시 옳아야 합니다. 일반적으로 자기가 해야 할 의무와 책임을 잘 감당할 때 이런 칭찬이 있습니다.

모든 사람이 볼 때 의로움이 있을 때 사랑하게 됩니다. 성도는 의로운 사람들입니다. 노아는 당대에 의인이었습니다. 하나님의 은혜로 의인이 되었습니다. 아브라함도 하나님을 믿어 의인이 되었습니다.

하나님은 어느 시대나 의인을 찾습니다. 의인 열 명이 없어서 멸망받은 곳이 소돔과 고모라입니다. 예레미야 5장에서는 예루살렘 거리에서 의인 한 명만 찾으면 그 성을 멸하지 않겠다고 말씀하셨습니다.

여러분은 예수를 믿는 사람들입니다. 하나님의 은혜를 받아 의인된 사람들입니다. 믿음으로 의인된 여러분들이 하나님의 사람이요 하나님의 자녀입니다. 하나님은 여러분 중심으로 세상을 움직여 가십니다. 여러분이 섬기는 가문에서 여러분이 핵심적인 사람이 되기를 바랍니다.

세 번째는 흠이 없어야 합니다. '무흠하다'는 말인데 하나님과 사람에 대하여 다 같이 사용되는 말입니다. 어떤 학자는 자기가 자신에 대하여 가지는 덕목이라고 했습니다. 개인생활에 있어서 책망받을 일이 없어야 한다는 뜻입니다. 사람이 흠이 있으면 책망의 말을 듣게 되어 있습니다. 비난과 책망받을 일이 없는 상태가 좋다는 의미입니다. 흠이 없으면 책망의 말을 들을 것이 없게 됩니다. 당시에는 순회 전도를 하는 사람들이 있었는데 진실한 사람들이 있는가 하면 거짓된 무리들도 있었습니다.

그러면 바울 일행이 어떤 사람인지 누가 증거를 해야만 합니까? 누가 증인입니까? 데살로니가 교인들이 증인이었습니다. 교인들이 전도자의 증인 역할을 감당했습니다. 목회자는 교인들이 인정하면 되는 사람입니다.

또 다른 증인이 누구일까요? 하나님이 증인이십니다. 바울 일행은 세상 사람들이 인정하지 않는 경우가 많았습니다. 때로는 고린도 교회나 갈라디아 교회마저 인정하지 않은 경우도 있었습니다. 그러나 바울 일행은 섭섭해하지 않았습니다. 하나님이 증인 역할을 감당하셨기 때문입니다.

2. 아버지같은 바울

지난 번에 바울 일행은 하나님의 교회를 섬길 때에 어머니가 어린 아이를 기르는 심정으로 교회를 섬겼다고 했습니다. 이번에는 아버지가 자녀에게 하는 것같이 행한다는 것이지요. 아비의 마음! 아버지의 마음으로 교회를 대했다는 것입니다.

아버지가 어떻습니까? 아버지와 아들, 아버지와 딸. 어떤 느낌입니까? 세상에서 가장 가까운 관계입니다. 격이 없는 대화 상대자입니다. 무엇이든지 아낌없이 주고픈 마음이 드는 상대자입니다.

상대가 어린 아이라는 말은 두 가지 의미로 생각하게 만듭니다. 첫째는 성숙하지 못한 미성숙한 상태라는 점과 또 다른 하나는 사랑과 관심 그리고 보살핌이 필요하다는 것을 전제하고 있는 말입니다.

사도 바울은 데살로니가 교인들을 생각하며 말할 때 아버지의 심정으로 권면했습니다. 권면은 훈계입니다. 사람은 권면이나 훈계를 싫어합니다. 그러면 훈계의 결과가 무엇일까요?

인간은 누구나 자유롭게 말하고 행동할 수 있습니다. 그런데 그 자유가 방종일 수 있습니다. 타락일 수 있습니다. 이기적일 수 있습니다. 바울은 그런 마음이 아니었습니다. 어떤 마음입니까?

데살로니가 교인들에게 진정한 자유를 주기 위한 아버지 같은 마음으로 권면했습니다. 부성애의 가장 두드러진 특성이 권면입니다. 사도 바울은 고린도 교인들을 대할 때도 아비의 마음, 아버지의 마음을 가졌습니다. 고린도전서 4장 15절에 "그리스도 안에서 일만 스승이 있으되 아버지는 많지 아니하니 그리스도 예수 안에서 내가 복음으로써 너희를 낳았음이라"라고 했습니다. 개인적이지만 디모데에게 '내 사랑하는 아들아!' 라고 표현했습니다. 아버지의 마음으로 부르고 있습니다.

'권면하다' 라는 말은 '곁으로 부르다' 라는 뜻입니다. 자녀가 바른 판단을 하지 못할 때 곁으로 불러서 가르쳐 주는 친밀하고 다정한 아버지의 모습과 같은 것이었습니다. 선행을 할 때도 권면하면 자발적으로 하게 됩니다. 자원해서 봉사하고 헌신하는 것입니다.

둘째는 위로입니다. 어떤 일을 기쁨으로 행동할 수 있도록 하는 것이 위로입니다. 위로는 가까이에서 비밀을 말해 주는 것입니다. 모르면 가르쳐 주고 알려 주는 것이요, 교훈을 말해 주는 것이 위로입니다.

성령께서 하시는 일이 곁으로 불러서 위로하는 일인데 사도 바울 일행은 성령께서 하시는 일을 대신해서 데살로니가 교인들을 위로해 주었습니다. 저나 여러분이 반드시 배워야 할 덕목입니다.

셋째는 경계했습니다. 하나님의 말씀을 지킬 때 마음 가짐은 하나님을 두려워하는 마음으로 살고 행동할 수 있도록 하는 것입니다. 바른 길로 인도하는 것을 말합니다. 이것이 데살로니가 교인들에게 있어서 밑거름이 되었습니다. 삼가 조심하는 마음입니다. 무엇이든지 조심 또 조심하면서 믿음생활을 해야 합니다.

사도 바울은 성도들을 대할 때에 어머니의 심정도 가졌습니다. 아버지의 마음도 있었습니다. 여러분은 믿음이 약한 자녀들을 어떤 마음으로 대합니까? 또 성도들이나 불신자들을 대할 때 어떤 마음을 가지고 대합니까? 사도 바울을 본받아서 권면하고 위로하고 경계하는 성도들이 다 되십시다.

3. 왜 그렇게 해야만 합니까?

바울이 아버지 같은 마음을 가지고 어린 아이를 대하는 것같이 대한 이유가 무엇입니까? 두 가지 이유가 있다고 말해 주었습니다. 목표가 두 가지입니다. 바울은 데살로니가 교인들을 향한 소망이 있었습니다.

1) 하나님 나라에 합당한 사람으로 키우기 위해서 그렇게 했습니다. 어머니처럼 유순하고 아버지처럼 엄격한 이유가 무엇일까? 하나님은 시시각각으로 성도들을 부르십니다. 하나님 나라, 하나님의 통치, 좁은 의미로 교회로 여러분을 날마다 부르십니다. 미래적으로는 영원한 나라에 합당한 사람으로 여러분을 부르십니다.

하나님은 어떤 분이신가? 성도를 부르시는 하나님이십니다. 계속해서 부르고 계시는 하나님이십니다. 문 밖에 서서 계속하여 부르시는 하나님이십니다. 하나님 나라와 영광을 위하여 부르십니다.

지금 여러분은 하나님 나라에 합당한 성도입니까? 교회에 없어서는 안 될 귀한 성도입니까? 선한 일꾼이 되십시오. 교회 일은 여러분의 생각과 뜻대로 되지 않습니다. 그래서 기도를 해야 하고 성경말씀을 연구해야 합니다. 그렇지 않으면 쓸데없는 일감이 됩니다.

2) 영광의 하나님께 합당한 사람이 되게 합니다. '영광'과 '나라'는 같은 의미에서 사용된 것으로 이해됩니다. 데살로니가 교인들을 모두 다 천국 시민답게 만들려고 바울은 헌신하고 노력하고 있습니다. 영광의 하나님께서 사용하기에 합당한 사람이 되기를 원했습니다.

여러분은 영광의 하나님이 기뻐하는 사람입니까? 시험에 빠지는 것이 영광의 하나님에게 합당한 사람일까요? 기도를 하지 않는 것이 영광의 하나님이 좋아하는 사람일까요? 십일조를 드리지 않는 것이 영광의 하나님이 기뻐하실까요? 시험이 있을 때 참고 견디고 이기는 자에게 생명의 면류관을 주시는 하나님이십니다.

제10강
데살로니가전서 2장 13-16절

바울의 감사

바울 일행이 성령의 인도하심을 따라 데살로니가 지방에 가서 세 안식일 동안 복음을 전했습니다. 아버지와 어머니의 심정을 가지고 복음을 전하며 모든 사람을 사랑으로 돌보았습니다. 그 결과 데살로니가 지방의 많은 사람들이 예수를 믿고 돌아왔습니다.

데살로니가 교인들은 믿음의 역사와 사랑의 수고, 소망의 인내를 가지게 되었습니다. 그리고 바울을 본받고 주님을 본받은 자들이 되어 칭찬받는 교인들로 성장해 갔습니다. 우리의 모습은 어떠할까요? 주님을 닮고 데살로니가 교인들을 본받을 수는 없을까요?

사도 바울은 그렇게 성장해 가는 데살로니가 교인들의 아름다운 모습을 보면서 하나님 아버지께 감사했습니다. 일반적인 감사가 아니라 쉬지 않고 감사했습니다. 범사에 감사했습니다. 항상 감사했고 끊임없이 감사했습니다.

여러분도 목회자가 생각할 때마다 감사할 수 있는 성도, 기도할 때마다 감사의 대상이 됩시다. 그러면 목회자 바울은 데살로니가 교회의 어떤 면을 보고 그렇게 감사했을까요?

1. 하나님의 말씀을 듣는 자세입니다

"너희가 우리에게 들은 바 하나님의 말씀을 받을 때에 사람의 말로 받지 아니하고 하나님의 말씀으로 받음이니 진실로 그러하다". 설교자가 제일 좋아하는 사람은 하나님의 말씀을 전할 때 잘 듣는 사람일 것입니다. 졸거나 딴전 피우지 않고 집중하는 사람입니다. 마치 어머니가 밥 잘 먹는 자녀를 좋아하는 것과 같을 것입니다.

저는 어려서부터 '사람 못 된 것은 개만도 못하다' 라는 말을 들으면서 자랐습니다. 15년 전에 저희 집에 진돗개 한 마리가 있었습니다. 친구 중에 진돗개 전문가가 있어서 한 마리를 선물로 얻게 되었습니다.

그 진돗개를 좋아했던 이유는 첫 번째로 그 진돗개의 특성 때문이었습니다. 얼굴부터 체형이며 꼬리까지 진돗개의 특성을 다 가지고 있었습니다. 야무지고 싸움도 잘하고 사냥도 잘했습니다. 집에 함부로 고양이가 들어오면 죽어나가야 했습니다. 아주 용사와 같았지요.

두 번째로는 주인이 있어야 밥을 먹습니다. 주인이 외출한 경우에는 돌아오기까지 밥을 먹지 않고 기다리다가 주인이 돌아오면 인사하고 가서 밥을 먹습니다. 그래서 제가 좋아했습니다. 아마 자기가 사랑받는 법을 아는 것 같았습니다.

세 번째로는 바위 위에서 잠을 잡니다. 비가 오나 눈이 오나 돌 위에서 주변을 살피면서 잠을 잡니다. 경계심이 아주 많고 정말 자기 사명을 잘 감당하는 개였습니다. 충성스러운 개였습니다. 그래서 족보 있는 개는 다르구나 그런 생각을 해 봤습니다.

데살로니가 교인들이 바울과 실라 그리고 디모데를 통하여 가르침을 받을 때에 사람의 말로 받지 아니했습니다. 하나님의 말씀을 하나님의 말씀으로 받았습니다. 이것이 어떤 결과를 가져왔습니까?

"너희 믿는 자 속에서 역사하느니라". 하나님의 말씀은 살아 있는 말씀입니다. 살아 있는 하나님의 말씀은 사람을 변화시킵니다. 생각을 바꾸고 삶을 바꾸어 놓습니다. 은혜와 능력있는 사람으로 바꾸어 놓습니다.

사도 바울은 로마 교인들에게 이렇게 말했습니다. "믿음은 들음에서 나며 들음은 그리스도의 말씀으로 말미암느니라". 인간이 하나님의 말씀을 하나님의 말씀으로 들을 때 믿음이 생겨납니다.

여러분도 큰 믿음의 사람이 되고 싶으세요? 하나님의 말씀을 경청하여 들으십시오. 칭찬의 말씀이든 책망의 말씀이든 하나님의 말씀을 듣는 자세부터 올바로 가지시면 큰 믿음의 사람으로 성장될 것입니다.

그래서 구약시대에 하나님께서 여러 번 말씀하신 것이 무엇입니까? "내 말을 삼가 듣고 지켜 행하면 ..."이라는 공식입니다. 하나님의 말씀을 삼가 듣고 지켜 행하면 세계 모든 민족 위에 뛰어나게 하실 것이라, 들어와도 복을 받고 나가도 복을 받으리라, 이런 축복을 받기를 바랍니다.

예수님은 "귀 있는 자는 들을지어다"라고 여러 번 강조하셨고, 사도 요한은 요한계시록 1장 3절에서 "이 예언의 말씀을 읽는 자와 듣는 자와 그 가운데에 기록한 것을 지키는 자는 복이 있나니 때가 가까움이라"라고 선언했습니다.

왜 그럴까요? 하나님의 말씀은 "살았고 운동력이 있어 좌우에 날선 어떤 검보다 더 예리하여 혼과 영과 및 관절과 골수를 찔러 쪼개기까지 하며 또 마음의 생각과 뜻을 감찰하나니 ..."라고 했습니다.

데살로니가 교인들은 세 안식일동안의 짧은 기간이었지만 하나님의 말씀을 하나님의 말씀으로 받으니 믿음의 역사, 사랑의 수고, 소망의 인내가 생겼습니다. 우리도 이 교회처럼 될 수 있습니다. 하나님께서 들려주시는 복음을 잘 들으십시오. 영적인 성장이 있을 것입니다.

전도는 전도자가 합니다. 설교는 설교자가 합니다. 그런데 누구의 말씀일까요? 공통점은 하나님의 말씀입니다. 하나님께서 연약한 사람을 통해서 말하고 있지만 내용은 하나님의 말씀입니다. 하나님의 말씀을 전하기 때문에 말씀전하는 자가 존귀한 것입니다.

그래서 주님이 제자들을 보내시면서 "너희를 영접하는 자는 나를 영접하는 것이요 나를 영접하는 자는 나 보내신 자를 영접하는 것이라"라고 하셨습니다. 어떤 학자는 여기 '받는다'는 말을 '공식적으로 엄숙하게 영접하는 것을 말한다'라고 지적했습니다. 가볍게 받을 일이 아니라 무겁게 받는다는 말입니다. 하나님의 말씀은 사람의 말로 받을 일이 아닙니다.

목회자를 통해서 전달되는 하나님의 말씀을 하나님의 말씀으로 받을 수 있어야 합니다. 주님 오시는 날까지 하나님의 말씀을 사랑하는 교회가 되어서 영육간에 하나님의 은총과 복이 충만하기를 바랍니다.

베드로전서 1장 22절에 "너희가 진리를 순종함으로 너희 영혼을 깨끗하게 하여 …"라고 했습니다. 우리교회 성도들은 말씀으로 영혼이 깨끗하게 되십시요. 믿음을 쑤욱-쑥 성장시킵시다.

2. 예루살렘 교회를 본받았습니다

"형제들아 너희가 그리스도 예수 안에서 유대에 있는 하나님의 교회를 본받은 자 되었으니 저희가 유대인들에게 고난을 받음과 같이 너희도 너희 나라 사람들에게 동일한 것을 받았느니라".

데살로니가 교인들은 유대인 교회를 본받은 교회였습니다. 유대인 교회는 어떤 교회였습니까? 전통적인 유대인들의 핍박과 박해 속에서 자라난 교회가 유대인 교회였습니다. 역사적으로 유대인들이 유대인 교회를 얼마나 괴롭혔습니까? 스데반 집사를 돌로 쳐죽였습니다. 야고보 사도를 칼로 목 베어 죽였습니다. 교인들이 환난과 핍박을 견딜 수 없어서 다 흩어지게 만들었습니다. 그래도 주님을 믿었습니다. 이런 신앙을 데살로니가 교회가 본받았습니다.

헬라인 된 이방인들이 데살로니가 교회를 박해했습니다. 이상한 것은 믿는 자가 하나님의 교회를 핍박하고 있었습니다. 그런데 분명한 점은 예수님이 십자가의 고난 후에 영광스러운 부활이 있습니다. 유대인 교회가 유대인들의 환난과 핍박 속에서 아름답게 성장했습니다. 데살로니가 교회도 헬라인들의 박해 속에서 성장했습니다.

여러분도 어려움들을 통해 하나님께서 성장시켜 가는 줄로 믿습니다. 바울은 골로새서 1장 24절에 "내가 이제 너희를 위하여 받는 괴로움을 기뻐하고 그리스도의 남은 고난을 그의 몸된 교회를 위하여 내 육체에 채우노라"라고 했습니다. 교회를 위하여 받는 고난을 기뻐했던 사도 바울입니다.

유대인 교회는 오순절에 성령으로 세워진 교회입니다. 사도들의 가르침을 받았습니다. 서로 사랑의 교제를 했습니다. 하나님을 찬미했습니다. 주께서 구원받는 사람을 날마다 더해 주었습니다. 있는 것들을 가지고 나누고 제 것을 제 것이라고 주장하지 않았습니다. 예수 안에서 하나님의 은혜 안에서 아름답고 멋지게 성장했습니다. 우리교회도 환난과 핍박 속에서 더욱 멋지게 성장할 줄로 믿습니다.

3. 유대인들의 죄가 무엇입니까?

1) 주 예수님을 죽였습니다. 하나님의 아들을 죽인 죄가 얼마나 크겠습니까? 어떠한 죄보다 주님을 배반하고 주님을 믿지 않는 죄가 가장 무서운 죄입니다. 유대인들이 주님을 죽인 이유는 잘못된 신앙관과 교만 때문이었습니다.

2) 선지자들을 죽였습니다. 하나님의 아들만 죽였습니까? 하나님이 하나님의 말씀을 전하기 위한 그릇이 선지자였습니다. 선지자들도 죽였습니다.

3) 사도 바울을 쫓아냈습니다. 선교 여행을 다니면서 복음을 전하고 하나님 나라의 확장을 위해 수고하던 바울을 쫓아냈습니다. 사도행전 17장에서 바울을 쫓아냈습니다.

4) 모든 사람을 대적했습니다. 자기들만 선택받은 민족이라는 사상 때문에 다른 사람들을 천하게 여겼습니다. 인종 차별주의와 민족 차별주의가 있었습니다. 결과는 하나님을 기쁘시게 하지 않았습니다.

5) 이방인들에게 복음 전하는 것을 방해했습니다. 항상 자기 죄를 채웠습니다. 복음 전하는 자를 대적하는 것은 하나님을 대적하는 결과를 가져옵니다.

인간을 대적하는 것이 단순히 사람을 대적하는 것이 아닙니다. 하나님을 대적하는 것입니다. 역대하 36장 16절에 이스라엘의 멸망의 역사를 소개하고 있습니다. "그 백성이 하나님의 사자를 비웃고 말씀을 멸시하며 그 선지자를 욕하여 여호와의 진노로 그 백성에게 미쳐서 만회할 수 없게 하였으므로 하나님이 갈대아 왕의 손에 저희를 다 붙이시매"라고 했습니다. 그 결과 남녀노소를 칼로 죽였습니다. 성전에 기구들과 기명들을 다 가져갔습니다. 성전을 불태웠습니다. 이스라엘의 멸망의 요인은 하나님의 말씀을 비웃는 데서 기인한 것입니다.

하나님의 말씀을 무시한 자에게 하나님의 진노가 임하게 되었습니다. 자리를 피한다고 심판을 피할 수 있습니까? 예수님을 죽이고 선지자들을 죽였던 유대인들에게는 하나님의 심판과 진노가 기다리고 있었습니다. 반대로 환난과 핍박 속에서 신앙생활하고 있는 데살로니가 성도들은 주님이 주는 영광과 축복이 기다리고 있었습니다.

여러분은 어느 편입니까? 순종편인가요 불순종편인가요? 하나님의 말씀을 하나님의 말씀으로 듣는 자가 됩시다. 그리고 하나님의 영광을 위하여 순종하는 편에 섭시다.

제11강
데살로니가전서 2장 17-20절

바울의 영광

　바울과 실라와 디모데는 데살로니가 지방에서 세 안식일 동안 하나님의 복음을 전했습니다. 그 결과로 데살로니가 교회는 믿음의 역사와 사랑의 수고, 소망의 인내가 있는 교회로 발전했습니다. 정말 멋지고 아름다운 결과였습니다.

　우리는 이 시점에서 깊이 생각해 보아야 합니다. 어떻게 짧막한 기간에 그리스도 예수에 대한 복음을 듣고 그렇게 아름다운 성도들로 성장했을까? 나는 십 년, 이십 년, 삼십 년을 믿어도 변화되지 않은 부분이 많은데 어떻게 된 것일까?

　데살로니가 교회와 다른 아주 중요한 점이 있다면 하나님의 말씀을 받을 때 사람의 말로 듣지 아니한 점입니다. 하나님의 말씀을 하나님의 말씀으로 받았습니다. 전하는 자는 사람이지만 배후에 역사하시는 하나님을 믿고, 하나님의 말씀으로 듣고 받아 믿었습니다.

　또 한 가지는 목회자 바울과 주님 그리고 좋은 교회를 본받았습니다. 저나 여러분도 데살로니가 교인들처럼 바울과 같은 사도를 본받고, 주님을 본받는 성도가 됩시다.

1. 마음과 얼굴

사도 바울은 또 다시 데살로니가 교회를 방문하고 싶었습니다. 공식으로 말하자면 '보고 또 보고' 입니다. '생각하고 또 생각하고' 입니다. 교인은 목회자를 그리워하는 것, 목회자는 교인을 그리워하는 것이 있어야 합니다. 서로 사모하는 것이지요. 바울은 데살로니가 교회를 생각하면 굉장히 보고 싶고 또 만나고 싶은 마음이 많았던 목회자입니다.

무엇 때문에 바울은 데살로니가 교회를 그렇게 보고 싶어했을까요? 감사의 조건 때문입니다. 믿음과 사랑과 소망입니다. 사랑하는 성도님들도 목회자가 여러분을 볼 때마다 참 감사하다, 참 고맙다, 감사의 조건이 많은 성도들이 다 되십시다.

사도 바울이 데살로니가 교회를 섬긴 기간은 짧았지만 아버지와 어머니의 마음을 가지고 봉사하고 헌신했습니다. 때로는 아버지처럼 권면하고 위로하며 경계했습니다. 때로는 어머니가 어린 아이를 기르는 것처럼 사랑해 주었습니다. 고난 당할 때는 격려해 주었습니다.

부모의 마음을 가지고 데살로니가 교회를 섬기던 바울은 데살로니가 지방을 떠날 수밖에 없었습니다. 사도행전 17장에서 바울은 세 안식일 동안 복음을 전하지만 믿음의 역사와 사랑의 수고 그리고 소망의 인내가 있었습니다. 그래도 떠날 수밖에 없었습니다. 바울이 떠난 것은 마음이 아니고 몸과 얼굴로만 떠난 것이었습니다.

어느 날 바울이 자기 규례대로 회당에 들어가서 복음을 전했습니다. 데살로니가 지방 사람들에게 성경을 해석해 주었습니다. 내용은 그리스도께서 십자가에 죽으시고 삼 일 만에 부활하신 것을 전했습니다. 바울의 복음을 듣고 경건한 헬라인들이 회개했습니다. 귀부인들도 회개했습니다. 그런데 유대인들이 시기심이 발동했습니다. 괴악한 사람들을 데리고 떼를 지어 소동을 일으켰습니다. 야손의 집에 달려들어 야손과 형제를 읍장 앞으로 끌고 갔습니다.

그리고 외치기를 '천하를 어지럽히는 사람이라' 라고 했습니다. '가이사가 황제인데 다른 임금 예수를 믿으라고 한다' 라고 말하는 사람, '이 사람은 반역자로다' 라고 말하는 사람들도 있었습니다. 그래서 어쩔 수 없이 바울은 밤에 형제들의 권면에 따라 베뢰아 지방으로 떠나가게 된 것입니다.

그러나 떨어진 것은 '잠시' 입니다. 잠시란 '짤막한 기간' 을 말합니다. '떠나는 것' 이란 '버려진 고아' 란 의미입니다. 바울은 데살로니가 교회를 사랑했습니다. 그리워했습니다. 떨어질 수 없는 관계였습니다. 목회자의 심정을 엿볼 수 있는 문구입니다.

여러분은 목회자가 어떤 사람인 줄로 생각하십니까? 연약하고 부족한 존재이지만 하나님의 교회를 위해 세워 놓은 사람입니다. 복음의 영광을 위해 수고하는 사람입니다. 생애를 불살라 거룩한 교회를 이루기 위해 몸부림치는 사람입니다. 저는 바울에 비교하여 아무것도 아닌 존재이고 목회자 중에 아주 연약한 사람이지만 여러분이 협력하면 하나님께서 크게 역사하실 줄로 믿습니다.

2. 사탄이 막았습니다

사도 바울이 데살로니가 교회를 향하여 가고자 했습니다. 그러나 사탄이 길을 막았습니다. 사탄은 구약성경에서 '원수, 대적자, 비방자' 라는 뜻으로 사용되고, 신약성경에는 '마귀, 뱀, 용, 원수' 로 표현되어 있습니다.

사탄은 사악한 존재로 하나님과 사람, 사람과 사람을 훼방하는 역할을 감당하는 존재입니다. 사탄은 데살로니가에 있는 성도들과 교회를 핍박했습니다. 유대인들이 일어나 믿는 자들을 방해하고 괴롭혔습니다. 믿는 자가 믿는 자를 괴롭히는 세상이 아닙니까? 배경은 사탄의 역사입니다. 사탄은 사람을 통해서 역사합니다. 그래서 영을 분별해야 합니다.

데살로니가 교회를 방문하여 다시 굳건히 세우고자 할 때에 사탄이 얼마나 방해를 많이 했겠습니까? 한국 교인들을 보면 떠돌이 교인들이 너무나 많습니다. 뿌리를 내리지 못하는 사람들입니다. 이것이 성령의 역사일 것 같아도 그렇지 않습니다. 뿌리를 내리지 못하게 하는 것은 돌밭과 같습니다. 환란과 핍박이 일어나는 때는 곧 넘어지는 것이요, 넘어지게 하는 것의 배경이 사탄의 역사입니다. 뿌리를 내리지 못하게 하는 검은 손을 가진 사탄을 생각하면서 신앙의 승리자들이 됩시다. 아담과 하와의 배경도 사탄이고, 가룟 유다의 배경도 사탄이었습니다.

로마 교인들을 향하여도 이런 기록을 남겼습니다. 로마서 1장 13절에 "형제들아 내가 여러 번 너희에게 가고자 한 것을 너희가 모르기를 원하지 아니하노니 이는 너희 중에서도 다른 이방인 중에서와 같이 열매를 맺게 하려 함이로되 지금까지 길이 막혔도다"라고 했습니다.

로마서 15장 22-23절에서는 "그러므로 또한 내가 너희에게 가려 하던 것이 여러 번 막혔더니 이제는 이 지방에 일할 곳이 없고 또 여러 해 전부터 언제든지 서바나로 갈 때에 너희에게 가기를 바라고 있었으니"라고 했습니다.

사도 바울은 한 번 전도한 다음에 가만히 있는 사람이 아니었습니다. 그 지역을 다시 방문했습니다. 그리고 하나님의 백성들을 돌보고 사랑해 주었습니다. 부족한 것을 채워주려고 노력했습니다. 재차 방문하려는 바울의 노력을 생각해 봅시다.

전도하는 방법이나 양육하는 방법에 대하여 가르쳐 주고 있습니다. 한 번 복음을 전하고 다 된 것으로 생각하면 안 됩니다. 주 안에서 뿌리를 박고 더 성장할 수 있도록 돕고 협력하는 사람이 되어야 합니다. 선교도 그렇습니다. 일회성 방문, 단회성 방문보다는 잘 믿도록 협력하고 성장할 수 있도록 돕고 또 도와야 하는 것입니다.

부모의 마음을 가졌던 바울처럼 끝까지 돌보아 주고 사랑해 주어야 합니다. 마치 어린 아이를 기르는 것과 같습니다. 어머니나 아버지가 자녀를 낳아 놓고 그냥 버려두지 않는 것과 같습니다. 그러면 어떻게 되겠습니까? 죽든지 아니면 살아도 제 마음대로 자랄 것입니다. 실수하고 부족한 것을 채워주고 또 가르쳐 주고 사랑해 주는 가운데서 성장하는 것이 사람이듯 교회를 섬기는 것도 그런 것과 똑같습니다.

지금은 전도할 때입니다. 여러분은 다른 사람들에게 복음을 제시하고 교회를 소개하고 주님을 자랑해 보았습니까? 벙어리 교인처럼 살지 말기를 바랍니다. 다른 사람에게 예수를 말하세요. 성령께서 역사하십니다.

왜 그렇습니까?

3. 바울의 영광은 무엇인가?

바울은 자신의 영광을 위하는 사람인가 아니면 하나님의 영광을 위하는 사람인가? 사람들은 자신의 영광을 추구하지만 바울은 먹든지 마시든지 무엇을 하든지 다 하나님의 영광을 추구했습니다. 저도 목회를 하지만 하나님의 영광을 구하는 게 많을까 아니면 나의 유익을 추구하는 것이 많을까? 물론 하나님만이 아시지만 나의 유익을 추구할 때가 있습니다. 때로는 지금은 옳은 것 같고 맞는 것 같아서 했지만 나중에 후회스러운 일도 종종 있습니다.

사도 바울의 영광은 데살로니가 교인들이었습니다. 주 예수님 앞에서 데살로니가 교회가 영광이요 기쁨이요 자랑이었습니다. 여러분의 자랑은 교회입니까? 교인이 교인다운 교인이 되기를 바랍니다. 교회를 잘 섬겨서 교회가 부흥되고 영광스럽게 발전되는 모습이 얼마나 아름답고 선한 일입니까?

특별히 전도 받은 사람이 잘 자라나는 모습을 볼 때 얼마나 기쁘고 사랑스럽습니까? 그것이 주님 앞에서 자랑거리입니다. 바울을 통해서 전해진 복된 소식을 듣고 예수를 믿어 구원받은 자들과 함께 어린 양의 혼인잔치 자리에 참여하게 될 때 얼마나 감사와 기쁨이 넘쳐나겠습니까?

바울은 주님 앞에서 삶을 살았습니다. 종말론적인 삶을 살았습니다. 하나님 앞에서 어떻게 될 것인가? 이것이 바울의 목표였습니다. 여러분은 당장 눈 앞에 일어나는 일에 관심이 크겠지만 바울은 주님 앞, 심판대 앞을 생각하면서 말하고 행동했습니다. 심판대 앞에서 칭찬받을 수 있기를 바랍니다. 면류관을 받읍시다.

면류관은 어떤 사람들에게 주는 상입니까? 존귀한 위치에 있는 왕(왕하11:12), 경기에서 승리한 승리자(고전9:25), 영광스러운 지위를 차지한 자(사28:1), 사탄과 싸워서 승리한 사람에게 썩지 않는 면류관(고전9:25), 시험을 참고 승리하는 성도에게 영원한 생명의 면류관(약1:12), 양떼들을 사랑으로 잘 섬긴 자들에게 영광의 면류관(벧전5:4)을 약속하고 있습니다.

주님은 파루시아(재림) 하실 줄로 믿습니다. 성도가 가장 큰 확신을 가져야 할 진리가 재림의 주님을 기다리는 것입니다. 우리의 구원과 부활 그리고 영광의 시간이 올 것입니다.

낮고 천한 이땅 위에 다시 오실 줄로 확실히 믿습니다. 초림의 성육신으로 구원 사역을 시작하신 주님이 재림으로 구원 사역을 완성시키십니다. 그때에 사탄이 여러 가지 방법으로 박해를 할 때도 넘어지지 않고 승리한 성도들에게 영광의 면류관을 선물로 주십니다.

어려움을 당할수록 격려하고, 사람의 생명을 귀하게 여기는 마음이 있기를 바랍니다. 데살로니가 교인들은 현재도 기쁨이요 자랑이었지만 바울은 재림의 날에 심판대 앞에서 영광이요 면류관임을 굳게 믿고 있었습니다. 여러분도 심판대 앞을 생각하면서 하나님의 사역을 감당해서 지상에서 뿐만 아니라 천성에서 영광스러운 종들이 됩시다.

제12강
데살로니가전서 3장 1-10절

무엇으로 보답할꼬?

　내가 하나님의 은혜를 무엇으로 보답할꼬? "내 영혼아 여호와의 모든 은택을 잊지 말지어다 저가 모든 죄를 사하시며 너를 파멸에서 구속하시고 인자로 관을 씌우셨으니 내 영혼아, 여호와의 모든 은택을 잊지 말지어다". 하나님의 은혜를 사람이 무엇으로 보답할 수 있겠습니까?

　다 갚을 수 없는 은혜이고, 감당할 수 없는 은혜이며, 측량할 수 없는 은혜를 무엇으로 보답하겠습니까? 보답하는 마음의 자세를 가지고 세상을 사는 것뿐입니다. 다만 하나님의 은혜를 잊지 말고 사람의 은혜도 잊지 말아야 합니다.

　바울도 "내가 나 된 것은 하나님의 은혜로 된 것이니 내게 주신 그의 은혜가 헛되지 아니하여 내가 모든 사도보다 더 많이 수고하였으나 내가 한 것이 아니요 오직 나와 함께하신 하나님의 은혜로라"(고전15:10)라고 했습니다. 인간은 하나님의 은혜로 구원받습니다. 지금까지 하나님의 영광을 위하여 살 수 있는 것도 하나님의 은혜로 봉사한 것입니다.

그리고 앞으로도 하나님의 은혜로 봉사하게 될 것입니다.

1. 디모데는 어떤 역할을 했는가?

사도 바울은 데살로니가 교인들을 만나고 싶어하고 알아보고 싶었습니다. 그러나 갈 수가 없게 되자 디모데를 데살로니가로 파송했습니다. 바울이 디모데를 데살로니가 교회에 파송한 이유는 교회의 상태를 알아보기 위함이었습니다. 데살로니가 교회를 다시 방문하려고 시도했지만 사탄의 방해로 무산되었습니다. 그러나 바울에게 있어서 데살로니가 교회는 기쁨이요 자랑거리였습니다.

그러면 디모데는 어떤 일꾼이었습니까? 디모데는 바울의 형제였습니다. 그리스도를 믿음으로 하나님의 자녀가 된 사람입니다. 사적으로 부를 때는 '내 아들아', '너 하나님의 사람아' 라고 불렀지만 공적으로는 '형제' 라고 불렀습니다.

또 디모데는 그리스도 복음의 일꾼이 되었습니다. 하나님의 일꾼이었습니다. '일꾼' 이란 '동역자, 섬기는 자, 집사, 같이 일하는 자' 라는 뜻입니다. 어떤 사역을 할 때 동등하게 감당하는 사람을 가리키는 말입니다. '하나님께 속한 동역자' 라는 뜻입니다. 여러분은 목회자와 함께 교회를 위하여 수고하면 함께 상급이 있을 줄로 믿습니다.

디모데는 어떻게 일하는 사람이었습니까? 디모데를 왜 데살로니가 교회에 보냈는가? 그 목적이 무엇인가? 첫째로 디모데는 교회를 굳게 하는 사람이었습니다. 여기 '굳게 하다' 란 '붙잡다, 고정하다' 라는 의미입니다. '확고부동하게 붙잡다' 라는 뜻으로 예수님은 베드로에게 이렇게 말씀하셨습니다.

누가복음 22장 31-32절에 "시몬아, 시몬아, 보라 사탄이 너희를 밀까부르듯 하려고 요구하였으나 그러나 내가 너를 위하여 네 믿음이 떨어지지 않기를 기도하였노니 너는 돌이킨 후에 네 형제를 굳게 하라"라고 했습니다.

여기서 굳게 하는 것이 무엇인지 드러나고 있습니다. 건축할 때에 버팀목과 지주로 건물이 흔들리지 않게 바쳐주는 것을 의미합니다. 사도 바울은 사도행전 14장 21-22절에 "루스드라와 이고니온과 안디옥으로 돌아가서 제자들의 마음을 굳게 하여 이 믿음에 머물러 있으라 권하고 또 우리가 하나님의 나라에 들어가려면 많은 환난을 겪어야 할 것이라"라고 했습니다. 이것이 굳게 하는 것인데 디모데는 이런 일을 잘 할 줄 아는 하나님의 사람이었습니다. 나이는 젊지만 믿음을 굳건하게 세우는 사람이고 하나님 나라의 발전을 위해 수고하는 사람이었습니다. 다른 사람의 믿음이 흔들리지 않도록 굳건히 세우는 사람이었습니다.

둘째로, 디모데는 데살로니가 교인들의 믿음을 위로하는 사람이었습니다. 위로는 '옆으로 부르다, 곁으로 부르다' 라는 뜻입니다. 실의에 빠진 사람을 위안하는 일이 위로입니다. 옆으로 불러서 격려해 주는 것이 위로입니다. 믿음의 성장을 위하여 권면하고 격려하는 것을 가리킵니다. 믿음의 유익을 위하여 수고하는 행위입니다.

셋째로, 디모데는 환난과 핍박을 당한 성도를 요동하지 않게 하는 사람이었습니다. '요동하다' 라는 말은 개가 꼬리를 살랑거리는 것으로부터 나온 말입니다. 유대인들이 유혹하기도 하고, 환난과 핍박으로 어렵게 할 때에 요동하지 않게 하는 업무를 감당한 사람이 디모데였습니다. 복음 안에서 굳세게 붙잡아 줄 뿐만 아니라 용기를 북돋아 주는 사람입니다.

유대주의자들이 마치 개가 꼬리를 치듯 아첨하고 알랑거리고 사람의 마음을 움직이는 것과 요동시키고 교란시키려는 것같이 데살로니가 교인들의 마음을 흔들어 놓는 상황이었습니다. 그런 유대주의자들의 방해로 흔들릴 수 있는 데살로니가 교인들의 믿음을 튼튼하게 하기 위하여 디모데가 파송되었습니다.

저나 여러분은 지금까지 신앙생활을 하면서 다른 사람의 믿음을 굳건하게 했습니까? 과거에는 남의 믿음을 흔드는 사람이었다고 해도 지금부터는 다른 사람의 믿음을 굳세게 할 수 있기를 바랍니다.

2. 바울의 예언입니다

사도 바울은 데살로니가 교회를 설립할 때 앞으로 당할 환난을 예언했습니다. 앞으로 있을 어려움에 대하여 가르쳐 주었습니다. 환난은 성도에게 필연적으로 따라다니는 일입니다. 어느 곳에나 사람의 미혹이 있고, 사탄의 유혹이 있기 때문입니다.

물론 역사를 주관하시는 분은 하나님이십니다. 예수님은 사랑하는 제자들에게 요한복음 16장 33절에서 "이것을 너희에게 이르는 것은 너희로 내 안에서 평안을 누리게 하려 함이라 세상에서는 환난을 당하나 담대하라 내가 세상을 이기었노라"라고 하셨습니다.

바울의 예견은 그대로 이루어졌습니다. 믿음의 역사와 사랑의 수고와 소망의 인내가 있던 데살로니가 교회에 시험하는 자를 통한 여러 가지 어려움이 있었습니다. 환난과 고통이 따라온 것입니다.

시험하는 자의 특징이 무엇일까요? 하나님의 일은 하지 않고 바울과 같은 목회자가 일해 놓은 것을 훼방하고 다른 사람을 시험에 들게 만드는 사람입니다. 교회의 일은 하지 않으면서 목회자의 수고를 헛되게 만드는 것이 일반 성도들에게는 시험거리입니다.

역사적으로 보면 유대주의자들이 간사한 유혹을 많이 했습니다. 사도 바울과 같은 분들이 십자가를 자랑하고 부활의 영광을 선언합니다. 그런데 유대주의자들은 바울의 수고를 헛되게 만들려고 합니다. 다른 예수, 다른 복음, 다른 영을 받게 합니다. 때로는 큰 환난과 핍박으로 넘어뜨립니다. 왜냐하면 유대인들은 유대주의적 율법주의에 빠져 잘못된 믿음을 소유한 사람들이 많이 있었기 때문입니다.

그런데 데살로니가 교인들은 환난과 핍박 속에서 승리한 교인들이었습니다. 바울의 기대를 저버리지 않았습니다. 디모데를 통해서 들은 소식은, 바울이 데살로니가 교인들을 생각하는 것처럼 데살로니가 교인들도 바울을 생각했습니다. 데살로니가 교인들의 승리는 어려움 당하고 환난 당하는 바울에게 큰 위로가 되었습니다.

데살로니가 교인들은 디모데를 통해서 복음의 소식을 들었습니다. 예수 그리스도께서 죄인들을 위하여 십자가에서 죽으시고 부활하심으로써 믿는 자는 누구든지 하나님의 자녀가 되는 복음을 듣고 살아나게 되었습니다. 복음이 세상을 이깁니다. 그릇된 사상과 잡다한 사상을 이깁니다. 환난과 시험 중에 믿음을 지켰습니다. 믿음의 기초 위에 사랑이 있었습니다. 그리고 소망 중에 즐거워하는 삶을 살았습니다.

데살로니가 교인들이 "주 안에서 굳게 선즉 우리가 이제는 살리라!"라고 선언했습니다. 데살로니가 교인들이 승리하는 삶을 살 때 바울은 살 용기가 생겼습니다. 새로운 활력이 생기는 것을 느꼈습니다. 이것이 목회자의 심령이고 마음입니다.

3. 바울의 기쁨입니다

사도 바울은 데살로니가 교인들을 생각할 때에 기뻐하고 기뻐했습니다. 데살로니가 교인들이 믿음생활을 하는 것을 보면서 어떤 감사로 하나님께 영광을 돌렸을까요? 하나님의 은혜를 무엇으로 보답할꼬?

이런 생활을 했습니다. 데살로니가 교인들의 승리는 하나님의 은혜와 복이었습니다. 하나님의 섭리와 하나님의 은혜였습니다. 하나님의 은혜에 감사하는 바울입니다. 하나님께서 이기게 해 주시니 이기는 것입니다.

사도 바울은 주야로 하나님께 간절히 기도드렸습니다. 무슨 기도입니까? 데살로니가 교인들의 얼굴을 보고 싶었습니다. 얼굴만 보고 끝나는 것이 아닙니다. 데살로니가 교인들의 부족한 믿음을 채워주고 싶었습니다. 영적인 것들의 필요를 채워주고 싶어하는 바울입니다. 때로는 육체적이고 물질적인 것을 의미하기도 합니다.

'모든 궁핍과 환난 가운데서'에서 궁핍은 허리띠를 졸라맬 정도로 고통스러운 경제적인 압박을 말합니다. 환난은 내적으로나 외적으로 당하는 모든 고난을 말합니다. 바울의 경우를 볼 때 복음 사역을 위해 수고할 때 궁핍과 환난은 항상 뒤따라 오는 어려움들이었습니다.

고린도후서 6장 4-5절만 보아도 그렇습니다. "오직 모든 일에 하나님의 일꾼으로 자천하여 많이 견디는 것과 환난과 궁핍과 고난과 매 맞음과 갇힘과 난동과 수고로움과 자지 못함과 먹지 못함 가운데서도"라고 했습니다.

고린도후서 11장 23-27절을 볼 때도 그렇습니다. "... 내가 수고를 넘치도록 하고 옥에 갇히기도 더 많이 하고 매도 수없이 맞고 여러 번 죽을 뻔하였으니 유대인들에게 사십에서 하나 감한 매를 다섯 번 맞았으며 세 번 태장으로 맞고 한 번 돌로 맞고 세 번 파선하고 일 주야를 깊은 바다에서 지냈으며 여러 번 여행하면서 강의 위험과 강도의 위험과 동족의 위험과 이방인의 위험과 시내의 위험과 광야의 위험과 바다의 위험과 거짓 형제 중의 위험을 당하고 또 수고하며 애쓰고 여러 번 자지 못하고 주리며 목마르고 여러 번 굶고 춥고 헐벗었노라"라고 했습니다.

바울이 하나님의 섭리 속에서 마게도냐 지방에 복음을 들고 왔지만 육체적이고 정신적인 고통뿐 아니라 심적인 고통도 컸었습니다. 다행히 마게도냐의 수도 데살로니가 지방에 복음의 씨앗이 뿌려져서 믿음의 역사와 사랑의 수고와 소망의 인내가 있었습니다.

데살로니가 교인들이 믿음, 사랑과 소망이 있다는 소식이 바울 일행

에게 안도의 한숨을 쉬게 만들었습니다. 그러므로 성도에게 있는 환난
과 궁핍과 어려움은 하나님의 계획의 일부라고 믿어야 합니다. 그것이
왜냐하면 더욱 성장하게 하고 성숙하게 만들기 때문입니다.

제13강
데살로니가전서 3장 11-13절

바울의 중보기도

　　시편 116편 12절에 "내게 주신 모든 은혜를 내가 여호와께 무엇으로 보답할까?" 여기 '보답하다' 라는 말은 되돌려 주어야 할 것을 있는 그대로 되돌려 주는 것을 의미합니다. 내가 무엇으로 하나님께 되돌려 드릴까? 목회자 바울은 누구에게 무엇으로 보답하고 싶어했는가? 하나님에게 모든 것을 되돌려 드리고 싶어했습니다. 여러분은 하나님의 은혜에 감사하면서 무엇인가를 되돌려 드리고 싶어하는 것이 있기를 바랍니다.

　　사도 바울의 전도를 통하여 데살로니가 교인은 믿음의 역사와 사랑의 수고 그리고 소망의 인내가 있는 교회로 발전하게 되었습니다. 바울은 데살로니가 교인들을 대할 때 아버지 같은 마음으로 그리고 어머니 같은 마음으로 사랑했습니다. 이것이 하나님께서 주신 마음입니다. 아버지의 마음, 설립자의 마음 그리고 목회자의 마음이 이런 것입니다.

　　바울은 디모데를 통하여 데살로니가 교회에 대한 소식을 듣고 매우 기뻐했습니다. 이제는 살겠다. 어휴! 이제 마음이 놓인다. 그럴 정도였습니다. 그 정도로 바울은 기뻐했습니다. 그리고 무엇으로 하나님의 은혜에 보답할꼬 하는 마음을 가지게 되었습니다. 사도 바울은 데살로니

가 교인들에 대한 소식을 듣고 영적인 기쁨과 하나님께 대한 감사가 넘
쳐났습니다.

바울은 데살로니가 교인들을 위하여 기도드렸습니다. 무슨 내용의
기도를 드렸을까요?

1. 우리 길을 직행하게 하옵소서

"하나님 우리 아버지와 우리 주 예수는 우리 길을 너희에게로 갈 수
있게 하시오며"라고 기도드렸습니다. 바울은 하나님을 아버지로 섬기
는 사도였습니다. 그리고 구주 예수 그리스도를 구세주로 믿는 사도였
습니다. 그래서 하나님 아버지께 기도하고 구주 예수 그리스도께 기도
드렸습니다. 우리의 기도 대상도 하나님 아버지이십니다. 그리고 구주
예수 그리스도이십니다.

하나님 아버지와 예수 그리스도를 찾아 기도하는 바울은 데살로니가
교회의 앞날을 하나님과 예수님께 맡긴다는 깊은 의미가 담겨져 있습
니다. 교회의 앞날을 누가 책임질 수 있습니까? 교회의 진정한 주인은
주님이십니다. 만왕의 왕은 하나님 아버지이십니다. 하나님이 교회를
세우십니다. 예수님이 교회를 통치하십니다. 그리고 인도하십니다.

사도 바울의 첫 번째 기도 내용은 하나님 아버지와 예수 그리스도에
대하여 간구했습니다. 하나님과 예수님께 간구한 내용은 길을 열어 주
시옵소서. 길을 열어 주시옵소서! 이것이 바울의 첫 번째 기도였습니다.

데살로니가 교회를 위한 중보기도입니다. 지금까지 감사했던 바울이
이제는 중보기도를 올렸습니다. 우리의 길을 열어 주시옵소서. 그런데
중요한 질문이 한 가지 있습니다. 그것이 무엇입니까? 바울이 왜 성부
와 성자를 한꺼번에 찾았을까요?

기도를 하나님 아버지께만 해도 되는 것이 아닌가? 초대교회부터 성
부와 성자의 일체성 개념이 싹트고 있었다는 뜻입니다. 하나님은 한 분

이십니다. 성부도 하나님이시고, 성자도 하나님이십니다. 성부와 성자는 영광과 권능과 능력과 권세가 동등하신 분이십니다. 초대교회로부터 지금까지 성부와 성자의 동등성, 높고 낮음이 아니라 동등하다는 것을 인정하고 있습니다. 이 성경 구절이 초대교회에 최대 논쟁거리가 되었던 구절이기도 합니다.

먼저 성경에는 '직행하다'라는 말로 표현했는데 '곧은 길'이란 명사와 '따라서'라는 전치사의 합성어입니다. 즉 다른 방해없이 최대한 신속하게 방문이 이루어지길 기도하는 바울의 심정입니다. 목회자는 성도들에게 빨리 가고 싶은 마음이 있습니다.

그러면 이런 바울의 기도에 어떤 응답이 있었는가? 기도에는 반드시 응답이 있습니다. 바울의 기도에 대하여 언제 어떻게 응답되었을까? 금방 응답된 것은 아니었습니다. 중보기도라고 곧바로 응답된 것도 아닙니다. 약 5년 뒤에 응답되었습니다. 바울이 마게도냐 지방을 방문하게 되었습니다. 문을 열고 닫는 분이 하나님이시지만 길을 열고 닫는 분도 하나님이십니다. 하나님의 주권과 섭리를 인정하면서 살아야 합니다. 때로는 장애물을 제거해 달라는 뜻도 담겨져 있습니다. "사람이 마음으로 자기의 길을 계획할지라도 그의 걸음을 인도하시는 이는 여호와시니라"(잠16:9)라고 했습니다.

사도행전 19장 21절입니다. "이 일이 있은 후에 바울이 마게도냐와 아가야로 거쳐 예루살렘에 가기로 작정하여 이르되 내가 거기 갔다가 후에 로마도 보아야 하리라"라고 했습니다.

고린도후서 2장 13절에는 "내가 내 형제 디도를 만나지 못하므로 내 심령이 편하지 못하여 그들을 작별하고 마게도냐로 갔노라"라고 했습니다. 이때에 사도 바울 일행은 데살로니가 교회를 방문한 것으로 학자들은 보고 있습니다.

사랑하는 성도 여러분! 여러분은 하나님의 사람이 방문하고 싶어하여 기도하고 있는 대상일까요? 그리고 심방이나 방문을 위하여 중보기도를 드릴 정도로 그리워하고 있을까요? 현시대, 한국 교회는 너무나 자유롭게 믿음생활을 하는 세대입니다. 목회자와 성도가 서로 그리워하고 기다리는 상황이 전개되기를 바랍니다.

2. 사랑이 넘치기를 기도드렸습니다

바울과 실라 그리고 디모데가 데살로니가 교인을 사랑함과 같이 서로 사랑하게 하옵소서. 양이 양을 사랑하는 것은 마땅한 일입니다. 양이 목자의 음성을 따르고 목자는 양을 위하여 수고할 때 양이 양을 돌보고 섬기는 것입니다.

성도들끼리 사랑하게 하옵소서. 교인이 교인을 사랑하는 것은 당연한 일입니다. 바울이 중보기도를 드린 두 번째 내용입니다. 바울은 예수님을 본받은 사도였습니다. 주님을 닮은 사도가 데살로니가 교인들을 위하여 기도할 때 "주께서 우리가 너희를 사랑함과 같이 너희도 피차간과 모든 사람에 대한 사랑이 더욱 많아 넘치게 하사"라고 기도했습니다.

바울 일행이 데살로니가 교인들을 향하는 마음과 같이 그리고 우리가 너희의 유익을 위하는 것처럼 데살로니가 교인들은 서로의 유익을 위하여 사랑하기를 원했습니다. 이것이 주님의 심정이고 바울의 심정입니다. 우리에게도 이런 심정이 있기를 소원합니다.

서로 사랑하라. "새 계명을 너희에게 주노니 서로 사랑하라". 사랑은 예수님으로부터 배우고 본받았습니다. 유월절 양으로서 생명과 피를 아낌없이 쏟아 주신 예수님께서 사랑하는 제자들의 발을 씻기시고 성만찬 예식을 거행하신 다음에 "너희는 서로 사랑하라. 새 계명을 너희에게 주노니 사랑하라"고 가르치셨습니다.

같은 교회 안에서 성도들끼리 그리스도의 사랑으로 서로 사랑하는 것은 당연한 것입니다. 사랑이 제일입니다. 여러분은 그리스도의 사랑이 있습니까? 그리스도의 사랑이 충만하기를 바랍니다. 저는 그리스도의 사랑이 적어서 평생을 울면서 사는 사람입니다.

모든 사람을 사랑하는 사랑이 더욱 많아지게 하옵소서. 이것이 바울의 중보기도 내용입니다. 믿지 않는 불신자들까지 그리스도의 사랑으로 사랑하게 하옵소서. 교회가 서로 사랑할 때 불신자까지 사랑하게 됩니다.

저는 부족하지만 목회자로서 늘 깨어 기도할 때마다 사랑의 축제, 말씀의 축제, 기도의 축제를 준비하고 있습니다. 하나님을 사랑하고, 사람을 사랑하는 것이 기독교의 기본적인 진리입니다. 하나님을 사랑하면 예배로 영광을 드리게 됩니다. 동시에 사람을 사랑하는 표현은 전도로 나타나게 됩니다. 잃은 자를 찾습니다. 하나님의 심정으로, 주님의 마음으로 죄인을 구원하여 천국 백성이 되기를 원하는 마음이 간절합니다. 이땅에 찾아 오신 예수님의 심정으로 찾습니다.

"너희 마음을 굳건하게 하시고". 이것이 바울의 중보기도의 세 번째 내용입니다. 예수 그리스도를 바라보는 믿음 위에 데살로니가 교인들이 굳세게 서게 하옵소서. 지금 믿음이 있지만 더욱 큰 믿음을 가지는 것이 바울의 중보기도 내용입니다. '굳게 선다' 라는 말은 흔들림 없이 굳건하게 서 있는 것을 의미합니다.

사랑하는 성도님들이여! 큰 믿음을 소유하기 바랍니다. 굳센 믿음의 사람이 됩시다. 믿음대로 되고 믿는 대로 되는 축복을 받읍시다.

3. 재림 때 거룩하여 흠이 없게 하옵소서

재림 때에 거룩하게 하옵소서. 인간은 누구나 하나님 앞에 서야 합니다. 믿는 자는 생명의 부활로 나오고 믿지 않는 자는 심판의 부활로 나올 것입니다. 흠이 없는 성도들이 되게 하옵소서. 의로움이 있게 하옵소서. 흠이 없는 성도들이 되어 하나님 앞에 당당하게 나아가게 하옵소서.

또 거룩함이 있게 하옵소서. '거룩'이란 '여호와를 경배'하는 사상에서 출발하는 것입니다. 거룩이란 구분, 분리의 뜻입니다. 하나님의 존재 자체가 거룩하신 분이십니다. 하나님을 섬기는 일 자체가 거룩합니다. 거룩의 다른 말로는 순결일 것입니다. 구별입니다. 정결이란 의미입니다.

그리스도의 재림을 준비하는 성도들은 견고한 믿음이 있어야 하고 확실한 소망이 있어야 합니다. 풍성한 사랑을 실천하는 삶에 거룩하고 흠이 없는 생활을 하는 것이 마땅합니다.

독일에 부루 므하르도(1805-1880)라는 목사가 있었습니다. 남부 독일의 슈베르스 베르도란 산악지대에 작은 마을에서 목회를 하다가 세상을 떠난 분입니다. 제1차 세계 대전 이후에 부루 므하르도 목사의 이름이 독일 내에 유명한 사람으로 입에서 입으로 전해졌습니다. 시골교회 목사였는데 왜 유명했을까? 무엇이 그를 유명하게 만들었을까요?

전쟁의 참상을 다 목격하고 실의에 빠져 있는 독일 사람들에게 '올해는 주님이 오시는 해'라고 믿음의 소망을 주는 설교를 했고, 날마다 자기 할 일을 다 하도록 격려했기 때문입니다. 종말론적 신앙을 불어넣은 목사였기에 유명했던 것이지요. 여러분은 그리스도의 재림을 기다리는 성도입니까?

사도 바울도 지금 데살로니가 교인들이 어렵고 힘들게 세상을 살고 있을 때 확신과 소망을 불어넣는 사도로 활동하고 있었습니다. 세상 끝까지 확신에 차서 살고 사랑하는 가운데 주님 앞에 깨끗하게 설 수 있기를 원했습니다. 베드로 사도는 "만물의 마지막이 가까이 왔으니 그러므로 너희는 정신을 차리고 근신하여 기도하라"라고 했습니다.

제14강
데살로니가전서 4장 1-8절

하나님의 뜻이 무엇인가?

하늘의 부름심을 받은 하나님의 사람들은 어떻게 세상을 살 것인가? 충성스럽게 살 것인가 아니면 세상 사람들처럼 대충대충, 대강대강 살 것인가? 소망이 넘치는 삶을 살 것인가 아니면 소망이 없는 사람처럼 되는 대로 막 살 것인가?

하나님의 자녀된 사람들의 삶, 하늘의 시민권을 가진 사람들의 삶, 기독교인의 삶은 세상 사람들과는 다른 색다른 삶을 살아야 합니다. 한마디로 말하자면 우리는 주님의 뜻대로 부르심을 받아, 주님 뜻대로 살다가, 주님 뜻대로 죽을 사람들입니다.

그래서 복음송에서 '주님 뜻대로 살기로 했네, 주님 뜻대로 죽기로 했네'라고 찬송을 하는 것이 아니겠습니까? 또 찬송가 549장에 '내 주여 뜻대로 행하시옵소서 살든지 죽든지 뜻대로 하소서', 425장에서는 '주님의 뜻을 이루소서'라고 찬송을 합니다.

예수님은 산상보훈에서 "나더러 주여 주여 하는 자마다 다 천국에 들어갈 것이 아니요 다만 하늘에 계신 내 아버지의 뜻대로 행하는 자라야 들어가리라"(마7:21)라고 말씀하셨습니다.

그리고 예수님 자신도 "내가 세상에 온 것은 내 뜻을 행하려 함이 아니요 아버지의 뜻을 행하고자 함이니라"라고 했고, 또 겟세마네 동산에서 기도하실 때에 "나의 원대로 마옵시고 아버지의 원대로, 내 뜻대로 마옵시고 아버지의 뜻대로 되기를 원하나이다"라고 기도하셨습니다.

사랑하는 성도 여러분! 주님 뜻 가운데 태어나셨으니 주님 뜻대로 살다가 주님 뜻대로 죽는 성도가 되기를 진심으로 바랍니다. 그러면 어떻게 사는 것이 주님 뜻대로 사는 것일까?

1. 하나님의 뜻이 무엇일까요?

하나님 앞에서 거룩하게 사는 것입니다. '거룩'한 삶입니다. 거룩이 주님의 뜻입니다. 거룩이란 세상과 분리된 사람을 뜻합니다. 구별된 사람입니다. 하나님과 관련된 것이 거룩이요 하나님께 헌신된 것이 거룩입니다.

거룩은 본래 하나님의 속성입니다. 하나님의 성품이 거룩입니다. 찬송가 463장에서 '신자 되기 원합니다. 진심으로 진심으로 … 거룩하기 원합니다. 진심으로 진심으로 거룩하기 원합니다. 진심으로 ….'

사도 바울은 데살로니가 교인들에게 거룩하기 위하여 소극적으로 권면한 것이 있습니다. 어떤 내용입니까? 예수 그리스도를 믿는 사람이 기독교인입니다. 하나님의 아들과 딸을 기독교인이라고 말합니다.

기독교인의 특징은 믿음과 소망과 사랑이 있는 교인입니다. 그러나 교인이라 할지라도 아직도 벗어버리지 못한 옛 사람, 땅에 있는 지체를 죽이지 못한 상태의 사람이 있었습니다. 그리고 옛 습관, 옛 생활이 있었습니다. 옛 버릇이 있었습니다. 말과 행동이 미숙한 점이 있었습니다. 데살로니가 교인들에게 있어서 그게 뭘까요?

1) 3절에 '음란을 버리라.' 5절로 6절에 "하나님을 모르는 이방인과 같이 색욕을 따르지 말고 이 일에 분수를 넘어서 형제를 해하지 말라 이는 우리가 너희에게 미리 말하고 증언한 것과 같이 이 모든 일에 주께서 신원하여 주심이라"라고 했습니다.

데살로니가 교인들이 믿음과 소망과 사랑이 있었지만 아직도 윤리적으로나 도덕적으로 문제가 많이 있었습니다. 그리스도인답지 못한 면이 있었습니다. 성적인 타락이 그 대표적인 죄였습니다. 무질서하고, 무절제하고, 난잡한 성생활을 했었습니다. 그런데 성도라면 이런 짓을 하지 말아야 합니다. 하나님의 자녀라면 음행하거나 색욕을 따르지 말아야 합니다. 죄를 범하면 인간의 영혼이 죽습니다. 사람의 인격이 파괴됩니다. 육체가 병들고 상하게 됩니다.

현대인들이 무서워하는 에이즈(후천성면역결핍증)가 무슨 병입니까? 왜 생겨났습니까? 하나님께서 주신 성적인 축복을 잘못 사용하는 데서 발생한 병들입니다. 조심하고 또 조심해야 합니다.

성도는 다른 종교를 버리고 하나님께로 개종했고, 죄악을 회개했고, 귀중한 직분을 가지고 있지만 옛 성품이나 옛 생활을 벗어버리지 못하면 안 됩니다. '받았으니'는 '배웠으니'라는 뜻입니다.

데살로니가 교인들은 사도 바울에게 보고 배웠지만 다 따라 행하지 못했습니다. 사도 바울에게 배운 것은 바울의 것이 아니라 2절에 "우리가 주 예수로 말미암아 너희에게 무슨 명령으로 준 것을 너희가 아느니라"라고 했습니다. 이 세상의 모든 것은 원주인이 따로 있는데 그분이 예수님입니다.

우리가 구원을 논할 때 '칭의'를 말하고 그 다음으로 '성화'를 말하고 그 다음은 '영화'를 말하게 됩니다. 칭의는 단번에 영원히 얻어지는 것입니다. 하나님께서 예수 그리스도의 공로를 보시고 선언하는 하나님의 의입니다. 성화는 지금도 계속되는 성령의 역사입니다. 영화는 미래적인 신자에게 있을 영광을 말합니다.

지금 거룩하기 위하여 음란을 버리라. 고대 신전 주변에는 성창들이 있었습니다. 특히 고린도 지방에는 1,000여 명의 창기들이 있었습니다. 신전에서 제사의식을 거행한 다음에는 음란한 행위를 했다는 증거입니다. 그러나 하나님을 믿는 사람, 믿는 성도들은 그런 행동을 버리라고 바울은 명령하고 있습니다.

적극적인 의미로 거룩은 어떤 것입니까?

2) "각각 거룩함과 존귀함으로 자기의 아내 대할 줄을 알고"라고 했습니다. 아내 취하는 방법이 무엇일까요? '거룩함과 존귀함'입니다. 가정 생활을 잘하는 것이 거룩을 유지하는 방법입니다. 다른 사람의 소유를 탐내지 말라, 다른 사람의 아내도 탐내지 말라. 성적인 문란은 탐욕에서 발생되는 것입니다.

더러운 세상을 하나님이 반드시 신원하실 것입니다. 하나님은 거룩하신 분이시기에 윤리 도덕적으로 더럽게 행동하면 심판하는 하나님이십니다. 세상이 심판받을 때 사랑하는 성도들은 칭찬의 대상이 되기를 진심으로 바랍니다.

2. 하나님의 부르심의 목적이 거룩입니다

하나님께서 성도들을 부르셨습니다. 왜 부르셨을까요? '부정하게' 만들기 위해서가 아닙니다. 더러운 사람을 만들기 위해서 부른 것이 아닙니다. 거룩하신 하나님께서 우리를 부르셨을 때 부정하게 만들기 위함이 아니었습니다.

하나님께서 우리를 부르신 목적이 있습니다. 부르심의 목적은 거룩하게 하심입니다. 하나님이 거룩하시기 때문에 부름을 받은 자녀들도 거룩하기를 원하는 하나님이십니다. 사도 베드로는 "오직 너희를 부르신 거룩한 이처럼 너희도 모든 행실에 거룩한 자가 되라"(벧전1:15)라고 했습니다.

사도 요한도 "주를 향하여 이 소망을 가진 자마다 그의 깨끗하심과 같이 자기를 깨끗하게 하느니라"(요일3:3)라고 했습니다. 예수님의 재림을 믿는 성도들의 삶을 지적할 때 주님의 깨끗하심을 본받아 깨끗한 삶을 산다고 가르쳐 주고 있습니다.

사도 바울은 고린도 교인들에게 이렇게 권면했습니다. "그런즉 사랑하는 자들아 이 약속을 가진 우리가 하나님을 두려워하는 가운데서 거룩함을 온전히 이루어 육과 영의 온갖 더러운 것에서 자신을 깨끗하게 하자"(고후7:1)라고 했습니다.

고린도 교인들은 더러운 일을 많이 행했습니다. 지상 교회가 온전하지는 못하지만 분쟁이 있었습니다. 우상 숭배를 했습니다. 마음이 아주 교만했습니다. 그러니까 바울 사도가 하나님을 두려워하는 가운데 영육이 깨끗하여 거룩하자고 권면했던 것입니다.

히브리서 12장 14절에 "모든 사람과 더불어 화평함과 거룩함을 따르라 이것이 없이는 아무도 주를 보지 못하리라"라고 했습니다. 우리 성도님들은 그리스도의 피로 깨끗하게 씻음 받기를 바랍니다. 성령으로 거듭나서 깨끗하고 거룩한 성도가 되기를 바랍니다. 주님이 원하는 성도가 다 되십시다.

3. 성령을 주신 이유도 거룩입니다

8절에 "그러므로 저버리는 자는 사람을 저버림이 아니요 너희에게 그의 성령을 주신 하나님을 저버림이니라"라고 했습니다. 사도 바울을 통해서 권면된 성적인 타락이든지 윤리 도덕적인 타락에 대한 권면이 되었든지 저버림은 곧 바로 하나님을 저버림이요, 성령을 저버림이라고 가르쳐 주고 있습니다.

사도 바울은 데살로니가 교회를 섬길 때 어머니와 같은 심정으로 섬겼습니다. 복음도 주고 목숨도 주는 심정이었습니다. 또 아버지와 같은 심정으로 섬겼습니다. 때로는 권면하고 위로하고 경계했습니다.

그럴 때마다 바울을 통해서 전달되는 하나님의 말씀을 데살로니가 교인들이 받을 때 사람의 말로 받지 않았습니다. 그래서 데살로니가 교인들이 믿음의 역사와 사랑의 수고, 그리고 소망의 인내가 생겨난 것입니다.

만약에 지금도 어머니와 아버지의 심정으로 거룩에 대하여 권면하는데 바울을 저버린다면 바울만 저버리는 것이 아닙니다. 바울을 사용하시는 하나님을 저버림이 됩니다. 성령을 저버리는 결과가 됩니다. 그래서 바울이 주의하라고 가르쳐 주고 있습니다.

하나님은 우리에게 권면할 자격이 있으신 분입니다. 데살로니가전서 2장 13절에 "이러므로 우리가 하나님께 끊임없이 감사함은 너희가 우리에게 들은 바 하나님의 말씀을 받을 때에 사람의 말로 받지 아니하고 하나님의 말씀으로 받음이니 진실로 그러하도다 이 말씀이 또한 너희 믿는 자 가운데에서 역사하느니라"라고 했습니다.

에베소서 성경에서는 사람이 죄로 말미암아 죽었는데, 죽었던 우리를 하나님이 그리스도와 함께 살리셨다고 선언했습니다. 죽은 자를 살리신 분이 하나님이시기에 우리에게 권면할 수 있고 명령하실 수 있습니다.

누가복음 10장 16절에서 주님은 이렇게 말씀하셨습니다. "너희 말을 듣는 자는 곧 내 말을 듣는 것이요 너희를 저버리는 자는 곧 나를 저버리는 것이요 나를 저버리는 자는 나 보내신 이를 저버리는 것이라"라고 했습니다.

요한일서 3장 24절에 "그의 계명을 지키는 자는 주 안에 거하고 주는 그의 안에 거하시나니 우리에게 주신 성령으로 말미암아 그가 우리 안에 거하시는 줄을 우리가 아느니라"라고 했습니다.

요한일서 4장 13절에 "그의 성령을 우리에게 주시므로 우리가 그 안에 거하고 그가 우리 안에 거하시는 줄을 아느니라"라고 했습니다. 성령을 우리에게 보내주신 분은 하나님이십니다. 우리는 성령을 받았으니 성령의 인도하심을 따라 살아서 거룩한 사람이 됩시다. 성령은 거룩한 영입니다.

제15강
데살로니가전서 4장 9-12절

서로 사랑하라

남녀의 사랑, 부모와 자녀의 사랑, 목회자와 성도의 사랑, 어떤 사랑이든지 서로 사랑해야 합니다. 사랑은 서로 하는 것이지 일방적이지 않습니다. 그러나 하나님의 사랑은 사랑의 의미와 내용이 원래 인간과 달라서 일방적인 사랑입니다. 우리가 하나님과 원수 되었을 때도 하나님은 사랑하셨습니다. 죄인들을 위하여 아들을 세상에 보내시고 십자가에 내어 주시기까지 사랑하셨습니다.

1. 하나님의 가르침을 받아야 합니다

9절에 "형제 사랑에 관하여는 너희에게 쓸 것이 없음은 너희들 자신이 하나님의 가르치심을 받아 서로 사랑함이라"라고 했습니다. 바울은 데살로니가 교인들에게 형제 사랑에 대하여 권면하고 있습니다. 형제애, 그리스도인의 상호간 사랑을 말합니다. 여기서 말하는 형제애는 아가페적인 것이 아니라 형제자매로서의 사랑을 의미합니다.

하나님 나라의 백성인 성도에게는 십계명을 통해서나 신구약 성경을 통하여 첫째는 마음을 다하고 힘을 다하고 목숨을 다하여 주 하나님을 사랑하고, 또 네 이웃을 네 자신과 같이 사랑하라는 명령을 받았습니다. 이것이 십계명의 요약이기도 합니다.

그러면서 보이는 형제를 사랑하지 않는 사람이 어떻게 보이지 않는 하나님을 사랑한다고 말할 수 있겠느냐는 것입니다. 보이는 형제를 사랑하지 않으면서 하나님을 사랑한다고 말하는 것은 거짓말일 것입니다.

요한복음 15장 12절에 "내 계명은 곧 내가 너희를 사랑한 것같이 너희도 서로 사랑하라 하는 이것이니라"라고 말씀했습니다. 사랑은 기독교의 기본적인 덕목이요 기초입니다. 성삼위 하나님이 사랑이십니다. 하나님이 세우시는 하나님 나라의 본질도 사랑의 나라입니다. 독일의 철학자 피히테(Fichte)는 '사랑은 인간의 주성분'이라는 말을 남겼습니다.

형제 사랑은 '사랑'이라는 말과 '형제'라는 말의 합성어입니다. 다른 말로 표현하자면 '형제로서의 사랑'입니다. 예수 그리스도를 믿는 사람들은 다 같이 형제자매입니다. 형제자매된 사람들은 형제로서의 사랑을 실천해야 할 책임이 있습니다.

사도 바울은 형제 사랑에 있어서 가중 중요한 것이 있다고 가르쳐 주었습니다. 그것이 무엇일까요? 형제 사랑에 있어서 가장 중요한 것은 거룩입니다. 그래서 바울은 먼저 거룩에 대해서 권면했습니다. 그 다음으로 사랑입니다.

사랑에 대한 바울의 권면은 상당히 적극적인 권면입니다. 이웃을 사랑하라. 명령형입니다. 기독교인의 가장 기본적인 의무를 말하고 있습니다. 그것은 사랑입니다. 하나님의 사랑으로 형제를 사랑하는 것입니다.

요한일서 4장 20절에 "누구든지 하나님을 사랑하노라 하고 그 형제를 미워하면 이는 거짓말하는 자니 보는 바 그 형제를 사랑하지 아니하는 자는 보지 못하는 바 하나님을 사랑할 수 없느니라"라고 했습니다.

데살로니가 교회는 사랑의 수고가 있었습니다. 희생적으로 수고했습니다. 봉사하는 사랑입니다. 말로만 사랑한 것이 아니라 수고하고 애쓰는 사랑입니다. 이것은 하나님의 가르침을 받았기 때문입니다. 이것을 아는 것이 정말 중요합니다. 우리는 하나님으로부터 사랑을 배웁니다. 사랑할 수 있는 능력도 공급받습니다.

언제 데살로니가 교인들에게 하나님께서 가르치셨습니까? 바울이 가르치고, 디모데가 가르치고, 실라가 가르쳤습니다. 하나님은 사역자들을 통하여 가르치십니다. 하나님의 교회에서 수고하는 종들이 가르칩니다. 하나님의 일꾼들이 가르칩니다.

하나님의 일꾼들을 통해서 사랑을 배웠습니다. 주님께서 보여주신 사랑을 통해서 사랑을 배웁니다. 요한복음 13장 34절에 "새 계명을 너희에게 주노니 서로 사랑하라 내가 너희를 사랑한 것같이 너희도 서로 사랑하라"라고 했습니다.

고린도전서 2장 13절에 "우리가 이것을 말하거니와 사람의 지혜가 가르친 말로 아니하고 오직 성령께서 가르치신 것으로 하니 영적인 일은 영적인 것으로 분별하느니라"라고 했습니다.

요한일서 2장 27절은 "너희는 주께 받은 바 기름부음이 너희 안에 거하나니 아무도 너희를 가르칠 필요가 없고 오직 그의 기름부음이 모든 것을 너희에게 가르치며 또 참되고 거짓이 없으니 너희를 가르치신 그대로 주 안에 거하라"라고 했습니다. 하나님은 자녀들에게 직관적으로 배우게 만들어 놓으셨습니다. 우리 마음에 성령을 기름을 쏟아 붓듯하셨습니다. 학교에서 공부하듯 배워서 사랑을 실천하는 것이 아닙니다. 하나님을 본받고 닮도록 인도하십니다. 사랑의 본질이 하나님이십니다.

데살로니가 교인들의 형제사랑이 마게도냐 지방에 퍼졌습니다. 당시 데살로니가는 마게도냐의 수도였습니다. 빌립보 도시에 빌립보 교회, 베뢰아 도시에 베뢰아 교회가 있었습니다. 그중에 형제 사랑에 있어서 데살로니가 교회는 중추적인 역할을 했던 교회였습니다. 데살로니가 교인들의 헌신과 노력들이 모범적이었고, 파급 효과가 컸었습니다. 지금 우리 교회가 처한 환경이 어떻습니까? 하나님의 사랑을 실현하여 이 사회에서 중추적인 역할을 할 수 있기를 바랍니다.

2. 자기 손으로 일하기를 힘써야 합니다

바울은 하나님 나라 백성의 근면성에 대하여 권면했습니다. 바울은 모범적인 성도의 생활에 대하여 권면하고 있습니다. 영적인 일을 하는 사람들은 이땅의 일도 충실히 해야 합니다. 게으르지 말고 성실해야 합니다. 근면 · 성실이 성도의 이름일 것입니다.

"조용히 자기 일을 하고 너희 손으로 일하기를 힘쓰라"는 것입니다. '조용히'는 휴식으로, 휴식 속에서 일하라. 시끄럽지 않고 조용히 자기의 일을 하라. 조용히 사랑하는 습관이 우리에게 필요합니다.

'자기 손으로 일하기를 힘쓰라'라고 했습니다. 자기 일을 잘 감당하는 사람은 조용합니다. 스피노자는 '내일 지구의 종말이 온다 할지라도 나는 오늘 한 그루의 사과나무를 심겠다'라고 했습니다.

때로는 예수님의 재림에 대하여 오해를 하기 때문에 현실을 부정적으로 말하거나 삶에 충실하지 않는 성향도 있습니다. 한국 사회도 종종 시한부 종말론주의자들이 나타났던 것을 볼 수 있습니다. 지금도 마찬가지입니다.

잠언 25장 17절에 "너는 이웃집에 자주 다니지 말라 그가 너를 싫어하며 미워할까 두려우니라"라고 했습니다. 자기 일 잘하는 것이 이웃 사랑을 실천하는 방안 중의 하나가 될 것입니다. 우리는 흔히 형제들에게 더 많이 하라고 말합니다. 그러나 자기 일을 잘하는 것이 중요한 일입니다. 자기 맡은 일을 성실히 할 때 하나님께도 영광이요, 다른 사람에게도 유익입니다.

본래 노동은 하나님의 형벌로 주어졌지만 또한 하나님께서 허락하신 축복이기도 합니다. 창세기 3장 19절에 "네가 흙으로 돌아갈 때까지 얼굴에 땀을 흘려야 먹을 것을 먹으리니 네가 그것에서 취함을 입었음이라 너는 흙이니 흙으로 돌아갈 것이니라"라고 했습니다. 이것이 타락했을 때 하나님의 선언이지만 노동은 인간 창조의 목적이기도 합니다.

창세기 1장 28절을 봅시다. "하나님이 그들에게 복을 주시며 하나님이 그들에게 이르시되 생육하고 번성하여 땅에 충만하라, 땅을 정복하라, 바다의 물고기와 하늘의 새와 땅에 움직이는 모든 생물을 다스리라"라고 하셨습니다. 노동은 고귀한 일입니다. 인간 창조의 목적이기 때문입니다. 헬라 시대에는 노동을 노예나 하는 일로 천박하게 생각했습니다.

시편 128편 2절에 "네가 네 손이 수고한 대로 먹을 것이라 네가 복되고 형통하리로다"라고 시편 기자는 노래했습니다. 자기 손으로 일한 대로 먹고 마시는 것은 축복 중의 축복입니다. 성도에게 있어서 노동은 마땅한 일입니다. 타락하기 이전의 에덴 동산에서는 일하는 노동 제도가 있었습니다. 훗날 구원의 영광을 누릴 새 하늘과 새 땅에도 노동이 있습니다. 현재 회자되고 있는 말중에 '3D 업종'이라는 말이 있는데 이는 위험하고(Danger), 힘들고(Difficult), 더러운(Dirty) 일들을 말합니다.

사도 바울은 손수 일을 하면서 복음을 전했습니다. 천막을 만드는 노동의 일입니다. 교회의 유익을 위하여 그렇게 했습니다. 복음의 영광을 위하여 땀흘리는 수고를 했습니다.

3. 결과가 무엇입니까?

1) 외인, 교회 밖에 있는 사람들에게 단정해 보입니다. 자기 일을 잘 감당할 때 믿지 않는 사람들에게 덕이 된다는 말입니다. 왜 노동을 해야 하는가? 그 이유를 밝힙니다.

재림에 대한 교훈을 잘못 이해하면 불신자들에게 덕이 되지 못하는 경우가 종종 있습니다. 교회의 덕을 세우기 위해서 그리고 불신자들 앞에서 덕이 있기 위해서 노동을 열심히 해야 합니다.

바울 당시 남에게 폐를 끼치는 일을 서슴없이 하는 사람들도 있었습니다. 무위도식이란 말이 있습니다. 다른 사람의 집에 가서 얹혀 먹고 사는 사람도 있었습니다. 말만 하고 행동이 없는 사람들도 많이 있었습니다. 스스로 일하는 사람은 형제 사랑을 실천하는 사람입니다. 다른 사람에게 짐이 되지 않습니다.

유대인이 볼 때 이방인들은 다 외인입니다. 구원의 도리에서 벗어난 사람은 다 외인입니다. 고린도전서 5장 12-13절에 "밖에 있는 사람들을 판단하는 것이야 내게 무슨 상관이 있으리요마는 교회 안에 있는 사람들이야 너희가 판단하지 아니하랴 밖에 있는 사람들은 하나님이 심판하시려니와 이 악한 사람은 너희 중에서 내쫓으라"라고 했습니다.

디모데전서 3장 7절에 "또한 외인에게서도 선한 증거를 얻은 자라야 할지니 비방과 마귀의 올무에 빠질까 염려하라"라고 했습니다. 교회의 중직자들도 자기 일을 성실히 감당할 때 교회 밖에 있는 사람들에게도 칭찬을 받게 되는 것입니다.

2) 자기 일을 잘 감당해야 할 목적이 또 있습니다. 교회 안에 궁핍함이 없게 하라. 노동을 할 때 자기 생활이 풍족하고 넉넉해집니다. 이것이 사랑을 실천하는 하나의 길입니다. 어떤 사람은 스스로 하는 일도 없이 교회만 바라보는 사람이 있습니다. 또 하나님만 바라보는 사람도 있습니다.

그러나 정말 교회를 사랑하는 사람은 그렇지 않습니다. 자기가 생활을 해결할 수 있고 교회를 사랑하여 봉사할 수 있다면 이것은 아름다운 일일 것입니다. 하나님을 바라보면서 성실히 일할 때 생활도 넉넉하게 될 것입니다. 이것이 성숙한 그리스도인일 것입니다.

잠언 13장 4절에 "게으른 자는 마음으로 원하여도 얻지 못하나 부지런한 자의 마음은 풍족함을 얻느리라"라고 했습니다. 잠언 24장 33-34절에 "네가 좀더 자자, 좀더 졸자, 손을 모으고 좀더 누워 있자 하니 네 빈궁이 강도같이 오며 네 곤핍이 군사같이 이르리라"라고 했습니다.

제16강
데살로니가전서 4장 13-18절

성도의 부활

사람이 하나님 앞에서 겸손해야 할 이유가 무엇입니까? 자기는 항상 좋은 사람이고, 다른 사람은 항상 나쁜 사람이라는 관념입니다. 이것이 정말 잘못된 생각에서 나온 오해입니다. 사람은 종종 자기의 잘못은 생각지 않으면서 다른 사람의 잘못은 보는 습관도 있습니다. 성경적으로 말하자면 자기 눈 속의 들보는 보지 못하면서 다른 사람의 눈에 있는 자그마한 티만 봅니다. 이것도 오판입니다.

심지어 자기의 말은 다 옳고 다른 사람의 말은 다 틀리다고 생각하는 성향도 있습니다. 자기는 가장 정확한 사람이고, 다른 사람은 다 부정확하다는 오해를 곧잘 합니다. 이런 것들이 그릇된 생각입니다.

저도 젊었을 때는 생각하는 것이 어린아이와 같고 말하는 것이 어린아이와 같았으며, 행동하는 것도 어린아이와 같았지만 성년이 되면서 생각도 바뀌고 말하는 것도 달라졌습니다. 행동하는 것은 더욱 그렇습니다. 자기의 의에서 벗어나 그리스도의 의를 바라보는 습성이 생겼습니다.

여러분은 지금까지 어떤 사람이었습니까? 이해를 잘하는 사람입니까 아니면 오해를 잘하는 사람입니까? 상대방의 입장을 잘 이해해 주고, 진리를 잘 알아 듣기도 하고, 믿음도 쑥쑥 성장해서 승리하는 그리스도인의 삶을 살 수 있기를 바랍니다.

1. 데살로니가 교인들의 오해입니다

데살로니가 교인들은 예수 그리스도의 재림에 대하여 오해했습니다. 그리스도의 재림에 대한 오해는 신앙생활에 있어서 엄청난 모순을 낳게 되었습니다. 어떤 모순된 생각과 신앙생활을 하게 될까요?

주의 강림은 왕이나 로마 황제가 지방의 도시를 방문하는 데서 생겨난 말입니다. 왕이나 황제가 지방을 방문할 때 상을 주거나 환영 행사가 있었습니다. 지방 관리들이나 총독들이 얼마나 철저하게 준비했겠습니까? 주변을 청결하게 청소했을 것입니다. 퇴락된 성곽이나 숙소가 더러우면 몇 날 며칠이고 고치고 바르고 칠하고 도배하고 난리가 났을 것입니다. 종말론적인 삶을 사는 그리스도인들은 예수 그리스도의 재림을 맞이하기 위하여 그런 준비를 하면서 세상을 산다는 것입니다.

예수님의 재림에 대한 오해는 곧바로 자기의 죽음에 대한 오해로 연결됩니다. 사람들이 죽음에 대해서 오해를 정말 많이 합니다. 여러분, 죽음이 뭡니까? 그리고 왜 죽음이 인간에게 찾아왔습니까? 그리고 죽음 후에는 어떻게 되는 것입니까?

재림 때에 예수님께서는 하나님과 함께 있는 처소로부터, 위에서부터 아래로 내려오실 것입니다. 마치 왕이나 황제가 지방으로 내려가는 것처럼 말입니다. 초림에 관하여도 그렇지만 재림에 관하여도 이단적인 사상과 그릇된 말들이 많았습니다.

신학적으로 영혼수면설을 말하는 사람이 있습니다. 죽으면 '영원히 잠자듯 쉰다'는 관념입니다. 성경에 '잔다'라고 표현하니까 문자대로 믿기 때문에 생겨난 이론입니다. 영국의 어빙파와 미국의 럿셀파가 주장한 이론입니다. 우리는 죽으면 하나님 그리고 예수님과의 신령한 교제, 행복한 교제 속에 나아가 천국 생활을 하게 됩니다.

또 영혼멸절설을 주장하기도 합니다. 멸절설은 사람이 영생하는 존재로 창조되었지만 죄 가운데 살았기 때문에 영생의 축복을 박탈함으로 멸절하거나 존재하지 않는 상태로 있게 된다는 이론입니다.

이것은 아마도 헬라 철학의 영향을 받아서 그럴 것입니다. 그러나 사람은 영적인 존재입니다. 영원한 존재입니다. 지옥을 가든지 천국에 가든지 영원히 존재하게 됩니다.

불교에서는 윤회설을 주장하기도 합니다. 사람이 되었다가 짐승이 되기도 하고, 개가 되었다가 원숭이도 되고 이렇게 윤회한다는 설입니다. 성경은 윤회설을 말해 주지 않습니다.

혹자는 시련설을 말하기도 합니다. 죽음과 부활 사이에 회개와 신앙을 위하여 고통을 당하는 기간이 있게 된다는 것입니다. 그러나 기독교에서는 예수 믿는 사람에게는 정죄가 없다고 가르칩니다. 그리스도 안에서 생명의 부활을 믿기 때문입니다.

그런데 데살로니가 교인들은 무엇을 주장했습니까? 믿다가 죽어도 소용없다는 오해를 하였습니다. 예수님이 재림하실 때에 살아남아 있는 자만 소망이 있지 죽으면 믿음도 헛되다는 오해를 하여 죽음 앞에서 소망이 없는 세상 사람들과 같이 슬퍼하고 애통했습니다. 소망이 없는 것으로 오해했습니다.

믿는 사람이나 믿지 않는 사람이나 '죽으면 다 그만이다, 끝이야'라는 것입니다. 죽으면 그만입니까? 누가 그렇게 말했습니까? 누가 그렇게 가르쳐 주었습니까? 죽으면 그만이라니요? 죽으면 그만이면 믿는 우리들이 세상에서 제일 불쌍하고, 제일 불행한 사람이 됩니다.

예수 믿느라고 세상에서도 환영받지 못하고 가난하게 살고, 진실하게 살았는데 다 헛것이란 말입니다. 그런 법이 어디 있습니까? 하나님을 믿기에 억울한 일을 너무나 많이 당하기도 합니다.

여기서 오해하지 말아야 합니다. 다른 오해는 있을 수 있습니다. 없으면 좋겠지만 있는 걸 어떻게 합니까? 그러나 그리스도의 재림에 대한 오해는 없어야 합니다. 자기 죽음에 대해서 오해가 없어야 합니다.

바울이 데살로니가 교회를 세 안식일 동안 섬겼습니다. 섬긴 기간이 짤막했기 때문에 그리스도의 재림에 대해 깊이 있게 가르쳐 줄 시간이 없었습니다. 그러다보니까 데살로니가 교인들이 재림에 대해 오해를 하게 되었습니다.

그리스도의 재림에 대해서 오해를 하다보니 이런 주장을 폈습니다. '이미 죽은 자들은 부활할 수 없을 거야' 또 '재림 때에 살아 있는 자들은 부활의 영광에 동참할 수 없을 거야', 이런 두 가지 주장이 교회 안에 싹트기 시작했습니다.

그런데 바울은 데살로니가 교인들에게 죽었다고 말하지 않고, '잔다'라고 표현했습니다. 하나님은 죽음을 '잔다'고 가르쳐 주셨습니다. '잔다'는 말은 잠시 후에 깨어난다는 의미입니다(창47:30, 신31:16, 마27:52, 고전15:18). 기독교는 생명의 종교, 부활의 종교입니다. 그리스도께서 죽음의 문제를 해결하셨습니다. 생명의 부활로 나오셨습니다.

2. 바울은 이해하고 있었습니다

사도 바울은 오해가 아니라 이해를 하고 있었습니다. 기독교를 이해했습니다. 그리스도의 재림에 대한 교리를 잘 알고 있었습니다. 그리고 성경대로 하나님의 언약을 믿는 믿음의 사람이었습니다. 하나님을 아버지로 믿고, 예수를 구세주로 영접했습니다. 이런 믿음을 가졌기에 하나님의 말씀이 믿어졌습니다. 죽은 자에 대해서 바울은 이렇게 이해하고 믿었습니다.

1) '예수가 죽었다가 다시 살았을진대', 이것을 이해하고 있었습니다. 역사적으로 예수님의 십자가에서 죽으심과 역사적으로 살아난 부

활 사건을 알고 있던 바울, 이것을 이해하고 믿었습니다. 성도의 부활의 보증은 예수님의 부활에 근거하고 있습니다. 헬라인들이 영향을 주었던 고린도 교회를 향하여 부활을 증거했던 바울입니다.

2) 또 '먼저 죽은 자들을 함께 데리고 오신다'는 것입니다. 우리는 그들이 없어졌다고 생각했는데, 우리보다 앞서 믿던 분들은 생명의 부활로 나와서 예수님과 함께 영원한 나라, 생명의 나라로 온다는 것을 바울은 믿었습니다. 여러분도 부활을 믿기 바랍니다. 이것을 믿는 사람을 가리켜 기독교인이라고 말합니다.

3) 순서상 '주님을 믿다가 세상을 떠난 성도들이 먼저'입니다. '주안에서 죽은 자들이 먼저'입니다. 살아 남아 있는 자들이 결단코 앞서지 못하리라. 하나님의 호령과 천사장의 소리와 하나님의 나팔 소리로 재림하실 때 죽은 자들이 먼저 부활합니다. 부활에는 순서가 있습니다.

오늘 이 예배에 출석하신 성도 여러분, 사람이 세상을 살다가 죽는 것이 문제가 아닙니다. 이 세상에서 죽기 전에 죽을 준비를 해야 합니다. 죽음 이후에 부활의 영광이 있습니다. 그것은 믿음으로 준비하는 것입니다. 예수를 믿는 것이 죽음을 준비하는 것이요, 부활을 준비하는 것입니다.

이것을 이해하느냐 아니면 오해하느냐에 따라 영원한 생명과 영원한 멸망이 결정됩니다. 지옥이냐? 천국이냐?가 결정됩니다. 좋은 선택을 합시다. 믿는 자가 됩시다.

3. 그러면 살아 있는 자는 어떻게 되는 것인가?

믿다가 죽은 자가 복이 된다면 우리 살아 남아 있는 자들은 어떻게 되는 것인가? 바울은 그것도 알고 있었습니다. '구름 속으로 끌어 올려 공중에서 주를 영접하게 하시리라'. 그래서 우리가 '항상 주와 함께 있으리라'고 했습니다. 믿습니까? 그래서 기독교인들이 이 소망이 있기에 웃고 다니는 것입니다. 바보라서 억울한 일을 당하고도 웃는 것이 아니라 미래에 대한 소망이 분명하기에 웃고 다니는 것입니다.

사람은 현재로만 끝나는 존재가 아니고 미래가 있는 존재입니다. 하나님의 걸작품인 사람이 어찌 현재로 만족할 수 있겠습니까? 영원한 미래가 약속된 존재가 성도입니다.

현실에 약간의 고난이 있고, 슬픔이 있다하더라도 주님은 우리에게 약속하셨습니다. "내가 가서 처소를 예비하리라. 너희는 마음에 근심하지 말라. 하나님을 믿으니 또 나를 믿으라. 내 아버지 집에는 거할 곳이 많도다".

그래서 "주 예수를 믿으라 그리하면 너와 네 집이 구원을 얻으리라"라고 바울은 외치는 것입니다. 또한 베드로는 "다른 이로써는 구원을 받을 수 없나니 천하 사람 중에 구원을 받을 만한 다른 이름을 우리에게 주신 일이 없음이라"라고 했습니다.

주님이 다시 오실 때 예수를 믿다가 죽은 자들이 먼저 일어납니다. 그후에 우리 살아 남아 있는 자들도 천사들에게 이끌려 주님을 영접하게 될 것입니다. 그리고 사랑하는 주님과 함께 영원히 살 것입니다. 부정과 부패가 없는 하나님 나라에서, 정치적, 사회적, 경제적인 아픔과 눈물이 없는 곳에서 영원히 행복한 삶을 살게 될 것입니다. 의가 강물처럼 흐르는 나라가 될 것입니다.

이미 이전부터 믿던 분들이나 지금 처음으로 교회 나오신 분들이나 다 함께 하나님을 믿기를 바랍니다. 그리스도의 재림이 삶에 지친 분들에게 큰 위로가 되는 줄로 믿습니다. 그리고 성도에게 용기를 북돋아 주는 큰 진리입니다.

그리스도의 십자가와 부활 사건을 오해하지 않기를 바랍니다. 교회에 대한 오해도 풀어버립시다. 특별히 죽음에 대한 오해를 넘어서야 합니다. 그리스도를 믿음으로 영생의 축복을 선물로 받읍시다. 무에서 유를 창조하신 하나님이십니다.

제17강
데살로니가전서 4장 14절

성도의 부활 (소요리문답 제38문)

소요리문답 제38문의 질문이 '신자가 부활할 때 그리스도에게서 무슨 유익을 받습니까?' 입니다. 여기에 대한 대답은 '신자는 부활할 때 영광 중에 일으킴을 입어 심판날에 공공연히 인정받고, 죄없다 함을 얻으며, 완전히 복되어 영원토록 하나님으로 말미암아 흡족하게 즐거워할 것입니다' 라고 되어 있습니다.

우리가 지난 번에 제36문에서는 '의롭다 하심과 양자로 삼으심과 거룩하게 하심에 금생에 따라오거나 거기서 나오는 유익은 무엇입니까?' 를 배웠습니다. 대답은 '의롭다 하심과 양자로 삼으심과 거룩하게 하심에 금생에서 따라오거나 거기서 나오는 유익은 하나님의 사랑을 확신함과 양심의 평안과 성령 안에서 얻는 기쁨과 은혜의 많아짐과 끝까지 견디는 것입니다' 라고 되어 있습니다.

제37문에서는 '신자는 죽을 때 그리스도에게서 무슨 유익을 받습니까?' 입니다. 대답은 '신자는 죽을 때 그의 영혼은 완전히 거룩하게 되어 즉시 영광에 들어가고 그의 몸은 여전히 그리스도에게 연합되어 부활할 때까지 무덤에서 쉽니다'라고 되어 있었습니다.

신자가 죽을 때는 영혼과 몸이 분리되는 것이니까 사람으로서는 그것이 비정상입니다. 고린도후서 5장 3절에 '벗은 자'라고 했습니다. 죽어서 부활하기 전에는 벗은 자여서 사람이 빛나는 옷을 입고 하나님 앞에 서는 그런 정상의 상태에 아직 이르지 못했다는 표시입니다. 벗은 자란 죽은 자나 병든 자가 아니고 몸에 옷을 입지 않은 상태입니다.

데살로니가전서 4장 14절에는 "우리가 예수의 죽으셨다가 다시 살아나심을 믿을진대 이와 같이 예수 안에서 자는 자들도 하나님이 그와 함께 데리고 오시리라"라고 했습니다. 부활할 때의 일이지만 우리가 예수의 죽었다가 다시 살아나심을 믿으니까 이와 같이 예수 안에서 자는 자들도 하나님이 예수 그리스도와 함께 데리고 오실 것입니다.

이미 세상을 떠난 사람을 가리켜 '예수 안에서 자는 자'라고 했습니다. 그리스도가 재림하실 때 살아 남아 있는 자들은 죽음을 보지 않고 벗은 자로서의 상태를 통과하지 않고 홀연히 변화하여 곧바로 부활할 것입니다. 예수 안에서 자는 자들은 예수와 함께 데리고 오실 것입니다. 부활이 있기 전에 죽은 자들을 '예수 안에서 자는 자들'이라고 했습니다.

그러므로 여러 가지 말로 표현하는데 죽었으니까 '죽었다'라는 말로, '벗은 자'라, 혹은 '예수 안에서 자는 자'라고 표현합니다. 여기서 벗은 자는 부활하는 것보다는 덜 복되다는 개념이 형성됩니다. '예수 안에서'라는 말은 예수와 연합되어 있으니까 죽어도 예수를 떠난 것은 아닙니다. 영혼과 몸이 분리되었어도 영혼과 몸이 그리스도에게 연합되어 있는 상태입니다.

'자는 자'란 부활의 소망을 가지고 기다리는 자입니다. 자는 자라면 깨는 시간이 있는 사람입니다. 죽은 것과 비슷한데 다른 점은 숨을 쉬고 있습니다. 자는 사람은 깨어 일어나는 시간이 있습니다. 이와 같이 예수님이 오실 때 부활할 것을 기다리는 상태에 있습니다. 이것이 복된 상태입니다.

믿는 사람은 이 세상을 떠나도 괴로움과 고생을 떠나는 것이어서 지금 땅에서 사는 것보다 복되다고 말할 수 있습니다. 그래서 제37문의 대답은 '신자는 죽을 때 그의 영혼은 완전히 거룩하게 되어 즉시 영광에 들어가고 그의 몸은 여전히 그리스도에게 연합되어 부활할 때까지 무덤에서 쉽니다'라고 되어 있습니다. 죽은 자의 죽은 뒤의 상태를 말해 주고 있습니다.

제38문을 생각하면 부활할 때 어떤 유익이 있는 것인가? 첫째로 '영광 중에 일으킴'을 받습니다. 둘째로 '심판날에 공공연히 인정' 받습니다. 셋째로 '온전히 복되게 되어 영원토록 하나님으로 만족하게 즐거워할' 것입니다. 우리는 이런 유익을 받습니다.

1. 영광 중에 일으킵니다

죽은 몸이 다시 살아 일어나서 영광스럽게 됩니다. 영광 중에 일으킴을 입습니다. 우리가 세상에서는 아픔, 슬픔, 피곤, 가난, 죽게 될 몸으로 사는 것입니다. 세상에서는 조금만 일하면 병들고 아프고 피곤하고 지치고 … 그러나 부활할 때는 우리가 생각했던 것보다 훨씬 더 뛰어난 영광스러운 몸이 될 것입니다. 병과 약함은 없습니다. 썩지 않고 쇠하지 않습니다. 강하고 튼튼하며 신령한 몸으로 다시 살게 될 것입니다.

세상 사람은 믿음이 없기 때문에 그런 복음에 대하여 비웃습니다. 그렇지 않으면 '그것은 고대 사회의 신화에 불과한 것이야' 이렇게 생각하기도 합니다. 바울이 복음을 전할 때도 그런 반응들이 있었습니다. 어떻게 그런 일이 가능하냐? 정신 없는 소리 그만해! 다 배불러서 하는 소리야! 아마 그런 반응이었습니다.

부활이란 '다시 선다'는 뜻입니다. 무덤에서 부패해버린 몸이 언젠가는 땅 위에 다시 서는 축복이 있을 것입니다. 우리는 그것을 믿습니다. 요한복음 5장 28-29절에 "무덤 속에 있는 자가 다 그의 음성을 들을 때가 오나니 선한 일을 행한 자는 생명의 부활로 악한 일을 행한 자는 심판의 부활로 나오리라"라고 했습니다.

그런데 성경에 "만일 죽은 자가 다시 살아나는 일이 없으면 그리스도도 다시 살아나신 일이 없었을 터이요"(고전15:16)라고 했습니다. 부활이 없다면 예수님은 어떻게 살아나셨을까요? 이것이 성경의 대답입니다. 우리는 성경을 믿습니다. 생명의 말씀, 은혜의 말씀, 축복의 말씀으로 믿습니다.

이런 상태에 대하여 안 믿는 사람들은 황당하다는 반응을 보이고, 믿는 사람들 가운데도 '과연 그럴까? 그런 일이 있을 수 있을까?' 반신반의 하다가 넘어지기도 하고, 심한 회의심에 빠지기도 합니다.

사도행전 17장 32절에 아테네 시민들은 "그들이 죽은 자의 부활을 듣고 어떤 사람은 조롱도 하고 어떤 사람은 이 일에 대하여 네 말을 다시 듣겠다"라는 반응이었습니다. 그런데 영원한 부활이 없다면 그리스도께서도 살아나지 못하였을 것이 아니냐?(고전15:13) 그리고 기독교는 헛되고 무가치한 것이었으리라고 말합니다(고전15:14). 이것이 성경의 대답입니다.

이것이 바울 사도의 부활에 대한 변증입니다. 예수 그리스도의 부활은 움직일 수 없는 사실입니다. 그리스도의 부활이 대명제라면 어떻게 부활이 없다고 하느냐? 기독교의 초석이 여기에 있습니다. 그리스도의 부활이 사실이 아니라면 기독교는 무너져 버릴 것입니다.

누가 그리스도를 위하여 살며 누가 그리스도를 위하여 죽겠습니까? "그리스도께서 다시 사신 일이 없으면 너희의 믿음도 헛되고 너희가 여전히 죄 가운데 있을 것이요"(고전15:17). 기독교의 모든 진리가 부활에 달려 있습니다. 그래서 죽은 몸이 다시 살아 일어나서 영광스럽게 된다는 것이 우리가 부활할 때 그리스도에게서 받는 은혜입니다.

2. 심판 날에 공공연히 인정을 받습니다

하나님의 심판대 앞에서 '이 사람은 무죄야, 의롭다'라고 선언하실 것입니다. '하나님의 자녀야'라고 인정할 것입니다. 심판 날에 공공연히 인정받고 죄 없다고 선언하실 것입니다. 모든 죄를 용서하시고 의롭다고 선언하실 것입니다. 하나님 자녀의 부끄러움을 다 씻어 주실 것입니다.

예수님은 "누구든지 사람 앞에서 나를 시인하면 나도 하늘에 계신 내 아버지 앞에서 저를 시인할 것이요"라고 하셨습니다. 주님께서 알아주시고 인정해 주시면 모든 부끄러움은 사라질 것입니다. 이런 광경을 생각해 보시기 바랍니다.

지극히 높으신 하나님이 '의인이야, 내 사랑하는 자녀야, 내게 속한 사람이야, 그리스도인이야, 내 것이란 말이야'라고 말할 때 어떨까요? 지극히 놀랍고 놀라운 일일 것입니다. 부활하는 일 만큼 중요하고 놀라운 일일 것입니다.

어떻게 그런 일이 있을 수 있을까? 그것이 놀라운 일이라서 하나님의 은혜라고 말하게 됩니다. 부활할 때 그리스도에게서 받는 은혜입니다. 우리 모두 그런 인정을 받는 축복이 있기를 바랍니다. 이것이 성도에게 소망입니다.

3. 온전히 복되게 되어 영원토록 하나님을 즐거워할 것입니다

부활할 때 받는 복에 대하여 성경은 여러 가지로 설명해 줍니다. 아픈 것, 배고픈 것, 곡하는 것도 없습니다. 하나님의 백성들과 천사들과 한자리에서 영원토록 살 것입니다. 손가락으로 셀 수 없는 복을 말씀했습니다. 소요리문답은 초신자들을 위하여 아주 굵직한 것만 기록했지만 대요리문답에서는 여러 가지로 말해 주었습니다.

'하나님으로 말미암아 즐거워하는 것'이라고 했습니다. 하나님으로 즐거워하는 것이 복의 극치입니다. 완전한 복이 여기 있습니다. 위엄과 사랑이 있으시고 능력과 지혜가 무궁하신 하나님을 우리가 아버지라고 부르고 하나님을 가까이 모시고 순종하면서 살게 될 것입니다.

천국에 가면 즐거워할 일이 많지만 하나님 때문에 즐거워합니다. 하나님의 좋으신 것을 다 누리고 살게 될 것입니다. '사람의 제일 크고 첫째 되는 목적이 무엇입니까?' '하나님을 영화롭게 하고 하나님으로 말미암아 영원토록 즐거워하는 것입니다'라는 사람의 제일된 목적이 부활할 때 완전히 이루어질 것입니다.

모세의 기도를 생각해 보십시다. 시내산에서 여러 가지를 보고 듣고 받고 배워서 이스라엘에게 가르치기 위해 모세는 올라갔습니다. 그런데 백성들은 애굽에서 하던 습성이 있어 아론에게 '우리를 위하여 우상을 만들자'라고 건의하여 금송아지를 만들었습니다. 그때 하나님께서 이 백성은 목이 곧고 교만하며 타락한 백성임을 말해 주었습니다. 그리고 '아브라함과 이삭과 야곱에게 맹세한 땅을 너희에게 주겠다, 다만 나는 올라가지 않겠다'라고 말씀하십니다.

그때 모세의 기도가 뭡니까? '주님! 주님께서 올라가지 않으시려면 이 백성을 올려보내지 마시옵소서!' 중요한 것은 땅보다 하나님이라는 말입니다. 출애굽기 33장 1절 이하에서 "여호와께서 모세에게 이르시되 너는 네가 애굽 땅에서 인도하여 낸 백성과 함께 여기를 떠나서 내가 아브라함과 이삭과 야곱에게 맹세하여 네 자손에게 주기로 한 그 땅으로 올라가라"라고 했습니다. 그러면서 하나님께서는 백성들의 단장품을 제하라고 하셨습니다.

13절에 "내가 참으로 주의 목전에 은총을 입었사오면 원하건대 주의 길을 내게 보이사 내게 주를 알리시고 나로 주의 목전에 은총을 입게 하시며 이 족속을 주의 백성으로 여기소서"라고 했습니다.

다른 민족과 이스라엘 백성을 구별한 것이 많은데 말씀과 성막과 구별된 여러 가지가 있지 않습니까? 주께서 우리와 함께 행하심이 아닙니까? 그 어떤 것보다 하나님만이 가장 귀중하고 가치 있고 우리의 영혼과 육체에 만족함이 됩니다.

제18강
데살로니가전서 5장 1-11절

재림의 시기, 언제 오실 것인가?

예수 그리스도는 하나님의 아들입니다. 우리의 구원자가 되십니다. 예수님께서 행하신 일이 수없이 많지만 크게 다섯 가지로 설명합니다. 첫 번째로는 예수님이 동정녀 마리아의 몸에 잉태된 사건입니다. 우리는 동정녀 탄생, 성탄이라고 말합니다.

두 번째는 십자가에서 죽으신 사건입니다. 십자가가 예수님의 생애에서 굉장히 크고 중대한 사건입니다. 아담과 하와로부터 내려오던 인간의 죄악 문제를 모두 해결한 사건이기 때문에 중요합니다.

세 번째로는 예수께서 십자가에서 죽으실 뿐만 아니라 삼 일 만에 다시 살아나신 사건입니다. 생명의 부활, 기독교에서는 부활이라고 말합니다. 예수님의 부활은 모든 성도들의 부활을 의미합니다. 예수를 믿는 모든 자의 첫 열매, 대표의 원리를 따라 생명의 부활을 하셨습니다. 그래서 기독교는 부활의 종교입니다.

네 번째로 행하신 일은 승천하신 사건입니다. 예수께서 부활하신 다음에 하늘로 올라가셔서 하나님의 우편 보좌에 앉으셨습니다. 아주 높아지신 분이십니다. 예수님은 만유의 주, 만왕의 왕이 되십니다. 하늘에 있는 자나 땅에 있는 자나 땅 아래 있는 자들이 다 예수의 이름 앞에 무릎을 꿇게 되었습니다. 예수만이 영원한 왕이시고 만주의 주가 되시기 때문입니다.

그리고 마지막 다섯 번째는 아직 이루어지지 않은 사건이 있습니다. 그것이 바로 예수님의 재림입니다. 그리스도의 재림, 최후의 심판, 생명의 부활이 남아 있습니다. 예수님은 약속에 신실하신 분이십니다. 언젠가는 다시 이땅에 오실 것입니다.

사랑하는 여러분은 예수님의 재림을 믿으십니까? 그렇다면 어떻게 재림을 준비하고 있습니까?

1. 사람들의 관심

대부분의 사람들은 '때와 시기'에 관심이 많이 있습니다. 예수님이 재림하신다면 언제 어떻게 오신다는 말인가? 그렇습니다. 기독교 역사를 연구해 보면 대부분의 사람들은 재림의 주님을 맞을 준비를 하지 않고 다만 재림의 때와 시기에 관심이 많았던 것이 사실입니다.

마태복음 24장에 보면 어느날 예수님과 제자들이 함께 걸어가고 있었습니다. 제자들이 예루살렘 성전의 건축물들을 보고 이야기하기 시작했습니다. 야, 대단히 아름답고, 멋이 있어! 정말 화려하고 놀라워! 그런 제자들에게 예수님은 무슨 말씀을 하셨을까요?

예수님이 제자들에게 들려 주신 말씀은 이런 말씀이었습니다. "너희가 이 모든 것을 보지 못하느냐 내가 진실로 너희에게 이르노니 돌 하나도 돌 위에 남지 않고 다 무너뜨려지리라"라고 하셨습니다.

이 말씀을 듣던 제자들은 깜짝 놀랐습니다. 그리고 잠시 후 감람산에서 예수님께 묻습니다. "우리에게 이르소서 어느 때에 이런 일이 있겠사오며 또 주의 임하심과 세상 끝에는 무슨 징조가 있사오리이까?"

예수님은 이렇게 대답하셨습니다. "너희가 사람의 미혹을 받지 않도록 주의하라 많은 사람이 내 이름으로 와서 이르되 나는 그리스도라 하여 많은 사람을 미혹하리라"라고 했습니다.

이런 질문을 통해서 볼 수 있는 것은 역시 제자들의 관심은 때와 시기에 관심이 있었음을 알 수 있습니다. 그 시기에 초점이 맞추어져 있었습니다. 그런데 예수님은 사람의 미혹에 관심이 많았습니다.

여러분은 어떻습니까? 현 시대는 미혹받는 사람이 너무나 많은 세상입니다. 사람이 사람을 넘어뜨립니다. 사람이 사람을 속이고, 사기치고 죽이고 강간죄를 범합니다. 영적인 일도 그렇습니다. 우리 모두 조심하고 주의해야 합니다.

사도행전 1장 6-8절을 봅시다. 부활하신 예수님과 제자들이 자리를 함께했습니다. 제자들이 예수님께 묻습니다. "주께서 이스라엘 나라를 회복하심이 이때니이까?"

예수님의 대답이 무엇입니까? "때와 시기는 아버지께서 자기의 권한에 두셨으니 너희가 알 바 아니요 오직 성령이 너희에게 임하시면 너희가 권능을 받고 예루살렘과 온 유대와 사마리아와 땅끝까지 이르러 내 증인이 되리라"라고 말씀하셨습니다.

여기서도 사람들의 관심과 같이 제자들의 관심도 때와 시기였습니다. 그러나 주님은 아버지의 권한이라고 대답하셨습니다. 마태복음 24장 36절에서는 "그날과 그때는 아무도 모르나니 하늘의 천사들도, 아들도 모르고 오직 아버지만 아시느니라"라고 하셨습니다.

주님의 대답 속에 우리가 알 수 있는 것은 너희가 힘써서 해야 할 일은 '성령을 받는 일'이라고 가르쳐 주셨습니다. 사랑하는 성도 여러분! 믿음의 사람이 힘쓰고 애써서 해야 할 일은 성령을 선물로 받는 일입니다. 그리스도의 재림이 불신자들에게는 불시에 임하는 일이겠지만 그리스도를 기다리는 성도들에게는 그렇지 않습니다.

2. 바울의 관심

예수님의 재림을 말할 때 그 현상을 마치 도둑이 도둑질을 할 때처럼 임한다고 설명합니다. 주의 재림은 도둑같이 임할 것입니다. 도적이 어느 때에 올는지 아무도 모릅니다. 주님의 재림도 아무도 모른다는 뜻입니다.

다만 징조가 있습니다. 무슨 징조가 있을까요? 사람들이 '평안하다, 안전하다' 할 그때에 오신다는 것입니다. 아무도 의심하지 아니하고 세상의 유혹에 매료되어 있을 때에 찾아오시겠다는 의미입니다.

'평안'은 내적인 평안을 말합니다. '안전'은 외적인 안전입니다. 사람은 누구나 내외적으로 축복 받기를 원합니다. 그리고 이 시대가 마치 내외적으로 축복을 받은 것과 같습니다.

예레미야 6장 14-15절에 "그들이 내 백성의 상처를 가볍게 여기면서 말하기를 평강하다 평강하다 하나 평강이 없도다 그들이 가증한 일을 행할 때에 부끄러워하였느냐 아니라 조금도 부끄러워하지 않을 뿐 아니라 얼굴도 붉어지지 않았느니라 그러므로 그들이 엎드러지는 자와 함께 엎드러질 것이라 내가 그들을 벌하리니 그때에 그들이 거꾸러지리라 여호와의 말씀이니라"라고 했습니다.

에스겔 13장 10절에 "이렇게 칠 것은 그들이 내 백성을 유혹하여 평강이 없으나 평강이 있다 함이라 어떤 사람이 담을 쌓을 때에 그들이 회칠을 하는도다"라고 했습니다.

선지자들이 이스라엘을 책망할 때 사용된 용어들입니다. 경제적인 부를 누릴 때 찾아오는 함정이기도 합니다. 나는 평안해, 편해, 안전해, 지금이 행복해. 그러나 2001년도에 세계적인 톱 뉴스가 무엇인지 아십니까? 10대 뉴스 중에 첫 번째가 세계의 돈과 금이 제일 많이 쌓여져 있었던 미국의 무역센터가 무너진 사건입니다. 세계적인 석학들이 수 천명이 한꺼번에 죽었습니다. 쌍둥이 빌딩이 무너져 흔적도 없이 사라져 버렸습니다. 이 세상에 안전한 곳이 어디 있습니까? 평안한 곳이 어디 있습니까? 세상 것은 어느 곳도 평안하고 안전한 곳은 존재하지 않습니다. 하나님만이 우리의 영원한 피난처가 됩니다.

사람이 결혼하여 임신하면 아이를 잉태하는 복을 받습니다. 잉태한 여인의 뱃속에 있는 아이가 몇년 몇월 몇일 몇시에 세상에 나갈 것이라는 통보를 받아본 적이 있습니까? 여기에 수 백 명의 성도들이 모여 있지만 아무도 '엄마, 저 몇년 몇월 몇일 몇시에 세상에 나가고 싶어요!' 통보하거나 통보 받은 적이 있습니까?

갑자기 배가 아프기 시작하면 몇 시간 후에 아이가 태어납니다. 그와 같이 멸망의 날이 갑자기 임한다는 말입니다. 그러나 누구도 피할 수 없습니다. 바울의 관심은 성도들이 영적으로 깨어 있기를 원했습니다. 그리스도의 재림을 준비하는 성도들이 다 됩시다.

3. 빛의 아들, 낮의 아들

세상에는 빛의 아들이 있는가 하면 어두움의 아들이 있습니다. 낮의 아들이 있는가 하면 밤의 아들이 있습니다. 믿는 자는 빛의 아들이요 낮의 아들이라면 믿지 않는 사람을 가리켜 어둠의 아들이요 밤의 아들이라고 바울은 표현했습니다. 여러분은 낮의 아들, 빛의 아들이기를 소원합니다.

낮의 아들의 특징이 무엇입니까? 빛의 아들의 특성이 무엇일까요? 6절입니다. "그러므로 우리는 다른 이들과 같이 자지 말고 오직 깨어 정신을 차릴지라"라고 했습니다. 자지 말고 정신을 차리라는 것입니다.

그러면 깨어 근신하라는 구체적인 의미가 무엇인가? 어떻게 하는 것이 깨어 있는 것인가? 어떻게 하는 사람이 낮의 아들이고 빛의 아들일까요?

8절에 "우리는 낮에 속하였으니 정신을 차리고 믿음과 사랑의 호심경을 붙이고 구원의 소망의 투구를 쓰자"라고 했습니다.

첫 번째 대답은 믿음입니다. 하나님을 믿는 것이 낮의 아들이 해야할 일입니다. 예수님을 사랑하고 잘 믿는 것이 빛의 자녀의 특징입니다. 성령 하나님을 신뢰하는 것이 빛의 아들이요 낮의 딸입니다. 여러분은 예수를 믿습니까? 믿음이 얼마나 큰 축복인지 아십니까? 믿음으로 천국을 갑니다. 믿음이 있어야 하나님을 기쁘시게 합니다.

어두움의 일은 잠만 자는 것이요 술에 취해서 정신을 못차리는 것과 같은 현상이라고 말하고 있습니다. 성도는 밤에 속한 사람이 아니라 낮에 속한 사람입니다. 낮에 속한 사람은 정신을 차리고 깨어서 기도하며 주님을 기다리는 심정으로 세상을 살아가는 사람입니다.

두 번째는 사랑입니다. 가슴이나 마음이 항상 하나님의 사랑으로 충만해야 합니다. 사랑의 흉배를 붙였다는 말이 가슴이나 마음이 항상 하나님의 사랑으로 충만하다는 뜻입니다. 저는 늘 사랑이 부족하여 우는 목사입니다. 하나님을 사랑하는 마음이 늘 부족합니다. 가족이나 성도들을 섬기는 마음도 늘 부족함을 느낍니다. 여러분이 기도해 주시면 고맙겠습니다.

세 번째는 구원의 소망입니다. 옛날에 용사들이나 장군들이 전쟁터에 나갈 때 투구를 쓰듯 낮의 사람들은 구원이 소망입니다. 이미 예수를 믿어 구원을 받았지만 재림 때에 육체가 생명의 부활로 나오는 것이 최대의 소망입니다. 그때는 영혼과 육체가 함께 잘 결합하여 병들지 않고 약하지 않는 신령한 몸을 소유하게 될 것입니다.

이렇게 믿음, 소망, 사랑이 있으면 어떻게 됩니까? 예수 그리스도로 말미암아 구원을 선물로 받습니다. 그리스도와 함께 영원히 살게 됩니다. 그래서 예수 믿는 사람들이 세상을 살 때 덕을 세웁니다.

제19강
데살로니가전서 5장 12-15절

실천적인 사람

데살로니가 교인들은 그리스도의 재림에 대하여 두 가지 오해를 했습니다. 무슨 오해일까요? '예수를 믿어도 죽은 성도들은 복이 없다'라는 것이지요. 또 어떤 사람들은 '재림 때에 살아 남아 있는 자들의 부활이 어떻게 가능할 것인가?' 라고 의심하기도 했습니다.

이런 문제에 대하여 사도 바울은 잘 알고 있었기에 대답했습니다. 믿음의 사람들은 영원히 죽은 것이 아니라 자다가 깨는 것처럼 부활할 때가 있습니다. 또 살아 남아 있는 사람들은 예수 그리스도의 몸처럼 영광스럽게 변형된다고 가르쳐 주었습니다.

예수님은 언제 세상에 다시 오시는 것일까? 때와 시기에 관심이 많은 것이 사람입니다. 믿음에 관심을 가지면 참 좋으련만 사람들의 관심은 전혀 다른 데 있습니다. 그러나 바울의 관심은 때와 시기가 아니라 믿음과 사랑과 소망에 관심이 컸던 사도였습니다.

그러면 예수님의 재림을 기다리는 성도는 어떤 삶을 살아야 하는가?

1. 화목하라 - 대인관계

우리는 전통적으로 교회 지도자들에게 잘 하라. 목회자에게 잘 하라.

이런 말을 어려서부터 많이 들었습니다. 바울도 그것을 가르치고 있습니다. 대인관계에 있어서 제일 중요한 부분이 목회자와의 관계입니다. 여러분은 목회자를 어떤 사람으로 생각합니까?

1) 12-13절에 "형제들아 우리가 너희에게 구하노니 너희 가운데서 수고하고 주 안에서 너희를 다스리며 권하는 자들을 너희가 알고 그들의 역사로 말미암아 사랑 안에서 가장 귀히 여기며 너희끼리 화목하라"라고 했습니다.

사역자들은 누구를 위하여 수고하는 자들입니까? 주님을 위하고, 교회를 위하는 사람들입니다. 때로는 자기의 유익을 구할 때도 있지만 그래도 중심 마음은 그렇지 않습니다. 하나님 교회의 덕을 위하여 수고하는 자들입니다.

여기 '귀히 여기라' 라는 말은 '생각하다, 존중히 여기다' 라는 뜻입니다. '사랑 안에서' 라는 말은 자발적인 헌신을 말합니다. 그러므로 주님을 위하고, 교회를 위하여 수고하는 사람들을 존중히 여기고 생각해 주며 자발적인 헌신을 하여 협력하고 도우라는 뜻입니다.

그 다음은 '사랑의 수고' (1:3)입니다. 바울과 같이 선교를 위해서, 하나님 나라 확장을 위해서 수고하는 일입니다. 갈라디아 교인들이 바울을 얼마나 사랑했습니까? 처음에는 천사처럼 받들었습니다. 예수님처럼 환영하고 대접했습니다. 갈라디아서 4장 14-15절을 봅시다. "너희를 시험하는 것이 내 육체에 있으되 이것을 너희가 업신여기지도 아니하며 버리지도 아니하고 오직 나를 하나님의 천사와 같이 또는 그리스도 예수와 같이 영접하였도다 너희의 복이 지금 어디 있느냐 내가 너희에게 증언하노니 너희가 할 수만 있었더라면 너희의 눈이라도 빼어 나에게 주었으리라"라고 말했습니다.

그때 바울의 마음이 어떤 마음인지 아십니까? 갈라디아서 4장 11절에 "내가 너희를 위하여 수고한 것이 헛될까 두려워하노라"라고 했습니다. 이것이 바울의 마음이었습니다. 오해도 좋고 대접하지 않는 것도 괜찮지만 지금까지 수고하여 복음의 씨앗을 뿌린 것이 헛되지 않으면 좋겠다는 말입니다.

고린도전서 16장 16절에 "이 같은 사람들과 또 함께 일하며 수고하는 모든 사람에게 순종하라"라고 했습니다. 그리고 18절에서는 "그들이 나와 너희 마음을 시원하게 하였으니 그러므로 너희는 이런 사람들을 알아 주라"라고 고린도 교인들에게 권면했습니다.

히브리서 13장 17절에서는 "너희를 인도하는 자들에게 순종하고 복종하라 그들은 너희 영혼을 위하여 경성하기를 자신들이 청산할 자인 것같이 하느니라 그들로 하여금 즐거움으로 이것을 하게 하고 근심으로 하게 하지 말라 그렇지 않으면 너희에게 유익이 없느니라"라고 했습니다.

2) "주 안에서 너희를 다스리며 권하는 자들을 너희가 알고"(살전5:12)라고 했습니다. '다스리는 자'는 치리자입니다. 지금 교회에 있어서는 장로와 같은 사람입니다.

로마서 12장 8절에 "다스리는 자는 부지런함으로"라고 했습니다. 디모데전서 5장 17-18절에서는 "잘 다스리는 장로들은 배나 존경할 자로 알되 말씀과 가르침에 수고하는 이들에게는 더욱 그리할 것이니라 성경에 일렀으되 곡식을 밟아 떠는 소의 입에 망을 씌우지 말라 하였고 또 일꾼이 그 삯을 받는 것은 마땅하다"라고 했습니다.

또 '알다'의 뜻은 그들의 '가치를 인정하라, 평가하다'라는 의미입니다. 영적 권위를 인정하고 알아 주라는 뜻입니다. 고린도전서 16장 18절에서는 "그들이 나와 너희 마음을 시원하게 하였으니 그러므로 너희는 이런 사람들을 알아 주라"라고 했습니다. 스데바나의 집, 브드나도, 아가이고의 집을 말합니다. 빌립보서 2장 29절에 "이러므로 너희가 주 안에서 모든 기쁨으로 그를 영접하고 또 이와 같은 자들을 존귀히 여기라"라고 했습니다.

3) '권하는 자'는 잘못된 교인을 바로잡아 주고, 바른 교리를 가르쳐 주는 사람입니다. 교회의 교사 직분을 감당하는 사람입니다. '그들의 일을 가장 귀히 여기라'. 로마서 12장 8절에서는 "위로하는 자면 위로 하는 일로"라고 했습니다.

결론은 누구에게나 마찬가지이지만 하나님의 사람과 화목하라, 성도 들끼리 화목하라, 목회자에 대한 존경과 성도에 대한 사랑은 교회를 교 회답게 만드는 아주 중요한 요인이 됩니다. 우리는 목회하는 사람들에 대한 존경이 있어야 하고, 영적인 권위를 인정해야 합니다. 마가복음 9 장 50절에 "소금은 좋은 것이로되 만일 소금이 그 맛을 잃으면 무엇으 로 이를 짜게 하리요 너희 속에 소금을 두고 서로 화목하라"라고 했습 니다. 변함없는 화목입니다.

2. 오래 참으라 - 구체적인 방안

성도는 모든 사람을 대하여 오래 참아야 합니다. 고린도전서 13장 4 절에 사랑은 오래 참습니다. 어떤 사람에 대해서 오래 참아야 하겠는 가? 대인 관계에 대하여 구체적으로 가르쳐 주었습니다.

1) "게으른 자들을 권계하며". 데살로니가후서 3장 6-7절에 "형제들 아 우리 주 예수 그리스도의 이름으로 너희를 명하노니 게으르게 행하 고 우리에게서 받은 전통대로 행하지 아니하는 모든 형제에게서 떠나 라 어떻게 우리를 본받아야 할지를 너희가 스스로 아나니 우리가 너희 가운데서 무질서하게 행하지 아니하며"라고 했습니다.

또 11절에 "우리가 들은즉 너희 가운데 게으르게 행하여 도무지 일하지 아니하고 일을 만들기만 하는 자들이 있다 하니 이런 자들에게 우리가 명하고 주 예수 그리스도 안에서 권하기를 조용히 일하여 자기 양식을 먹으라"라고 했습니다.

'규모없다'란 군대 용어로, '대열에서 이탈한 사람'입니다. '게으름'입니다. '교회의 규율과 질서에서 혼란스럽게 하는 사람에 대한 자세'를 가리킵니다. 묵인이 아니라 오래 참는 것입니다. 치리권을 행사하되 권하고, 경고하고, 권계하라는 뜻입니다. 악이 확산되지 않도록 막아야 합니다. 이것이 쉽지가 않습니다. 그래서 아버지와 어머니의 마음을 가지고 섬기지 아니하면 문제가 심각해지는 법입니다.

2) "마음이 약한 자들을 안위하라". '작은'과 '마음'의 합성어입니다. '마음이 약한 자'란 '소심한 자', '낙담을 잘하는 자'입니다. 잠언 14장 29절에 "노하기를 더디 하는 자는 크게 명철하여도 마음이 조급한 자는 어리석음을 나타내느니라"라고 했습니다.

'안위하다'란 '곁에, 근처에'란 전치사와 '말, 이야기, 언어'라는 뜻으로 '어떤 사람에게 가까이 가서 이야기(말)하다'라는 의미입니다. 일에 실패하고 낙담 중에 있는 사람에게 가까이 다가가라는 말입니다. 좌절한 사람이 얼마나 많습니까? 다시 힘을 내고 용기를 낼 수 있도록 도와 주라는 뜻입니다.

요한복음 11장 31절에는 '위로하다', '격려하다'(살전2:11), '달래다'란 뜻으로 사용되었습니다. 안위는 마음이 약한 자에게 절망 가운데 빠지지 않고 용기를 갖도록 위로하는 것을 가리켜 말합니다. 아마도 부활 교리로 인하여 낙담했을 수도 있습니다. 주 안에서 죽은 자들이 복이 있습니다.

"그러므로 피곤한 손과 연약한 무릎을 일으켜 세우고 너희 발을 위하여 곧은 길을 만들어 저는 다리로 하여금 어그러지지 않고 고침을 받게 하라"(히12:12-13)라고 했습니다.

3) 힘이 없는 자들을 붙들어 주라. 육체적인 질병이 아니라 도덕적, 영적으로 스스로를 지탱할 수 없는 의지가 박약해진 자들을 견고하게 육성하라는 명령입니다. 사도행전 20장 35절에 "범사에 여러분에게 모본을 보여준 바와 같이 수고하여 약한 사람들을 돕고 또 주 예수께서 친히 말씀하신 바 주는 것이 받는 것보다 복이 있다 하심을 기억하여야 할지니라"라고 했습니다. 그리고 로마서 15장 1절에서는 "믿음이 강한 우리는 마땅히 믿음이 약한 자의 약점을 담당하고 자기를 기쁘게 하지 아니할 것이라"라고 했습니다.

3. 항상 선을 좇으라 - 결과

1) 소극적인 것이 있습니다. 악을 악으로 갚지 말라. 악을 악으로 갚는 것은 소극적인 일입니다. 출애굽기 21장 22-25절에 "사람이 서로 싸우다가 임신한 여인을 쳐서 낙태하게 하였으나 다른 해가 없으면 그 남편의 청구대로 반드시 벌금을 내되 재판장의 판결을 따라 낼 것이니라 그러나 다른 해가 있으면 갚되 생명은 생명으로, 눈은 눈으로, 이는 이로, 손은 손으로, 발은 발로, 덴 것은 덴 것으로, 상하게 한 것은 상함으로, 때린 것은 때림으로 갚을지니라"라고 했습니다.

눈은 눈으로, 이는 이로 갚으라는 것이 율법의 가르침이었습니다. 이것을 '동해보복법'이라는 말로 표현합니다. 본래 정당한 것이었습니다. 그런데 사람들은 잘못된 관념을 가져서 상대에게 더 많은 손해를 끼치려고 합니다.

그래서 예수님은 산상수훈에서(마5:38-42) 그 의미를 설명하셨습니다. 예수님은 원수를 사랑하라고 율법의 정신을 가르치셨습니다. "네 오른편 뺨을 치거든 왼편도 돌려대며 또 너를 고발하여 속옷을 가지고자 하는 자에게 겉옷까지도 가지게 하며 또 누구든지 너로 억지로 오 리를 가게 하거든 그 사람과 십 리를 동행하고 네게 구하는 자에게 주며 네게 꾸고자 하는 자에게 거절하지 말라"라고 했습니다.

사도 바울은 로마 교인들에게 로마서 12장 9절에서 "사랑에는 거짓이 없나니 악을 미워하고 선에 속하라 형제를 사랑하여 서로 우애하고 존경하기를 서로 먼저 하며 부지런하여 게으르지 말고 열심을 품고 주를 섬기라"라고 했습니다.

갈라디아서 6장 10절에 "그러므로 우리는 기회 있는 대로 모든 이에게 착한 일을 하되 더욱 믿음의 가정들에게 할지니라"라고 했습니다.

2) 적극적으로 항상 선을 좇으라. '좇으라' 라는 말은 사냥감을 따르는 사냥꾼이 얼마나 집요하게 추적하는지를 의미합니다. 그리스도인들은 선을 행하기 위하여 그렇게 적극적으로 선을 추구하는 사람이 되어야 함을 가르치는 말씀입니다.

제20강
데살로니가전서 5장 16-18절

세 가지 덕, 대신 관계

기독교에 세 가지 덕이 있다면 믿음, 소망, 사랑일 것입니다. 불신이 팽배해 있는 사회 속에 살면서 믿을 수 있다는 것이 얼마나 행복한 일입니까? 그리고 하나님의 사랑을 받은 자로서 사랑으로 봉사하고 헌신한다는 것도 얼마나 아름답습니까? 더 나아가 그리스도의 재림을 기다리는 것이 얼마나 즐겁고 행복한 일입니까?

기독교인이 믿음이 있을 때 본인도 행복하고 보는 이도 아름답지 않습니까? 누가 믿음 없는 사람을 향하여 '참 아름답다' 라고 말하겠습니까? 하나님을 잘 믿고 순종할 때 아름답다고 칭찬할 것입니다. 또 성경 말씀을 그대로 믿고 순종할 때 들어와도 복을 받고 나가도 복을 받게 되어 있습니다.

"믿음이 없이는 하나님을 기쁘시게 하지 못하나니 하나님께 나아가는 자는 반드시 그가 계신 것과 또한 그가 자기를 찾는 자들에게 상 주시는 이심을 믿어야 할지니라"(히11:6)라고 했습니다.

주님은 종종 네 믿음이 어디 있느냐? 믿음이 적은 자들아! 왜 의심하였느냐?라는 말과 '네 믿음대로 될지어다', '네 믿음대로' 라는 말씀을 하셨습니다. 여러분의 믿음은 어떤 믿음입니까?

그리고 사랑이 충만할 때 기독교인답다고 말하게 될 것입니다. 사랑이 없는 기독교인은 맛 없는 기독교인과 같습니다. 소금이 있다면 변해 버린 소금과 같다고 할 것입니다.

마음을 다하고 성품을 다하고 뜻을 다하여 하나님을 사랑하고, 이웃을 내 몸과 같이 사랑하는 자를 사랑하게 됩니다. 반대로 이웃을 이간질하고 다툼을 일으키는 자를 누가 좋아하겠습니까? 심지어 흉이나 보고 약점만 지적하면 누가 기뻐하겠습니까?

또 소망이 있어야 합니다. 한숨만 푹푹 쉬는 사람을 누가 좋아하겠습니까? 소망이 넘치는 사람이 보기에도 좋고 사랑스럽지 않습니까? 주님의 재림을 기다리는 소망의 사람이 보기에도 좋고 아름다운 기독교인이 아닙니까? 그렇게 믿음과 소망과 사랑이 있는 사람의 실천적인 덕목을 오늘 말씀에서 언급하고 있습니다.

1. 항상 기뻐하라 - 기쁨이 덕입니다

기독교인의 첫 번째 덕이 16절입니다. "항상 기뻐하라". 정말 기쁨이 넘치는 성도가 되기를 바랍니다. 재림을 기다리는 성도의 일상생활은 항상 기뻐하는 삶입니다. 하나님을 향하여 가져야 할 가장 기본적인 신앙생활의 자세가 기쁨입니다.

믿음이 없는 사람은 흉내낼 수 없는 삶이 기독교인의 삶으로 항상 기뻐하는 삶이 그렇습니다. 주님을 사랑하는 마음이 없는 사람은 행할 수 없는 것이 항상 기뻐하는 삶입니다. 소망이 없는 사람은 절대로 흉내낼 수 없는 삶이 항상 기뻐하는 삶입니다.

사람이 억지로 기뻐할 수 있습니까? 억지로 기뻐하는 모습은 '잉잉'이라고 합니다. 참된 기독교인의 삶은 항상 기뻐하는 삶입니다. 천국에 대한 소망이 충만하기 때문에, 하나님의 아들된 것이 너무나 행복하기 때문에 기뻐하는 삶을 말하는 것입니다. 하나님 나라가 내 나라가 된 것에 대한 감사로서의 기쁨입니다.

기쁨은 성령의 열매 중의 하나입니다. 갈라디아서 5장 22-23절에 "오직 성령의 열매는 사랑과 희락과 화평과 오래 참음과 자비와 양선과 충성과 온유와 절제니 이같은 것을 금지할 법이 없느니라"라고 했습니다. 성령이 충만한 사람은 희락, 기쁨, 즐거움이 있습니다.

특별히 환경의 지배를 받는 것이 아니라 환경을 초월하는 특성을 가집니다. 이런 기쁨은 하나님과의 관계에서 가질 수 있는 기쁨입니다. 절대적이고 초월적인 기쁨입니다.

유월절 명절 마지막 날에 예수께서 외치신 말씀이 무엇입니까? 예수를 믿는 자에게는 생수의 강이 흘러나리라고 말씀했습니다(요7:38). 영혼의 근원으로부터 흘러나오는 내적인 기쁨입니다. 예수 그리스도의 구속의 은혜를 성령께서 우리에게 부어주실 때에 얻어지는 기쁨이요 즐거움입니다.

성도가 그리스도를 기다리고 소망할 때 기쁨이 생기는 것입니다. 사도 바울은 로마서 8장 18절에서 "생각하건대 현재의 고난은 장차 우리에게 나타날 영광과 비교할 수 없도다"라고 했습니다.

성도가 세상을 살면서 어떻게 항상 기뻐할 수 있을까요? 때로는 범죄한 것 때문에 심히 고통스러워할 것입니다. 심한 번뇌 속에서 슬퍼할 때도 있을 것입니다. 하지만 하나님의 구원을 생각하면서 기뻐합니다. 하나님의 영광스러운 나라를 생각하면서 즐거워하는 사람이 성도입니다.

2. 쉬지 말고 기도하라 - 기도가 덕입니다

두 번째 덕이 "쉬지 말고 기도하라"입니다. 우리 모두 쉬지 말고 기도하는 성도가 됩시다. 바울은 로마 교회에 보낸 편지에서 "내가 그의 아들의 복음 안에서 내 심령으로 섬기는 하나님이 나의 증인이 되시거니와 항상 내 기도에 쉬지 않고 너희를 말하며"라고 했습니다.

데살로니가 교회를 향해서도 "우리가 너희 모두로 말미암아 항상 하나님께 감사하며 기도할 때에 너희를 기억함은"이라고 했습니다(살전 1:2). '쉬지 말고'라는 의미가 무엇일까요? '밑바닥까지 이르도록 멈추지 않는'이라는 뜻입니다. 어떤 경우에라도 중단할 수 없이 계속하여 기도하는 자세를 말합니다.

바울 자신도 인간으로서 견디기 어려운 환경 가운데 끊임없이 기도 했습니다. 바쁜 여정 속에서 기도하는 것도 있겠지만 용서할 수 없는 상황에서 용서하고 기뻐하는 바울입니다. 낙심과 좌절 속에서 밀려오는 힘든 상황에서도 기도하는 바울을 가리킵니다.

특별히 오늘 사용된 '기도하라'의 본래 의미는 자기의 필요나 뜻을 관철시키기 위한 기도가 아니고 예배하는 마음으로 하나님의 뜻에 맞추고 올리는 기도를 말합니다. 결국 기도는 나의 필요도 구해야 하겠지만 예수님처럼 하나님의 원, 하나님의 뜻을 간구하는 것이 기도일 것입니다.

우리는 예수를 믿어 천국 백성으로 확정되었지만 이 세상에 발을 붙이고 살아야 합니다. 회개하는 순간 하나님의 값없는 은혜로 살아야 합니다. 값없이 신분상으로 의인이 되기는 했지만 인격적으로 의인 자체가 된 것은 아닙니다. 성화라고 하는 발전 과정 속에 있습니다.

성도는 매순간 하나님을 의지하지 않으면 안 되게 되어 있습니다. 하나님의 도우심을 받아야 승리하는 삶을 살게 되어 있습니다. 하나님과 깊은 교제가 이루어져야 합니다. 최대의 통로가 기도입니다. 사람의 힘으로는 아무 것도 되지 않습니다. 하나님의 능력을 힘 입어야 승리할수 있습니다.

성도는 세상에서 환난을 당합니다. 핍박이 있습니다. 갈등이 도사리고 있습니다. 기도하지 않고는 승리가 불가능합니다. 크리소스톰은 '환난 속에서 기뻐할 수 있는 유일한 길은 기도뿐이라'라고 했습니다.

한편 '쉬지 말고'란 중단없는 기도를 말합니다. 사무엘의 말을 기억해야 합니다. 기도하다가 쉬는 죄를 범하지 않으리라. 기도는 호흡이요 생명입니다. 기도가 생활화 되어야 합니다. 기도하는 성도가 되고 기도하는 교회가 됩시다.

그래서 바울이 로마서 1장 9절에서 "항상 내 기도에 쉬지 않고 너희를 말하며"라고 했습니다. 데살로니가전서 1장 2절에 "우리가 너희 모두로 말미암아 항상 하나님께 감사하며 기도할 때에 너희를 기억함은"이라고 했습니다. 밑바닥까지 이르도록 멈추지 않는 것이 기도입니다. 어떤 경우에라도 중단할 수 없는 것이 기도입니다. 바울은 끊임없는 기도를 강조하고 있습니다. 하나님 중심적인 성도의 특징은 기도입니다.

3. 범사에 감사하라 - 감사가 덕입니다

세 번째 덕이 18절입니다. "범사에 감사하라". 모든 것에 감사가 넘치는 성도가 됩시다. 감사는 하나님께 대하여 사용되는 말입니다. 어떤 환경 속에서든지 감사하라. 모든 환경 속에서 감사하라.

이스라엘의 역사를 살펴 봅시다. 광야 40년의 시간을 되돌이켜 봅시다. 한마디로 원망과 불평의 시간들이었습니다. 근본적인 이유는 하나님에 대한 성찰이 없었기 때문에 사람으로부터 나온 것은 원망과 불평들이었습니다. 그리고 반역과 불신의 말들만 쏟아냈습니다.

그러나 원망과 불평해야 할 입장에 있었던 예수님은 어떻게 하셨을까요? 마태복음 15장 36절에 "떡 일곱 개와 그 생선을 가지사 축사하시고 떼어 제자들에게 주시니 제자들이 무리에게 주매"라고 했습니다. 예수님은 여자와 아이 외에 사천 명을 놓고도 축사하셨습니다. 상상할 수 없이 어려운 상황에서 축사했습니다. 감사했습니다. 하나님을 생각하면서 기도했습니다. 이것이 기독교인이 닮아야 할 자세입니다.

요한복음 11장 41절도 있습니다. "아버지여 내 말을 들으신 것을 감사하나이다"라고 했습니다. 예수님이 올리는 기도마다 하나님이 응답해 주셨습니다. 그것에 대한 반응은 감사였습니다. 우리도 하나님의 은혜에 대하여 모든 것을 다 갚을 수는 없지만 되돌려 드리는 것이 있어야 합니다.

로마서 1장 21절에 "하나님을 알되 하나님을 영화롭게도 아니하며 감사하지도 아니하고 오히려 그 생각이 허망하여지며 미련한 마음이 어두워졌나니"라고 했습니다. 하나님을 떠나 모든 인류는 죄인입니다. 감사하지 않는 것이 특징처럼 되어 버렸습니다. 우리는 감사하는 성도가 됩시다.

고린도전서 1장 4절에 "그리스도 예수 안에서 너희에게 주신 하나님의 은혜로 말미암아 내가 너희를 위하여 항상 하나님께 감사하노니"라고 했습니다. 바울도 항상 하나님의 은혜를 생각하면서 감사했습니다.

하나님의 사랑, 구원의 확신, 그러면 당연히 나오는 것이 감사입니다. 데살로니가 교인들도 환난과 핍박 속에 있었습니다. 원망과 불평이 자리를 잡을 수밖에 없는 상황입니다. 그러나 그리스도와 동행하는 삶의 특성이 감사입니다. 바울도 감사했습니다. 그러면서 교인들에게 "이는 그리스도 예수 안에서 너희를 향하신 하나님의 뜻이니라"라고 했습니다.

사랑하는 성도 여러분! 저나 여러분에게 약한 면이 무엇입니까? 항상 기뻐하는 것입니까? 하나님의 은혜와 복을 생각하면서 기뻐하십시다. 쉬지 말고 기도하는 것입니까? 하나님을 생각하면서 기도하십시다. 그리고 베풀어주신 은혜를 생각하면서 감사합시다.

제21강
데살로니가전서 5장 19-22절

대신관계 – 성도의 삶

예수 그리스도의 재림을 말할 때 사람들의 관심은 때와 시기입니다. 예수님은 언제 오실까? 어느 때에 오실까? 혹은 어느 장소에 오실까? 이런 말들이 때에 관심이 많은 것을 증명해 줍니다. 여러분은 어떻습니까? 여러분도 그렇습니까?

그러나 예수님은 '하늘에 있는 천사도 모르고 아들도 모르고 오직 아버지만 아시느니라' 라고 말씀하심으로 아버지의 절대 주권, 절대적인 권한에 속한 일임을 가르치셨고, 바울은 믿음, 소망, 사랑에 관심을 가지라고 가르쳤던 사도였습니다. 주님의 재림을 믿는 자들에게 꼭 필요한 것이 믿음, 소망, 사랑이기 때문입니다.

믿음, 소망, 사랑이 있는 성도들의 특징이 무엇일까요? 항상 기뻐하는 생활입니다. 쉬지 않고 기도하는 삶입니다. 나아가서 범사에 감사하는 생활을 합니다. 이것이 하늘에 계신 아버지의 뜻입니다.

또 하나님은 성도들에게 영적인 축복도 주십니다. 영적인 축복이 무엇이겠습니까?

1. 성령의 인도를 받으라

바울은 "성령을 소멸하지 말며"라고 말했습니다. 성령이 누구십니까? 성령은 하나님이십니다. 삼위일체 중에 한 위이십니다. 사람은 피조물입니다. 그리고 죄인입니다. 성령은 하나님의 영이시요, 예수님의 영이십니다. 삼위일체 하나님 중에 한 분으로 한 위격이십니다.

'소멸하다' 라는 말은 '불을 끄다' 라는 뜻입니다. '억누르다, 질식시키다' 라는 의미도 있습니다. 불이 붙어 있는 심지를 끌 때나(마12:20), 불의 세력(히11:34)을 말할 때 사용된 용어입니다. 성령을 불로 표현했을 때 뜨거운 마음도 주시고 우리 속의 죄악을 불태우는 성질을 가지고 있기 때문입니다.

그러면 이런 질문이 가능할 것입니다. 하나님이신 성령을 사람이 소멸시키거나 질식시킬 수 있다는 말인가? 중요한 것은 성령께서 성도와 함께하십니다. 우리 속에 역사하십니다. 우리와 동행도 하십니다. 마음과 생각도 지켜 주십니다. 때로는 말하게 하심을 따라 말하게 합니다. 우리의 몸이 성령이 거하시는 성령의 전이기 때문입니다.

그런데 성도가 성령의 인도를 거절할 수가 있습니다. 성령의 활동을 억제하거나 제한할 수도 있습니다. 저항하거나 대항할 수도 있습니다. 거역하거나 반대 방향으로도 갈 수 있습니다. 거듭난 사람이라고 모든 일에 있어서 성령 하나님께 순종하는 것은 아닙니다. 때로는 자기 마음대로 하려고 하는 습성도 있습니다. 타락한 사람은 육체의 소욕을 따라 행하려고 합니다. 성령의 음성에 귀를 기울이지 않고 사람의 말에 귀를 기울이려고 합니다. 이럴 때 성령의 활동은 제한적일 수 있습니다. 그렇게 하지 말라는 말입니다.

그러므로 사랑하는 성도님들은 성령을 소멸하지 말고, 성령의 인도를 받기를 바랍니다. 성령의 인도하심을 따라 말할 수 있기를 바랍니다. 성령의 지시를 따릅시다.

예레미야 선지자가 하나님의 말씀을 전하지 않겠다고 각오도 하고 결심도 해 보지만 답답하여 견딜 수 없는 마음도 있게 하셨습니다. 이것이 성령의 아름다운 역사입니다. 여러분도 마음이 뜨거워지는 은혜가 임하기를 바랍니다.

하나님의 자녀, 성도라고 하면서 거짓말을 합니다. 도적질을 합니다. 더러운 말도 합니다. 부도덕한 생활을 하기도 합니다. 이럴 때 성령이 근심합니다. 성령을 소멸하게 됩니다. 그래서 바울은 에베소 교회를 향해서도 "하나님의 성령을 근심하게 하지 말라 그 안에서 너희가 구원의 날까지 인치심을 받았느니라"(엡4:30)라고 했습니다.

성도라고 말하면서 육체의 소욕을 따라 행합니다. 성령의 소욕대로 행하지 않습니다. 갈라디아서 5장 16-17절에 "내가 이르노니 너희는 성령을 따라 행하라 그리하면 육체의 욕심을 이루지 아니하리라 육체의 소욕은 성령을 거스르고 성령은 육체를 거스르나니 이 둘이 서로 대적함으로 너희가 원하는 것을 하지 못하게 하려 함이니라"라고 했습니다.

믿는 자 안에 갈등이 있습니다. 육체의 소욕을 따를 것인가 아니면 성령의 소욕을 따를 것인가? 이 둘은 서로 대적합니다. 갈등과 다툼과 분쟁이 있습니다. 믿음이 강한 사람은 성령의 인도를 받을 것이고 현실주의자들은 기도를 하지 않다가 육체의 소욕을 따르게 될 것입니다.

성령께서 강하게 임하게 하는 방법은 육체의 소욕을 버리는 것입니다. 성도가 하나님의 영, 성령 충만하려고 노력할 때, 성령에게 순종하려고 헌신할 때 성령께서 강력하게 임하는 법입니다. 그 결과가 항상 기뻐하는 것, 쉬지 말고 기도하는 것, 범사에 감사하는 것입니다. 성령의 충만함을 받기 전에는 그런 생활이 불가능합니다.

사도 바울이 성령의 역사하는 것을 불에 비유한 곳이 있습니다. 디모데후서 1장 6-8절에 "그러므로 내가 나의 안수함으로 네 속에 있는 하나님의 은사를 다시 불일듯 하게 하기 위하여 너로 생각하게 하노니 하나님이 우리에게 주신 것은 두려워하는 마음이 아니요 오직 능력과 사랑과 절제하는 마음이니 그러므로 너는 내가 우리 주를 증언함과 또는 주를 위하여 갇힌 자 된 나를 부끄러워하지 말고 오직 하나님의 능력을 따라 복음과 함께 고난을 받으라"라고 했습니다.

성도들 사이에 성령의 능력이 확산되어야 합니다. 그러기 위해서 기도해야 합니다. 모여서 기도할 때 하나님의 선물인 은사가 여기저기서 일어나게 됩니다. 이런 은사가 일어나고 성령이 임하신 이유가 무엇이겠습니까?

성도는 경건한 삶을 살라, 성령의 인도를 따라 성령의 열매를 많이 맺으라, 갈라디아서 5장 22-24절에서 성령의 열매를 말해 주었습니다. "오직 성령의 열매는 사랑과 희락과 화평과 오래 참음과 자비와 양선과 충성과 온유와 절제니 이같은 것을 금지할 법이 없느니라 그리스도 예수의 사람들은 육체와 함께 그 정욕과 탐심을 십자가에 못 박았느니라"라고 했습니다.

성도가 하나님과의 관계에 있어서 가장 중요한 것은 성령 충만입니다. 성도가 성령이 충만할 때 가장 아름답습니다. 믿음으로 순종하는 삶을 살게 됩니다.

2. 예언을 귀하게 여기라

"예언을 멸시하지 말며". 바울 사도는 개인적이든 교회적이든 예언의 은사에 대하여 교훈을 했습니다. 성령의 역사로 예언을 할 수 있기 때문입니다.

예언이란 '거품이 부글부글 끓어오르다' 라는 말에서 유래했습니다. 하나님의 말씀을 받은 자들은 마음으로부터 끓어오르는 것이 있습니다. 그런 마음이 있기 때문에 복음을 전하는 것입니다. 그런 마음을 멸시하거나 무시하거나 업신여기지 말라는 뜻입니다.

구약시대에 선지자들은 하나님께서 보여주시거나 가르쳐 주신 것들을 미리 예고하는 사명을 받았습니다. 또 다른 사람들에게 하나님의 뜻을 전달하는 사명도 있었습니다. 선지자는 먼저 하나님의 계시를 받거나 알고 전하는 사명의 사람들이기 때문입니다.

초대교회에도 선지자라는 이름을 받은 사람들이 있었습니다. 초대교회나 고린도 교회에도 있었습니다. 사도행전 11장 27절을 보면 "그 때에 선지자들이 예루살렘에서 안디옥에 이르니"라고 했습니다. 그 중에 아가보가 있었습니다. 성령으로 말하기를 "천하에 큰 흉년이 들리라"라고 예언했습니다. 그 예언이 이루어졌을까요? 글라우디오 때에 그렇게 되었습니다.

사도행전 20장 9-10절에 유두고가 3층에서 떨어져 죽었습니다. 바울이 뭐라고 말했습니까? "떠들지 말라 생명이 그에게 있다"라고 했습니다. 유두고는 살아났습니다.

고린도전서 14장 1절에 "사랑을 추구하며 신령한 것들을 사모하되 특별히 예언을 하려고 하라"라고 했습니다. 초대교회 선지자들은 사도들의 통제 아래 있었습니다. 선지자들의 역할은 하나님의 말씀을 해석하고 선포하는 일을 감당한 것으로 신학자들은 보고 있습니다.

데살로니가 교회 안에 재림에 대한 여러 가지 여론들이 있었을 것이고, 그 여론들이 주님의 예언과 맞지 않는 것들이 있었던 것입니다. 우리 장로교인들은 성경의 예언을 그대로 믿습니다. 신구약 성경은 하나님의 말씀입니다.

베드로 사도는 "먼저 알 것은 성경의 모든 예언은 사사로이 풀 것이 아니니 예언은 언제든지 사람의 뜻으로 낸 것이 아니요 오직 성령의 감동하심을 받은 사람들이 하나님께 받아 말한 것임이라"(벧후1:20-21)라고 했습니다.

바울은 디모데후서 3장 16-17절에서 "모든 성경은 하나님의 감동으로 된 것으로 교훈과 책망과 바르게 함과 의로 교육하기에 유익하니 이는 하나님의 사람으로 온전하게 하며 모든 선한 일을 행할 능력을 갖추게 하려 함이라"라고 했습니다.

요한계시록 22장 18-19절에 "내가 이 두루마리의 예언의 말씀을 듣는 모든 사람에게 증언하노니 만일 누구든지 이것들 외에 더하면 하나님이 이 두루마리에 기록된 재앙들을 그에게 더하실 것이요 만일 누구든지 이 두루마리의 예언의 말씀에서 제하여 버리면 하나님이 이 두루마리에 기록된 생명나무와 및 거룩한 성에 참여함을 제하여 버리시리라"라고 했습니다.

요한계시록 1장 3절에 "이 예언의 말씀을 읽는 자와 듣는 자와 그 가운데에 기록한 것을 지키는 자는 복이 있나니 때가 가까움이라"라고 했습니다. 여러분도 그렇게 믿습니까? 그렇게 믿으셔야 됩니다.

요한계시록 2-3장에서 여러번 말씀하신 내용이 무엇입니까? "성령이 교회들에게 하시는 말씀을 들을지어다"라고 했습니다. 성령의 인도와 성령과 함께 동행하는 성도가 됩시다.

3. 좋은 것은 취하고, 악한 것은 버리라

"범사에 헤아려 좋은 것을 취하고 악은 어떤 모양이라도 버리라"(살전 5:21-22). '범사'라는 말은 헬라어로 '판타'입니다. 판타는 '모든'이란 뜻입니다. '헤아린다'라는 말은 참과 거짓을 식별한다는 뜻입니다. 예언이 성취되지 않는 것도 문제이고 이루어지더라도 하나님으로부터 멀어지게 만드는 것도 문제의 사람입니다.

그러니까 모든 은사에 휩쓸리지 말고 냉철한 분별력을 가지라는 뜻입니다. 바울은 신비한 일을 귀중하게 여기는 동시에 무비판적으로 수용해서는 안 된다고 가르쳤습니다. 영은 분별하는 것이 좋습니다. 고린도전서 12장 10절에 항상 잘못된 영을 조심하는 것이 좋습니다. 성령의 인도하심을 받지 아니하면 문제가 심각하기 때문입니다.

"악은 어떤 모양이라도 버리라". 좋은 것을 취하라. 좋은 것을 받되 악한 것은 철저하게 배격하라는 것입니다. '모양' 이라는 말은 '종류'를 뜻합니다. 모든 종류의 악을 벗어버리라. 드러나는 악이든 드러나지 않은 악이든 다 버리라는 뜻입니다. 우리 모두 성령이 충만해서 좋은 것만 선택할 수 있기를 바랍니다.

제22강
데살로니가전서 5장 23-24절

두 번째 중보기도

    사도 바울 일행은 데살로니가 지방에 가서 세 안식일 동안 복음을 전했습니다. 데살로니가 교인들이 환난과 핍박 속에서도 하나님의 말씀을 하나님의 말씀으로 받았습니다. 그 결과 믿음의 역사와 사랑의 수고 그리고 소망의 인내가 있는 교회로 성장했습니다. 사도 바울은 데살로니가 교회를 방문해 보고 싶었습니다. 아버지와 어머니의 마음으로 사랑했습니다. 유모와 같은 심정이었던 것은 세 안식일 동안 복음을 전했지만 완전히 성숙하지 못한 모습을 보고 떠났던 바울입니다. 그리고 아버지의 마음으로 데살로니가 교회를 늘 생각했습니다.

    그런데 데살로니가 교인들은 예수 그리스도의 재림에 대해서 오해를 많이 했던 교회였습니다. 예수님이 이땅에 재림하실 때에 살아남아 있지 않고 믿다가 죽은 자들은 복이 없다고 생각하는 오해입니다.

    또 살아남아 있더라도 어떻게 된다는 말이야? 이런 의심에 대해서 바울은 자세히 설명해 주었습니다. 그리고 데살로니가 교회를 사랑했던 바울이 중보기도를 드렸습니다. 무슨 내용의 기도였을까요?

1. 온전히 거룩하라

목회자 바울은 데살로니가 교회를 위하여 무슨 기도를 드렸을까요? 바울은 데살로니가 교회를 위하여 중보기도를 드렸는데 온전히 거룩하기를 기도드렸습니다. "평강의 하나님이 친히 너희를 온전히 거룩하게 하시고"라고 했습니다.

데살로니가전서 3장 11-13절에서도 중보기도를 올렸습니다. "하나님 우리 아버지와 우리 주 예수는 우리 길을 너희에게로 갈 수 있게 하시오며 또 주께서 우리가 너희를 사랑함과 같이 너희도 피차간과 모든 사람에 대한 사랑이 더욱 많아 넘치게 하사 너희 마음을 굳건하게 하시고 우리 주 예수께서 그의 모든 성도와 함께 강림하실 때에 하나님 우리 아버지 앞에서 거룩함에 흠이 없게 하시기를 원하노라"라고 기도드렸습니다.

바울의 심정이 무엇입니까? 빨리 데살로니가 교회를 가보고 싶습니다. 데살로니가 교회가 사랑이 많은 교회가 되게 하옵소서. 예수 그리스도의 재림의 날에 주님 앞에 거룩한 교인들이 되게 하옵소서. 바울은 이런 내용으로 중보기도를 드렸습니다.

"평강의 하나님이 친히 너희로 온전히 거룩하게 하시고"라고 기도드렸습니다. 사람이 세상을 살면서 깨닫건대 사랑하는 자의 표시는 상대방을 위하여 기도하는 것입니다. 기도하지 않는 것은 사랑한다고 말할 수 없습니다. 바울은 데살로니가 교회를 진정으로 사랑했기 때문에 기도를 드렸습니다.

사도 바울은 데살로니가 교회를 위하여 기도할 때 평강의 하나님께 기도를 드렸습니다. 데살로니가 교인들은 환난과 핍박으로 지쳐 있는 상황이었습니다. 힘들어 하고 있습니다. 피곤한 상태입니다.

그럴 때 인간에게 필요한 것은 하나님의 평강입니다. 그래서 평강의 하나님께 기도드린 것입니다. 바울은 교인들의 필요를 잘 알고 있었습니다. 평강의 하나님께서 은혜와 평강의 복을 주셔야만 했습니다.

평강의 하나님은 유대인들을 두려워하는 열두 제자들에게도 임하셨습니다. 의심 많은 도마에게 확신을 주셨습니다. "너희에게 평강이 있을지어다". 바울은 서신서를 쓸 때마다 하나님 아버지와 예수 그리스도로 말미암아 은혜와 평강이 있기를 원했습니다.

사도 바울은 재림의 날에 거룩한 성도가 되기를 다시 한번 기도하고 있습니다. 영육간에 하나님께서 지켜 주시기를 간구하고 있습니다. 바울이 원했던 대로 거룩하신 하나님께서 성도들을 거룩하게 만들어 가실 줄을 잘 알고 있었습니다. 성도는 거룩한 삶을 힘써야 합니다. 동시에 하나님의 은혜가 아니면 인격이나 삶이 거룩하게 될 수 없는 것입니다.

하나님께서 역사하시면 참으로 쉽습니다. 하나님은 전능하신 분이십니다. 동시에 거룩하신 분이십니다. 칭의는 하나님의 단독 사역이지만 성화, 거룩은 하나님과 사람의 공동 사역입니다. 성도들도 많이 노력하고 힘써야만 거룩해지는 것입니다. 정말 애쓰고 힘쓸 때 하나님께서 거룩하게 만들어 주십니다.

바울은 로마 교인들에게 이렇게 말했습니다. "하나님이 미리 아신 자들을 또한 그 아들의 형상을 본받게 하기 위하여 미리 정하셨으니 이는 그로 많은 형제 중에서 맏아들이 되게 하려 하심이니라 또 미리 정하신 그들을 또한 부르시고 부르신 그들을 또한 의롭다 하시고 의롭다 하신 그들을 또한 영화롭게 하셨느니라 그런즉 이 일에 대하여 우리가 무슨 말을 하리요 만일 하나님이 우리를 위하시면 누가 우리를 대적하리요"(롬8:29-30)라고 했습니다.

사도 바울은 '온전히 거룩하게' 라고 기도드렸습니다. '온전한 거룩'이란 '전체적인 거룩', 완전성을 말합니다. 데살로니가 교인들 전체가 거룩하기를 원했습니다. 한 사람도 빠짐없이란 의미가 됩니다. 또 성도들 '모든' 생활이 거룩하기를 원했습니다. 일부분만이 아니라 삶 전체가 거룩하기를 원했습니다. 영혼과 육체가 다 거룩해야 합니다. 어떤 일부분만 거룩해서 되는 일이 아닙니다. 전체가 완전히 거룩하기를 원하는 바울의 기도입니다.

2. 흠 없이 보전하라

"또 너희의 온 영과 혼과 몸이 우리 주 예수 그리스도께서 강림하실 때에 흠 없게 보전되기를 원하노라"라고 했습니다. 흠 없이 보전되는 것도 평강의 하나님으로 말미암아 됩니다. 평강이란 '혼돈, 염려, 두려움, 무질서가 없는 완전한 평정의 상태'를 가리키는 말입니다.

인간과 하나님 사이나 인간과 인간 사이에 가로막혔던 담이 있었지만 그리스도의 보배로운 피로 모든 담을 다 허무셨습니다. 로마서 5장 1절에 "그러므로 우리가 믿음으로 의롭다 하심을 받았으니 우리 주 예수 그리스도로 말미암아 하나님과 화평을 누리라"라고 했습니다.

에베소서 2장 13-14절에서 "이제는 전에 멀리 있던 너희가 그리스도 예수 안에서 그리스도의 피로 가까워졌느니라 그는 우리의 화평이신지라 둘로 하나를 만드사 원수 된 것 곧 중간에 막힌 담을 자기 육체로 허시고"라고 했습니다.

사도 바울은 평강의 하나님께서 이미 데살로니가 교회에 역사하셔서 많은 것을 부어주셨지만 앞으로도 더욱 많이 부어주시기를 기도드리고 있습니다. 이 시대는 정말 하나님의 은혜와 성령의 역사가 필요한 시대입니다.

많은 학자들이 오늘 성경말씀을 가지고 삼분설 혹은 이분설의 근거 구절이라고 주장합니다. 삼분설이란 인간이 영과 혼과 몸으로 구성되었다는 설이고, 이분설이란 영혼과 육체로 구성되었다는 설입니다. 우리는 이분설을 믿습니다. 그러나 오늘 성경말씀은 이분설이나 삼분설을 말하는 구절이 아니라 인간 전체가 거룩하고 흠 없이 보전되기를 원하는 내용입니다.

예수 그리스도께서 이땅에 재림하실 때에 성도가 삶에 있어서 아무것도 책망받을 것 없이 하나님께 받아들여지기를 기도드리는 것입니다. 성도는 날마다의 삶이 거룩을 향해 전진해야 합니다. 세상은 점점 흉악한 이리와 같이 우리의 마음과 인격을 파괴하고 있습니다. 여러분은 성령의 음성을 듣고 살아나서 인격적이고 흠이 없는 그리스도인들이 되시기 바랍니다.

3. 부르시는 이

우리를 세상에서 하나님 나라로 불러내신 분이 누구이십니까? 어떤 분이실까요? 바울은 "너희를 부른 이는 미쁘시니 그가 또한 이루시리라"라고 기도드렸습니다. 성도는 거룩, 성결, 성화를 이루어야 합니다. 중단할 수 없는 일 중의 하나가 거룩, 성화입니다. 거룩함이 없이는 아무도 주를 볼 수가 없기 때문입니다.

하나님께서는 우리들을 좁은 길, 좁은 문으로 들어오게만 하시는 분이 아닙니다. 좁은 길을 걷도록 힘과 능력을 주십니다. 끝까지 승리할 수 있도록 밝은 길을 보여주시고 잘 걸어갈 수 있도록 힘과 용기와 능력과 은혜를 베풀어주시는 분이 하나님이십니다.

거룩한 사람, 성화의 완성을 위하여 능력도 주시고 힘과 용기도 주십니다. 우리를 부르신 이는 믿을 만합니다. 변함없이 신실하신 분입니다. 바울은 디모데후서 2장 13절에서 "우리는 미쁨이 없을지라도 주는 항상 미쁘시니 자기를 부인하실 수 없으시리라"라고 했습니다.

모세는 민수기 23장 19절에서 "하나님은 사람이 아니시니 거짓말을 하지 않으시고 인생이 아니시니 후회가 없으시도다 어찌 그 말씀하신 바를 행하지 않으시며 하신 말씀을 실행하지 않으시랴"라고 했습니다.

하나님은 말씀하시거나 약속하시거나 목적하신 것이 있다면 반드시 이루시는 하나님이십니다. 직접 팔을 걷어붙이고 직접 나서서 일하는 모습을 연상하게 만드는 말씀입니다. 하나님이 목적을 이루십니다. 하나님은 천지가 없어지더라도 말씀하신 것을 성취하십니다.

빌립보 교회를 향하여 교훈하실 때도 이렇게 말씀했습니다. "너희 안에서 행하시는 이는 하나님이시니 자기의 기쁘신 뜻을 위하여 너희에게 소원을 두고 행하게 하시나니 모든 일을 원망과 시비가 없이 하라"(빌2:13-14)라고 했습니다.

우리 안에 성령의 능력을 쏟아부어주셔서 자발적으로 거룩을 추구하며 살게 하십니다. 우리 안에 주님의 은혜를 감격하게 하여 자원해서 성화의 길을 걷게 하십니다.

캠벨 몰간은 '성결이란 투쟁을 벗어난 성취가 아니라 투쟁을 통한 승리를 말하는데 유혹으로부터 자유가 아니라 계속되는 유혹을 이기는 능력이라'고 말했습니다. 성도의 성화는 점진적이며 미래 지향적인 성격을 가지고 있습니다. 그리고 우리의 신앙의 기초는 신실하신 하나님이 기초입니다. 믿음의 기초는 사람이 아니라 하나님입니다. 우리 하나님은 신실하신 분입니다.

어떤 학자는 '여러분이 여러분을 불러내신 하나님을 기뻐하신다면 약속에 신실하신 하나님을 기뻐하라'고 가르쳤습니다. 하나님은 언약을 반드시 이루시기 때문입니다.

이사야 14장 24절에 "만군의 여호와께서 맹세하여 이르시되 내가 생각한 것이 반드시 되며 내가 경영한 것을 반드시 이루리라"라고 말씀했습니다. 기독교는 말씀의 종교요, 약속의 종교입니다. 그 언약의 하나님을 믿고 언약을 믿는 사람들이 기독교인들입니다.

제23강
데살로니가전서 5장 25-28절

바울의 마지막 기도

여러분이 마지막 기도를 드린다면 무슨 내용의 기도를 올리겠습니까? 또 다른 사람에게 마지막 기도를 부탁한다면 무슨 내용을 부탁하겠습니까? 예수님은 겟세마네 동산에서 나의 원대로 마옵시고 아버지의 원대로, 나의 뜻대로 마옵시고 아버지의 뜻대로 되기를 간구하셨습니다. 바울은 마지막 기도로 데살로니가 교인들에게 무슨 기도를 부탁했을까요?

1. 바울 일행을 위한 기도

"형제들아 우리를 위하여 기도하라". 바울은 마지막 기도를 부탁하고 있습니다. 데살로니가 성도들아, 형제들이여, 목회자인 우리를 위하여 기도하라. 데살로니가 교인들에게 바울 일행을 위한 기도를 부탁하고 있습니다.

성도가 위임목사와 목회 사역자를 위하여 기도하는 것은 성도의 의무 중의 하나입니다. 목회자가 교인들을 위하여 기도하듯 성도들도 목회자와 그 가정을 위해서 기도해야 합니다. 이것이 신령한 교제요, 사랑의 표현입니다.

　바울은 이방인의 사도입니다. 다른 사람을 가르치는 교사요 선교사요 목회자였습니다. 그런데 데살로니가 교회 성도들에게 기도를 요청하고 있습니다. 이것이 바울의 겸손입니다. 주님만 의지하는 모습을 우리에게 보여주고 있습니다.

　사도 바울은 종종 기도 부탁을 했습니다. 무슨 내용의 기도를 부탁했을까요? 로마 교인들에게 '믿지 않는 불신자들이 안겨주는 환난과 핍박을 이길 수 있도록 기도해 달라'고 부탁한 사실이 있습니다.

　그 증거가 "다만 이뿐 아니라 우리가 환난 중에도 즐거워하나니 이는 환난은 인내를, 인내는 연단을, 연단은 소망을 이루는 줄 앎이로다"(롬 5:3-4)라고 했습니다. 환난 가운데서 즐거워할 수 있도록 기도하는 것이 당연합니다.

　데살로니가 교인들에게 무슨 말을 했을까요? "또한 우리를 부당하고 악한 사람들에게서 건지시옵소서 하라 믿음은 모든 사람의 것이 아니니라 주는 미쁘사 너희를 굳건하게 하시고 악한 자에게서 지키시리라"(살후3:2-3)라고 했습니다. 이렇게 로마 교인들에게나 데살로니가 성도들에게 기도 부탁을 하고 있는 바울입니다.

　또 있습니다. 에베소 교회를 향해서는 '복음을 잘 전할 수 있도록 기도해 달라'고 부탁했습니다. "또 나를 위하여 구할 것은 내게 말씀을 주사 나로 입을 열어 복음의 비밀을 담대히 알리게 하옵소서 할 것이니 이 일을 위하여 내가 쇠사슬에 매인 사신이 된 것은 나로 이 일에 당연히 할 말을 담대히 하게 하려 하심이라"(엡6:19-20)라고 했습니다.

　바울이 골로새 교인들에게는 어떤 내용의 기도를 부탁했을까요? "또한 우리를 위하여 기도하되 하나님이 전도할 문을 우리에게 열어 주사 그리스도의 비밀을 말하게 하시기를 구하라 내가 이 일 때문에 매임을 당하였노라"(골4:3)라고 했습니다.

　사도 바울은 교회마다 기도를 부탁했습니다. 로마 교회나 에베소 교회 그리고 데살로니가 교회나 골로새 교회를 향하여 기도 부탁을 했습니다. 여러분도 목회자를 위해 기도하시지요? 우리는 예수님의 말씀을 생각해야 합니다. "너희를 영접하는 자는 나를 영접하는 것이요 나를 영접하는 자는 나를 보내신 이를 영접하는 것이니라 선지자의 이름으로 선지자를 영접하는 자는 선지자의 상을 받을 것이요 의인의 이름으로 의인을 영접하는 자는 의인의 상을 받을 것이요 또 누구든지 제자의 이름으로 이 작은 자 중 하나에게 냉수 한 그릇이라도 주는 자는 내가 진실로 너희에게 이르노니 그 사람이 결단코 상을 잃지 아니하리라"(마 10:40-42)라고 말씀했습니다.

2. 신령한 교제

"거룩하게 입맞춤으로 모든 형제에게 문안하라". 마지막으로 데살로니가 성도들의 신령한 교제를 위하여 말했습니다. 성도의 교제는 세속적인 교제가 아니라 신령한 교제입니다. 다른 사람들의 약점과 흉 그리고 허물을 이야기함으로써 다른 사람의 가정을 파괴하게 하는 교제는 교제가 아닐 것입니다. 다른 사람을 시험에 들게 만드는 것도 신령한 교제가 아닙니다.

그리고 당회의 허락 없이 남몰래 만나서 밀담을 하는 교제도 교제가 아닐 것입니다. 성도의 교제는 성령의 인도하심을 따라 하나님 앞에서 만나고 하나님 앞에서 책임질 수 있는 말을 하는 것인 신령한 교제일 것입니다. 명심해야 할 것은 항상 하나님의 언약의 말씀을 기억하면서 대화하고 답변하는 것이 초점입니다.

특히 '입맞춤으로 교제하라' 라는 바울의 가르침을 잘 이해해야 합니다. 입맞춤의 인사법은 유대인들과 페르시아인들이 사용하는 인사법이었습니다. 동방 사람들이 사용하는 인사법으로 사랑과 우정을 표시하기도 했습니다. 우리 나라는 전통적으로 절을 하든지 아니면 허리를 굽

혀 인사하든지 그것도 아니면 목례를 할 것입니다.

역사적인 관점에서 보면 높은 지위의 사람에게는 손이나 가슴에 입을 맞추고, 동격의 사람들에게는 입맞춤을 했습니다. 그런 인사법이 2-3세기에 와서 부작용이 나타나게 되자 서서히 소멸되었고, 13세기 전후로 서방 교회에서는 이런 풍습을 폐지하게 되었으며, 동방 교회에서는 지금도 시행하고 있습니다.

초대 예루살렘 교회의 교제를 생각해 보십시다. 초대 예루살렘 교회는 성령이 충만했습니다. 예루살렘 교회의 놀라운 특징은 사도들의 가르침을 받았습니다. 그리고 떡을 뗐습니다. 이런 조건 아래서 교인들이 서로 교제했습니다. 그 결과 유무상통하는 교제까지 했습니다. 자기의 것을 자기 것으로 생각하지 않고 모두 가져다가 다른 사람에게 돕는 일까지 감당했습니다. 예루살렘 교회에는 궁핍하거나 핍절한 사람이 교회 안에 존재하지 않았습니다. 이것이 진정한 그리스도인의 사랑을 실천하는 교제일 것입니다.

'코이노니아' 라고 하는 교제가 얼마나 중요한지 모릅니다. 구원받은 성도들은 첫째로, 하나님과의 교제가 있습니다. 아마도 기도나 예배로 표현될 것입니다. 둘째로, 성도들과의 교제가 있습니다. 성도와의 교제는 단순히 먹고 마심의 교제가 아니라 먹고 마심 속에서 영생을 생각하며 서로 격려하고 위로해 주는 교제일 것입니다.

사랑하는 우리 성도들은 첫 번째로 주님이 재림하실 때 하나님 앞에 거룩하고 흠이 없는 성도들이 다 되십시다. 두 번째로 목회자를 사랑하기 때문에 시간가는 줄 모르고 기도하는 기도의 사람이 되십시다. 세 번째로는 성도간에 신령한 교제를 할 줄 알아서 사랑을 실천하십시다.

3. 읽어 주라

"내가 주를 힘입어 너희를 명하노니 모든 형제에게 이 편지를 읽어 주라"라고 했습니다. '내가 주를 힘입어 너희를 명하노니'에서 '힘입어'라는 말은 욥기 29장 3절에서 "그 때에는 그의 등불이 내 머리에 비치었고 내가 그의 빛을 힘입어 암흑에서도 걸어다녔느니라"라고 했습니다. 욥이 하나님의 보호를 받던 시대를 그렇게 표현하여 말했습니다. '주를 힘입어', '그의 빛을 힘입어'라는 말로 표현했습니다.

다윗은 자기가 왕이라고 생각하는 것보다 하나님을 왕으로 섬겼습니다. 아침에 기도하면서 시편 5편 7절에 "오직 나는 주의 풍성한 사랑을 힘입어 주의 집에 들어가 주를 경외함으로 성전을 향하여 예배하리이다"라고 했습니다. 다윗은 주의 풍성한 사랑을 힘입었다고 간증하고 있습니다.

하박국 1장 16절에 "그물에 제사하며 투망 앞에 분향하오니 이는 그것을 힘입어 소득이 풍부하고 먹을 것이 풍성하게 됨이니이다"라고 했습니다. 왜 사람들은 그물에 제사를 지낼까요? 어부들은 그물을 힘입어 소득을 올리기 때문에 그물에 제사하는 것입니다.

사도행전 13장 38-39절에서는 바울 일행은 비시디아 안디옥 지방에 가서 복음을 전했습니다. 사도 바울은 "그러므로 형제들아 너희가 알 것은 이 사람을 힘입어 죄 사함을 너희에게 전하는 이것이며 또 모세의 율법으로 너희가 의롭다 하심을 얻지 못하던 모든 일에도 이 사람을 힘입어 믿는 자마다 의롭다 하심을 얻는 이것이라"라고 했습니다. 바울은 지금 예수를 힘입어 죄 용서받을 수 있다고 증거하고 있습니다.

히브리서 7장 25절에서는 "그러므로 자기를 힘입어 하나님께 나아가는 자들을 온전히 구원하실 수 있으니 이는 그가 항상 살아 계셔서 그들을 위하여 간구하심이라"라고 했습니다. 예수를 힘입어 하나님께 나아오는 자는 누구든지 구별하지 않고 구원하는 예수님이십니다.

'명하노니'의 뜻은 '맹세하다, 엄숙히 약속하다'의 의미입니다. '주를 힘입어 말한다'라는 말은 주의 이름으로 너희를 맹세시키다라는 뜻입니다. 믿는 자들이 다 같이 읽고 하나님의 은혜를 받아야 할 말씀임을 나타내는 말입니다.

데살로니가 교회 안에는 무질서하게 규모 없이 행하는 사람들이 있었습니다. 게으르고 나태한 사람들도 있었습니다. 대열에서 이탈된 사람들입니다. 또 마음이 소심한 자가 있었습니다. 넓은 마음의 소유자가 있는가 하면 그렇지 못한 사람들도 있었습니다. 그리고 연약한 사람들도 있었습니다. 그런데 결과는 이런 사람들이 바울로부터 편지가 왔다는 소식을 들으면 어떤 반응을 보이겠습니까?

기피하는 현상이 있었을 것입니다. 그러기에 주를 힘입어 명령을 내리는데 이것은 편지를 거역하면 하나님의 심판이 있을 것을 말하고 있습니다. 반대로 순종하면 영육간에 하나님의 복이 있을 것입니다.

성경을 읽으라. "모든 형제에게 이 편지를 읽어 주라". 형제라는 말이 굉장히 다정다감한 말입니다. 엘리코트는 특정한 문제의 사람들만 (살전4:13-18) 읽을 수 있는 것이라고 짐작했습니다. 개혁자 칼빈은 당시에 교회 지도자들이 자기들만 읽고 성도들에게 읽어 주지 않을 가능성이 있어서 형제들에게 편지를 읽어 주라고 했다는 것입니다.

또 라이트훗트는 데살로니가 교회 안에 잘못된 교리를 주장하여(살후2:2-3), 성도들간에 불화가 있어서 바울의 말을 무시하는 경향이 있기 때문에 형제들에게 다 읽어 주라고 했다고도 합니다. 후렌드레이는 교인들 가운데 공예배에 다 출석하지 못하기 때문에 결석한 성도들에게도 읽어 주라는 의미로 해석을 했습니다. 하르낙은 데살로니가 교회 안에는 이방인 신자들과 유대인 신자들이 있었는데 데살로니가 전서는 이방인을 위해서 기록되었기 때문에 유대인들도 함께 읽으라고 권면한 것이라고 주장했습니다. 이렇게 다양한 해석을 합니다.

그런데 분명한 점은 성경이 회람 서신입니다. 돌려가면서 읽도록 되어 있었습니다. '읽어 주라' 라는 말은 '큰 소리로 낭독한다' 라는 뜻입니다. 부르스는 '공식적으로 낭독하라' 는 뜻으로 이해했습니다.

이 교회가 읽고 나면 다른 교회에 보내지고 또 다른 교회에서 읽고난 성경을 가져다가 읽어야 하는 번거로움이 있었습니다. 이것은 무엇을 의미합니까? 성경은 시대를 떠나서 하나님의 말씀입니다. 이것은 모든 사람들이 다 사랑하고 받아야 할 하나님의 말씀입니다. 어떤 책명이 있더라도 그 교회만 합당한 성경이 아니라 모든 교회, 모든 성도들이 읽고 받아야 할 하나님의 말씀입니다.

베드로 사도가 말했듯이 하나님께 받아 말한 하나님의 말씀입니다. 바울이 가르친 대로 성령의 감동으로 기록된 말씀입니다. 사도 요한의 말처럼 예수 그리스도가 하나님의 아들이시고, 영생을 얻게 하기 위하여 기록된 말씀입니다.

4. 축도

"우리 주 예수 그리스도의 은혜가 너희에게 있을지어다"라고 했습니다. 사도 바울의 축도입니다. 로마 교회를 향하여 로마서 16장 20절에서 "평강의 하나님께서 속히 사탄을 너희 발 아래에서 상하게 하시리라 우리 주 예수의 은혜가 너희에게 있을지어다"라고 했습니다.

갈라디아 교회를 향해서는 갈라디아서 6장 18절에 "형제들아 우리 주 예수 그리스도의 은혜가 너희 심령에 있을지어다 아멘"이라고 축도했습니다.

빌립보 교회를 향하여 빌립보서 4장 23절에서 "주 예수 그리스도의 은혜가 너희 심령에 있을지어다"라고 했습니다. 데살로니가 교회를 향해서는 데살로니가후서 3장 18절에 "우리 주 예수 그리스도의 은혜가 너희 무리에게 있을지어다"라고 했습니다. 때로는 간략하게 축도했습니다.

골로새 교회를 향해서는 골로새서 4장 18절에 "나 바울은 친필로 문안하노니 내가 매인 것을 생각하라 은혜가 너희에게 있을지어다"라고 했습니다. 디모데후서 4장 22절에서는 "나는 주께서 네 심령에 함께 계시기를 바라노니 은혜가 너희와 함께 있을지어다"라고 했습니다.

가장 완벽한 형태는 고린도후서 13장 13절입니다. 지금도 목회자들이 가장 많이 사용하는 내용입니다. "주 예수 그리스도의 은혜와 하나님의 사랑과 성령의 교통하심이 너희 무리와 함께 있을지어다"입니다.

데살로니가 성경은 은혜로 시작해서 은혜로 끝을 맺고 있습니다. 지상에 존재하는 모든 교회는 하나님의 은혜로 시작해서 은혜롭게 끝을 맺어야 합니다. 그러기 위해서 기도해야 합니다. 그리고 자기 자신이 은혜스러워야 합니다. 은혜 없는 사람은 시험거리만 만듭니다. 나아가서 하나님의 은혜가 충만하여 행하는 일마다 때마다 하나님의 은총이 충만하기를 진심으로 바랍니다.

데살로니가후서

데살로니가후서

목 차

제1강
데살로니가후서 1장 1-2절

서론

우리는 지금 데살로니가후서라고 말하지만 본래의 책이름은 '데살로니가인들에게 두 번째'입니다. 수신자명을 반영하여 '2 Thessalonians'로 명명했습니다. 한글 성경도 수신자명을 반영한 것입니다.

저자는 사도 바울입니다. 데살로니가후서 1장 1절에 "바울과 실루아노와 디모데는"이라고 말했고, 3장 17절에서도 "나 바울은 친필로 문안하노니 이는 편지마다 표시로서 이렇게 쓰노라"라고 했기 때문입니다.

기록 연대는 데살로니가전서와 마찬가지로 실루아노와 디모데가 같이 있었던 것과 내용의 유사성으로 볼 때 데살로니가전서를 기록한 후 수개월 후인 A.D.51년경 고린도 지방에서 기록한 것으로 추정합니다.

수신자는 사도 바울이 제2차 선교 여행 중 마게도냐 지방에서 두 번째로 교회를 개척한 곳인 데살로니가 교회를 사랑하여 성도들에게 환난과 핍박 속에서 믿음의 역사와 사랑의 수고 그리고 소망의 인내를 가진 것에 대한 감사와 격려를 목적으로 기록했습니다.

로마가 세상을 통치하고 있을 때 초대교회는 환난과 핍박이 심했습니다. 그 환난 속에 있던 성도들을 격려하고 주의 재림에 대한 올바른 이해와 충실한 성도의 삶은 어떻게 사는 것인지에 대한 교훈을 했습니다.

이런 시대적인 배경을 가지고 기록한 데살로가후서에 대한 기본적인 이해가 필요합니다. 수신자가 처한 상황과 배경을 이해해야 발신자의 목적을 이해할 수 있고, 전반적인 구조를 이해할 수 있기 때문입니다.

1. 기록한 목적이 무엇인가?

첫째로, 환난과 핍박 속에 있는 성도들을 격려하기 위함입니다. 데살로니가후서 1장 4절을 보면 "그러므로 너희가 견디고 있는 모든 박해와 환난 중에서 너희 인내와 믿음으로 말미암아 하나님의 여러 교회에서 우리가 친히 자랑하노라"라고 했습니다. 데살로니가전서 1장 6절에도 "또 너희는 많은 환난 가운데서 성령의 기쁨으로 말씀을 받아 우리와 주를 본받은 자가 되었으니"라고 했습니다.

데살로니가전서 2장 14절에 "형제들아 너희가 그리스도 예수 안에서 유대에 있는 하나님의 교회들을 본받은 자 되었으니 그들이 유대인들에게 고난을 받음과 같이 너희도 너희 동족에게서 동일한 고난을 받았느니라"라고 했습니다. 이렇게 데살로니가 교회가 어려움을 당할 때 환난의 의미와 결말에 대하여 바울이 다시 한번 더 성도들을 위로하고 격려하기 위하여 데살로니가후서를 기록한 것입니다.

둘째로, 예수 그리스도의 재림에 대한 성도들의 오해를 교정해 주고, 그리스도의 재림 신앙에 합당한 삶을 살도록 권면한 내용입니다. 바울은 데살로니가전서에서 그리스도의 재림과 성도의 부활 그리고 재림을 소망하는 성도의 거룩한 삶에 대하여 언급했으나 아직도 오해가 완전히 해소된 것이 아니기 때문에 데살로니가후서에서 강조하여 다루게 된 것입니다.

데살로니가 교회 안에는 '그리스도의 재림이 이미 임하였다' 라는 주장도 있었습니다. 이런 거짓된 교리를 주장한 결과 성도들의 삶에 심각한 부작용이 뒤따르게 된 것입니다. 어떤 성도는 생업을 포기하는 일까지 생겨나게 되고, 영적으로나 생활에 있어서 무질서한 결과를 초래하게 되었습니다.

그러므로 지혜로운 사도 바울은 그리스도의 재림에 대한 오해를 교정해 주고, 불법의 사람의 출현까지 예고했던 것입니다. 불법의 사람을 추종한 결과는 하나님의 심판이 있을 것이라고 경고했습니다. 바울은 그리스도의 재림에 대한 바른 교리만이 아니라 성도의 바른 생활까지 굳세게 해 주고 있습니다. 진정으로 그리스도의 재림을 믿는 사람의 신앙은 환난 속에서 믿음을 지키고 일상 생활에서 최선을 다하는 것이라고 교훈해 주는 데 본서의 목적이 있습니다.

2. 전체적인 내용의 구조를 생각해 봅시다

제1장에서는 환난에 처한 성도들에 대한 격려가 초점입니다. 조금 더 구체적으로 설명하자면 수신자와 발신자를 밝힙니다. 축도한 후 데살로니가 성도들에 대하여 감사합니다. 믿음의 역사와 사랑의 수고 그리고 소망의 인내에 대한 감사입니다.

어려움과 고난과 환난 중에 있는 성도들을 격려하고 위로해 주는 내용입니다. 그 결말은 하나님의 공의로운 심판이 있다고 선언합니다. 특별히 하나님 나라에 합당한 사람은 세상에서 어려움과 환난과 핍박이 있음을 지적합니다. 그리고 바울은 어려움 당하는 성도들을 위하여 중보기도를 해 줌으로써 격려해 주었습니다.

제2장에서는 그리스도의 재림의 징조와 심판에 대하여 예고해 주었습니다. 바울은 데살로니가 교회 안에 그릇된 재림관을 가진 사람들을

교정해 주기 바라는 마음도 있고, 바른 재림관을 심어 주려는 마음도 가지고 있었습니다.

그리스도의 재림이 이미 이루어졌다 혹은 지나갔다고 주장하는 거짓 선생들이 있었지만 그리스도의 재림 전에 불법의 사람이 출현할 것도 말해 주었습니다. 불법의 사람이 활동할 때 많은 사람이 미혹을 받을 것이고, 그후에 그리스도께서 재림하시면 불법의 사람만이 아니라 유혹을 받은 사람들도 모두 심판을 받게 될 것이라고 예고해 주었습니다.

데살로니가 교회를 향한 감사와 중보기도를 올리므로써 성도들을 위로해 주고 격려했습니다.

제3장에서는 그리스도의 재림 신앙에 대한 바른 성도의 삶에 대하여 교훈해 주었습니다. 재림 신앙이 분명한 사람은 일상 생활을 어떻게 해야 하는 것인가? 거기에 대한 교훈과 권면의 말씀을 했습니다.

바울의 강조점은 질서가 있고 자기 일에 충실한 그리스도인이 되라는 것입니다. 잘못된 재림관을 가진 자나 일상 생활이 무질서하고 게으른 자들을 멀리하라고 가르칩니다. 자기 힘으로 먹을 양식을 구하라고 말했습니다. 마지막으로 사도 바울은 교회의 평강을 기도하며 축도로 마칩니다.

3. 데살로니가후서의 메시지가 무엇인가?

1) 세상에서 어려움과 환난 당한 성도에 대한 위로와 격려의 메시지입니다. 로마가 통치할 때와 이교도들이 많은 세상에서 환난 당하는 성도들을 위로하고 하나님의 공의의 심판이 있다는 것을 확증했습니다. 그리고 성도가 당하는 환난을 통하여 하나님 나라에 합당한 자가 된다는 것을 가르치고 환난의 의의를 말해 주었습니다.

2) 재림의 시기와 기한은 아버지의 권한인데 사람들은 종종 재림의 때와 시기를 아는 것처럼 말하여 교회를 혼란스럽게 만들 때가 있었습니다. 재림 전에 배도하는 일로 불법의 아들, 멸망의 아들이 나타날 것인데 적그리스도의 출현으로 많은 성도들이 미혹을 받게 될 것입니다. 재림을 기다리고 준비하는 성도에게는 재림이 돌발적인 사건이 아닐 것입니다.

3) 불법의 아들, 멸망의 아들을 추종하는 사람들에게는 최후의 심판이 있을 것입니다. 진리를 따르지 않고 불의를 추종하는 사람들에게는 최후의 심판이 있고, 거짓 것에 미혹을 받은 자들도 그릇된 삶을 살게 될텐데 그렇게 되지 않기를 경고하고 있습니다. 그러므로 성경말씀을 바로 깨닫고 바르게 살아야 할 것을 가르쳤습니다.

결국 일상 생활에 충실해야 합니다. 그리스도의 재림에 대하여 오해하여 일하지 않거나 무위도식하는 일이 없어야 할 것입니다. 오히려 자기가 맡은 일이나 해야 할 일을 성실하게 감당해야 할 것입니다.

제2강
데살로니가후서 1장 1-4절

인사와 감사

우리가 서론에서 자세히 살펴 보았듯이 데살로니가전서는 '데살로니가인들에게 두 번째' 라는 이름이 본래의 이름입니다. 사도 바울이 고린도 지방에서 데살로니가 교인들에게 두 번째로 보낸 편지이기 때문입니다.

전체적인 내용을 살펴보면 데살로니가 교인들이 현실에서 겪는 어려움과 박해에 대한 위로와 격려, 그리스도의 재림에 대한 훈계가 전반부를 이루고, 후반부에서는 그리스도의 재림을 기다리는 성도의 삶에 대한 권고가 내용입니다.

바울 사도는 데살로니가 교인들에게 그리스도의 재림을 믿는 성도들의 바른 신앙생활, 삶의 자세를 가르쳐 주고 있습니다. 서신의 양식을 따라 발신자와 수신자를 밝히고 있습니다. 그리고 축도 형식으로 마치는 서신인데, 기독교 역사를 보면 예수 그리스도의 재림을 말할 때 잘못된 신앙에 빠질 수가 있기 때문입니다.

'은혜와 평강이 있을지어다'. '은혜' 는 하나님께서 자기 백성들에게 무조건적으로 베푸시는 사랑과 기쁨이고, '평강' 은 성도들의 내면에 이루어지는 평화를 말합니다. 이런 은혜와 평강의 복을 얻은 백성은 항상 감사할 따름입니다.

데살로니가 교인들도 여러 가지 이상한 유혹에 빠진 자들이 있었습니다. 가령, 갑작스러운 그리스도의 재림을 말하니까 일할 필요성을 인정하지 않는 자가 생겨났습니다. 일을 해서 무엇하는가?(3:6-12) 이런 의심을 하는 사람도 생겨나고, 아주 게으름을 피우는 사람들도 나타났습니다.

심지어 스스로 성령의 계시를 받았다고 주장하는 자들도 일어났습니다(2:1-2). '부활은 이미 지나갔'라고 주장하여 허위 사실을 유포하는 사람도 있었습니다. 지금 우리시대의 교회도 마찬가지입니다. 그래서 예수님의 말씀을 기억해야 합니다. "너희가 사람의 미혹을 받지 않도록 주의하라"(마24:4).

사도 바울은 세 안식일 동안 복음을 전한 데살로니가 교회였지만 믿음의 역사와 사랑의 수고 그리고 소망의 인내를 가진 교회가 되었을 때 칭찬하고 감사했습니다. 그러면서 로마의 박해와 유대인의 박해, 그리고 이방인들이 안겨주는 여러 가지 어려운 문제들에 대해 성도들을 위로하고 격려했습니다.

그리스도의 재림 전에는 배도하는 일과 불법의 사람이 나타나는 일이 있을 것임도 밝혔습니다. 그릇된 가르침들이 많이 있어서 사람의 미혹을 받지 않도록 주의하라고 가르쳤습니다. 게으르지 말고 질서가 잡힌 규모있는 생활을 하라고 가르쳐 주고 있습니다. 당시 시대적인 상황으로 볼 때 데살로니가 교회가 잘못된다면 다른 교회에도 끼치는 영향이 컸기 때문에 사도 바울은 더욱 신경을 쓰게 되었던 것입니다.

1. 데살로니가후서의 특징은 무엇인가?

1) 데살로니가전서가 그리스도의 재림이 돌발적인 사건, 돌연한 사건으로 보는 반면에, 데살로니가후서는 배교와 불법의 사람을 말하여 줌

으로써 그리스도 재림의 징조에 관심을 가지고 있는 것이 사실입니다.

2) 데살로니가전서는 목회자적인 사랑을 가지고 따뜻하고 부드럽게 성도들을 대하지만, 데살로니가후서에서는 아주 엄격하고 준엄한 내용으로 경고하고 있습니다.

3) 거짓 교사들과 바울, 비진리와 진리의 차이점을 지적하고 있습니다. 데살로니가후서 2장 15절에 "그러므로 형제들아 굳건하게 서서 말로나 우리의 편지로 가르침을 받은 전통을 지키라"고 했습니다. 데살로니가후서 3장 17절에서도 "나 바울은 친필로 문안하노니 이는 편지마다 표시로서 이렇게 쓰노라"고 했습니다.

현대 성도님들은 데살로니가후서를 배우면서 여러 가지 교훈을 받아야 합니다.

첫째로는 세상의 종말에는 불법의 사람들이 활동하게 됩니다. 많은 사람들이 사람을 하나님처럼 경배하고 높이고 숭배하는 사건이 비일비재할 것입니다. 또 불법의 사람은 여러 가지 기적과 능력도 나타낼 것입니다. 사람들은 미혹을 받아 결국은 배도하는 사람도 있을 것입니다.

'주' 라는 말이 초대교회에서는 예수 그리스도에 대한 신앙고백입니다. 1세기 로마의 황제숭배 사상이 있어 로마인들과 헬라인들이 황제를 신처럼 믿을 때 그리스도인들은 예수 그리스도만이 신이라고 믿으니까 박해와 환난을 당하게 되었습니다.

이 사상은 자기 자신의 삶의 주인이 주님이시고, 그분의 뜻에 절대적으로 복종하겠다는 신념에서 발생된 것입니다. 일종의 맹세의 의미와도 같은 것입니다. 말로만 주라고 고백하는 것은 거짓된 고백이라고 생각했습니다(마7:21-23).

둘째로는 구원은 하나님의 선택하심과 거룩하게 하심과 진리를 믿음으로 이루어집니다. 성도들은 환난과 핍박 속에서 더 하나님의 선택을 감사해야 합니다. 그리고 더욱 거룩에 힘써야 할 것입니다. 점점 더 세속적인 사람들이 교회 안에 들어와서 당연한 것처럼 행동하고 말하게 될 것입니다.

셋째로는 사도 바울은 영적인 일에 충실하면서 동시에 육신적인 일에도 충실한 사도였습니다. 성도는 자기가 맡은 일에도 충실해야 할 것입니다. 하나님께서 맡겨주신 일이나 자기 자신의 일에 최선을 다해야 할 것입니다.

넷째로는 사도 바울의 감사, 기도, 위로, 권면이 담겨져 있습니다. 목회자가 무엇하는 사람인지 그리고 성도들이 무엇을 해야 하는지를 가르쳐 주는 대목입니다. 목회자가 여러분을 생각할 때마다 감사하고 기도하며 권면할 수 있기를 바랍니다.

사도 바울은 '항상' 감사했습니다. 그러면서 문안 인사도 했습니다. 발신자를 밝히면서 수신자들에게 하나님과 그리스도로 말미암아 은혜와 평강이 있기를 원했습니다. 그리스도의 재림에 대한 지식이나 교리 면에서 미숙한 성도라 할지라도 사랑과 은혜로 대했습니다.

바울과 실루아노와 디모데는 데살로니가전서에서와 같이 송신자의 명단에 들어가 있습니다. 아마도 데살로니가전서를 기록한 후 2-3개월 후에 데살로니가후서를 기록한 것으로 추정됩니다. 세 사람의 이름으로 송신자가 적혀져 있지만 바울이 기록한 책입니다.

데살로니가 교회는 종말론에 대한 그릇된 주장이 있었습니다. 이단자들이 재림에 대하여 잘못된 주장을 했거나 심지어 재림에 대한 오해로 일하지 않으려는 성향까지 생겨나게 되었습니다. 그래서 바울은 두 번째 편지를 보내게 된 것입니다.

바울은 "하나님 우리 아버지와 주 예수 그리스도 안에 있는 데살로니가인의 교회에 편지하노니 하나님 아버지와 주 예수 그리스도로부터 은혜와 평강이 너희에게 있을지어다"(살후1:1)라고 축도했습니다. 바울의 전형적인 축도법인데 데살로니가전서에만 나오지 않습니다.

하나님을 우리 아버지라고 표현하여 하나님과 성도와의 관계를 말해 주고 있습니다. 세상에서 가장 긴밀한 관계가 부모와 자녀와의 관계입니다. 하나님은 모든 믿는 자의 아버지가 되십니다.

로마서 8장 14-15절에 "무릇 하나님의 영으로 인도함을 받는 사람은 곧 하나님의 아들이라 너희는 다시 무서워하는 종의 영을 받지 아니하고 양자의 영을 받았으므로 우리가 아빠 아버지라고 부르짖느니라"라고 했습니다.

바울이 예수님을 '주 예수 그리스도'로 호칭하는 이유가 무엇일까요? 역사적 인물인 예수가 구약의 예언대로 오신 메시아이며 우리의 주가 되심을 고백하는 것입니다. 여기 '주'는 초대교회 당시 예수 그리스도에 대한 신앙고백이었습니다. 헬라인들과 로마인들은 로마의 황제를 '주'로 생각했지만 그리스도인들은 예수 그리스도가 '주'라고 믿었던 것입니다.

예수 그리스도를 '주'로 고백할 때 맹세하는 것과 같았고 하나님의 뜻을 저버릴 수 없었던 시대였습니다. 그렇게 고백하고 믿는 성도들에게 얼마나 많은 환난과 핍박과 어려움이 있었겠습니까? 그렇게 어려움 속에 있는 성도들에게 은혜와 평강이 있기를 원했던 바울입니다.

바울은 데살로니가 교인들의 신앙을 생각하면서 항상 감사했습니다. 항상 자랑했습니다. 바울의 감사와 자랑의 대상이 되었던 데살로니가 교회는 정말 복 받은 교회였습니다.

무엇 때문에 감사하고 자랑했을까요? 그 이유가 무엇입니까?

데살로니가 교인들의 믿음과 사랑 때문이었습니다. 믿음과 사랑, 이 두 단어는 그리스도인의 본질을 나타내는 데 사용되는 용어입니다. 믿음이 무엇입니까? 수직적으로 성도의 하나님께 대한 신뢰입니다. 사랑은 믿음있는 성도가 이웃에게 가지는 수평적인 신앙의 표현일 것입니다. 결국 데살로니가 교인들은 믿음이 더욱 자라났습니다. 그리고 사랑을 실천했습니다.

'풍성하다'라는 말은 남아돌 정도로 넉넉한 상태를 말합니다. 바울은 이 기도를 올렸습니다. 데살로니가전서 3장 12절에서 "또 주께서 우리가 너희를 사랑함과 같이 너희도 피차간과 모든 사람에 대한 사랑이 더욱 많아 넘치게 하사"라고 기도했습니다. 바울의 중보기도는 응답되었습니다. 데살로니가 교인들이 서로 믿고 사랑했기 때문입니다.

데살로니가 교인들은 환난과 핍박 중에서도 인내하는 믿음 생활을 했습니다. '핍박'이 무엇입니까? 사냥개가 사냥감을 뒤쫓는 모습에서 유래한 말로 필사적으로 놓치지 않기 위해 쫓는 모양으로 교회를 적대하는 세력들이 집요하게 박해했습니다.

'환난'은 무엇입니까? 외적 고통과 내적 압박감까지 포괄하는 고난을 말합니다. 자기에게 일어나는 일들을 참는 것입니다. 데살로니가 교인들은 주변에서 발생하는 일들에 대하여 대응하지 않고 하나님 나라를 생각하면서 믿음으로 대처했습니다.

바울은 여러 교회 앞에서 데살로니가 교회를 자랑했습니다. 왜 자랑했을까요? 무거운 짐과 고통 아래서 굳건하게 견디고 인내한 것을 자랑했습니다. 마지 못해서 하는 수동적인 의미가 아니라 적극적이고 능동적인 태도로 견뎌냈습니다. 앞에 있을 영광을 바라보면서 참았습니다. 믿음은 하나님의 신실하심을 믿는 마음의 태도입니다. 변함없이 믿었습니다. 어려움과 환난 속에서 변함없는 믿음을 소유했습니다. 목회자 바울이 마게도냐와 아가야 지방에서 자랑할 정도였습니다.

제3강
데살로니가후서 1장 3-10절

감사와 격려

  '형제들아!' 이 말 한마디가 사도 바울이 데살로니가 교인들을 얼마나 사랑하는지, 그리고 형제의식을 가지고 있었는지를 알게 합니다. 심지어 같은 몸에 붙어 있는 지체의식을 가지고 교훈하고 책망하고 지도해 주었습니다.

  사랑하는 우리 교회는 모두가 예수 그리스도의 몸에 붙어 있는 지체입니다. 누구 한 사람이라도 버릴 사람이 없습니다. 귀하고 또 귀한 하나님의 자녀들이고 사랑하는 아들과 딸들입니다. 우리는 서로에 대한 지체의식을 가지고 서로 섬기고 봉사하며 사랑하는 공동체 의식을 가져야 할 것입니다.

  지체를 향하여 가지는 기본적인 마음은 사랑입니다. 사도 바울은 데살로니가 교인들을 생각할 때마다 감사했습니다. 사도 바울은 무엇 때문에 감사했습니까? 사랑하는 우리 교회도 목회자가 하나님 앞에 감사할 수 있기를 바랍니다. 그렇게 되려면 어떻게 해야 하겠습니까?

1. 믿음의 성장입니다

"이것이 당연함은 너희의 믿음이 더욱 자라고". 이것이 목회자 바울이 감사한 첫 번째 이유였습니다. 데살로니가 교인들의 믿음이 성숙해져갔습니다. 믿음을 볼 때, 신앙의 성숙도를 볼 때 사도 바울은 감사했습니다.

사랑하는 성도들이여! 여러 가지 어려움과 고난이 있을지라도 믿음이 성장하는 성도가 되기를 주님의 이름으로 축복합니다. 믿음에 부자가 되게 하옵소서. 하나님, 저에게 큰 믿음을 허락해 주옵소서. 그래서 목회자가 기뻐하고 즐거워하고 감사할 수 있는 사람이 되게 하옵소서.

'항상'이라는 말은 늘 감사했다는 표현입니다. 한두 번만이 아니라 항상 하나님 앞에 나아가서 감사했습니다. '항상 감사'는 '멈추지 않는 감사'를 나타내는 말입니다. 끊임없는 감사를 드렸습니다. 은혜와 평강의 복을 쏟아 부어주시는 하나님이시기 때문입니다.

이것은 하나님 앞에 큰 의무와 같은 감사였습니다. 의무라고 해서 무슨 짐이나 책임과 같이 생각하는 것이 아니라, 데살로니가 교인들의 믿음이 성장해 가는 것과 환난 가운데서도 믿음이 조금도 흔들리거나 변함없이 주님을 사랑하니까 교회 개척자 바울은 하나님을 향해 감사하는 마음을 가지게 된 것입니다. 감사의 대상이 되었던 데살로니가 교회는 정말 놀라운 복을 받은 성도들이었습니다.

사도 바울 일행은 세 안식일 동안 데살로니가 지방에서 복음을 전했습니다. 데살로니가 성도들이 바울이 전하는 복음을 사람의 말로 받지 않고 하나님의 말씀으로 받았습니다. 곧바로 나타난 것이 '믿음의 역사'입니다. 그렇습니다. 하나님의 말씀을 잘 들은 결과는 믿음의 역사가 나타나는 법입니다. "그러므로 믿음은 들음에서 나며 들음은 그리스도의 말씀으로 말미암았느니라"(롬10:17)라고 했습니다. 성도가 하나님의 말씀을 잘 들을 때 나타나는 결과는 믿음의 성장인 줄로 믿습니다.

성령을 받는 것도 하나님의 말씀을 들을 때 받습니다. 갈라디아서 3장 2절과 5절에 보면 "내가 너희에게서 다만 이것을 알려 하노니 너희가 성령을 받은 것이 율법의 행위로냐 혹은 듣고 믿음으로냐"라고 했고, "너희에게 성령을 주시고 너희 가운데서 능력을 행하시는 이의 일이 율법의 행위에서냐 혹은 듣고 믿음에서냐"라고 질문하고 있습니다.

기독교는 말씀의 종교입니다. 하나님의 말씀을 하나님의 말씀으로 들을 때 성령이 임합니다. 성령께서 말씀을 기록하셨기 때문에 성경말씀과 더불어 성령이 임하십니다. 말씀과 더불어 성령이 임하는 종교입니다.

데살로니가 교인들 중에는 성도의 부활에 대해서 오해한 사람들이 있었습니다. 또 그리스도의 재림에 대해서 오해하여 일은 하지 않고 일만 만드는 사람들도 있었습니다. 때로는 대열에서 이탈하는 질서가 없고 게으르고 나태한 규모없는 자들도 있었습니다.

바울은 잘못된 종말론 신앙을 바로잡아 주기 위해서 데살로니가전서를 기록하여 보내 주었습니다. 현실 도피주의적인 삶을 사는 성도들을 바로 잡아 주려는 마음이었습니다. 그 결과 데살로니가 교인들의 믿음이 바로 성장하기 시작했습니다. 이것이 바울의 감사 조건이었습니다.

우리 성도들도 어려운 상황이고 복잡한 세상이지만 "네 믿음이 어디 있느냐"가 아니라 "네 믿음대로 될지어다", "네 믿은 대로 될지어다"의 축복이 있기를 소망합니다.

2. 서로 사랑했습니다

"너희가 다 각기 서로 사랑함이 풍성함이니"라고 했습니다. 이것이 감사의 두 번째 이유로 풍성한 사랑입니다. 사도 바울의 설교를 잘 듣고 잘 믿더니 맛있는 성도가 되었습니다. '사랑의 수고'가 있던 교인들이었습니다. 사랑으로 봉사하는 성도들을 볼 때 정말 감사하게 됩니다.

사랑으로 봉사하는 것이 얼마나 감사한 일인지 아십니까? 사랑의 표현은 봉사입니다. 없는 가운데 다른 사람을 생각하는 경우가 있습니다.

없는 가운데 헌신을 하는 경우도 보았습니다. 지금도 생각할 때마다 감사하게 됩니다.

반대로 있으면서 하지 않는 경우도 보았습니다. 할 만한 데도 하지 않는 경우도 보았습니다. 하던 일도 중간에 포기하고 하지 않는 경우도 많이 봅니다. 이것이 복일까요?

사랑은 '서로' 하는 것입니다. 그래서 하나님은 항상 '서로 사랑하라' 라고 말씀해 주셨습니다. 교회는 서로 사랑할 때 행복이 있는 것입니다. 일방적인 사랑은 하나님밖에 하지 않습니다. 사람은 일방적이지 못하고 대부분의 경우에 쌍방간입니다.

예수님께서 마가 요한의 다락방에서 사랑하는 제자들의 발을 닦아 주신 일이 있습니다. 그리고 성만찬 예식을 행하십니다. 그러시면서 "너희가 나를 선생이라 또는 주라 하니 너희 말이 옳도다 내가 그러하다 내가 주와 또는 선생이 되어 너희 발을 씻었으니 너희도 서로 발을 씻어 주는 것이 옳으니라 내가 너희에게 행한 것같이 너희도 행하게 하려 하여 본을 보였노라"(요13:13-15)라고 했습니다.

그리고 "새 계명을 너희에게 주노니 서로 사랑하라 내가 너희를 사랑한 것 같이 너희도 서로 사랑하라 너희가 서로 사랑하면 이로써 모든 사람이 너희가 내 제자인 줄 알리라"(요13:34-35)라고 했습니다.

우리는 하나님의 사랑을 받은 사람들입니다. 그리스도 예수의 사랑을 많이 받은 자들입니다. 성령 하나님께서 내주하시면서 하나님의 사랑을 알게 하십니다. 이제 남은 생애는 서로 사랑하여 하나님께 영광을 돌리는 성도가 됩시다.

3. 참는 사람들이었습니다

"그러므로 너희가 견디고 있는 모든 박해와 환난 중에서 너희 인내와 믿음으로 말미암아 하나님의 여러 교회에서 우리가 친히 자랑하노라"

(살후1:4)라고 했습니다. 이것이 세 번째 감사 조건이었습니다.

사람이 분할 때나 억울할 때 그리고 오해를 받을 때나 남이 알아주지 않을 때 참는다는 것이 얼마나 어려운 일입니까? 인내하는 것이 얼마나 괴로운 일입니까? 밤잠을 못 이룹니다. 혼자 괴로워하여 한숨만 쉽니다. 때로는 밥맛도 없습니다. 그러나 참는 것은 주님을 닮아가는 성품일 것입니다. 주님을 닮지 않고는 참을 수가 없는 일이 세상에 비일비재합니다. 데살로니가 교회에는 괴악한 무리들이 있어서 종종 성도들을 괴롭혔습니다. 유대인들이 하나님의 교회를 박해했습니다. 정말 예수 믿기 힘든 입장에서 믿었던 성도들입니다.

초대교회의 박해를 여러분이 아십니다. 스데반 집사는 돌에 맞아 죽었습니다. 베드로는 매맞고 옥중에 갇혔습니다. 야고보 사도는 헤롯의 칼에 목베임을 당했습니다. 바울도 39대씩 맞는 매를 다섯 번이나 맞고, 수없이 옥에 갇혔습니다. 다른 나라에까지 가서 갇히기도 했습니다. 배고프고 잠 못 자고 억울한 삶을 살았습니다.

때로는 환난과 핍박이 우리의 신앙생활을 가로막는 장벽일 수 있지만 주님을 사랑하는 마음이 핍박과 환난을 이기게 합니다. 억울한 것들을 참아낼 수 있었습니다.

왜 사랑이 많으신 하나님께서 성도들에게 고난을 허락하시는가?

1) 하나님 나라에 합당한 사람을 만들기 위한 작업입니다. 하나님 나라를 위하여 고난을 받게 하셨습니다. 하나님 나라에 합당한 사람을 만들기 위한 수단이 고난일 때가 있습니다. 하나님의 나라는 믿음을 굳게 지키고 승리한 성도들이 가는 곳입니다. 정금과 같이 빛나는 백성들의 집합체일 것입니다.

예수를 잘 믿는데 왜 예수를 믿는 사람에게 조롱이 많이 있습니까? 세상에서는 종종 물질의 유혹이 있습니다. 이성의 유혹도 있습니다. 사람들의 미혹도 있습니다. 이런 것들로부터 승리한 그리스도인들에게 영광의 면류관을 주기 위함입니다. 그러므로 사랑하는 성도님들이여! 예수 그리스도로 말미암아 영적인 전쟁에서 승리하는 성도들이 다 되십시다. 하나님 나라에 합당한 백성들이 다 되십시다.

2) 안식의 복을 위해서 고난이 있게 하셨습니다. 성도들에게 핍박을 가한 자들은 어떻게 될까요? 환난으로 갚으시는 하나님입니다. 공의의 하나님께서 심판으로 갚으십니다. 믿는 자들에게는 안식으로 갚으시지만 성도들을 괴롭힌 자들에게는 심판으로 갚으시는 하나님이십니다.

성도들을 괴롭힌 자들은 환난으로 갚으시고, 성도들에게는 안식으로 갚으시는 하나님의 원리가 있습니다. 바울은 세상에서 옥에 갇혔지만 "기뻐하라 내가 다시 말하노니 기뻐하라"라고 말했습니다. 주님을 위해서 수고하던 것들이 안식으로 바꾸어질 때가 있습니다. 믿음을 지키기 위해서 고통당하던 모든 것들이 안식으로 바꾸어질 것입니다.

3) 영광을 얻게 하기 위해서입니다. 주님이 이땅에 재림하실 때 '하나님을 모르는 자들, 복음을 불순종하는 자들'에게 형벌을 줄 것입니다. 성도들을 아프게 하고, 괴롭게 하는 자들은 하나님을 모르기 때문입니다.

복음을 순종하지 않는 자들에게 영원한 지옥으로, 둘째 사망이 기다릴 것입니다. 형벌 중의 형벌은 '주의 얼굴을 보지 못하고 멀리 떠나는 것'입니다. 악인들은 그리스도의 얼굴을 보지 못할 것입니다. 악인들은 그리스도의 영광에 참여하지 못하고 어두운 가운데서 슬피 우는 곳으로 떨어질 것입니다. 버림을 당할 것입니다.

반대로 환난과 핍박 속에서 승리하는 그리스도인들은 항상 찬송과 감사와 영광을 하나님께 돌리게 될 것입니다. 이런 생각을 하노라면 예수 믿어 구원받은 우리가 얼마나 행복하고 감사하며 찬송하면서 살아야 할지를 말해 줍니다. 얼마나 감사하며 살아야 하겠습니까?

바울은 로마 교인들에게도 로마서 8장 18절에서 "생각하건대 현재의 고난은 장차 우리에게 나타날 영광과 비교할 수 없도다"라고 했습니다. "이것을 너희에게 이르는 것은 너희로 내 안에서 평안을 누리게 하려 함이라 세상에서는 너희가 환난을 당하나 담대하라 내가 세상을 이기었노라"라고 했습니다(요16:33).

요한계시록 7장에는 큰 환난 중에 나온 승리한 성도의 모습이 나타납니다. 이스라엘의 열두 지파가 소개됩니다. 그리고 각 나라와 족속과 백성과 방언에서 아무도 능히 셀 수 없는 큰 무리가 나와 흰 옷을 입고 손에 종려나무 가지를 들고 보좌 앞과 어린 양 앞에 서서 큰 소리로 외칩니다.

"구원하심이 보좌에 앉으신 우리 하나님과 어린 양에게 있도다". 그럴 때 모든 천사와 보좌와 장로들과 네 생물이 주위에 서 있다가 엎드려 얼굴을 대고 보좌에 앉으신 하나님께 경배합니다.

"아멘 찬송과 영광과 지혜와 감사와 존귀와 권능과 힘이 우리 하나님께 세세토록 있을지어다 아멘"(계7:12)이라고 했습니다.

장로 중 하나가 응답하여 요한에게 묻습니다. 이 흰 옷 입은 자들이 누구며 또 어디서 왔느냐? "내 주여 당신이 아시나이다 하니 그가 나에게 이르되 이는 큰 환난에서 나오는 자들인데 어린 양의 피에 그 옷을 씻어 희게 하였느니라"라고 했습니다.

사랑하는 성도들이여! 여러분이 당하는 내외적인 환난을 주님이 아십니다. 경제적인 고통도 주님이 기억하십니다. 억울한 말과 오해도 주님이 기억하실 것입니다. 우리 모두 주님의 사랑을 기억하면서 영적으로 승리하여 면류관을 받고 영원히 하나님 아버지께 찬양과 영광을 돌리는 성도들이 다 됩시다.

제4강
데살로니가후서 1장 11-12절

교회를 위한 중보기도

성도들은 세상을 살아갈 때 예수 그리스도의 재림을 소망하면서 어려움 가운데서 인내심을 가지고 종말론적인 삶을 살아가고 있습니다. 바울이 활동하던 시대에도 모든 성도들이 그랬지만 데살로니가 성도들은 그런 삶을 살았습니다.

그리스도의 재림을 바라보는 성도들에게 기도하는 삶을 살라고 교훈했습니다. 지금까지 바울은 데살로니가 교회가 믿음의 역사, 사랑의 수고, 그리고 소망의 인내가 있는 것을 칭찬했던 바울입니다. 그런데 다시 데살로니가 교회를 생각하면서 하나님 앞에 늘 감사하면서도 기도하라고 강조합니다.

예수 그리스도가 재림하실 때에, 때로는 하나님의 공의의 심판을 말하기도 하고, 성도들의 영광스러운 부활을 말하면서 강조한 것이 기도입니다. 예수 그리스도의 재림을 진실히 믿고 기다리는 사람의 특징은 기도입니다.

바울은 기도에 대하여 교훈하고 있습니다. 바울은 교회를 위하여 무슨 기도를 드렸을까요? 먼저 생각해 볼 것이 있습니다. 그것은 기도를 말할 때 '항상' 이라고 말한 점입니다. '항상 기도하라' 입니다. 쉬지 말고 기도하라. 끊임없는 기도를 드리라.

1. 항상 기도하라

11절에 "우리도 항상 너희를 위하여 기도함은"이라고 했습니다. 이 말씀이 우리 모두를 부끄럽게 합니다. 여러분은 항상 기도하십니까? 그것도 교회를 위하여 항상 기도드리십니까? 자기 자신을 위해서 늘 기도하겠지만 교회를 위해서 항상 기도하기는 쉽지 않을 것입니다. 바울의 신앙생활과 현대인들의 신앙생활의 차이점이라고 지적하고 싶습니다.

'항상' 이란 말은 정말 우리를 부끄럽게 만듭니다. 주님도 "항상 기도하고 낙심하지 말아야 할 것을" 비유로 교훈하셨습니다. 그러면서 불의한 재판관의 비유로 설명하셨습니다.

재판관은 도시에 살고 있었지만 하나님을 무시하는 사람이었습니다. 더군다나 사람도 무시하는 사람이었습니다. 그런데 어느날 한 과부가 그 불의한 재판관을 찾아왔습니다. 그리고 하소연을 하였는데, '내 원수가 있습니다. 내 원한을 풀어주소서!' 날마다 과부는 재판관을 귀찮게 했습니다. 나중에 그 불의한 재판관이 스스로 생각하기를 내가 하나님을 무시하고 사람을 무시하지만 이 과부의 소원을 들어주리라.

하나님도 밤낮 부르짖는 택한 자들의 기도를 들어주시지 않겠느냐? 원한을 풀어주시지 않겠느냐? 오래 참으시겠느냐? 그러나 인자가 올 때에 세상에서 믿음을 보겠느냐?

하나님을 아버지로 믿는 사람의 특징은 기도입니다. 예수님을 구세주로 믿는 사람의 특징도 기도입니다. 성령님의 은혜와 능력을 믿는 믿음있는 사람의 특성이 기도입니다. 우리 모두 기도하는 성도들이 다 되십시다.

2. 무엇을 위하여 기도했습니까?

하나님께서 나를 통해서 무엇을 이루시기를 원하시는가? 하나님의 뜻을 모를 때는 하나님의 뜻을 위하여 기도해야 합니다. 또 하나님의 뜻을 알고 나서도 기도를 드려야 합니다. 하나님의 뜻대로 잘 이루어지기를 원해서 기도를 드려야 합니다.

하나님 아버지께서 자녀들에게 원하시는 것은 무엇일까?

1) 부르심에 합당한 자가 되게 하시기를 원하여 기도하셨습니다. "우리 하나님이 너희를 그 부르심에 합당한 자로 여기시고"라고 했습니다. 이것이 첫 번째 중보기도였습니다. 바울과 실루아노와 디모데의 기도입니다.

소명, 부르심의 주체가 하나님이십니다. 사람이 부른 것이 아니라 하나님께서 부르신 것입니다. 겉으로 보면 전도자 바울이 사람들을 부른 것같이 보입니다. 그러나 하나님이 부르신 것입니다. 바울은 하나님의 종입니다. 하나님의 뜻대로 쓰임받은 하나님의 사람입니다.

우리가 반드시 알아야 할 진리가 무엇입니까? 하나님은 사람을 통해서 일하시는 하나님이십니다. 하나님의 부르심을 받았다면 하나님이 왜 나를 부르셨는지? 그 목적이 무엇인지, 어떻게 하라고 부르셨는지를 알고 행동을 해야 합니다.

바울은 하나님께서 우리를 부르신 목적 중의 하나가 거룩이라고 했습니다. 거룩한 사람으로 만들기 위해서 부르셨다면 우리는 거룩을 위해서 기도해야 합니다. 기도없이 거룩해지는 법이 있습니까?

하나님의 부르심에는 후회가 없습니다. 무조건적인 부르심으로 하나님의 은혜입니다. 그리고 의로움과 영화로움, 거룩함, 그리고 하나님 나라를 차지하게 하는 데 그 목적이 있습니다.

바울이 무슨 고백을 했습니까? "푯대를 향하여 그리스도 예수 안에

서 하나님이 위에서 부르신 부름의 상을 위하여 달려가노라"(빌3:14)라
고 했습니다.

2) '모든 선을 기뻐함'으로 이루기 위하여 기도해야 합니다. 한두 가
지의 선이 아니라 모든 선을 이루기 위해서 기도해야 합니다. 이것이
두 번째 중보기도였습니다.

세상을 조금 살아보면 선을 이루고 싶지만 이룰 수 없는 존재가 사람
입니다. 하나님만이 선을 이룰 수가 있습니다. 선을 행하는 자는 없나
니 하나도 없다. 다 치우쳐 무익한 존재가 되었습니다. 그러므로 하나
님만이 목적을 완전히 성취할 수 있게 하시기 때문에 기도해야 합니다.
능력을 받아야 합니다.

'믿음의 역사를 능력으로 이루게 하시고'라고 했습니다. "믿음의 역
사를 능력으로 이루게 하시고", 믿음으로 무엇이든지 행할 수 있는 능
력이 사람에게는 필요합니다. 이것이 두 번째 중보기도의 연속입니다.

사람은 누구나 하나님의 능력이 있어야 합니다. 능력이 있어야 무슨
일이든지 감당할 수 있습니다. 믿음이 있으면 행함으로 열매를 거두어
야 합니다. 그렇지 않으면 아무것도 이룰 수 없습니다.

사람은 타락한 존재입니다. 육체의 욕심을 따라 세상을 살려고 합니
다. 마음에 원하는 것이 자기 중심적이지 하나님 중심적이지 않습니다.
그러나 성령의 능력을 받으면 달라집니다. 자원하여 선을 추구하고 선
을 이룹니다. 하나님이 원하는 방향으로 살게 되어 있습니다. 그러므로
하나님의 능력을 받아야 합니다. 피곤하지 않게 하는 능력, 지치지 않
게 하는 능력을 받아야 합니다.

3) "우리 하나님과 주 예수 그리스도의 은혜대로"라고 기도드렸습니
다. 하나님의 은혜가 인간에게 필요합니다. 하나님의 은혜가 임해야 구
원을 받습니다. 예수 그리스도의 은혜가 필요한 존재입니다. 그리스도

의 은혜가 임해야 하나님의 심판을 피할 수 있습니다. 특별히 은혜가 임하면 어떤 결과를 가져오겠습니까?

이것이 세 번째 중보기도였습니다. 예수의 이름이 우리 가운데서 영광을 얻게 됩니다. "우리 주 예수의 이름이 너희 가운데서 영광을 받으시고"라고 했습니다. 이 기도는 기도의 본질적인 문제가 무엇인지를 알게 합니다.

기도의 목적이 무엇입니까? 믿는 자들 가운데서 주님이 영광을 얻게 하시는 데 목적이 있습니다. 기도하는 가운데 주님이 임하십니다. "진실로 다시 너희에게 이르노니 너희 중의 두 사람이 땅에서 합심하여 무엇이든지 구하면 하늘에 계신 내 아버지께서 그들을 위하여 이루게 하시리라 두세 사람이 내 이름으로 모인 곳에는 나도 그들 중에 있느니라"(마18:19-20)라고 했습니다. 이런 모임은 기도 모임이요 교회의 모임을 말할 것입니다.

현대 사람들은 기도하는 자리는 사모하지 않고 흉보는 자리, 험담하는 자리를 사모합니다. 그런 모임이 나름대로는 재미도 있겠지요. 나름대로 스트레스도 풀리겠지요? 그러나 중요한 점은 주님이 영광을 받지 않습니다. 오히려 기도하는 가운데 주님의 영광이 임합니다.

우리는 먹든지 마시든지 무엇을 하든지 다 하나님의 영광을 위하여 할 책임이 있는 사람들입니다. 성도들의 책임이 무엇입니까? 개혁자들이 좋아했던 '하나님의 영광을 위하여' 입니다.

바울은 골로새 교인들에게 "주께 합당하게 행하여 범사에 기쁘시게 하고 모든 선한 일에 열매를 맺게 하시며 하나님을 아는 것에 자라게 하시고 그의 영광의 힘을 따라 모든 능력으로 능하게 하시며 기쁨으로 모든 견딤과 오래 참음에 이르게 하시고"(골1:10-11)라고 했습니다.

4) 너희도 그리스도 안에서 영광을 얻기를 기도하라. "너희도 그 안에서 영광을 받게 하려 함이라"라고 했습니다. 기도하는 자리에 주님이

임하시면 우리도 영화롭게 되는 법입니다. 상호 영광입니다. 우리가 주님을 높이면 주님도 우리를 높여 주십니다. 이것이 네 번째 중보기도였습니다.

여러분이 모여서 주님의 영광을 위하여 기도하십시요. 주님도 여러분을 높여 주실 것입니다. 우리 성도님들이 이런 아름다운 영광을 누릴 수 있기를 원합니다.

사도 베드로는 이렇게 고백했습니다. "그러나 너희는 택하신 족속이요 왕 같은 제사장들이요 거룩한 나라요 그의 소유가 된 백성이니 이는 너희를 어두운 데서 불러내어 그의 기이한 빛에 들어가게 하신 이의 아름다운 덕을 선포하게 하려 하심이라"(벧전2:9).

바울은 "우리 생명이신 그리스도께서 나타나실 그때에 너희도 그와 함께 영광 중에 나타나리라"(골3:4)라고 했습니다. 종교개혁자 존 · 칼빈은 이 현상을 '이중 기적'이라는 말로 표현했습니다(Dual Miracle). '상호 영광' 입니다.

제5강
데살로니가후서 2장 1-4절

바른 자세

목회자 바울은 데살로니가 교인들에게 바라는 것이 있었습니다. 바울이 데살로니가 교인들에게 무엇을 바랬을까요?

1. 바울의 요망이 무엇입니까?

우리가 하나님 아버지께 자기의 소원을 기도하듯 바울은 데살로니가 교인들에게 기대하는 것, 원하는 것이 있었습니다. 그것은 그리스도의 재림과 관련된 일이었는데, 교인 가운데 쉬동심하는 경우가 많아 갈팡질팡하여 갈피를 잡지 못하는 삶을 사는 사람들이 있었습니다.

심지어 자기 자신이 당하는 어려움을 그리스도의 재림 때로 오해하여 두려워하는 마음을 가지는 경우도 발생했습니다. 여러분은 주님의 재림을 생각하실 때 어떤 마음이 생깁니까? 만약에 두려워하는 마음이 앞선다면 믿음의 부족으로 인하여 발생하는 경우일 것입니다.

주님의 재림을 생각하면 기뻐해야 할 사람들이 성도입니다. 마치 신부가 신랑을 기다리듯 주님을 기다리며 충성스럽게 일하고 기뻐하며 즐거워하는 삶을 살아야 할 사람들이 하나님의 백성입니다.

그런데 데살로니가 교인들은 그리스도의 재림을 생각하면서 두려워했습니다. 하나님의 백보좌의 심판, 행위에 대한 심판이 있다는 것을 알고 있었기 때문입니다. 두려워하는 마음이 그리스도의 재림을 준비하는 마음은 아닐 것입니다.

거짓 선생들은 '재림은 이미 이루어졌다', '부활도 지나갔다' 라는 거짓 이론을 가르쳤습니다. 이런 바른 신앙이 없을 때 삶의 바른 자세가 생기지 않는 법입니다. 가르침이 얼마나 중요한지 아십니까? 바른 가르침이 바른 삶을 살게 만듭니다. 그래서 성도는 진리 위에 굳건하게 서야 합니다. 여러분이나 자녀들에게 진리의 교육을 시켜야 할 이유가 여기 있습니다.

거짓 선생들은 어떤 방법으로 성도들을 미혹할까요? '거짓된 영', '미혹의 영' 으로 미혹합니다. '거짓말' 과 '속이는 말' 로 유혹합니다. 때로는 '편지' 로도 유혹합니다. 지금 시대 같으면 '전화' 로 유혹할 것입니다. '컴퓨터' 속에서, 그리고 '핸드폰' 으로 미혹할 것입니다. '인터넷 신문' 으로 미혹합니다. 그래서 3절에 "누가 어떻게 하여도 너희가 미혹되지 말라"라고 강조하여 말했습니다.

'영', '말', '편지', '핸드폰', '인터넷 신문' 등등이 수많은 사람을 미혹하는 수단이나 거짓된 가르침의 수단들이 되고 있습니다. 사람이 공부를 한다고 할 때 단순히 공부만 하는 것이 아닙니다. 영이 임합니다. 성령은 성령이 임하게 하고, 악령은 악령으로 임하게 만듭니다. 불평의 사람의 가르침은 불평의 사람을 만들어 갑니다. 반대로 감사의 말은 감사가 나오게 만듭니다.

성도들이여, 후시대를 생각할 줄 아는 성도들이 되십시다. 성령이 임하는 유치부로부터 장년까지 교회 교육을 생각해 보십시다. 하나님의 교육은 진실로 귀한 교육이요, 교회 교육은 주님을 배우는 교육입니다.

사도 바울은 데살로니가 교인들에게 1절에서 "형제들아 우리가 너희에게 구하는 것은 우리 주 예수 그리스도의 강림하심과 우리가 그 앞에 모임에 관하여"라고 교훈하고 있습니다.

'하나님 앞에 모인다', '주님 앞에 모인다' 라는 것은 구약성경에서 예배행위를 가리키는 말입니다. 이사야 선지자의 외침을 들어봅시다. 이사야 27장 13절에 "그 날에 큰 나팔을 불리니 앗수르 땅에서 멸망하는 자들과 애굽 땅으로 쫓겨난 자들이 돌아와서 예루살렘 성산에서 여호와께 예배하리라"라고 예언했습니다.

예레미야 32장 37-40절에 "보라 내가 노여움과 분함과 큰 분노로 그들을 쫓아 보내었던 모든 지방에서 그들을 모아들여 이곳으로 돌아오게 하여 안전히 살게 할 것이라 그들은 내 백성이 되겠고 나는 그들의 하나님이 될 것이며 내가 그들에게 한 마음과 한 길을 주어 자기들과 자기 후손의 복을 위하여 항상 나를 경외하게 하고 내가 그들에게 복을 주기 위하여 그들을 떠나지 아니하리라 하는 영원한 언약을 그들에게 세우고 나를 경외함을 그들의 마음에 두어 나를 떠나지 않게 하고"라고 했습니다.

신약성경의 히브리서에서는 "모이기를 폐하는 어떤 사람들의 습관과 같이 하지 말고 오직 권하여 그 날이 가까움을 볼수록 더욱 그리하자"(히10:25)라고 권고하고 있습니다.

주님 앞에 모이는 성도가 영광을 누리게 됩니다. 이땅에서만이 아니라 영원한 세상에서까지 영광이 됩니다. 주님 오시는 날까지 모이는 데 힘을 쓰셔서 재림하실 때 영광스러운 자리를 차지하십시다. 그것이 목회자 바울의 소원이자 저의 소원입니다.

2. 먼저 이런 일이 있습니다

주님의 재림이 있기 전에 발생될 일이 두 가지가 있습니다. 첫 번째로는 1) 배도하는 일입니다. '배교' 라고 말합니다. '배반', '배신' 하는 일이 '배도' 하는 일과 같습니다. 가정에서 부모를 거역하는 일이 종말론적인 일들이듯 교회에서는 배교하는 일이 종말론적인 일들 중의 하나입니다.

본래 배도는 헬라시대에 정치적이고 군사적인 배신 행위를 말했고, 유대인들은 종교적인 의미로 많이 사용했습니다. 하나님을 버리고 우상 종교를 선택하는 경우입니다. 참을 버리고 거짓 것을 따르는 행위를 말합니다.

데마는 세상을 사랑했습니다. 그 결과가 무엇입니까? 하나님이 함께하던 사도 바울을 버리고 데살로니가로 가버렸습니다. 이것이 배도하는 행위입니다. 가룟 유다가 예수님을 돈 받고 팔았습니다. 지금 시대가 진리를 사고파는 시대가 아닙니까?

성도는 예수님의 말씀을 항상 기억하면서 사는 것이 대단히 중요합니다. 노아 시대에 많은 사람들이 홍수가 나서 멸하지만 깨닫지 못하던 것과 같이 인자가 올 때도 그러하리라. 두 사람이 밭에 있으매 하나는 데려감을 당하고 하나는 버려둠을 당하리라. 두 여자가 매를 갈고 있으매 하나는 데려감을 당하고 하나는 버려둠을 당하리라. "그러므로 깨어 있으라 어느 날에 너희 주가 임할는지 너희가 알지 못함이니라"(마24: 42)라고 했습니다.

그렇다면 깨어 있는 것이 무엇입니까? 제가 성경을 연구해 본 결과는 두 가지가 있으면 깨어 있는 것입니다. 먼저는 기도하는 것입니다. 하나님과의 관계를 잘 맺어서 하나님의 성령의 인도를 받는 삶입니다. 자기의 뜻이 아니라 하나님의 뜻을 따라 사는 것이 깨어 있는 것입니다.

둘째로, 자기 맡은 일에 충성을 하는 것이 깨어 있는 것입니다. 예수님께서 비유로 말씀하셨습니다. 사람들이 생각하지 않는 시간에 도적과 같이 오십니다. 알지 못하는 시간에 오십니다.

베드로 사도는 "근신하라 깨어라 너희 대적 마귀가 우는 사자같이 두루 다니며 삼킬 자를 찾나니 너희는 믿음을 굳건하게 하여 그를 대적하

라 이는 세상에 있는 너희 형제들도 동일한 고난을 당하는 줄을 앎이
라"(벧전5:8-9)라고 했습니다.

베드로 사도는 종말론적인 삶을 사는 형제들에게 믿음을 굳건하게
하여 사탄을 대적하라고 가르치고 있습니다. 사도 바울은 디모데에게
"믿음의 선한 싸움을 싸우라 영생을 취하라 이를 위하여 네가 부르심을
받았고 많은 증인 앞에서 선한 증언을 하였도다"(딤전6:12)라고 가르쳤습
니다.

배도, 배교, 배신 행위는 사탄의 일입니다. 성령의 사역이 아닙니다.
성령의 열매도 아닙니다. 악신이 사람을 통해서 유혹하는 것입니다. 가
룟 유다가 성령이 충만했습니까 아니면 악신이 임했습니까? 가룟 유다
의 마음에 사탄이 임했습니다.

2) 또 하나는 '불법의 사람'이 일어납니다. '멸망의 아들'이 나타나
게 됩니다. '대적자'입니다. 적그리스도요, 어떤 사본에는 '죄'라고 되
어 있으니 범죄하게 만드는 모든 것들을 가리킵니다. 이것이 불법의 사
람입니다.

"아이들아 지금은 마지막 때라 적그리스도가 오리라는 말을 너희
가 들은 것과 같이 지금도 많은 적그리스도가 일어났으니 그러므로
우리가 마지막 때인 줄 아노라"(요일2:18)라고 사도 요한도 가르쳐 주
었습니다.

불법의 사람이 어떻게 말하며 주장할까요? 범사에 자신을 '하나님'
이라고 말합니다. 성전에 앉아서 스스로를 높이면서 자신을 하나님처
럼 생각을 합니다. 여러분, 인간은 어디까지나 죄인입니다. 겸손해야
합니다. 주님만 높여야 합니다. 주님만이 영원히 의로우신 분이시고
우리는 타락한 죄인입니다. 구원받았어도 여전히 죄 가운데 살고 있습
니다.

다니엘의 예언이나 주님의 말씀을 볼 때 멸망의 가증한 것이 '안티오

쿠스 에피파네스'라고 보지만 어디 그 사람만 불법의 사람이겠습니까? 하나님이 앉으셔야 할 자리를 차지하는 모든 것이 불법입니다. 그래서 "하나님 성전에 앉아 자기를 하나님이라고 내세우느니라"(살후2:4)라고 했습니다.

우리는 구원자 주님을 높이면서 살아야 합니다. 하나님이 여러분을 높여 주실 것입니다. 하나님은 겸손한 자에게 은혜를 베푸시는 분, 자기를 낮추는 사람에게 은혜를 베푸시는 분입니다.

제6강
데살로니가후서 2장 5-12절

불법의 사람

나는 불의의 사람인가 아니면 의의 사람인가? 선한 일을 하는 사람인가 아니면 악한 일을 도모하는 사람인가? 하나님의 은혜로 의인이 되었으니 의인으로 삽시다. 의의 사람과 불법의 사람과는 어떤 차이점이 있는 것인가?

1. 사도의 말을 기억하라

5절에 "내가 너희와 함께 있을 때에 이 일을 너희에게 말한 것을 기억하지 못하느냐?"라고 했습니다. 데살로니가 교인들에게 사도의 말, 바울의 가르침을 생각하지 못하느냐고 반문했습니다.

바울의 말을 기억하는 사람은 의의 사람이요, 바울의 말을 기억하지 않는 사람은 불법의 사람이라는 교훈입니다. 하나님은 데살로니가 교인들에게 사도 바울을 통해서 하나님의 말씀을 들려주셨습니다. 그런데 일시적이겠지만 하나님의 말씀을 잊은 사람들이 있었습니다. 그럴 때 의의 사람이 불의의 사람이 됩니다.

하나님의 말씀이 우리 믿음의 기준이요 생활의 기준선이 됩니다. 모든 믿는 자의 기준은 하나님의 말씀이 됩니다. 말씀을 표현할 때 캐논 이라는 말로 씁니다. 캐논이란 '잣대'라는 뜻입니다. 믿음의 잣대가 하 나님의 말씀이요, 행위의 잣대가 하나님의 말씀이라는 뜻입니다.

바울 시대에 이미 불법의 사람들, 불법의 비밀이 활동하고 있었습니 다. 여기 '말하다'란 미완료형으로 계속하여 말하고 있다는 의미입니 다. 바울의 가르침은 역사와 시간을 떠나서 역사 속에서 계속하여 가르 친다는 교훈입니다. 하나님의 말씀은 어느 시대에만 적용되는 말씀이 아닙니다. 시대를 초월하여 가르침과 교훈을 주는 만고불변의 진리의 말씀입니다.

불법의 사람이 이미 활동은 시작했지만 마음대로 활동하지 못하는 이유가 무엇일까요? 6절에 "너희는 지금 그로 하여금 그의 때에 나타나 게 하려 하여 막는 것이 있는 것을 아나니"라고 했습니다.

불법을 마음대로 행하지 못하도록 막는 분이 있습니다. 그 막는 분은 바로 우리 아버지 하나님이십니다. 하나님이 허락하지 않으면 사탄이 성도를 시험할 수 없고, 거룩한 교회를 흔들 수 없습니다.

다만 불법의 사람이 마음대로 활동하지는 못하지만 멸망의 비밀은 이미 활동하고 있습니다. 결국은 의의 왕 예수 그리스도께서 불법의 사 람을 멸할 것입니다. 이것이 우리들에게 큰 위로가 됩니다.

그러면 불법의 비밀을 이기기 위해서 가져야 할 무기가 무엇입니까?

1) 능력의 말씀입니다. 로마서 1장 16-17절에서 바울의 고백을 들어 봅시다. "내가 복음을 부끄러워하지 아니하노니 이 복음은 모든 믿는 자에게 구원을 주시는 하나님의 능력이 됨이라 먼저는 유대인에게요 그리고 헬라인에게로다 복음에는 하나님의 의가 나타나서 믿음으로 믿 음에 이르게 하나니 기록된 바 오직 의인은 믿음으로 말미암아 살리라" 라고 했습니다.

히브리서 4장 12절에서는 "하나님의 말씀은 살아 있고 활력이 있어

좌우에 날선 어떤 검보다 예리하여 혼과 영과 및 관절과 골수를 찔러 쪼개기까지 하며 또 마음의 생각과 뜻을 판단하나니"라고 했습니다.

에베소서 6장 13-17절에 "그러므로 하나님의 전신 갑주를 취하라 이는 악한 날에 너희가 능히 대적하고 모든 일을 행한 후에 서기 위함이라 그런즉 서서 진리로 너희 허리띠를 띠고 … 〈중략〉 … 성령의 검 곧 하나님의 말씀을 가지라"라고 했습니다. 여러분도 하나님의 말씀을 자기의 것으로 삼고 영적인 전쟁에서 승리합시다.

2) 또 하나의 무기는 성령의 권능입니다. 사도행전 2장 4절에 "그들이 다 성령의 충만함을 받고 성령이 말하게 하심을 따라 다른 언어들로 말하기를 시작하니라"라고 했습니다.

여러분도 성령의 인도하심을 따라 말합시다. 성령 충만하면 성령께서 말할 것을 가르쳐 주십니다. 하나님의 말씀을 사랑해서 날마다 묵상하십시다.

2. 주님의 판결이 있습니다

교회생활을 하다보면 미혹하는 영을 받은 사람들이 다른 사람들을 미혹하게 되고 미혹받는 일이 종종 있습니다. 거짓말은 무조건 사탄의 역사입니다. 진실한 말은 성령의 역사이지만 거짓된 말과 간사한 말은 사탄의 영입니다.

미혹하는 영, 미혹 받는 사람은 어떤 사람입니까? 깜짝 놀랄 만한 말씀이 있습니다. 9-10절입니다. "악한 자의 나타남은 사탄의 활동을 따라 모든 능력과 표적과 거짓 기적과 불의의 모든 속임으로 멸망하는 자들에게 있으리니 이는 그들이 진리의 사랑을 받지 아니하여 구원함을 받지 못함이라"라고 했습니다.

악한 자가 어떤 사람에게 임합니까? 멸망하는 자들에게 임합니다.

진리를 사랑하지 않는 사람에게 임합니다. 구원받지 못한 사람에게 임합니다. 이것이 아주 깜짝 놀랄 만한 일입니다. 사탄이 임하는 사람이 따로 있습니다. 아무나에게 임하는 것이 아닙니다.

어떤 방법으로 임할까요? '능력과 표적'으로 임합니다. '거짓된 기적과 불의'로 임합니다. 미혹하는 영을 받은 사람은 거짓된 마음과 거짓말이 입에 붙어 있습니다.

반대로 하나님의 자녀된 성도의 특성은 진실, 참, 정직합니다. 진실하지 않고 불의를 행하는 자는 다 거짓된 사람입니다. 아무나 진실할 수 있을까요? 진실이 그렇게 값이 없어지는 것이 아닙니다. 목숨을 걸고 순종할 때 얻어집니다.

불법의 사람에 대하여 하나님은 어떻게 판결을 내리시겠습니까? 8절 중반절에 "그 입의 기운으로 그를 죽이시고 강림하여 나타나심으로 폐하시리라"라고 했습니다.

아마도 이사야 11장 4-5절의 말씀 내용을 요약한 것으로 보입니다. "공의로 가난한 자를 심판하며 정직으로 세상의 겸손한 자를 판단할 것이며 그의 입의 막대기로 세상을 치며 그의 입술의 기운으로 악인을 죽일 것이며 공의로 그의 허리띠를 삼으며 성실로 그의 몸의 띠를 삼으리라"라고 했습니다.

하나님은 이사야 선지자를 통하여 세상을 심판하실 때 공의, 진실, 정직으로 심판의 기준을 삼겠다고 선언하셨습니다. 그의 공의와 정직과 진실을 입술의 기운으로 치실 것입니다.

불법의 세력, 악의 세력은 주님의 입술의 기운으로 점령될 것입니다. 악의 세력은 힘이 없어요, 불법의 세력은 무너집니다. 얼마 가지 않아서 실패합니다. 그래서 '폐하시리라'라고 했는데 그 의미는 '무용지물로 만들다'라는 뜻입니다. '완전히 멸망시키다'라는 뜻입니다. 불법의 사람이 완전히 무용지물이 되고, 완전히 멸망받을 때 여러분은 정오의 빛같이 나타납시다.

3. 믿는 믿음을 보라

믿음생활하는 것을 보면 그 사람의 인격과 삶을 짐작할 수 있습니다. 진실을 믿는 사람인지 아니면 거짓된 것을 믿는 사람인지? 사람의 말을 믿는 사람인지 아니면 하나님의 말씀을 믿는 사람인지? 정직한 사람인지 아니면 허세의 사람인지를 알 수 있습니다.

그래서 11절에서 12절을 보시면 "이러므로 하나님이 미혹의 역사를 그들에게 보내사 거짓 것을 믿게 하심은 진리를 믿지 않고 불의를 좋아하는 모든 자들로 하여금 심판을 받게 하려 하심이라"라고 했습니다.

교회 안에도 진실된 말은 거절하고 거짓 것을 믿는 사람들이 종종 있습니다. 거짓말을 하면 그대로 믿고 속습니다. 기도하지 않고 시험든 자가 말하면 교회를 위해서 말하겠습니까 아니면 자기 중심의 말을 하겠습니까? 자기 주장을 말하겠습니까 아니면 하나님의 진리를 위해서 말하겠습니까? 대부분의 경우, 자기 중심적인 말뿐입니다.

바울이 말하는 중요한 점은 종말론적인 심판을 생각해 보라는 뜻입니다. 마지막 심판대를 생각해 보라. 사람들은 미혹을 받으면 '모든 능력과 표적과 거짓 기적과 불의의 속임'을 따릅니다. 영적인 각성보다 거짓이 능력과 표적과 기적과 불의를 다 수식하고 있습니다.

요한복음 10장 26-29절에 "너희가 내 양이 아니므로 믿지 아니하는 도다 내 양은 내 음성을 들으며 나는 그들을 알며 그들은 나를 따르느니라 내가 그들에게 영생을 주노니 영원히 멸망하지 아니할 것이요 또 그들을 내 손에서 빼앗을 자가 없느니라 그들을 주신 내 아버지는 만물보다 크시매 아무도 아버지 손에서 빼앗을 수 없느니라"라고 했습니다. 여러분은 순전한 양이십니다. 양이 아닌 사람은 염소, 알곡이 아닌 사람은 껍데기, 좋은 씨앗이 아니면 나쁜 씨앗입니다.

사탄은 미혹하는 영입니다(계13:14). 진리를 듣지 못하게 하든지 진리를 따르지 못하게 합니다(고후4:4). 하나님을 대적하다가 멸망받습니다.

악한 영은 공중의 권세잡은 자로서 육체적인 욕심과 세상 풍습을 따르게 합니다.

"하나님이 미혹의 역사를 그들에게 보내사 거짓 것을 믿게 하심은"이라고 했습니다. 교회사적으로 이런 역사가 있는가? 방치하는 것은 하나님의 심판 방법 중의 하나입니다. 내버려두는 것이 저주 중의 저주입니다.

이스라엘 왕조가 타락할 때 이런 저주가 임했습니다. 마음이 둔해집니다. 진리에 대한 귀를 막습니다. 마음으로 돌이킬 생각을 하지 않습니다. 고침을 받을 생각을 하지 않습니다. 이스라엘이 출애굽할 당시 애굽의 바로 왕의 마음이 강퍅하게 되었습니다.

제7강
데살로니가후서 2장 13-14절

거룩하게 하심이 무엇입니까?

웨스트민스터 신앙고백서 소요리문답 제35문의 질문입니다. 제35문의 대답으로 '거룩하게 하심은 하나님이 값없이 주시는 은혜의 행위로서 이로써 우리가 하나님의 형상을 좇아 새사람이 되고 점점 더 죄에 대하여 죽고 의에 대하여 살게 됩니다' 라는 것입니다.

1. 하나님의 은혜입니다

대답에 보면 '죄에 대하여 죽는다' 라는 말이 나옵니다. 바울은 로마서 6장에서 무엇에 대하여 죽는다는 말은 '관계가 끊어진다', '관계가 해소된다' 라는 뜻으로 사용했습니다. 아무 상관이 없게 된다는 것을 포함합니다. 반대로 '살게 된다' 는 말은 관련을 맺고 살아가는 것을 말합니다.

거룩하게 하는 것은 하나님의 은혜로운 행위입니다. 우리가 믿기 전에 죄스러운 사람, 죄짓는 사람이었지만 하나님을 믿는 사람, 하나님께서 거룩하게 하는 사람은 은혜받은 사람으로 죄에 대하여 죽고, 의에 대하여 사는 사람입니다.

효력있는 부르심을 생각해 보면, 부름받은 사람은 의롭다 하심과 양자로 삼으심과 거룩하게 하심을 얻습니다. 그리고 거기에 따라오는 유익도 받습니다. 현세에서 의롭다 하심과 양자로 삼으심과 거룩하게 하심을 얻습니다.

데살로니가후서 2장 13-14절에서 "주께서 사랑하시는 형제들아 우리가 항상 너희에 관하여 마땅히 하나님께 감사할 것은 하나님이 처음부터 너희를 택하사 성령의 거룩하게 하심과 진리를 믿음으로 구원을 받게 하심이니 이를 위하여 우리의 복음으로 너희를 부르사 우리 주 예수 그리스도의 영광을 얻게 하려 하심이니라"라고 했습니다.

하나님이 복음으로 부른 사람, 복음을 들었을 때 믿는 사람은 하나님께서 성령을 그에게 주셔서 구원을 얻도록 하십니다. 믿는 사람과 믿지 않는 사람의 차이는 무엇일까요? 성령 하나님이 사람 속에 와 계시느냐 계시지 않느냐의 차이입니다. 외형적으로는 같아 보이지만 성령이 임한 사람은 이미 거룩하게 하셨고 앞으로도 거룩하게 하실 것입니다.

성령의 거룩하게 하심은 두 가지로 나타납니다. 첫째는 성령이 우리 가운데 거하심으로 우리를 하나님의 백성으로 구별하는 것입니다. 성령이 계시기 때문에 사람을 구별할 수 있습니다.

성령이 임한 사람은 하나님과 관계가 있고 성령이 임하지 않은 사람은 하나님과 관계가 없습니다. 이 차이가 있는 것입니다. 이것은 아마도 하나님의 백성과 세상 백성의 차이일 것입니다. 하나님의 소유와 사탄의 소유, 하나님을 위하는 것과 자기를 위하는 것의 차이입니다. 이것이 신분의 변화일 수도 있습니다.

둘째는 하나님 백성답게 죄와 더러움에서 씻음을 받습니다. 하나님의 형상으로 변화시켜 주시고 선행을 행하도록 힘과 지혜를 주십니다. 이것이 사역의 변화로 일반 사람들과 다른 점입니다. 물론 이것은 설명을 위하여 두 가지로 표현한 것이지 내용은 한 가지입니다.

요한일서 3장 2절에 보면 "사랑하는 자들아 우리가 지금은 하나님의 자녀라 장래에 어떻게 될지는 아직 나타나지 아니하였으나 그가 나타나시면 우리가 그와 같을 줄을 아는 것은 그의 참모습 그대로 볼 것이기 때문이니"라고 하였습니다. 하나님을 가까이 나아가서 볼 수 있는 사람은 하나님을 닮은 사람입니다.

사도 요한은 "주를 향하여 이 소망을 가진 자마다 그의 깨끗하심과 같이 자기를 깨끗하게 하느니라"라고 했습니다. 이것이 하나님의 은혜입니다. 내가 어떻게 이렇게 만들 수가 있겠어요? 하나님을 만나고 예수님을 볼 수 있는 능력이 어디서 나오겠어요? 그러니까 하나님의 은혜입니다.

2. 거룩은 하나님의 은혜요, 명령입니다

하나님의 은혜는 거저 주시는 것입니다. 우리는 받기만 하면 되는 것인가 아니면 무슨 책임이 있는 것인가? 물론 사람은 먼저 하나님의 은혜를 받아야 합니다. 은혜가 임한 다음에 거룩하게 하라, 이렇게 이렇게 하라고 명령을 합니다. 네가 거룩하게 하도록 하라고 말합니다. 스스로 힘을 써서 거룩하게 해야 합니다. 이것이 은혜요, 명령입니다.

사도 요한이 요한일서에서 강조하는 내용이 그것입니다. 네 자신을 깨끗하게 하라. 거룩하게 하는 것은 자기 자신이 하는 것입니다. 내 노력도 없이 성령께서 다 거룩하게 만들어 주신다는 뜻이 아닙니다. 성령을 주시는 일은 우리가 노력해서 될 일이 아닙니다. 주시면 받는 것입니다. 신분을 주시는 일, 나를 구별시키는 일, 내 노력이 아닙니다. 하지만 성령을 주시옵소서. 성령이 오신 다음에 의식적으로 노력해서 거룩을 힘써야 합니다.

의롭다 하심과 양자 삼으심은 우리가 하나님을 믿고 예수를 믿으면 되는 부분입니다. 하지만 거룩은 좀 다릅니다. 하나님의 행동인 동시에 인간의 노력이 함께 있어야 이루어집니다. 그래서 거룩은 은혜이지만 명령이 있습니다. 사람들은 이 부분에서 오해를 많이 하여 모든 것이 다 은혜로만 되는 줄 생각하여 자기 자신이 힘쓰고 노력함이 없이 불건전하든지 열매없는 삶을 살 수 있습니다.

데살로니가전서 4장 1절을 보십시다. "그러므로 형제들아 우리가 끝으로 주 예수 안에서 너희에게 구하고 권면하노니"라고 했습니다. 예수와 관계가 있는 너희에게 말해 준다는 말입니다. 너희가 예수를 믿는 사람들이기 때문에 내가 권면한다는 의미입니다. "마땅히 어떻게 행하며 하나님을 기쁘시게 할 수 있는지를 우리에게 배웠으니 곧 너희가 행하는 바라 더욱 많이 힘쓰라"라고 했습니다.

거룩한 것에 대해 명령을 받았으니 더욱 힘쓰는 자들이 되라는 의미입니다. 그리고 4절 이하에서도 여러 번 가르치고 있는 것이 거룩에 힘쓰는 것이 하나님의 뜻임을 밝히고 있습니다. 우리가 노력하지 않고 가만히 있는데 하나님이 은혜로 다 주는 것이 아닙니다. 우리가 힘쓰고 애써야 얻을 수 있는 것이 거룩입니다.

그러면 어떻게 하면 거룩하게 될 수 있는 것인가? 은혜의 방도, 은혜의 방편이 무엇인가?(means of grace) 이것을 아는 것이 중요합니다. 거룩하게 되는 방법이 무엇일까요?

믿음으로 하나님의 뜻에 순종하는 것인데 하나님의 말씀에 대한 순종입니다. 하나님의 뜻을 알 때 사람이 거룩에 힘쓸 수가 있습니다. 하나님의 말씀과 거룩은 아주 가깝습니다. 수양을 통해서 죄를 멀리하려고 하는 거룩은 보편적인 은혜, 보편 은혜라고 하는데 믿지 않는 사람들도 할 수 있는 방법입니다. 그러나 성도는 하나님의 말씀을 배우고 생각을 바꾸고 그렇게 노력하는 가운데 생활이나 태도가 변화하는 것을 거룩이라고 말합니다.

요한복음 17장 15절에 "내가 비옵는 것은 그들을 세상에서 데려가시기를 위함이 아니요 다만 악에 빠지지 않게 보전하시기를 위함이니이다"라고 했습니다. 대상은 사도들이고 또 믿는 사람들입니다. 오직 악에 빠지지 않기를 기도합니다. "내가 세상에 속하지 아니함같이 그들도 세상에 속하지 아니하였사옵나이다"라고 기도했습니다. 하나님께 속한 사람으로 세상에 있습니다. 그냥 두면 다 세상에 빠지게 되어 있습니다. 하지만 믿는 자는 하나님께 속하여 구별되어 있습니다.

또한 "그들을 진리로 거룩하게 하옵소서 아버지의 말씀은 진리니이다"라고 기도하셨습니다. 결국 하나님의 말씀을 배우고 듣고 돌이키는 생활을 통해서 거룩을 유지하면서 살게 되어 있습니다. 그래서 하나님의 말씀은 꼭 필요한 말씀입니다. 이 사람이 하나님께 속한 사람, 그리스도에게 속한 사람, 구별된 사람, 신분의 변화가 생긴 사람입니다. 하나님의 자녀, 하나님의 백성, 하나님께 속한 사람으로 신분의 변화가 생겼습니다. 이것이 하나님의 방식입니다.

그럴 때 기도가 따라옵니다. 하나님께서 깨닫게 해 주셨으니 감사합니다. 이제 지혜와 힘과 능력과 은혜를 더해 주셔서 거룩하게 살게 하옵소서. 기도는 하나님의 말씀에 대한 반응이니까 말씀에 포함된다고 보아도 됩니다. 여하튼 말씀과 기도입니다. 골방에서나 다같이 모여서 배운 말씀을 이루기 위하여 힘써 기도해야 합니다. 교회에서 만난 성도들도 가족처럼 아름다운 관계입니다.

3. 하나님의 형상을 좇아 새사람이 됩니다

거룩은 하나님의 형상을 좇아 새사람이 되는 것이고, 죄에 대하여 점점 죽고 의에 대하여 사는 것입니다. 하나님의 은혜가 임해서 구원받게 하고 거룩하게 만들어 하나님의 뜻을 향하게 하는 것입니다. 이것이 하나님의 큰일입니다.

출애굽기 19장 1-6절까지 읽습니다. 시내산에서 모세를 통해 이스라엘이 들은 하나님의 말씀입니다. 내 말을 잘 듣고 언약을 지키면 제사장 나라, 내 소유가 되겠다고 하셨습니다. 이미 하나님의 특별한 소유가 되었지만 언약을 잘 듣고 지키면 실질적인 하나님의 소유, 하나님의 제사장 나라, 거룩한 백성이 되겠다는 의미입니다.

이미 다른 나라와 달리 구별해서 세워 놓았지만 아직은 실질적인 능력이 구비된 것은 아닙니다. 수 백년 동안 종살이만 하던 민족입니다. 하나님의 백성이 되었으니 어떻게 해야 하겠다, 제사장 나라가 되었으니 어떻게 해야 하겠구나! 그런 것을 잘 모르는 백성입니다. 어린아이가 사람으로 태어났지만 사람으로서 어떻게 해야 하는 것을 모르는 것과 같습니다.

그래서 '내 말을 잘 듣고 내 언약을 지키면' 너희가 실질적으로 내 백성이 되어 백성답게 살 수 있는 것이라는 가르침입니다. 이스라엘이 하나님의 큰 은혜로 구원은 받았지만 앞으로 하나님의 말씀을 잘 듣고 그 하신 언약을 잘 지키는 것이 아주 중요한 일이었습니다. 이것이 구원받은 다음 단계에서 반드시 행할 일입니다. 그 할 일을 잘하면 제사장 나라, 하나님의 거룩한 백성이 될 것입니다.

그 다음에 출애굽기 20장 말씀이 나옵니다. 1-17절까지가 십계명입니다. 18-19절에 "뭇 백성이 우레와 번개와 나팔 소리와 산의 연기를 본지라 그들이 볼 때에 떨며 멀리 서서 모세에게 이르되 당신이 우리에게 말씀하소서 우리가 들으리이다 하나님이 우리에게 말씀하시지 말게 하소서 우리가 죽을까 하나이다"라고 말했습니다.

이렇게 하나님이 직접 말씀하신 경우가 역사적으로 한 번뿐이지 다시는 없었습니다. 열 마디를 직접 말씀하셨습니다. 이후 모세를 통해 여러 가지 율법의 조문들을 주셨는데 613조라고 말합니다. 십계명은 율법의 대강령이라고 말합니다. 십계명을 기초로 율법을 주신 것이기 때문입니다.

하나님의 목소리를 듣던 백성들이 다 두려워했습니다. 엄위하신 하나님, 오래 들을 수도 없고, 볼 수도 없었습니다. 죄가 생각나서 그런 모양입니다. 열 마디를 하신 후 모세를 통해서 자세하게 말씀을 주셨습니다. 그러니까 여기서 하나의 공식이 도출되는데 하나님께서는 일단 은혜로 구원해 놓으시고, 그 다음에 은혜로 십계명을 기초한 여러 가지를 지키라고 하셨습니다. 그래야 하나님의 소유, 제사장 나라, 하나님의 자녀답게 된다는 뜻입니다.

하나님의 방식은 하나지만 둘로 구분해서 설명하자면 일단 구원해서 하나님의 거룩한 백성이 되게 하시고, 다음으로 하나님의 말씀과 율법을 가르쳐서 거룩한 백성답게 하십니다. 이것이 모두 은혜입니다. 이것이 약 3,400여 년 전에 행하신 일입니다. 원리는 지금도 똑 같습니다.

신약시대에 와서 하나님은 먼저 구원의 은혜를 베푸시고 다음으로 말씀으로 거룩하게 구별해 가십니다. 에베소서 4장 20-32절까지를 생각해 보십시다. "오직 너희는 그리스도를 그같이 배우지 아니하였느니라"라고 했습니다. 이 말은 너희가 그리스도를 배웠으면, 그리스도를 믿었으면 새사람을 입으라는 것입니다.

새사람으로서 행위를 나타내라. 거짓말이 왠 말이냐? 도둑질이 왠 일이냐? 분을 내는 것도 그렇고, 더러운 말을 하는 것도 그렇고, 성령을 근심시키는 일도 그렇지 않느냐? 서로 인자하게 대하라. 용서하라. 행동을 가르쳤습니다. 마음이 하나님을 따라 의와 진리의 거룩함으로 지으심을 받은 새사람을 입으라고 가르쳤습니다.

사회생활을 할 때 옷을 벗고 입는 자리가 있는 것처럼 새사람으로 살라는 뜻입니다. 믿는 사람이 세상을 살아갈 때 새사람으로 살라는 뜻입니다. 신약에서도 구원의 은총을 입히신 다음에 거룩한 사람, 거룩한 생활을 요구하시는 것을 볼 수가 있습니다.

그리고 마태복음 5-7장이 산상보훈입니다. 처음 부분은 복있는 사람의 심상, 마음 상태가 어떤가를 가르쳤습니다. 그리고 회개하고 믿어서 복된 사람이 되어야 할 것을 가르치셨습니다. 그러니까 이미 제자로서 주님 앞에 나와 앉아 있는 사람들에게 가르치신 내용입니다. 구약시대에 시내산 아래 온 이스라엘과 같은 입장입니다. 이미 복 있는 사람들입니다. 마음이 가난한 사람들입니다. 하지만 아직 사람들이 볼 때에 저 사람이 예수 믿는 사람이라고 행실로 보여 줄 것이, 보여 줄 수가 없었습니다. 거룩한 것이 없었습니다. 남다른 것이 없었습니다. 그래서 하나님의 백성답게 하기 위해서 애통하는 자, 온유한 자, 화평케 하는 자를 가르치신 것입니다.

후에도 "내가 율법이나 선지자를 폐하러 온 줄로 생각하지 말라 내가 폐하러 온 것이 아니요 완전하게 하려 함이라"라고 하셨습니다. "너희 의가 서기관과 바리새인보다 더 낫지 못하면 결코 천국에 들어가지 못하리라"고 하셨습니다. 의의 표준을 말씀하셨습니다. 하나님의 백성이 되려면 세상에서 노력하고 선량한 사람처럼 부지런히 선을 행하고, 자신의 생각을 믿고 따라서는 될 일이 아닌 것을 말씀하십니다.

아주 높으신 표준을 말씀했습니다. 그래서 율법을 해석해 주신 것입니다. 십계명도 해석해 주셨습니다. 하나님의 율법도 해석해 주셨습니다. 잘 지키도록 가르쳐 주셨습니다. 거룩하게 해서 하나님의 백성도 되게 하고 백성답게 뜻을 실현하도록 하게 하시는 주님이십니다.

하나님께서 신구약시대를 막론하고 구약성경이나 신약성경의 말씀을 가지고 하나님의 백성들을 거룩하게 하시는 의도를 볼 수 있습니다. 하나님께서 주신 말씀을 귀하게 여기고 단 마음으로 받아 실천에 옮겨서 거룩하게 되는 것이 아주 중요한 일입니다. 거룩은 다른 데 있는 것이 아닙니다. 주님의 기도를 생각해 보십시다. "그들을 진리로 거룩하게 하옵소서 아버지의 말씀은 진리니이다". 아멘.

제8강
데살로니가후서 2장 13-15절

바울의 권면

사도 바울은 의인에게만 설교한 것이 아니라 악인을 향해서도 설교했는데, 예수 그리스도의 재림 때에 심판을 받고, 멸망을 받게 될 악인의 세력에 대해 경고하여 말했습니다.

예수님께서 이 세상에 재림하시기 전에 어떤 일이 있게 될까요? 배도하는 일이 먼저 있을 것입니다. 배도가 무엇입니까? 데마나 가룟 유다처럼 배교하고 배신하고 배반하는 일이 먼저 있을 일들입니다. 목회를 하다보면 별의별 일이 많은 중에 배신하는 것이 참으로 많습니다. 여러분은 한번 믿으면 끝까지 주님을 믿기를 바랍니다. 한번 자기가 맹세하거나 약속한 것은 끝까지 지키는 사람이 되십시오.

그 다음으로 불법의 사람, 유혹의 사람, 미혹하는 사람들이 나타나서 택한 자들을 유혹하게 될 것입니다. 미혹의 영을 받은 사람들은 거짓 기적과 이적, 그리고 거짓말도 잘하고 사람들 보기에는 능력을 많이 가진 사람처럼 보여서 미혹할 것입니다.

그러면 바울은 재림의 주님을 기다리는 성도들에게 무엇을 권면했을까요? 권면은 설교와 같습니다. 바울은 그리스도의 재림을 기다리는 성도들에게 세 가지 감사를 하면서 권면했습니다.

1. 하나님과의 관계

　사도 바울의 권면은 하나님과 데살로니가 교인들의 '관계'에서 찾을 수 있습니다. 하나님이 데살로니가 교인들을 어떤 관계로 부르셨습니까? 13절 중반절에 "하나님이 처음부터 너희를 택하사 성령의 거룩하게 하심"이라고 말합니다. 하나님이 데살로니가 교인들을 선택했습니다. 왜요? 성령으로 거룩하게 하시기 위해서입니다. 이것 때문에 바울은 하나님께 감사하고 있고, 권면할 수 있었습니다.

　선택받은 것만으로 만족할 수 없는 존재가 성도입니다. 또 하나의 은총을 힘입어야 하는데 그것은 '거룩'입니다. 히브리서에서는 "거룩함을 따르라 이것이 없이는 아무도 주를 보지 못하리라"라고 했습니다. 요즘 세상은 거룩을 찾아보기 힘들고 거룩의 가치까지 떨어진 세대라고 말할 수 있을 것입니다. 생각해 보십시오. 거룩을 어디서도 찾아볼 수가 없습니다. 정말 거룩을 찾아보려고 해도 찾아볼 수 없는 세상입니다. 다 더러운 것과 악한 현상들뿐입니다.

　세상이 그렇다 할지라도 교회는 그럴 수 없는데 구원을 받았다고 말하는 성도들까지도 더러운 것을 자랑스럽게 말하면 안 되는 것이지요. 성도는 하나님을 위하는 사람이 아닙니까? 자기를 위하는 것보다 하나님의 영광을 위하는 사람입니다. 바울이 말한 것을 기억합시다. "먹든지 마시든지 무엇을 하든지 다 하나님의 영광을 위하여 하라"라고 했습니다.

　사랑하는 성도들이여! 하나님의 은혜에 감사할 줄 아는 성도가 되십시다. 선택받은 것이 얼마나 감사한 일입니까? '거룩하라'고 책망해 주는 하나님의 은혜가 더욱 감사한 일입니다. 바울은 데살로니가 교인들에게 택함을 받은 성도라면 거룩하라고 권면하고 있습니다.

　구원의 주체가 누구입니까? 하나님입니다. 내가 아닙니다. 내가 나를 구원할 수 있습니까? 사람이 아닙니다. 사람은 다 타락한 존재입니다. 하나님 앞에 모든 인간은 다 죄인입니다. 그러므로 우리는 하나님이 은혜로 구원해 주셨기 때문에 감사하고, 거룩에 힘쓸 수 있도록 복을 주시니 감사한 것입니다.

그리고 영원 전부터 우리의 구원을 위하여 그리스도 안에서 예정하셨고, 선택하셨습니다. 때가 되면 성령으로 부르셨습니다. 그리고 믿는 자들을 의롭다하시고 성령으로 거룩하게 만들어 가십니다. 결국은 영화롭게 하십니다. 천국의 영광을 선물로 주십니다. 이것이 감사의 조건입니다. 무엇을 바라보겠습니까?

사도 바울은 고린도 교인들에게 고린도전서 2장 7절에서 "오직 은밀한 가운데 있는 하나님의 지혜를 말하는 것으로서 곧 감추어졌던 것인데 하나님이 우리의 영광을 위하여 만세 전에 미리 정하신 것이라"라고 했습니다.

에베소 교인들에게 "곧 창세 전에 그리스도 안에서 우리를 택하사 우리로 사랑 안에서 그 앞에 거룩하고 흠이 없게 하시려고 그 기쁘신 뜻대로 우리를 예정하사 예수 그리스도로 말미암아 자기의 아들들이 되게 하셨으니"(엡1:4-5)라고 기록해 주었습니다.

구원은 성부 하나님의 계획과 성자 예수님의 십자가 구속과 성령의 거룩하게 하심을 통해서 이루어지는 것입니다. 결국 우리의 구원은 성부, 성자, 성령 하나님의 사역입니다. 이것을 잘 믿고 감사하는 사람이 하나님과의 관계가 좋은 사람입니다.

2. 믿음의 반응

사도 바울이 두 번째로 권면한 내용은 믿음과 관련이 있습니다. 사람이 하나님을 믿는 믿음이 없이는 하나님을 기쁘시게 할 수가 없습니다. 그러므로 '큰 믿음을 가져라. 담대한 믿음을 가져라' 라고 말하는 것입니다.

믿음은 하나님에 대한 인간의 반응입니다. 하나님의 예정과 하나님의 은혜에 대한 인간의 반응이 믿음입니다. '믿음이 있다, 없다'라는 말은 하나님이 행하신 일을 인정하느냐 아니면 인정하지 않느냐의 문제입니다. 하나님이 행하신 일을 인정하는 것이 믿음의 기초입니다.

또 인간에게 있어서 무엇을 믿느냐가 중요한 문제입니다. 사람을 믿느냐 아니면 하나님을 믿느냐? 데살로니가 교인들은 하나님의 "진리를 믿음으로 구원을 얻게" 되었습니다. 이것이 진실된 믿음입니다. 참된 믿음입니다.

목회를 하면서 살펴보면 비진리를 믿는 사람들이 정말 많이 있습니다. 불법을 행하는 사람들의 말에 미혹되는 경우도 보았습니다. 시험에 빠진 자와 내통하다가 자기까지 시험에 빠지는 경우도 보았습니다. 거짓말하는 사람과 동행하다가 자기도 거짓말하는 사람의 친구가 된 경우도 보았습니다. 알지도 못하면서 아는 척하는 사람도 보았습니다. 그래서 '하나님은 도울 힘이 없는 인생을 의지하지 말라. 호흡이 끊어지면 그 도모가 그날로 소멸하리로다'라고 가르쳐 주셨습니다.

데살로니가 교인들의 믿음이 선명했던 이유가 무엇입니까? 하나님의 말씀인 '진리'를 믿었기 때문입니다. 진리를 믿은 결과는 구원입니다. 신·구약성경을 통해서 얻을 수 있는 진리가 무엇입니까? 하나님께서 세우신 선지자나 사도들을 통해서 전달된 계시의 말씀을 믿는 것이 진리, 하나님의 말씀입니다.

그러면 진리가 무엇입니까? 바울을 통해서 전달된 '복음'입니다. 14절에서 "이를 위하여 우리의 복음으로 너희를 부르사 우리 주 예수 그리스도의 영광을 얻게 하려 하심이니라"라고 기록하고 있습니다.

하나님께서 인간에게 복음을 주신 자체가 사랑입니다. 복음을 다른 사람에게 말하거나 전하는 자체가 사랑입니다. 바울과 디모데 그리고 실라가 돈 때문에 복음을 전한 것이 아닙니다. 사랑하기 때문에 복음을 전한 것입니다. 바울이 복음을 전한 결과가 데살로니가 교인들이 구원에 초대받게 된 것입니다. 전하는 자가 없었다면 누가 구원을 얻 겠습니까?

그리스도의 부르심을 받아 진리를 믿었을 때 '그리스도의 영광'에 이르게 된 것입니다. 주님이 지금 얼마나 영광스러운 곳에 계십니까? 하나님 우편 보좌에 앉아 계십니다. 그 사실을 믿는 믿음의 결과는 하 나님의 영광스러운 나라에 들어가는 것입니다. 그리스도께서 누리는 영광을 우리에게도 주어 누리게 하실 것입니다.

3. 유전을 지키라

세 번째 권면은 '유전'과 관련이 있습니다. 여기 '유전'이란 말로나 편지나 가르침을 받은 하나님의 말씀을 의미합니다. '하나님의 말씀을 지키라'. 거짓 선생들은 말로나 영으로나 편지로나 사람을 미혹합니다.

그러나 사도 바울은 반대의 경우임을 증거하고 있습니다. 거짓 선생 들의 배후에 미혹하는 영, 악령이 있듯이 바울 뒤에는 성령 하나님께서 임재하시고 인도하시며 함께 계시기 때문입니다.

유전이란 '...로부터'라는 전치사와 '넘겨주다'라는 동사의 합성어이 지만 보통 조상적부터 내려오는 관습, 계율 등의 전승을 가리킵니다. 복음서에는 장로들의 유전이 나옵니다(마15:2,3,6, 막7:3,5).

오늘 말씀의 유전은 복음서에 나타난 유전과 용어는 같지만 의미는 다릅니다. 오늘 말씀에서는 초대교회도 이미 교회의 전통이 있었음을 나타냅니다. 바울이 가르친 교훈이 그리스도께서 가르치신 교훈과 다 르지 않다는 뜻입니다. 초대교회가 주님의 교훈과 사도들의 가르침을 그대로 받아 전통을 이어가고 있었습니다. 그래서 교회는 사도성이 있 어야 합니다.

여러분이 잘 믿는 사람인가 아니면 그렇지 못한가? 무엇으로 평가할 수 있을까요? 평가의 기준은 바로 하나님의 말씀입니다. 주님의 교훈입니다. 사도들의 가르침을 생각해 보면 알 수 있습니다.

초대교회는 사도들이 주님의 교훈대로 모여서 기도했습니다. 정한 날에 모여서 헌금을 드렸습니다. 사도들의 가르침을 받아 떡을 떼기도 하고, 교제를 하기도 했습니다. 우리 교회는 이 세대를 본받지 않는 교회이기를 바랍니다. 사도들의 아름다운 전통을 이어가는 성도들이 되십시다.

'세상 등지고 십자가 보네, 세상 등지고 십자가 보네, 뒤 돌아서지 않겠네.' 주님만 바라봅시다.

제9강
데살로니가후서 2장 16-17절

바울의 기도

　사도 바울은 데살로니가 교회를 위하여 교회의 주인되신 예수님께 기도했습니다. 여러분! 기도의 대상이 누구입니까? 우리 구주 예수님입니다. 예수님은 제2위 하나님이십니다. 바울은 교회의 머리 되시고 주인 되시는 성자 예수님께 기도하고 있습니다.

　요한복음 15장 16절에 "너희가 나를 택한 것이 아니요 내가 너희를 택하여 세웠나니 이는 너희로 가서 열매를 맺게 하고 또 너희 열매가 항상 있게 하여 내 이름으로 아버지께 무엇을 구하든지 다 받게 하려 함이라"라고 약속했습니다.

　또 누구에게 기도했습니까? 우리를 사랑하여 자녀로 삼아주신 성부 아버지 하나님께 기도드렸습니다. 아마도 바울은 데살로니가 교인들의 구원을 생각할 때 구원자 예수님을 잊을 수 없었고, 영원전부터 예정하시고 선택하시며 때가 되매 부르신 아버지 하나님을 잊을 수가 없었던 것으로 보입니다.

　특별히 환난과 궁핍 가운데 있는 데살로니가 교인들에게 아버지 하나님은 영원히 위로해 주시는 아버지 하나님이시기 때문입니다. "영원한 위로와 좋은 소망을 은혜로 주신 하나님 우리 아버지께서"라고 기도

했습니다. 하나님은 우리에게 영원한 위로와 좋은 소망을 주시는 하나님이십니다.

하나님 아버지는 우리를 영원히 사랑하는 하나님이시고, 독생자까지 아낌없이 주신 하나님이십니다. 그리고 어려운 가운데 있는 성도들을 영원히 위로해 주시는 하나님이시고, 좋은 소망을 선물로 주시는 하나님이십니다.

바울은 구체적으로 하나님께 무슨 기도를 드렸을까요? 세 가지 내용으로 기도했습니다.

1. 위로의 하나님

이것이 첫 번째 기도의 내용입니다. "너희 마음을 위로하시고". 그러면 왜 사도 바울이 데살로니가 교인들을 위하여 하나님께 기도드릴 때 위로의 하나님을 먼저 언급했을까요?

성도가 되었든지 아니면 세상 사람이 되었든지 누구든지 이 세상을 살 때에 겪는 어려움과 환난이 있습니다. 박해와 핍박도 있습니다. 공연히 오해하여 다른 사람을 어려운 난관에 빠지게도 합니다. 그러므로 인간은 하나님의 위로가 필요하고, 예수님의 따뜻한 위로가 필요한 존재입니다. 데살로니가 교회를 출입하는 성도들에게도 안팎으로 환난과 핍박이 있었습니다. 엘리야에게 그리고 제자들에게 떡과 물 그리고 생선을 구워주던 주님이십니다. 머리를 어루만져 주시던 주님이십니다.

데살로니가후서 1장 4절에 보면 "그러므로 너희가 견디고 있는 모든 박해와 환난 중에서 너희 인내와 믿음으로 말미암아 하나님의 여러 교회에서 우리가 친히 자랑하노라"라고 했습니다.

심지어 데살로니가 교회 안에는 거짓말을 하는 사람도 있었습니다. 거짓은 사탄의 역사입니다. 성도의 생명은 진실입니다. 그러나 인간은 타락한 존재라서 거짓말을 서슴없이 합니다. 때로는 말을 만들어 냅니다. 언어 제조기라는 말도 있습니다.

그러니 교회 밖으로는 경건하지 못한 유대인들과 괴악한 무리의 박해가 있지요. 안으로는 거짓된 사람들의 농간이 있지요. 데살로니가 교인들은 어려움과 핍박이 많이 있었습니다. 이런 상황에서 신앙 생활을 한다는 것 자체가 어렵고 힘들었습니다. 그래서 바울은 데살로니가 교회를 위하여 기도할 때 제일 먼저 하나님의 위로가 있기를 간구했습니다. 하나님의 위로가 필요한 교회였기 때문입니다.

심지어 데살로니가 교회 안에는 죽은 자의 미래에 대하여 오해했던 사람들도 있었는데, 데살로니가 교인들을 소망없는 사람들과 같이 생각하여 매우 슬퍼했습니다. 그래서 바울이 데살로니가전서 4장에서 성도들과 믿다가 죽은 자들에 대하여 가르치며 위로해 주었습니다.

그 내용을 살펴보면 예수님이 재림하실 때에 주 안에서 죽은 자가 먼저 일어난다고 했고, 예수님과 함께 우리를 데리러 오실 것인데 우리도 홀연히 변화하게 된다고 가르쳤습니다.

"예수는 나의 힘이요 내 생명 되시니 구주 예수 떠나 살면 죄 중에 빠지리 눈물이 앞을 가리고 내 맘에 근심 쌓일 때 위로하고 힘주실 이 주 예수" 찬송가 93장입니다.

사도 바울은 주님의 위로를 받으면서 목회 사역을 감당했습니다. 사탄이 목회자를 얼마나 괴롭히는지 아십니까? 교인들이 목회자를 얼마나 아프게 하는지 아십니까? 성도 한 사람이 넘어졌다고 교회가 무너지지 않습니다. 그러나 목사 한 사람이 곤경에 빠지면 교회가 흔들립니다. 사탄은 그것을 알고 노리는 것입니다.

하나님의 위로를 많이 받는 성도가 되시고, 다른 성도들을 위로할 줄 알아야 합니다. 바울은 고린도후서 1장 3-4절에서 "찬송하리로다 그는 우리 주 예수 그리스도의 하나님이시요 자비의 아버지시요 모든 위로의 하나님이시며 우리의 모든 환난 중에서 우리를 위로하사 우리로 하여금 하나님께 받는 위로로써 모든 환난 중에 있는 자들을 능히 위로하게 하시는 이시로다"라고 했습니다.

사도 바울은 사망 선고를 스스로 내릴 정도로 앞이 보이지 않았습니다. 힘에 지나도록 심한 고생을 받아 살 소망까지 끊어졌습니다. 그렇게 하신 하나님의 목적은 죽은 자를 살리시는 하나님만 의뢰하게 만들기 위함이었습니다.

예레미야 선지자가 이런 말을 남겼습니다. "밤에는 슬피 우니 눈물이 뺨에 흐름이여 사랑하던 자들 중에 그에게 위로하는 자가 없고 친구들도 다 배반하여 원수들이 되었도다"(애1:2). 지금 시대가 그렇지 않습니까? 배반하는 시대, 반역하는 시대인데, 오늘 예배에 참석하신 여러분들은 하나님의 위로를 많이 받고 다른 사람들을 위로합시다.

스가랴 선지자는 이렇게 말했습니다. "여호와께서 내게 말하는 천사에게 선한 말씀, 위로하는 말씀으로 대답하시더라"(슥1:13).

2. 선한 일을 하라

"모든 선한 일을 … 하시기를 원하노라". 사도 바울이 데살로니가 교인들을 위하여 기도할 때마다 선한 일을 위해서 기도드렸습니다. 어떤 신학자는 말하기를 '크리스챤은 꿈꾸기 위해서가 아니라 싸우기 위해서 불렀다. 크리스챤은 서 있기 위해서가 아니라 올라가기 위해서 불렀다. 세상에서 최대의 특권을 얻기 위해서가 아니라 이 세상에 있는 최대의 의무를 다하기 위한 것이다' 라고 했습니다.

여러분은 지금 꿈을 꾸고 있습니까 아니면 악령과 죄와 싸우고 있습니까? 서 있습니까 아니면 올라가고 있습니까? 구원얻었다는 믿음 때문에 특권을 누리고 있습니까 아니면 하나님께서 맡겨주신 의무를 다하고 있습니까? 크리스챤의 결승점은 영원입니다. 하루로 끝나지 않습니다. 이 세상으로 종결되지 않습니다. 영원을 바라보는 사람들입니다.

하나님이 우리를 선택하신 이유가 무엇일까요? 바울은 여러 방향에서 설명했지만 내용은 하나입니다. 에베소서 2장 10절에서 "우리는 그가 만드신 바라 그리스도 예수 안에서 선한 일을 위하여 지으심을 받은 자니 이 일은 하나님이 전에 예비하사 우리로 그 가운데서 행하게 하려 하심이니라"라고 했습니다.

디도서 2장 14절에서도 "그가 우리를 대신하여 자신을 주심은 모든 불법에서 우리를 속량하시고 우리를 깨끗하게 하사 선한 일에 열심히 하는 자기 백성이 되게 하려 하심이라"라고 했습니다.

디도서 3장 8절에서도 "이 말이 미쁘도다 원하건대 너는 이 여러 것에 대하여 굳세게 말하라 이는 하나님을 믿는 자들로 하여금 조심하여 선한 일을 힘쓰게 하려 함이라 이것은 아름다우며 사람들에게 유익하니라"라고 했습니다.

3. 말을 굳건하게 하라

"말에 굳건하게 하시기를 원하노라". 이것이 바울의 세 번째 기도 내용입니다. 데살로니가 교회 안에도 거짓된 이단자들이 있었습니다. 잘못된 교리를 주장하여 혼란스럽게 하는 사람도 있었고, 고린도 교회와 로마 교회에 있었던 것처럼 데살로니가 교회 안에는 재림이나 부활이 이미 지나갔다고 주장하는 사람도 있었습니다.

바울은 신앙심이 굳은 사람들이 되기를 원해서 기도드렸습니다. 거짓말에 속지 않는 것도 큰 은혜입니다. 세상을 살아보면 사람을 속이는 사람들이 정말 많이 있습니다. 바울이 사도라 할지라도 갈라디아 교인들을 보십시오. 눈까지 빼주려 하고, 천사와 같이 영접하고, 예수님처럼 대접을 했었지만 거짓된 선생들이 틈타니 바울에 대해 사도가 아니라는 주장까지 하게 되었습니다.

지금 교인들은 조금 나을까요? 나을 것이 없어요? 여러분은 세상이 변해도 변하지 않는 믿음의 사람이 되기를 바랍니다. 변함없이 주를 사랑하는 모든 자에게 은혜가 있을지어다.

고린도 교인들도 그랬습니다. 바울의 사도권을 부정했습니다. 그래서 바울은 '내가 다른 사도보다 더 많이 수고한 것은 하나님의 은혜지만 더 많이 수고한 것은 사실'임을 밝히고 있습니다. 우리는 사도들과 선지자들을 통해서 주신 하나님의 말씀, 성경을 생명같이 귀하게 여기는 믿음의 사람들입니다. 하나님께서 성령으로 말씀하신 것을 기록해 주신 성경을 귀하게 여기십시다. 이것이 얼마나 고귀하고 숭고한 믿음인지 모릅니다.

제10강
데살로니가후서 3장 1-5절

우리를 위하여 기도하라

목회자 바울은 데살로니가 교회를 위하여 기도했습니다.

첫째는 하나님께서 여러 가지 환난과 핍박 속에서 신앙생활 잘하는 데살로니가 교회를 영원한 위로로 위로해 주기를 기도드렸습니다. 둘째는 좋은 소망을 주시는 하나님께서 선한 일에 힘쓰는 자기 백성이 되도록 기도드렸습니다. 셋째는 우리를 사랑하시는 하나님께서 말에 능력이 있기를 위해서 기도드렸습니다.

이번에는 데살로니가 교인들아! 목회자 바울을 위하여 기도하라. "우리를 위하여 기도하라"라고 말합니다. 왜 목회자를 위하여 기도를 해야 할까요?

1. 하나님 말씀의 영광

1절에 "끝으로 형제들아 너희는 우리를 위하여 기도하기를 주의 말씀이 너희 가운데서와 같이 퍼져 나가 영광스럽게 되고"라고 했습니다. 이것이 사도 바울이 데살로니가 교회에 기도를 요청한 이유입니다.

바울은 하나님의 말씀을 때를 얻든지 못 얻든지 전하는 전도자였습니다. 주님의 복음을 자랑하는 목회자였습니다. 돈이나 건강을 위하여 기도 요청을 한 것이 아닙니다. 오직 복음을 위하여 기도 요청을 했습니다. 데살로니가 교회의 기도로 말미암아 다른 곳에서도 복음이 잘 전달되기를 원했습니다.

바울 일행은 데살로니가 교회를 세울 때 세 안식일 동안 복음을 전했습니다. 믿음의 역사, 사랑의 수고, 소망의 인내가 있었습니다. 다른 지역에서도 복음을 전할 때 많은 열매가 맺혀지도록 기도했습니다.

지금은 기도의 사람을 찾아보기가 쉽지 않습니다. 자기를 위해 기도하는 사람은 있지만 목회자를 위해 기도하는 사람을 찾아보기 힘든 세상입니다. 일평생 목회를 하면서 느끼는 것은 목회자를 위해 기도하는 사람이 성숙한 사람입니다. 자신이 기쁨의 복을 받을 사람입니다. 그리고 자녀들도 행복한 믿음생활을 할 수 있게 됩니다. 그런 교인들을 볼 때 감사가 충만하게 됩니다.

주님은 '구하라, 찾으라, 문을 두드리라' 라고 명령하셨습니다. 그러면 '얻을 것이요, 찾을 것이요, 열릴 것이니라' 라고 약속하셨습니다. 하나님의 언약을 믿는 사람은 기도할 것입니다. 새벽 기도도 하고, 철야 기도도 하고, 특별히 목회자를 위해 중보기도도 할 것입니다.

목회자를 위해 기도하는 것은 성도의 의무입니다. 예배생활을 하는 성도의 마땅히 해야 할 책임입니다. 기도할 때 자신이 복을 받을 뿐만 아니라 하나님의 말씀이 영광스럽게 되는 법입니다.

자기를 영적으로 지도하는 사람에 대한 성도의 자세는 무엇일까요? '가장 귀히 여기라'. 데살로니가전서 5장 13절에 "그들의 역사로 말미암아 사랑 안에서 가장 귀히 여기며 너희끼리 화목하라"라고 했습니다.

고린도전서 4장 1절에 "사람이 마땅히 우리를 그리스도의 일꾼이요 하나님의 비밀을 맡은 자로 여길지어다"라고 했습니다. 목회자가 귀한 이유는 하나님의 비밀을 맡은 자이기 때문에 귀합니다.

그래서 바울은 로마서 15장 30-32절에서 "형제들아 내가 우리 주 예수 그리스도와 성령의 사랑으로 말미암아 너희를 권하노니 너희 기도에 나와 힘을 같이하여 나를 위하여 하나님께 빌어 나로 유대에서 순종하지 아니하는 자들로부터 건짐을 받게 하고 또 예루살렘에 대하여 내가 섬기는 일을 성도들이 받을 만하게 하고 나로 하나님의 뜻을 따라 기쁨으로 너희에게 나아가 너희와 함께 편히 쉬게 하라 평강의 하나님께서 너희 모든 사람과 함께 계실지어다 아멘"이라고 했습니다.

'목회자가 행하는 모든 일에 대하여 힘껏 도우라' 라고도 말했습니다. 빌립보서 4장 3절에서는 "또 참으로 나와 멍에를 같이한 네게 구하노니 복음에 나와 함께 힘쓰던 저 여인들을 돕고 또한 글레멘드와 그 외에 나의 동역자들을 도우라 그 이름들이 생명책에 있느니라"라고 했습니다.

갈라디아서 6장 6절에서는 "가르침을 받는 자는 말씀을 가르치는 자와 모든 좋은 것을 함께 하라"라고 했습니다. 목회자에게 좋은 것을 함께 하여 기쁘게 하라고도 가르칩니다.

심지어 자랑하라고 말합니다. 고린도후서 1장 14절에 "너희가 우리를 부분적으로 알았으나 우리 주 예수의 날에는 너희가 우리의 자랑이 되고 우리가 너희의 자랑이 되는 그것이라"라고 했습니다.

2. 악한 자에게서 건져 주옵소서!

2절에 "또한 우리를 부당하고 악한 사람들에게서 건지시옵소서"라고 기도하라고 했습니다. 예수의 복음을 전하다보면 선한 사람만 만나는 것이 아니라 악한 사람을 만나는 경우도 있습니다. 때로는 겉보기에는 선한 사람같지만 결국은 악인도 있습니다. 예수의 복음을 전하는 사람, 전도자, 목회자도 사람이기 때문에 약점은 다 있습니다. 목회자는 신이 아닙니다. 그런데 악한 사람은 자신이 더 악하면서도 목회자를 더욱 나쁘다고 말할 수 있습니다. 그런데 중요한 점은 비록 목회자가 부족한 사람이지만 나름대로 하나님께서 사용하는 그릇임을 기억해야 합니다.

다른 사람을 위한 중보기도를 하지 않으면 여러분을 위하여 기도해 줄 사람은 없을 것입니다. 그러니까 기도하지 않으면 넘어지는 길에 들어서는 것이지요. 기도하는 사람이 시험을 이깁니다. 시험에, 깊은 수렁에 빠지는 법이 있습니까? 시험에 빠진 사람의 특성은 기도하지 않는 사람들입니다. 시험에 들지 않도록 깨어 기도하라고 주님이 말씀하셨습니다.

'무리'라는 말은 '마땅히 있어야 할 자리가 아닌 것'을 말하는데, 윤리적으로 말할 때는 '악한, 불합리한'의 뜻을 말합니다. '불합리한 사람, 부도덕한 사람, 무법한 악인'을 가리키는 말입니다.

바울 일행은 데살로니가 지방에서 복음을 전할 때 악인들을 만났습니다. 먼저는 유대인들이었습니다. 잘못된 신앙관을 가지 유대인들이 바울을 따라다니면서 돌팔매질하고 괴롭혔습니다. 또 괴악한 무리들이 일어나 바울을 괴롭혔습니다. 바울은 그러한 사건들을 통해서 중보기도를 요청하게 된 것입니다.

목회자가 자기 자신이 매를 맞아 아파서가 아니라 복음의 말씀이 전파되는 데 방해가 되기 때문인데, 여러분들이 하는 말 한마디가 복음과 무슨 관련이 있는지 생각해 보셨습니까? 여러분들이 하는 전화 한 통이 하나님의 말씀이 전파되는 데 유익된 전화였습니까? 여러분들이 하는 말 한마디의 수군거림이 하나님께 영광이 되는 것이었습니까?

이제 기도하는 자리를 내 자리로 만들어 가십시오. 목회자를 위해 기도할 줄 아는 성도가 되십시오. 포도원을 허는 악인이 등장하지 않기를 기도하고, 발람과 같은 악인이나 가룟 유다같은 배신자가 나타나지 않도록 기도하십시다.

3. 확신있는 기도

바울은 하나님을 믿는 믿음의 사도입니다. 바울은 예수를 믿는 믿음이 모든 자의 것이 아님을 알고 있었습니다. 그래서 "믿음은 모든 사람의 것이 아니니라"(살후3:2)라고 했습니다.

잘못된 믿음의 사람들 때문에 거룩한 교회가 손해를 볼 때가 많이 있습니다. 하나님의 교회는 믿음의 사람들이 모여진 단체입니다. 믿음의 사람을 환영하는 단체이기도 합니다. 믿음의 사람들이 모여서 예배하고 봉사하고 헌신합니다.

하나님 나라는 믿음으로 가는 나라입니다. 믿음이 없이는 하나님을 기쁘시게 할 수도 없거니와 지상에 있는 교회에서도 환영받지 못하게 되어 있습니다. 그러면 바울은 무엇을 믿었습니까?

1) 3절에 "주는 미쁘사 너희를 굳건하게 하시고 악한 자에게서 지키시리라"라고 했습니다. 바울은 기도 부탁을 하다가 다시 데살로니가 교회를 생각했습니다. 이것이 목회자의 심정이요, 마음입니다.

사탄으로부터 데살로니가 교인들이 구원받기를 원했습니다. 사탄은 교묘합니다. 광명한 천사로 나타나서 돕는 것 같지만 결과를 보면 망하게 하는 존재입니다. 그래서 주님은 주기도문에서 "다만 악에서 구하옵소서"라고 기도를 가르쳐 주었습니다.

2) 4절에서는 "너희에 대하여는 우리가 명한 것을 너희가 행하고 또 행할 줄을 우리가 주 안에서 확신하노니"라고 했습니다.

바울이 전한 복음을 데살로니가 교인들은 믿었습니다. 그리고 미래적으로도 믿을 줄로 알고 있습니다. 바울의 믿음은 '주 안에서' 확신하는 믿음입니다. 신실하신 주님을 믿는 믿음이지, 사람을 의지하는 믿음이 아닙니다. 사람은 사람입니다. 죄인입니다. 믿음의 대상은 영원히 주님이십니다.

　3) 5절에 "주께서 너희 마음을 인도하여 하나님의 사랑과 그리스도의 인내에 들어가게 하시기를 원하노라"라고 했습니다. 바울은 주님의 인도하심을 믿었습니다. 우리는 늘 주님의 인도를 받아야 합니다. 사탄이 역사하는 세상이기 때문에 주님의 인도를 받지 않으면 언젠가는 쉽게 실패하게 되어 있습니다. 주님의 인도하심을 받을 때에 하나님의 사랑 가운데 나아갈 수 있고, 그리스도처럼 인내하면서 세상을 살다가 주님이 재림하시는 날, 주님 앞에 나아갈 수 있습니다.

제11강
데살로니가후서 3장 6-15절

바른 생활

기도에 대하여 가르치던 바울은 실제적인 생활에 대하여 교훈하기 시작합니다. 이점이 바울 서신의 특징이기도 한데, 먼저 교리를 말하고 그 다음에 생활을 언급하는 성격이 있기 때문입니다. 우리 총회의 목표가 바른 신학, 바른 교회, 바른 생활입니다.

1. 질서 있는 사람

사도 바울은 오늘 말씀에서 세 종류의 사람을 말했습니다. 첫 번째는 '게으르게 행하는 사람'입니다. 바울은 첫 번째로 게으르게 생활하는 사람을 언급하고 있습니다. 게으르게 행하는 사람은 어떤 사람입니까?

6절에 "게으르게 행하고", 11절에 설명이 됩니다. "우리가 들은즉 너희 가운데 게으르게 행하여 도무지 일하지 아니하고 일을 만들기만 하는 자들이 있다 하니"라고 말했습니다.

자기가 맡은 할 일은 행하지 않으면서 이리저리 다니며 다른 사람이 봉사하는 일에 간섭하는 것입니다. 그것이 '게으른 사람, 규모없는 사람'입니다. 그런 사람은 교회에서 별로 가치없는 사람일 수 있습니다.

분주하기는 분주한데 자기가 맡은 일을 잘하기 위해서 분주한 것이 아니라 다른 사람이 행하는 일에 대해 따라다니면서 잔소리하는 사람입니다.

교회사적으로 보면 데살로니가 교회 안에는 예수 그리스도의 재림에 대해 흥분하여 생업에 종사하는 일에 몰두하지 않는 사람들이 있었습니다. 스스로 나태할 뿐만 아니라 다른 사람을 나태하게 만드는 사람이었습니다.

이런 사람들에게 12절에서 뭐라고 말했습니까? '우리가 명하고' 와 '주 예수 그리스도 안에서 권하기를' 이라고 했습니다. '명하는 것' 과 '권하는 것' 으로 말했습니다. 명하는 것과 권하는 것이 포함된 주의사항을 말하고 있습니다. 명령과 권함을 볼 때 근절시키려는 바울의 노력이 담겨져 있는 말입니다.

그러면서 "조용히 일하여 자기 양식을 먹으라"라고 가르쳐 주었습니다. 이것이 우선적인 교훈입니다. 믿음의 사람들은 하나님 앞에서 조용히 일하는 습관을 배워야 합니다. 하나님의 교회를 혼란시키는 무리를 제어하는 힘이 여기에서 나옵니다. 조용히 생각하게 만들어 주는 것, 자기 일에 힘쓰는 사람으로 유도하는 것이 아주 중요합니다.

이런 사람에 대하여 바울은 10절에서 "우리가 너희와 함께 있을 때에도 너희에게 명하기를 누구든지 일하기 싫어하거든 먹지도 말게 하라"라고 했습니다. 6절에서도 "형제들아 우리 주 예수 그리스도의 이름으로 너희를 명하노니 게으르게 행하고 우리에게서 받은 전통대로 행하지 아니하는 모든 형제에게서 떠나라"라고 했습니다.

바울은 "주 예수 그리스도의 이름으로 명하노니 ... 떠나라"라고 강력하게 말했습니다. 이 말은 어디서 많이 듣던 말씀이 아닙니까? 그렇지요. 한국교회 안에서 사탄을 물리칠 때 기도 중의 하는 말이 아닙니까? '떠나라, 떠날지어다' 라는 말은 출교라는 의미보다는 '사귀지 말라' 는 의미입니다. 이렇게 강력하게 말하는 목적은 각성의 기회를 주고

자 함이었습니다.

고린도전서 5장 11절에 "이제 내가 너희에게 쓴 것은 만일 어떤 형제라 일컫는 자가 음행하거나 탐욕을 부리거나 술 취하거나 속여 빼앗거든 사귀지도 말고 그런 자와는 함께 먹지도 말라 함이라"라고 했습니다.

그렇다면 왜 예수 믿는 사람이 무위도식하는 사람이 되었을까요? 그리스도의 재림에 대한 오해 때문이었습니다. 기독교 교리가 잘못되어 있는 사람은 삶, 행함에 있어서 실패하게 되어 있습니다.

예수 그리스도의 재림에 대하여 잘못된 신앙관을 가지다 보면 게으른 사람이 됩니다. 규모없는 생활, 무질서한 사람이 됩니다. 자기 입장을 합리화시키거나 정당화시키려고 하지, 죄를 고백하지 않습니다. 우리는 질서 있는 성도가 됩시다.

2. 유전을 지키지 않는 사람

두 번째 사람은 유전대로 행하지 아니하는 사람이 있었습니다. 6절에 "우리에게서 받은 전통대로 행하지 아니하는 모든 형제에게서 떠나라"라고 했습니다.

14절에서는 "누가 이 편지에 한 우리 말을 순종하지 아니하거든 그 사람을 지목하여 사귀지 말고 그로 하여금 부끄럽게 하라"라고 했습니다.

예수님이 활동하던 시대에 전통 혹은 유전은 장로들의 전통, 유전이 있었습니다. 잘못된 전통이었습니다. 하나님께 드림이 되었으면 부모를 공경하지 않아도 된다는 이론이 있었습니다. 이것이 고르반 제도입니다.

또 유대인들 가운데 율법주의자들이 나타나서 자기들의 전통을 하나님의 말씀보다 위에 놓는 사람들도 있었습니다. 그러나 오늘 바울이 말하는 전통, 유전은 바울을 통해서 전달된 하나님의 말씀을 말합니다. 하나님의 계시를 일컫는 말입니다.

하나님의 말씀, 바울을 통해서 편지 형식으로 주워졌다 하더라도 지켜야 한다는 말입니다. 장로교회는 사람의 말이나 회의보다 하나님의 말씀을 중요하게 여기는 단체입니다. 성경말씀이 신앙과 행위의 유일한 법칙으로 믿는 단체입니다.

왜냐하면 성경말씀과 더불어 성령이 임하십니다. 하나님의 말씀과 함께 성령이 임하십니다. 그런데 데살로니가 교회는 여러 사람들의 말에 미혹을 받았습니다. 하나님의 말씀보다 사람의 말을 더 중요하고 더 귀하게 여겼습니다. 인간은 하나님의 말씀을 알면서도 사람의 말을 더 잘 믿습니다. 믿음이 없는 사람의 특징입니다.

다만 15절에 "그러나 원수와 같이 생각하지 말고 형제같이 권면하라"라고 했습니다. 6절에서는 "형제들아 우리 주 예수 그리스도의 이름으로 너희를 명하노니 게으르게 행하고 우리에게서 받은 전통대로 행하지 아니하는 모든 형제에게서 떠나라"라고 했습니다. 이것이 사도 바울의 가르침입니다.

회개할 때까지 홀로 있도록 돌아서라. 혼자 있게 내버려두라. 사람은 외로워야 회개합니다. 시험에 든 사람을 두둔하지 마십시오. 회개의 시간이 늦어집니다. 외롭게 버려 두십시오. 외로워지면 회개하게 되어 있습니다. 여러분은 전통, 유전인 성경말씀을 지키는 성도가 됩시다.

3. 본받아야 할 사람

세 번째 사람은 본받아야 할 사람이 있습니다. 그리스도의 재림에 대하여 올바른 신앙관을 가진 바울입니다. 올바른 믿음을 가지다보니 올바른 삶을 살았습니다. 어떻게 살았습니까?

1) 본받아야 할 사람은 질서있게 행하는 사람입니다. 성경말씀에 입각한 사람은 올바른 신앙을 소유하게 되는데 그렇다면 생활로 열매를 맺어야 합니다. 잎만 무성한 무화과 나무처럼 되면 안 될 것입니다.

신명기 10장 12-13절에 "이스라엘아 네 하나님 여호와께서 네게 요구하시는 것이 무엇이냐 곧 네 하나님 여호와를 경외하여 그의 모든 도를 행하고 그를 사랑하며 마음을 다하고 뜻을 다하여 네 하나님 여호와를 섬기고 내가 오늘 네 행복을 위하여 네게 명하는 여호와의 명령과 규례를 지킬 것이 아니냐"라고 했습니다.

게으른 사람을 대할 때 원수처럼 대하지 말고 형제애를 가지고 대하라는 권면입니다. 기독교인은 사람을 미워하는 것은 아닙니다. 영혼을 버리는 것도 아닙니다. 불쌍히 여기는 마음을 가지는 사람입니다.

2) 양식을 값없이 먹지 않습니다. 공짜를 좋아하지 않습니다. 기독교인들은 환난 가운데서도 선을 행합니다. 바울은 장막을 만들면서 복음을 전했습니다. 노동은 신성한 것입니다. 일하기 싫어하는 사회가 교회는 아닐 것입니다.

수고하고 애써서 주야로 일을 해야 합니다. 성실하게 일하는 사람이었습니다. 생업에 충실했습니다. 일하는 것이 저주 중의 하나이지만 그러나 일할 때 부자가 되는 축복이 있습니다. 노동은 하나님께서 주신 최대의 축복입니다.

창세기 1장 28절에서 "하나님이 그들에게 복을 주시며 하나님이 그들에게 이르시되 생육하고 번성하여 땅에 충만하라, 땅을 정복하라, 바다의 물고기와 하늘의 새와 땅에 움직이는 모든 생물을 다스리라"라고 했습니다.

이것이 문화 명령, 문화 위임령입니다. 문화 명령(Cultural Mandate)은 엄청난 노동을 전제한 말씀입니다. 건전한 노동은 성경적입니다. 하나님은 인간을 일하는 존재로 창조하셨기 때문입니다.

잠언 20장 13절에 "너는 잠자기를 좋아하지 말라 네가 빈궁하게 될까 두려우니라 네 눈을 뜨라 그리하면 양식에 족하리라"라고 했습니다.

기독교인은 아무에게도 폐나 누를 끼치지 않습니다. 바울은 고린도 교회가 보내주는 선교헌금도 때로는 거절했습니다. 교회나 다른 사람들에게 폐나 누를 끼치는 것을 좋아하지 않았습니다.

사도로서 당연히 대접을 받을 수 있었습니다. 마땅히 '나는 이 만큼 환영을 받아야 한다'는 주장을 할 수가 있습니다. 그러나 오직 자신을 사용해 주시는 하나님의 은혜에 감사했습니다.

3) 권리가 있지만 권리를 다 사용하지 않았습니다. 자신에게 주어진 권리가 있다해도 영적인 유익을 위하여 유보하는 겸허한 태도가 있습니다. 디도서 2장 7-8절에 "범사에 네 자신이 선한 일의 본을 보이며 교훈에 부패하지 아니함과 단정함과 책망할 것이 없는 바른 말을 하게 하라"라고 교훈했습니다.

제12강
데살로니가후서 3장 16-18절

마지막 말

사도 바울이 전한 그리스도의 재림에 대하여 오해한 데살로니가 교인들에게 여러 가지 문제가 발생했습니다. 바울은 교회 안에서 발생하는 모든 문제에 대하여 성실히 답함으로써 하나하나 해석해 주고 풀어 주었습니다. 예수님의 재림 전에 배도하는 일이 먼저 있고, 다음으로 불법의 사람이 나타날 것입니다.

예수님의 재림을 믿는 성도의 특성은 믿음으로 기도하는 사람입니다. 바울처럼 교회를 위하여 기도합니다. 데살로니가 교인들처럼 목회자를 위하여 기도에 힘씁니다.

또 자기가 맡은 일을 성실하게 감당하는 특성이 있습니다. 일만 만드는 규모없는 사람이 되지 아니하고 자기가 맡은 일을 성실하게 감당하는 규모있는 사람이 됩니다. 바울은 목회자로서 데살로니가 교인들에게 마지막으로 무엇을 원했을까요?

1. 평강을 원하라

16절에 "평강의 주께서 친히 때마다 일마다 너희에게 평강을 주시고 주께서 너희 모든 사람과 함께하시기를 원하노라"라고 했습니다. 16절은 바울이 목회자로서 성도들을 향한 기도입니다. 목회자의 진정한 심정은 이런 마음입니다.

다시 한번 더 읽어 봅시다. "평강의 주께서 친히 때마다 일마다 너희에게 평강 주시고 주께서 너희 모든 사람과 함께하시기를 원하노라". 어떻게 보면 이 말씀은 마지막 인사요, 어떻게 보면 축복이고, 또 어떻게 보면 간절한 기도입니다.

바울이 데살로니가후서를 기록하면서 데살로니가 교회를 위하여 계속해서 기도를 강조해 왔습니다. 데살로니가후서 1장 11-12절에서는 "이러므로 우리도 항상 너희를 위하여 기도함은 우리 하나님이 너희를 그 부르심에 합당한 자로 여기시고 모든 선을 기뻐함과 믿음의 역사를 능력으로 이루게 하시고 우리 하나님과 주 예수 그리스도의 은혜대로 우리 주 예수의 이름이 너희 가운데서 영광을 받으시고 너희도 그 안에서 영광을 받게 하려 함이라"라고 했습니다.

또 데살로니가후서 2장 16-17절을 보면 "우리 주 예수 그리스도와 우리를 사랑하시고 영원한 위로와 좋은 소망을 은혜로 주신 하나님 우리 아버지께서 너희 마음을 위로하시고 모든 선한 일과 말에 굳건하게 하시기를 원하노라"라고 했습니다.

데살로니가후서 3장 5절에서는 "주께서 너희 마음을 인도하여 하나님의 사랑과 그리스도의 인내에 들어가게 하시기를 원하노라"라고 했습니다.

우리가 섬기는 주님은 평강의 주님이십니다. 평강이 뭡니까? 하나님과 죄인이 화평한 관계, 사람과 사람이 화목한 관계를 말합니다. 데살로니가 교회는 교리적으로 문제가 있어서 평강이 적었습니다. 그래서 바울은 하나님과 화목한 교회, 성도들이 성도들과 화평한 관계 속에 있는 교회가 되기를 원했습니다.

'때마다 일마다'라는 말은 주님의 평강이 계속하여 필요한 존재임을 말해 주고 있습니다. 평강은 한두 번 필요한 정도가 아닙니다. 때마다 일마다 주님의 평강이 필요한 존재가 우리들입니다.

더군다나 환난과 핍박이 있던 교회에 더욱 하나님의 평강이 필요한 것은 당연합니다. 그래서 바울은 때마다 일마다 주님의 평강을 기도하고 있습니다. 하나님의 은혜를 받은 결과는 평강입니다. 평강은 은혜의 결과이기 때문입니다. 이것이 목회자의 마음입니다.

평강의 구체적인 내용은 주님이 함께하시는 임마누엘에서 절정을 이룹니다. 주님과 함께 살 때 은혜와 평강의 복이 있게 됩니다. 천사 가브리엘이 마리아에게 나타나서 한 말을 기억해 봅시다. "은혜를 받은 자여, 평안할지어다". 이 얼마나 멋진 인사입니까? 최고의 인사요, 최고의 영광이요, 최고의 축복의 말입니다.

이사야 48장 22절에 "여호와께서 말씀하시되 악인에게는 평강이 없다 하셨느니라"라고 했습니다. 예레미야 8장 15절에서는 "우리가 평강을 바라나 좋은 것이 없으며 고침을 입을 때를 바라나 놀라움뿐이로다"라고 했습니다. 이스라엘 백성들이 범죄했을 때 하나님의 평강을 바라지만 평강이 없었습니다.

반대로 죄인이 죄를 회개했을 때는 정말 달랐습니다. 로마서 15장 33절에서는 "평강의 하나님께서 너희 모든 사람과 함께 계실지어다 아멘"이라고 했습니다.

베드로 사도도 "너희는 사랑의 입맞춤으로 서로 문안하라 그리스도 안에 있는 너희 모든 이에게 평강이 있을지어다"(벧전 5:14)라고 했습니다.

사랑하는 성도님들이여! 우리 모두 하나님 앞에 회개하고, 하나님께 영광돌리시며, 평강의 축복을 많이 받아 누립시다.

2. 편지는 표시

17절을 봅시다. "나 바울은 친필로 문안하노니 이는 편지마다 표시로서 이렇게 쓰노라"라고 했습니다. 17절은 바울의 문안 인사입니다. 데살로니가 교인들에게 친필로 문안했습니다.

헬라 시대에는 다른 사람이 대필하고 마지막에 싸인을 하는 경우가 종종 있었습니다. 유사한 문서가 나돌았기 때문에 친필로 싸인을 하기도 했습니다. 때로는 심지어 위조된 성경도 있었습니다. 그런 시대적인 배경을 알고 있던 바울은 이런 사건을 방지하기 위하여 친필로 성경을 기록했습니다. 바울 편지의 진정성과 사도적인 권위를 위하여 그렇게 한 것입니다.

성경은 하나님의 말씀입니다. 하나님의 존재와 사역에 대한 답변입니다. 바울의 글임을 나타내는 큰 표시입니다. 다른 사람의 글이 아닙니다. 바울은 성령의 감동을 받아 하나님께로부터 받아 서신서를 쓴 사도로서 교회를 위해 성경을 기록하여 위대한 선물로 남겼습니다.

실제적인 말이지만 성경만큼 위대한 표시가 또 있습니까? 이것은 정말 표적과 같은 것입니다. 다른 표적과 형적은 다 지나갑니다. 일시적입니다. 재발되기도 합니다. 먹고 나면 또 먹고 싶은 것입니다.

그러나 성경은 하나님의 심정을 그대로 쏟아 놓은 표적 중의 표적이요 표시 중의 표시입니다. 우리는 신 · 구약 성경이 하나님의 말씀이요 신앙과 행위의 유일무이의 법칙으로 믿습니다.

성경말씀의 글자 한 자 한 자가 성령으로 영감된 축자영감을 믿습니다. 성경은 오류가 없습니다. 인간들이 지혜가 부족하여 다 이해하지 못하는 것뿐입니다.

신 · 구약 성경은 살아 계신 하나님의 말씀이기 때문에 천지는 변해도 하나님의 말씀은 일점일획이라도 떨어지지 아니하고 그대로 이루어집니다. 베드로 사도가 한 말이 무엇입니까? "모든 육체는 풀과 같고 그 모든 영광은 풀의 꽃과 같으니 풀은 마르고 꽃은 떨어지되 오직 주의 말씀은 세세토록 있도다"(벧전1:24-25)라고 했습니다.

바울은 큰 표시로서 성경을 우리들에게 선물로 주었습니다. 사도의 사명 중의 하나가 예수님에 대하여 기록해서 후시대 교회에 주는 것이었습니다. 이것이 최대의 선물입니다.

여러분이 천국에서 큰 자가 되고 싶습니까? 하나님의 말씀을 행하면서 가르치면 천국에서 큰 자가 됩니다. 반대로 행하지 않으면서 가르치면 작은 자입니다. 마태복음 5장 19절에서 "그러므로 누구든지 이 계명 중의 지극히 작은 것 하나라도 버리고 또 그같이 사람을 가르치는 자는 천국에서 지극히 작다 일컬음을 받을 것이요 누구든지 이를 행하며 가르치는 자는 천국에서 크다 일컬음을 받으리라"라고 했습니다. 사랑하는 성도님들이여! 천국에서 큰 자가 되십시다.

3. 주님의 은혜

18절에 "우리 주 예수 그리스도의 은혜가 너희 무리에게 있을지어다"라고 했습니다. 데살로니가후서도 하나님의 은혜로 시작해서 은혜로 마치고 있습니다. 사람은 일반적으로 이렇지 못합니다. 성령으로 시작해서 육체로 마치는 갈라디아 교인들의 모습이 남아 있습니다. 소수의 무리이겠지만 그런 사람들이 지금도 존재합니다.

18절은 축도입니다. 그런데 '무리'라는 말이 첨가되어 있습니다. 교회 구성원 전체를 의미합니다. 바울과 더불어 충성하는 성도들뿐만 아니라 규모없이 행하는 모든 자에게, 그리고 교회에 붙어있는 모든 성도들에게 은혜와 평강이 있기를 축도하고 있습니다. 바울은 목회자로서 성도들을 정말로 사랑했습니다.

바울은 데살로니가후서를 기록하기 시작하면서 '은혜와 평강'을 말했습니다. 끝맺음에 있어서도 '은혜와 평강'을 말하고 있습니다. 사실 인간에게 필요한 것은 하나님의 은혜와 주님의 평강입니다. 교회에 필요한 것은 하나님의 은총과 주님의 평안입니다. 성도들은 그리스도와 더불어 살면서 은혜와 평강을 받아야 합니다.

히브리서와 고린도전서에서 성경 저자는 우리들에게 이렇게 경고해 주고 있습니다. 너희에게 '영원한 안식'이 약속으로 주어졌다 하더라도 '우상숭배하지 말라, 간음하지 말라, 원망과 불평하지 말라'. 하루에 2만 3천 명이 죽기도 하고, 원망하던 대로 광야에서 다 죽기도 했습니다. 심지어 하나님의 은혜에서 떨어지기도 하고, 떠내려 가기도 했습니다. 결국은 이스라엘 백성들 가운데 수많은 사람들이 가나안 땅에 들어가지 못했습니다. 믿음의 사람, 은혜의 사람, 약속을 믿고 사람을 의지하지 않던 사람들만 들어갔습니다.

21세기에 살고 있는 우리도 광야를 걷던 이스라엘과 똑같습니다. 불순종하면 죽습니다. 믿음으로 기도하지 않으면 원망하고 불평의 사람이 됩니다. 그래서 우리에게 반드시 필요한 것은 하나님의 은혜입니다. 아멘.

골로새서

골로새서
목 차

제1강
골로새서 1장 1-2절

서 론

학문을 연구할 때 항상 서론과 본론 그리고 결론이 연결되어 있음을 알게 됩니다. 오늘은 골로새서의 서론을 생각하려고 합니다. 서론은 덜 재미있고 설명하는 사람도 어려움이 있지만 서론을 잘 알 때 본론과 결론을 좀더 분명히 이해할 수 있는 것입니다.

먼저 골로새서의 '책의 제목' 문제입니다. 헬라어 원전에는 '프로스 골롯사에이스'로, '골로새인들에게' 입니다. 영역 성경들도 수신자의 이름을 따라서 'Colossians'로 하였지만 한글개역성경은 수신자명을 반영하여 '골로새서'로 명명하였습니다.

발신자, 골로새서의 저자는 사도 바울입니다(골1:1-2 '하나님의 뜻으로 말미암아 그리스도 예수의 사도 된 바울과 형제 디모데는 골로새에 있는 성도들 곧 그리스도 안에서 신실한 형제들에게 편지하노니 우리 아버지 하나님으로부터 은혜와 평강이 너희에게 있을지어다', 1:23 '나 바울은 이 복음의 일꾼이 되었노라', 4:18 '나 바울은 친필로 문안하노니 내가 매인 것을 생각하라 은혜가 너희에게 있을지어다').

1. 골로새서의 기록 연대는 언제인가?

골로새서는 에베소서, 빌립보서, 빌레몬서와 함께 바울의 옥중서신으로 분류됩니다. 기록 시기는 바울이 1차로 로마의 감옥에 투옥되었던 기간 중인 A.D. 62-63년경으로 추정합니다.

수신자는 누구인가? 바울의 제3차 선교 여행 기간에 있었던 에베소 사역의 열매인 에바브라에 의해 개척된(골1:7) 골로새 교회와 그 일대의 성도들로 봅니다. 물론 구체적인 언급으로는 골로새에 있는 성도들, 그리스도 안에서 신실한 형제들에게 보낸 편지입니다.

골로새서의 중심적인 내용은 무엇인가? 그리스도의 신성과 우월성을 제시하여 이단 사상을 경계하고 성도의 거룩한 삶에 대하여 강조하는 내용으로 엮어져 있습니다.

2. 골로새서의 기본적인 이해와 내용이 무엇인가?

골로새서의 기본적인 이해로는 그리스도의 신성과 우월성을 강조하여 이단 사상을 경계하고 성도의 거룩한 삶에 대한 실천을 권면합니다. 예수님께서 사람의 미혹을 받지 않도록 주의하라고 하셨는데 덕이 있는 사람은 흔하지 않습니다. 사람이 사람을 넘어지게 하고 무너지게 합니다.

골로새 교회가 처한 환경이나 배경을 아는 것이 중요합니다. 골로새 교회는 소아시아 브루기아 지역의 서남쪽에 위치해 있습니다. 무역도시였으나 쇠퇴하여 소도시 형태를 갖추고 있었습니다.

골로새 지방에는 브루기아 원주민들과 헬라의 이주민들 그리고 유대인 등 여러 종족이 혼합하여 거주하면서 다양한 문화적 현상과 종교들이 혼재해 있었습니다.

골로새 교회는 에바브라의 전도 활동으로 세워진 교회였습니다. 바울이 에베소에서 3년간 사역하는 기간(행19:10)에 바울로부터 복음을 듣고 회심하여 골로새 지역에 개척한 교회입니다. 주변에는 라오디게아 교회와 히에라볼리에 있는 교회가 있었고, 골로새 교회는 작은 교회였지만 믿음의 질서가 있고, 복음의 열매도 있었던 교회였습니다(골1:4-6, 2:5).

골로새 교회에 이단 사상이 싹트기 시작했습니다(골2:8). 이단의 침투입니다. 에바브라는 이 문제를 가지고 로마에 있는 바울을 찾아갑니다. 에바브라로부터 골로새 교회 상황을 전해 들은 사도 바울이 골로새서를 기록하는데, 이단을 반박하는 내용입니다.

어떤 이단이었는가? 정체를 밝히지는 않지만 '철학과 속임수, 사람의 유전, 세상의 초등학문'(골2:8,20) 등 간접적으로 지칭했습니다. 그리고 바울이 골로새서에서 '할례, 음식, 예법, 절기'를 언급한 것으로 보아 유대주의적인 요소가 포함된 것으로도 보여집니다.

심지어 '지혜의 강조, 천사 숭배 사상, 금욕주의' 등을 언급한 것으로 보아 영지주의적인 요소도 있었음을 알 수 있습니다. 결국 골로새 교회에 침투된 이단은 유대주의적인 입장과 영지주의적인 입장에 서 있던 '종교적 혼합주의'라고 말할 수 있을 것입니다.

바울은 거짓 교사들에게 맞대응하기보다는 그리스도의 본성과 탁월성, 우월성을 제시함으로써 이단 사상의 헛됨을 드러내고 논박했습니다. 이단자들의 특징은 그리스도의 신분이나 구속 사역의 완전성을 격하하거나 부인하는 결과를 가져오기 때문입니다.

그리스도는 하나님의 형상이고 모든 창조의 근본이십니다. 만물의 으뜸이시고, 천사나 사람과 비교할 수 없는 탁월한 분이십니다. 구속 사역에 있어서 인간의 도움이나 천사의 도움이 필요하지 않고 모든 것을 완전히 그리고 충만히 완성시킨 분이십니다.

그러므로 성도는 예수 그리스도만을 추구하고 거룩한 삶을 살도록 힘써야 하는 것입니다. 어느 시대나 또 어떤 교회나 세상의 철학과 사상이 거룩한 복음을 위협합니다. 현시대는 새로운 영성을 추구하는 '뉴에이지 운동(New Age Movemont)'이 등장했습니다. 또 '종교 다원주의(religious pluralism)'가 등장하여 다른 종교에 대하여 관용하고 포용해야 된다는 이론이 일어났습니다. 이 두 사상이 그리스도를 따르게 하는 것일까요?

3. 중요 메시지의 내용이 무엇인가?

첫째로, 예수 그리스도의 탁월성을 강조한 책입니다. 예수 그리스도는 성도의 구속주로서 영적 세계와 물질계를 포함하여 모든 우주 만물을 창조하신 분입니다. 또 교회의 머리이십니다. 교회의 왕이시고 주인이십니다. 목사가 교회의 주인이 아닙니다. 장로도 주인이 아니고 교인들도 주인이 아닙니다. 오직 주님이 주인이십니다.

그리고 하나님과 인간을 화목하게 하신 분입니다. 이렇게 그리스도의 탁월성을 강조한 목적은 그리스도만을 의지하게 하려는 바울의 의도이며 이단 사상과는 반대 방향으로 이끌고 있는 것입니다. 결국 예수를 잘 믿으면 사람의 미혹을 받지 않을 수 있습니다. 사람은 사람을 종종 미혹하는데 성령의 인도를 받지 않을 때 사람을 미혹하게 되는 것입니다.

둘째로, 예수 그리스도의 구속 사역의 완전성입니다. 예수 그리스도의 십자가는 그 자체로 완전합니다. 죄인들을 구원하기에 충분합니다. 다른 것을 첨가하지 않아도 되는 것입니다. 그리스도의 부활은 그 자체로 넉넉합니다. 부족함이 없는 부활입니다. 누구에게나 영광과 찬송과 존귀가 있게 하는 것이 부활입니다. 더하거나 뺄 필요가 없습니다. 완전한 구원이요 완전한 부활입니다.

율법 준수나 천사 숭배 사상, 금욕주의와 같은 사상은 그리스도만 믿어서는 부족하다는 생각에서 나온 것입니다. 그러나 성도는 그리스도 안에서 모든 것이 충만해졌습니다. 기쁨과 소망과 영광이 충만합니다. 그리스도의 구속 사역은 완전한 것입니다.

셋째로, 성도와 교회와의 관계입니다. 성도와 교회는 어떤 관계에 있어야 하는가? 교회의 주인이 주님이십니다. 주님이 머리이십니다. 머리 되신 그리스도에게 붙어 있는 성도가 생명이 있고 은혜가 있고 성장할 수 있습니다.

구원받은 성도들은 그리스도께서 교회를 통해서 통치하실 때 잘 다스림을 받아야 합니다. 머리와 몸의 관계를 깊이 생각해 보아야 합니다. 단순한 공동체가 아니라 생명 관계입니다. 생명의 연합입니다. 하나입니다.

넷째로, 교회의 일꾼의 자세는 무엇인가? 바울은 교회의 일꾼에게 고난과 수고가 있어야 할 것을 밝혔습니다. 그리스도의 남은 고난을 자기 육체에 채운다고 고백했습니다. 주께로부터 오는 영광을 바라보면서 소망 중에 수고하는 사람이 교회 일꾼입니다.

제가 목회를 하다가 어려운 일을 당하면 힘들고 어렵다고 하소연할 때가 있습니다. 그러나 신앙의 대선배들을 생각하면 각성하게 됩니다. 그리고 기도할 때 기쁨이 생겨납니다. 기도하지 않으면 문제는 그대로 남아 있습니다.

그리고 종교적인 혼합주의에 대하여 경계해야 합니다. 사람의 유전과 세상의 초등학문과 같은 것들이 복음을 흔들 때가 많습니다. 그러므로 그리스도인들은 현실의 삶에서 그릇되거나 거짓된 사상을 물리쳐야 할 것입니다. 그리고 위엣 것을 추구해야 합니다. 믿음이 있는 사람은 삶이 있습니다. 옛 습성대로 세상을 살지 말고 새로운 피조물로서 믿음으로 살아야 할 것입니다.

제2강
골로새서 1장 1-2절

문안인사

골로새서의 전체적인 윤곽은 두 가지로 요약할 수 있습니다.

첫 번째는 그리스도의 우월성입니다. 그리스도에 대한 올바른 이해, 우리의 구원자이신 그리스도관이 올바를 때 균형잡힌 인격자가 됨을 강조하고 있습니다. 기독교 역사를 살펴보면 기독론에서 이단자들이 가장 많이 나타났습니다. 골로새서를 강해하는 이 시간을 통해 올바른 그리스도론, 올바른 기독론이 형성되기를 바랍니다.

두 번째는 성도의 성숙한 삶을 가르쳐주고 있는 성경책입니다. 새 사람이 된 성도들은 바람직한 삶을 살아야 합니다. 원칙이 있는 삶, 사람의 미혹이나 이단자의 유혹에 속지 않고 하나님 앞과 백성들 앞에 당당한 삶을 살아야 합니다. 골로새서를 통해 여러분이 성숙한 그리스도인으로서 아름다운 삶을 살 수 있기를 바랍니다.

골로새 교회는 사도 바울이 세운 교회가 아닙니다. 바울에게 복음을 들은 에바브라가 세운 것으로 보여집니다. 골로새 교회의 구성원은 유대인과 이방인이 혼합하여 출석하던 교회였습니다.

유대인과 이방인이 그리스도 안에서 하나가 되는 것은 좋은 일이지만 잘못하여 혼합주의 이단자들이 나타나게 되었습니다. 그래서 사도 바울이 옥에 갇혀 있으면서 골로새 교회를 위하여 골로새서를 쓰게 되었습니다. 유대인들의 전통이 되었던 절기 문제, 부정한 음식 문제, 의식적인 관습 문제가 골로새 교회에 나타났던 핵심적인 문제들이었습니다.

또 이방인에 의해서 발생한 철학적인 문제와 속임수에 관한 문제들이 나타났습니다. 세상의 초등학문적인 문제들이 나타났습니다. 그리고 그리스도의 신성을 부인하거나 그리스도의 중보자와 구원자 되심을 부인하는 심각한 사람들까지 등장하게 된 것입니다.

1. 직분은 누가 주는 것인가?

"하나님의 뜻으로 말미암아 그리스도 예수의 사도 된 바울과 형제 디모데는"이라고 말함으로써 골로새서의 발신자가 누구인지를 밝히고 있습니까? 발신자는 사도 바울입니다.

그러면 사도는 누가 세웠습니까? '하나님의 뜻으로 말미암아 그리스도 예수의 사도 된' 입니다. 바울은 자기 자신의 직분이 신적 기원을 두고 있음을 강조했습니다. 하나님의 뜻으로 말미암아 그리스도 예수의 사도가 된 바울입니다.

여러분은 교회의 직분을 누가 주었다고 생각합니까? 하나님의 뜻 가운데서 얻은 것입니다. 물론 사람들의 지지 속에서 이루어집니다. 그러나 하나님의 섭리 속에서 세워진 직분입니다.

사도행전 20장 28절을 봅시다. 사도 바울이 밀레도에서 에베소 교회 장로들을 불러 모아놓고 한 말입니다. "여러분은 자기를 위하여 또는 온 양떼를 위하여 삼가라 성령이 그들 가운데 여러분을 감독자로 삼고 하나님이 자기 피로 사신 교회를 보살피게 하셨느니라"라고 했습니다.

바울과 바나바를 하나님 나라의 확장을 위하여 선교사로 파송하신 분도 성령 하나님이십니다. 성령께서 안디옥 교회에게 바울과 바나바를 따로 세우라고 지시하셨습니다. 초대 예루살렘 교회의 안수집사 일곱 명도 믿음과 성령이 충만하여 칭찬듣는 사람을 세웠습니다.

'하나님의 뜻'에서 '뜻'이란 '결정, 선택, 의지'를 말합니다. 자신은 '하나님의 신뢰를 받고 있는 자'라는 의미입니다. 바울은 자기 자신이 사도가 되고 싶어서 된 것이 아닙니다. 하나님의 뜻으로 된 사람입니다. 하나님이 신뢰할 만해서 세운 자입니다. 영광스러운 복음을 위해서 하나님이 불러 세우셨습니다. 그리고 하나님이 세상에 파송하셨습니다. 이방인을 위해서 보내셨습니다.

왜 바울이 사도의 신적 기원을 강조했을까요? 앞으로 전개해 나아갈 기독론과 이단을 지적할 때 자기 자신의 말이 아니라는 것을 밝히기 위함이었습니다. 자기 자신은 주님의 명령에 순종하고 있음을 말하고 있는 것입니다.

저도 부족한 목회자로서 목회를 해 보면 하나님의 성령께서 교회를 이끌어 가심을 인정할 수밖에 없습니다. 성령께서 말하게 하심을 따라 말하고, 성령께서 일하게 하심을 따라 일할 수밖에 없음을 고백하게 됩니다.

사랑하는 우리 교회는 주님이 주신 직분을 잘 감당해서 영 · 육간에 하나님의 은혜와 축복이 충만하기를 바라고 죽도록 충성하여 주님 앞에 서는 날 면류관을 받을 수 있기를 바랍니다.

또 디모데가 발신자 바울과 함께 나옵니다. 골로새서 뿐만 아니라 고린도후서나 빌립보서, 빌레몬서나 데살로니가후서에도 그렇게 등장합니다. 디모데는 '하나님께 사랑받는 자'라는 뜻입니다. 디모데의 아버지는 헬라인이었고, 어머니는 유대인이었습니다. 사도 바울이 제2차 선교여행을 할 때 동행했던 인물입니다. 그러니까 복음사역에 있어서 크게 헌신했던 사람이 디모데입니다. 이름 그대로 하나님께 사랑받는 자요, 목회자에게 사랑받는 형제였습니다.

왜 그랬을까요? 골로새 교인들은 사도 바울을 직접 만나 본적이 없습니다. 하지만 디모데는 잘 알고 있었습니다. 그래서 바울이 디모데를 자신과 같이 소개함으로써 친근감을 가지게 했습니다. 이것이 목회자 바울이 그들로 하여금 바울의 글을 쉽게 받아들이기를 원하는 심정이 었습니다.

2. 누구에게 편지를 썼는가?

수신자가 누구입니까? "골로새에 있는 성도들 곧 그리스도 안에서 신실한 형제들에게 편지하노니"라고 했습니다. 바울은 수신자가 누구 인지 자세히 밝히고 있습니다. 방문해 본 일도 없는 교회, 널리 알려지지 않은 교회인데 어떻게 해서 골로새 교회를 위하여 편지를 쓰게 되었을까?

바울이 로마 감옥에 1차로 감금되었을 때 골로새 교회의 설립자요 바울의 제자인 에바브라가 찾아왔습니다. 에바브라를 통해 골로새 교회에 틈타고 들어온 이단에 대하여 듣게 되었습니다. 그 증거는 7절입니다. "이와 같이 우리와 함께 종된 사랑하는 에바브라에게 너희가 배웠나니 그는 너희를 위한 그리스도의 신실한 일꾼이요"라고 했습니다.

에바브라를 통하여 골로새 교회에 대한 소식을 듣고 위기의식을 느낀 바울이 하나님의 뜻 가운데서 성령의 감동으로 골로새 성경을 기록하여 에바브라편에 보내게 된 것입니다. 이것이 보편적 교회관을 가진 사도 바울의 모습입니다. 그리고 사도 바울의 열정입니다.

자기가 속하지 않은 교회라는 관념이나 다른 교회의 일이라고 생각하는 현대인들에게 큰 깨달음을 던져주고 있습니다. 모든 교회는 다 하나님의 교회입니다. 주님의 몸입니다.

지상에 존재하는 교회는 지역에 따라 나누어져 있습니다. 조직체적인 성격을 띠고 있습니다. 본래 하나님의 교회는 유기체적입니다. 그리스도를 머리로한 하나의 몸입니다. 연합되어 있습니다. 그리스도의 피로 씻음을 받았습니다. 성령의 띠로 하나 되어 있습니다. 그런데 사람들은 종종 서로 배타적인 성격을 갖는 경우가 있습니다. 그러나 본래는 서로 협력적인 성격을 갖는 것이 올바른 교회관을 가진 사람입니다.

골로새 교회에는 철학적인 잘못된 이론들이 난무했습니다. 우상숭배 사상도 싹텄습니다. 성도가 어떤 사람입니까? '두려운 것' 이란 말로부터 유래했습니다. 도덕적으로 '순결하고 결백한 자'를 말합니다. 종교적으로는 '거룩하고 구별된 자' 입니다. 구약성경에서는 '이스라엘'을 가리켰습니다. 신약성경에서는 개개인을 지칭하되 '그리스도를 믿는 사람', '그리스도인' 이라고 말합니다.

그리스도 안에서 신실한 형제들입니다. 그리스도와 연합되어 있기에 그리스도와 함께하는 것이 삶의 초점이 된 사람들입니다. 인간은 누구나 첫 사람 아담 안에서는 죽었습니다. 아담과 연합되었기 때문입니다. 그러나 예수 그리스도 안에서는 살았습니다. 새 생명을 얻었습니다. 그리스도와 연합되어 있기 때문입니다.

살아 계신 하나님의 말씀은 그리스도 안에서 신실한 자들에게 은혜가 됩니다.

3. 목적이 무엇인가?

"우리 아버지 하나님으로부터 은혜와 평강이 너희에게 있을지어다". 사도적인 축복입니다. 축도 형태입니다. 에베소 교회를 향하여 편지를 쓸 때나 빌립보 교회를 향하여 글을 쓸 때도 같은 형식을 취했습니다. "하나님 우리 아버지와 주 예수 그리스도로부터 은혜와 평강이 너희에게 있을지어다"(엡1:2, 빌1:2).

'은혜' 란 헬라인들의 인사 형식이고, '평강' 은 유대인들의 인사 형식입니다. 은혜는 '호의, 감사, 기쁨' 을 뜻합니다. 하나님께서 값없이 주시는 은총을 은혜라고 말합니다. 우리를 구속하시고 자녀 삼아 주신 것, 하늘 나라에 소망을 두고 사는 일들이 모두 하나님의 은혜입니다.

바울은 고린도 교인들에게 하나님의 은혜를 헛되이 받지 말라고 했습니다. 구원받은 것이 하나님의 은혜요, 지금까지 충성할 수 있었던 것이 하나님의 은혜요, 올해도 봉사할 수 있는 길을 열어주신 것도 하나님의 은혜입니다.

'평강'이란 '결합하다'란 말로 하나님과 화평함을 말합니다. 내적 평안을 가리킵니다. 그리스도께서 주신 은혜의 결과가 평강입니다. 하나님의 은혜를 받으면 평안해집니다. 성경은 사람에게 은혜를 주는 책이고, 평강을 선물로 주는 하나님의 말씀입니다. 우리 교회는 하나님의 말씀을 통해 은혜와 평강이 넘치기를 바랍니다.

제3강
골로새서 1장 3-6절

바울의 감사

사도 바울은 이방인의 사도요, 신학자이며, 목회자였고, 선교사였습니다. 골로새 교인들에게 인사한 다음에 하나님께 감사의 기도를 올렸습니다. 이렇게 편지 형식으로 기록한 성경책은 여러권이 있습니다.

이런 형식이 바울 서신의 특징이고, 그 당시 통례와도 같았습니다. 그렇다면 바울 사도가 로마 감옥에 갇혀 있으면서 골로새 교인들의 어떤 점 때문에 하나님 앞에 감사했을까요?

1. 기도할 때마다 감사했습니다

3절에 "우리가 너희를 위하여 기도할 때마다 하나님 곧 우리 주 예수 그리스도의 아버지께 감사하노라"라고 했습니다. '감사하노라'에서 감사의 의미를 두 가지로 표현했음을 발견하게 됩니다.

첫 번째로 '감사하다' 입니다. 베풀어 주신 은혜에 대한 감사의 뜻으로, 주로 성도들이 사용하였습니다. 골로새서에 사용된 감사의 뜻은 하나님께서 골로새 교회에 베풀어 주신 은혜에 대한 감사였습니다.

바울 사도는 데살로니가 교회를 가르칠 때에 "범사에 감사하라 이는 그리스도 예수 안에서 너희를 향하신 하나님의 뜻이라"라고 말하면서 자신도 하나님 앞에 늘 감사하는 생활을 했습니다.

우리가 세상을 살면서 예수를 열심히 믿고 범사에 감사하기가 쉽지 않습니다. 모든 일에 감사하기도 쉽지 않습니다. 경제적인 고난을 당할 때나 정신적인 어려움을 겪을 때, 그리고 많은 사람으로부터 오해를 받을 때나 심한 박해와 환난이 있을 때, 세상살이에서 지치고 힘들 때 감사하기가 쉽지 않은 것이 사실입니다.

그러나 로마 감옥에 갇혀 있는 바울은 하나님 앞에 늘 감사했습니다. 항상 감사했습니다. 골로새 교회를 위하여 기도할 때마다 감사했습니다. 특별히 골로새 교회에 대한 소식을 들으면서 감사했습니다.

감사는 그 사람의 성숙도를 나타냅니다. 인격과 신앙의 성숙도입니다. 우리 중에 부유한 사람이 누가 있습니까? 그래도 늘 감사하는 성도들이 있으매 감사한 것입니다. 중요한 것은 감사는 감사를 낳는다는 것입니다. 원망하고 불평하는 사람은 눈동자가 다릅니다. 얼굴의 피부색도 다릅니다. 그리고 매사에 은혜가 없습니다. 베풀어 주신 하나님의 은혜를 생각하면서 늘 감사하는 성도가 될 때 자신도 행복하고, 다른 사람에게도 기쁨을 줄 수 있는 것입니다.

두 번째는 '감사를 드림으로써 거룩하게 하다' 라는 뜻입니다. 이 두 번째 의미는 주로 예수님께서 식사하시기 전에 올린 기도에서 사용된 말입니다. 예수님은 보리떡 다섯 개와 물고기 두 마리를 가지고 오천 명 앞에서 축사했습니다. 엠마오 도상에 있던 두 제자 앞에서 떡을 가지고 축사도 하셨습니다. 주님은 늘 감사기도를 드림으로써 거룩하게 하셨습니다.

바울은 디모데전서 4장 4-5절에서 "하나님께서 지으신 모든 것이 선하매 감사함으로 받으면 버릴 것이 없나니 하나님의 말씀과 기도로 거룩하여짐이라"라고 했습니다. 하나님의 말씀과 기도로 거룩하게 됩니다. 우리는 이것을 믿습니다. 기도할 때마다 감사했던 바울의 기도를 본받고 범사에 감사하는 성도가 됩시다.

감사의 대상이 누구입니까? "하나님 곧 우리 주 예수 그리스도의 아버지께" 감사했습니다. 하나님을 단순히 하나님으로만 말하지 않고 '우리 주 예수 그리스도의 아버지' 라고 표현했습니다. 바울의 관심은 주 예수 그리스도에게 있었습니다.

골로새 교회에 이단이 침투했습니다. 바울은 이단을 경계하려고 골로새서를 기록한 면도 있습니다. 그러나 근본적인 관심은 주 예수 그리스도입니다. 바울뿐만 아니라 골로새 교인들에게 주가 되는 예수 그리스도가 관심사였습니다. 개인과 교회의 주가 되고 왕이 되는 분은 주님밖에 없기 때문입니다.

2. 그 이유가 무엇입니까?

사도 바울이 기도할 때마다 골로새 교인들을 생각하면서 하나님 앞에 감사했는데 그 이유가 무엇입니까?

첫 번째 감사의 이유는 4절에 "이는 그리스도 예수 안에 너희의 믿음" 때문입니다. 바울은 갇혀 있으면서 골로새 교회 성도들의 신앙생활, 예수 그리스도를 주로 믿는 믿음 때문에 감사했습니다. 여러분은 목회자가 여러분의 믿음을 보고 감사할 정도인가요 아니면 한숨쉬고 탄식하며 눈물짓고 근심하고 걱정할 정도일까요?

골로새 교인들은 예수 그리스도를 믿음의 대상으로 삼았습니다. 그리고 예수 그리스도를 주로 믿는 믿음이 날마다 성장했습니다. 믿음이 성숙해 갔습니다. 성숙하고 장성해 가는 소식을 듣고 골로새 교인들을 생각하던 목회자 바울이 즐거워하고 기뻐했던 것입니다.

지상에 존재하는 모든 교회는 전투하는 상황이기 때문에 각 교회마다 내부적인 문제도 있고, 처한 환경도 약간씩은 다 다릅니다. 그러나 골로새 교인들은 믿음만은 자라갔습니다. 성장해 가기 시작했습니다. 이것이 갇혀 있던 바울의 감사의 조건이었습니다.

　두 번째 감사의 이유는 4절 하반절에 "모든 성도에 대한 사랑을 들었음이요"라고 했습니다. 골로새 교회는 형제에 대한 사랑이 있었습니다. 가까운 사람들끼리만 사랑하는 것이 아니라 모든 성도를 향한 사랑이 있었습니다.

　하나님께서 인간에게 보여주신 사랑이 골로새 교회에 있었습니다. 신학적으로는 무조건적인 사랑입니다. 예수님이 보여주신 십자가의 사랑, 온전한 그리스도의 십자가의 사랑을 실천하는 교회였습니다. 이론적인 성도들이 아니라 사랑을 실천하는 교회였습니다.

　골로새 교회는 예수 그리스도에 대한 믿음과 그리스도께서 보여주시고 가르쳐 주신 사랑을 실천하는 교회였습니다. 믿음과 사랑은 함께하고 같이 동행합니다. 믿음에 바탕을 둔 사랑입니다. 그래서 바울도 "믿음, 소망, 사랑 이 세 가지는 항상 있을 것인데 그 중에 제일은 사랑이라"라고 말했습니다.

　세 번째 기도할 때마다 감사한 이유는 무엇입니까? 5절에 "너희를 위하여 하늘에 쌓아 둔 소망으로 말미암음이니"라고 했습니다. 믿음, 사랑, 소망은 성도에게 있어서 필수적인 아주 중요한 요소입니다. 믿음, 소망, 사랑이 있는 데살로니가 교회는 아름다웠습니다. 믿음의 역사와 사랑의 수고와 소망의 인내가 있기 때문입니다.

　골로새 교회는 누가 설립자입니까? 물론 성부 성자 성령께서 세운 교회입니다. 사람으로 말하자면 바울 사도의 제자였던 에바브라를 통해서 세워진 교회입니다.

　바울은 로마 감옥에 있으면서 에바브라를 통하여 골로새 교회의 문제점에 대하여 듣게 되었습니다. 골로새 교회는 복음을 전하여 들은 후에 예수 안에서 믿음과 성도 상호간의 사랑, 그리고 영생에 대한 소망을 통해 믿음의 진보를 보였습니다. 신앙의 아름다운 결실을 맺고 있었던 교회였습니다. 이런 소식을 들은 바울은 기도할 때마다 하나님께 감사하지 않을 수 없었습니다.

성도들은 하나님의 말씀을 하나님의 말씀으로 들어야 합니다. 열매 맺는 그리스도인의 삶을 살기 위하여 보는 눈이 열리고 듣는 귀가 열리며 깨닫는 마음이 열려야 합니다. 골로새 교인들처럼 복음을 듣고 믿음의 진보를 나타내야 합니다.

예수 그리스도에 대한 믿음, 성도를 사랑하는 사랑, 소망을 하나님께 두어서 주변 사람들이 여러분을 보고 구원받을 수 있도록 성숙한 성도의 삶을 삽시다.

마태복음 5장 16절에 "이같이 너희 빛이 사람 앞에 비치게 하여 그들로 너희 착한 행실을 보고 하늘에 계신 너희 아버지께 영광을 돌리게 하라"라고 말씀하신 것을 기억해야 합니다. 주님은 착한 행실을 통하여 하나님 아버지께 영광을 돌리라고 말씀하셨습니다. 성도에게 믿음, 소망, 사랑이 있을 때 착한 행실을 열매로 맺을 수 있습니다.

디모데전서 4장 15-16절에 "이 모든 일에 전심전력하여 너의 성숙함을 모든 사람에게 나타나게 하라 네가 네 자신과 가르침을 살펴 이 일을 계속하라 이것을 행함으로 네 자신과 네게 듣는 자를 구원하리라"라고 했습니다.

사도 바울은 젊은 목회자 디모데에게 성숙함을 보이라고 말했습니다. 사랑하는 성도들이여! 예수 그리스도를 믿는 신앙생활을 하면서 성숙한 그리스도인들이 됩시다. 하나님을 닮고 예수를 닮은 성도 말입니다.

네 번째는 무엇 때문에 감사했습니까? 복음의 열매를 골로새 교인들뿐만 아니라 온 세계에서 맺고 있기 때문에 감사했습니다. 6절에 "이

복음이 이미 너희에게 이르매 너희가 듣고 참으로 하나님의 은혜를 깨
달은 날부터 너희 중에서와 같이 또한 온 천하에서도 열매를 맺어 자라
는도다"라고 했습니다.

바울은 골로새 교회를 방문하지 못했습니다. 제자 된 에바브라에 의
해서 세워진 교회입니다. 에바브라가 신실하게 목회하여 교회가 잘 세
워지고 있었습니다. 복음을 들은 대로 골로새 교인들이 믿고 사랑하고
소망 중에 열매를 맺게 되었습니다. 그리고 다른 지역에까지 복음을 전
하여 열매를 맺게 되었습니다. 그러므로 바울은 하나님 앞에 늘 감사했
습니다.

복음은 살아 있습니다. 능력이 있고, 생명력이 있습니다. 사람의 생
각을 바꾸고 삶도 변하게 합니다. 복된 소식은 사람이 변하여 열매를
맺게 하는 것입니다.

제4강
골로새서 1장 7-8절

개척자 에바브라

개척자라는 낱말을 이해할 수 있습니까? 나는 교회를 개척하여 39년 동안 달려왔습니다. 39년 동안 수많은 사람들이 나와 함께 교회를 세우기 위해서 기도하고 수고하며 애써왔습니다. 얼마나 고맙고 감사한 일입니까?

개척자는 정말 아무것도 없는 데서 무엇이든지 세우고 만들어 내는 사람입니다. 그런데 교회 일은 사람이 하는 것 같지만 하나님이 하십니다. 하나님이 사람도 보내주고 물질도 보내주고 은사도 선물로 주십니다. 골로새 교회의 개척자는 누구일까요? 바울일까요 아니면 다른 사람일까요? 바로 에바브라입니다.

그러면 에바브라는 어떤 사람이었습니까? 어떤 사람이기에 골로새 교회를 세울 수 있었습니까? 바울이 에바브라를 칭찬한 내용입니다.

첫째로, 7절 상반절에 "이와 같이 우리와 함께 종 된 사랑하는 에바브라에게 너희가 배웠나니"라고 말합니다. 에바브라는 골로새 교회의 개척자이면서 목회자였습니다. 골로새 교인들을 잘 가르친 목회자였습니다.

성경에 에바브라는 골로새서 4장 12절과 빌레몬서 1장 23절에 나옵니다. 골로새서 4장 12절에서는 "그리스도 예수의 종인 너희에게서 온 에바브라가 너희에게 문안하느니라 그가 항상 너희를 위하여 애써 기도하여 너희로 하나님의 모든 뜻 가운데서 완전하고 확신 있게 서기를 구하나니"라고 했습니다.

빌레몬서 1장 23-24절에서도 "그리스도 예수 안에서 나와 함께 갇힌 자 에바브라와 또한 나의 동역자 마가, 아리스다고, 데마, 누가가 문안하느니라"라고 했습니다.

그리고 비슷한 이름을 가진 사람이 에바브로디도입니다. 에바브로디도는 빌립보서 2장 25절과 4장 18절에 나옵니다.

빌립보서에는 "그러나 에바브로디도를 너희에게 보내는 것이 필요한 줄로 생각하노니 그는 나의 형제요 함께 수고하고 함께 군사 된 자요 너희 사자로 내가 쓸 것을 돕는 자라"라고 했고, "내게는 모든 것이 있고 또 풍부한지라 에바브로디도편에 너희가 준 것을 받으므로 내가 풍족하니 이는 받으실 만한 향기로운 제물이요 하나님을 기쁘시게 한 것이라"라고 했습니다.

어떤 학자들은 에바브라와 에바브로디도를 같은 인물로 보지만 근거는 없습니다. 바울 사도는 에바브라를 골로새 지방에 복음을 처음 소개한 사람으로 인정하고 있습니다. '함께 종 된 사랑하는 에바브라'라고 칭찬하고 있습니다.

'함께 종 된'의 의미는 동료 종이라는 말입니다. 마태복음 18장에는 용서할 줄 모르는 종의 비유가 나옵니다. 마태복음 18장 28절에 "그 종이 나가서 자기에게 백 데나리온 빚진 동료 한 사람을 만나 붙들어 목을 잡고 이르되 빚을 갚으라"라고 했습니다. 거기에 나오는 동료 종과 같은 의미입니다. 바울이 하나님의 종인 것처럼 에바브라도 하나님의 종이라는 뜻입니다. 바울이 예수 그리스도의 종인 것처럼 에바브라도 그리스도의 종이라는 의미입니다.

사랑하는 성도 여러분! 여러분은 누구의 종입니까? 세상 사람들은 물질에 종노릇하면서 삽니다. 그리스도인들은 예수의 종이요 하나님의 종입니다. 그런 사람들이 거룩한 교회를 세우는 법입니다. 주님의 종이 되기를 바랍니다. 주님의 종으로 살기를 바랍니다.

둘째로, 7절 하반절에 "그는 너희를 위한 그리스도의 신실한 일꾼이요"라고 했습니다. 에바브라는 교회를 위한 그리스도의 신실한 일꾼이었습니다. 골로새 교회를 개척하여 잘 섬기고 일하는 하나님의 사역자였습니다.

특별히 '너희를 위한'이라는 말의 의미가 무엇일까요? 바울이 대도시에서 목회를 했다면 에바브라는 소도시에서 일했다는 의미를 담고 있습니다. 에바브라는 작은 도시, 사람이 적은 곳에서 사역한 하나님의 신실한 일꾼이었습니다.

지금도 성지순례를 해보면 히에라볼리와 라오디게아 지방은 상당히 큰 도시였지만 골로새 교회가 있었다고 전해지는 곳은 산골짜기로부터 흘러내리는 찬물이 있고, 작은 마을이었음을 알 수 있습니다.

바울은 서신서에서 신실한 일꾼이라는 말을 자주 사용했습니다. 바울 자신이 이방인의 사도로서 부름을 받은, 그리스도의 영광스러운 복음을 위한 일꾼이었습니다. 자기 자신이 그리스도의 신실한 일꾼이었듯이 에바브라는 골로새 교회를 위한 신실한 일꾼이었습니다.

바울의 생애를 보면 하나님의 영광을 위한 삶을 살았습니다. 이방인을 위한 삶을 살았습니다. 자기 자신을 그렇게 바쳤습니다. 마찬가지로 에바브라는 골로새 교회를 위하여 신실하게 바친 일꾼이라고 칭찬하고 있습니다.

리빙스턴은 아프리카를 위한 신실한 일꾼이었고, 윌리암 캐리는 인도를 위한 신실한 일꾼이었다면, 허드슨 테일러는 중국을 위한 신실한 일꾼이었고, 토마스 선교사나 언더우드나 아펜젤러는 한국을 위한 신실한 일꾼들이었습니다.

여러분은 누군가를 위하여 신실한 일꾼으로 살아 가야 할 책임이 있는 그리스도인들입니다. 하나님은 바울을 이방인의 사도로, 골로새 교회를 위하여 에바브라를, 아프리카나 인도 그리고 중국과 한국을 위하여 신실한 일꾼들을 보내주셨습니다. 이제 하나님의 부르심에 대해서 여러분이 대답할 차례입니다. 가든지, 가지 못하면 기도와 물질로 후원해야 할 책임이 있습니다. 가깝게는 가족과 친척, 친구나 회사 동료들에게 복음을 전해야 할 책임이 있습니다.

추수할 것은 많되 일꾼이 적다는 주님의 음성이 들리십니까? 바울의 고백을 다시 들어봅시다. "이 은혜는 곧 나로 이방인을 위하여 그리스도 예수의 일꾼이 되어 하나님의 복음의 제사장 직분을 하게 하사 이방인을 제물로 드리는 것이 성령 안에서 거룩하게 되어 받으실 만하게 하려 하심이라"라고 고백했습니다(롬15:16).

여러분도 하나님의 은혜를 받으셨다면 누군가에게 그리스도의 복음을 전하십시오. 성령께서 열매를 맺게 하십니다. 많은 영혼이 주께로 돌아오는 영광이 있습니다.

셋째로, 8절에 "성령 안에서 너희 사랑을 우리에게 알린 자니라"라고 소개했습니다. 골로새 교회 성도들의 사랑이 성령 안에서 이루어진 사랑이었고, 바로 성령 안에서 이루어진 그런 사랑을 바울에게 전해 준 사람이 에바브라입니다.

여러분이 소유하고 있는 사랑을 점검해 보십시오. 어떤 의미의 사랑을 가지고 있습니까? 어떤 종류의 사랑입니까? 이기주의적인 사랑이요? 그것은 기독교적인 사랑이 아닙니다. 자기 중심적인 사랑도 문제가 많은 사랑입니다.

골로새 교인들의 사랑은 성령 안에서 이루어진 사랑입니다. 성령의 인도하심을 따라 서로 사랑하는 교인들이었습니다. 이것이 기독교적인 사랑입니다. 하나님의 영의 인도를 받는 사랑 말입니다. 골로새 교회 안에는 그런 사랑이 흘러넘쳤습니다. 골로새 교인들의 사랑을 바울과 디모데에게 전해 준 사람이 에바브라였습니다.

바울이 이 사랑을 언급한 목적이 무엇일까요? 성령 안에서 이루어지고 실천되는 그 사랑이 골로새 교회를 개척하게 되었고 성장하게 되었다는 것을 전제한 말입니다. 그렇습니다. 성령 안에서 기도하고 성령 안에서 사랑할 때 교회는 세워지고 성장하는 것입니다.

물론 에바브라의 보고 가운데는 이단자들에 대한 보고, 거짓 선생들에 대한 보고도 있었습니다. 그러나 바울은 이단자나 거짓 선생들에 대한 말을 먼저 말하지 않고 골로새 교인들이 성령 안에서 서로 사랑하는 것을 지적해 주고 있습니다. 그 이유가 무엇일까요? 성령 안에서 사랑한다면 이단자나 거짓 선생들에 대한 승리를 할 수 있기 때문입니다.

그렇습니다. 교회는 사람의 힘이나 능력으로 세우는 것이 아니라 하나님의 영, 성령의 능력있는 역사로 세워집니다. 성령께서 사람을 거듭나게 하시고 성령이 사람을 불러 모으시며, 성령께서 각 사람에게 은사를 주셔서 봉사도 하게 하십니다. 성령이 역사하지 않는 사람은 교회를 세울 수 없습니다. 봉사를 하지 않습니다. 여러분 위에도 성령께서 역사하는 행복한 삶을 살 수 있기를 바랍니다.

골로새 교회 위에는 성령이 역사하여 사랑 운동이 전개된 것입니다. 로마 교회에는 어떠했을까요? 로마서 5장 5-6절에 "소망이 우리를 부끄럽게 하지 아니함은 우리에게 주신 성령으로 말미암아 하나님의 사랑이 우리 마음에 부은 바 됨이니 우리가 아직 연약할 때에 기약대로 그리스도께서 경건하지 않은 자를 위하여 죽으셨도다"라고 했습니다.

성령께서 우리 마음에 하나님의 사랑을 쏟아 부으셨습니다. 골로새 교회나 로마 교회 위에 성령께서 하나님의 사랑을 사람들의 마음에 쏟아 부으시니까 성도들끼리 서로 사랑하게 된 것입니다. 우리들이 죄인으로 살고 있을 때에 예수 그리스도께서는 우리를 위하여 십자가에서 죽으셨습니다. 생명을 쏟아 주셨습니다. 물과 피를 아낌없이 쏟아 바치셨습니다.

베드로전서 1장 22절에 "너희가 진리를 순종함으로 너희 영혼을 깨끗하게 하여 거짓이 없이 형제를 사랑하기에 이르렀으니 마음으로 뜨겁게 서로 사랑하라"라고 했습니다. 마음으로 뜨겁게 사랑하라.

요한일서 4장 20절에 "누구든지 하나님을 사랑하노라 하고 그 형제를 미워하면 이는 거짓말하는 자니 보는 바 그 형제를 사랑하지 아니하는 자는 보지 못하는 바 하나님을 사랑할 수 없느니라"라고 했습니다.

바울의 기도

바울은 로마 감옥에 갇혀 있으면서 에바브라를 통하여 골로새 교회에 대한 소식을 들은 날부터 골로새 교회를 위해서 중보기도를 올렸습니다. 무슨 내용의 기도였을까요? 골로새 교인들의 영적인 성장, 영적인 성숙을 위하여 기도드렸습니다. 성도가 영적으로 성장하지 않으면 어린아이와 같습니다. 늘 철없는 아이처럼 자기 환경이나 자기 입장을 탓하거나 핑계를 대면서 살게 됩니다. 성숙한 그리스도인들이 되시기를 바랍니다.

바울은 에바브라를 통해 골로새 교회의 형편을 들은 다음에 처음에는 근심과 걱정이 되었습니다. 근심하게 된 이유가 무엇일까요? 골로새 교회 안에 이단이 침투했다는 것입니다. 골로새 교인들이 기독교의 진리에 대한 확신이 적었기 때문에 믿음이 흔들리고 있었고 확고부동한 믿음생활을 하지 못하고 있었습니다. 그래서 바울은 골로새 교회를 위한 중보기도를 하지 않을 수 없었습니다.

어떤 의미의 이단 사상이었을까요? 골로새서 2장 8절에 "누가 철학과 헛된 속임수로 너희를 사로잡을까 주의하라 이것은 사람의 전통과 세상의 초등학문을 따름이요 그리스도를 따름이 아니니라"라고 했습니다. 예수를 따르는 것이 아니라 철학과 헛된 속임수 그리고 전통과 세상의 초등학문이었습니다.

당시 골로새 교회는 헬라 철학의 영향을 받아 이원론적인 사고 방식이 싹트고 있었습니다. 영혼은 귀하고 육체는 부정하다는 생각입니다. 이상만 귀하고 현실은 부정적인 생각들입니다. 영지주의자들의 활동도 있었습니다. 이들은 자신들만이 새롭고 영적 지식을 가지고 있다고 주장했습니다.

또 골로새서 2장 16절에서는 "먹고 마시는 것과 절기나 초하루나 안식일을 이유로 누구든지 너희를 비판하지 못하게 하라"라고 했고, 18절에서는 "아무도 꾸며낸 겸손과 천사 숭배를 이유로 너희를 정죄하지 못하게 하라 그가 그 본 것에 의지하여 그 육신의 생각을 따라 헛되이 과장하고"라고 했습니다. 천사 숭배 사상과 여러 가지 유대인의 절기가 문제가 되었습니다.

심지어 21절에서는 "곧 붙잡지도 말고 맛보지도 말고 만지지도 말라"라고 했습니다. 부정하다는 인식까지 생겨났습니다. 금욕주의적인 사고 방식입니다. 이와같은 여러 가지 이단적인 사상이 골로새 교회 안에 싹트고 있었기 때문에 바울은 근심했습니다.

그러나 사도 바울은 노련한 사도입니다. 영적인 전쟁에 능한 사람이었습니다. 그래서 살아 계신 하나님께 중보의 기도를 올렸습니다. 자신의 지식이나 지혜로 문제를 해결하려고 하지 않고 하나님께 모든 것을 맡겼습니다. 이것이 참 믿음의 사람입니다.

에바브라를 통하여 골로새 교회에 침투한 이단적인 사상에 대한 소식을 듣고 바울이 첫 번째로 기도한 내용이 무엇입니까? 9절에 "모든 신령한 지혜와 총명에 하나님의 뜻을 아는 것으로 채우게 하시고"였습니다. 하나님을 잘 알고 믿기를 원하는 기도입니다.

성도가 이 세상을 살아갈 때 사람에게 필요한 것이 무엇입니까? 어떤 사건이 발생했을 때 필요한 능력이 무엇일까요? 사물이나 사건을 보고 판단하는 능력이 절대적으로 필요합니다. 선과 악을 판단하는 능력도 필요하고 말의 진위를 분별할 수 있는 능력도 필요합니다. 이단자인지 아닌지를 분별하거나 판단하는 능력이 성도에게 반드시 있어야 합니다. 세상에는 성령과 거짓된 영이 존재하기 때문입니다.

특히 성도에게 있어서 하나님의 뜻을 알기 위한 지혜와 총명이 필요합니다. 하나님의 말씀은 신령한 지혜와 총명이 없으면 하나님의 뜻을 잘 모릅니다. 자기 마음대로 생각하고 행동하면서 하나님의 뜻대로 살고 있다고 생각할 수 있습니다. 그것이 사람입니다. 성도도 마찬가지입니다. 그래서 바울은 골로새 교인들에게 하나님이 기뻐하시는 뜻을 아는 지혜와 총명이 있기를 간구했습니다.

'지혜'는 인간과 하나님에 대한 넓고 완전한 지성, 가장 높은 완벽한 지성을 말하고, '총명'은 이해력이나 사물에 대한 판단력과 통찰력을 말합니다. 그것을 위해 기도했습니다.

특히 기도하는 것과 구하는 것을 그치지 않았습니다. 기도는 매일매일 계속되었습니다. 한 번도 만난 적이 없는 골로새 교인들이지만 기도하는 일과 구하는 일을 해 주었습니다.

하나님의 뜻이 그렇게 중요한 것인가? 하나님이 사람을 구원했을 때 하나님께서 그 사람에 대한 기대가 있고 목적이 있는 것입니다. 그 기대와 목적을 향해 걸어가려면 하나님의 뜻을 알아야 하고 기대와 목적대로 살아야 할 책임이 있는 법입니다.

그래서 그릇에 물을 가득 채우고 흘러넘치듯이 하나님의 뜻으로 인간을 채울 때, 가득히 부어주실 때, 충만하게 하실 때 기쁘시게 할 수 있기에 기도하고 있는 것입니다. 영지주의자들에 대한 반격입니다. 성경말씀을 통하여 하나님의 뜻을 잘 알 수 있기 때문입니다.

둘째로는 골로새 교인들이 영적으로 성장하여 주의 부르심에 합당한 생활을 하여 하나님 아버지를 기쁘시게 하며, 하나님을 더 잘 알아가기를 기도했습니다. 10절입니다. "주께 합당하게 행하여 범사에 기쁘시게 하고 모든 선한 일에 열매를 맺게 하시며 하나님을 아는 것에 자라게 하시고"라고 했습니다. 주께 합당하게 행하여 주를 기쁘시게 하는 삶을 살도록 기도했습니다.

'합당하게 행한다'라는 말은 '칭찬받을 만하게, 경건하게'라는 뜻입니다. 우리 몸에 잘 맞는 옷이 얼마나 맵시나게 하고 아름답게 합니까? 품위와 품격도 있게 합니다. 하나님께 합당하게 하고 사는 사람이 그리스도인입니다.

골로새 교인들이여! 하나님의 뜻을 잘 아는 성도로서 하나님께 합당한 삶을 살라는 기도입니다. 기쁘시게 하는 것은 비위를 맞춘다는 의미도 있습니다. 자기 비위를 맞추는 것이 아니라 하나님의 비위를 맞추라는 뜻입니다. 성도의 삶의 목적은 자기 자신의 영광이나 기쁨에 목적이 있지 않고 우리를 구원하신 주님께 영광이 되고 기쁨이 되는 사람이어야 합니다.

주님께 영광이 되고 기쁨이 되려면 믿음으로 순종하는 삶이어야 합니다. 믿음이 없으면 하나님을 기쁘시게 할 수 없습니다. 그리고 순종하는 믿음이 있을 때 하나님께 영광이 되고 기쁨이 됩니다.

특별히 하나님을 아는 지식은 하나님으로부터 오는 것입니다. 하나님을 아는 지식이 영생입니다. 예수님은 요한복음 17장 3절에서 "영생은 곧 유일하신 참 하나님과 그가 보내신 자 예수 그리스도를 아는 것이니이다"라고 했습니다.

바울은 에베소서 4장 13절에서 "우리가 다 하나님의 아들을 믿는 것과 아는 일에 하나가 되어 온전한 사람을 이루어 그리스도의 장성한 분량이 충만한 데까지 이르리니"라고 했습니다.

베드로는 베드로후서 3장 18절에서 "오직 우리 주 곧 구주 예수 그리스도의 은혜와 그를 아는 지식에서 자라 가라 영광이 이제와 영원한 날까지 그에게 있을지어다"라고 했습니다.

셋째로는 성도의 삶 가운데 인내와 오래 참음과 기쁨과 감사의 열매를 맺고, 하나님의 능력이 나타나기를 기도했습니다. 11-12절입니다. "그의 영광의 힘을 따라 모든 능력으로 능하게 하시며 기쁨으로 모든 견딤과 오래 참음에 이르게 하시고 우리로 하여금 빛 가운데서 성도의 기업의 부분을 얻기에 합당하게 하신 아버지께 감사하게 하시기를 원하노라"라고 기도했습니다.

하나님의 뜻을 이해한 자들은 실제적 삶에 있어서 모든 일에 선한 열매를 맺어야 합니다. 하나님을 아는 지식에서 계속하여 자라가야 합니다. 그리고 하나님의 능력으로 강한 믿음의 사람이 되어야 합니다. 그리고 성도의 기업을 생각하면서 하나님께 감사하는 삶을 살게 되는 것입니다.

선한 일은 성도의 삶 전체를 의미합니다. 하나님의 뜻을 아는 성도의 삶 전체를 말합니다. 성도의 삶이 하나님을 아는 지식에서 식물이 자라나고 아이가 자라듯 성장해야 됩니다. 하나님을 아는 것만큼 잘 믿고 순종하는 삶을 살 것입니다.

그리고 바울은 하나님의 능력으로 능력있는 성도가 되게 해 달라고 기도했습니다. 능력이 있어야 겸손할 수 있습니다. 참을 수도 있습니다. 기쁨으로 열매 맺는 삶을 살 수도 있습니다. 그리고 능력이 있어야 하나님 아버지께 감사할 수 있습니다. 능력없는 사람은 늘 원망과 불평의 사람이 됩니다.

바울이 골로새 교회를 위하여 마지막으로 기도한 내용이 감사입니다. 하나님께 감사하라. 하나님은 우리에게 아름다운 기업을 준비하셨습니다. 구약 시대에 가나안 땅을 분배할 때는 제비뽑아 몫, 분깃을 주셨습니다. 신약 성도들에게 하늘의 상급을 약속하셨습니다. 새 언약의 일꾼으로서 기쁨으로 사역을 감당하면 상급이 약속되어 있습니다.

우리는 하나님의 부르심을 받은 하나님의 사람입니다. 부르심에 합당한 삶을 살도록 힘쓰고 노력해야 합니다. 우리가 하나님의 영광을 위하여 살아야 할 이유가 무엇입니까? 우리가 자기 자신만을 위하여 살지 않고 하나님 나라와 영광을 위하여 살 이유가 무엇입니까? 하나님을 영화롭게 하는 것이 인생의 제일된 목적이기 때문입니다.

제6강
골로새서 1장 13-23절

그리스도의 신분과 사역⑴

골로새 교회는 바울의 제자 에바브라가 개척했습니다. 바울은 골로새 교회를 방문한 적이 없었습니다. 그러나 골로새 교인들이 그리스도를 믿는 믿음, 형제에 대한 사랑, 하늘에 쌓아둔 소망에 대하여 하나님께 감사했습니다.

이단자에 대한 대처뿐만 아니라 자신들의 영적인 성숙을 위하여 하나님의 뜻을 아는 교인, 하나님을 알아 가는 교회, 더 큰 능력을 받는 교인이 되기를 바랐습니다.

예수 그리스도에 대하여 날마다 알아 가는 데는 지혜와 총명이 필요합니다. 예수 그리스도가 어떤 분이신가? 예수님이 어떤 분이십니까? 예수님이 누구십니까?

오늘 성경말씀은 요한복음 1장 1-18절과 히브리서 1장부터 3장과 더불어 '3대 기독론' 이란 별명이 붙어있는 말씀입니다. 왜 그런 별명이 있게 되었을까요? 예수 그리스도에 대하여 잘 설명해 주었기 때문입니다.

그리스도의 주 되심입니다. 영어로 Lordship입니다. 누가 교회의 왕이고 주인일까요? 바울은 지금 그리스도의 절대성과 탁월성에 대한 선언을 하고 있습니다. 바울은 골로새 교회가 가지고 있는 여러 가지 문제에 대하여 대답하기 이전에 가장 중요한 점을 지적하고 있는데, 그것은 그리스도의 주 되심을 언급하고 있는 것입니다.

당시 로마인들은 황제 숭배 사상을 가지고 있었습니다. 골로새 교인들도 예외가 아니었습니다. 황제가 신이라는 생각과 주인이라는 생각을 하고 있었기 때문입니다. 심지어 헬라 철학의 영향을 받아 철학과 천사 숭배 사상까지 있었습니다. 그래서 바울은 예수 그리스도의 주 되심을 선언하고 있는 것입니다.

예수 그리스도가 어떤 이유에서 주가 되십니까? 네 가지로 설명하고 있습니다.

바울이 골로새 교인들에게 그리스도에 대하여 첫 번째로 언급한 내용은 구속주로서의 그리스도를 소개하고 있습니다(골1:13-14). 구속주라는 말의 의미는 '건져내사' 라는 말입니다. 한 장소에서 다른 장소로의 이동을 전제한 말입니다.

'건져내는 일' 은 구원하는 일입니다. 애굽에서 이스라엘을 건져내서 가나안 땅에 들어가게 하셨습니다. 그리스도는 사탄의 세력으로부터 우리를 건져내서 하나님 나라의 백성이 되게 했습니다. 죄와 사망의 권세에서 살려내서 아들의 나라로 옮기셨습니다. 흑암의 권세에서 건져내서 빛의 나라, 하나님 나라로 옮기셨습니다.

에베소서 2장 3-7절에 "전에는 우리도 다 그 가운데서 우리 육체의 욕심을 따라 지내며 육체와 마음의 원하는 것을 하여 다른 이들과 같이 본질상 진노의 자녀이었더니 긍휼이 풍성하신 하나님이 우리를 사랑하신 그 큰 사랑을 인하여 허물로 죽은 우리를 그리스도와 함께 살리셨고 너희는 은혜로 구원을 받은 것이라 또 함께 일으키사 그리스도 예수 안에서 함께 하늘에 앉히시니 이는 그리스도 예수 안에서 우리에게 자비하심으로써 그 은혜의 지극히 풍성함을 오는 여러 세대에 나타내려 하심이라"라고 했습니다.

옮긴다는 의미는 반대 개념의 말입니다. 대조적인 뜻입니다. 다른 장소로의 이동입니다. 이스라엘 백성이 애굽에서 있을 때는 종의 신분이었습니다. 하나님이 모세를 통하여 구원했을 때는 가나안 땅을 바라보는 하나님의 백성이었습니다. 노예의 신분에서 자유인이 된 것입니다. 사탄의 권세에서 하나님의 통치를 받는 하나님의 백성이 된 것입니다. 죄와 사망의 권세에서 벗어나 사랑하는 아들의 나라가 우리의 나라가 된 것입니다.

아들의 나라는 하나님의 통치가 완성된 나라입니다. 사랑으로의 통치입니다. 우리도 완전한 구원을 받은 자로서의 삶입니다. 세상에서는 불완전합니다. 모순 투성이입니다. 하지만 하나님 나라는 전혀 그렇지 않습니다. 완전합니다. 온전합니다. 풍성과 충만한 곳입니다.

이것을 행하신 분이 누구입니까? 예수 그리스도이십니다. 그러므로 그리스도가 구속주가 되십니다. 구원자이십니다. 구주이십니다. 그리스도께서 우리를 붙잡고 있던 것들을 끊으셨습니다. 풀어주셨습니다. 놓아주셨습니다. 그래서 바울은 로마서 3장 24절에서 "그리스도 예수 안에 있는 속량으로 말미암아 하나님의 은혜로 값없이 의롭다 하심을 얻은 자 되었느니라"라고 했습니다.

교회사를 연구해 보면 초대교회 안에 이단자들이 있었습니다. 몬타누스와 말시온 그리고 노스틱 이단자들이 있었습니다. 이단자들은 예수 그리스도에 대하여 잘못된 이론, 그릇된 관념을 가지고 전개하거나 주장합니다. 또한 혼합주의 이단자들이 있었는데 혼합주의 이단자들은 예수 그리스도에 대한 믿음을 흔들었습니다.

또 복음에 대해 잘못된 주장으로 거짓된 복음을 주장하기도 했습니다. 때로는 초대교회 안에 율법주의가 들어오기도 했습니다. 골로새 교회처럼 천사 숭배 사상이나 헬라 철학의 영향으로 금욕주의가 들어왔었습니다. 심지어 영지주의라는 사상의 영향을 받아 그리스도의 신성은 부정하고, 인성만 주장하는 이단자들도 생겨났습니다.

이런 이단적인 사상이 교회에 들어왔을 때 바울은 어떻게 지도했습니까? 13-14절입니다. "그가 우리를 흑암의 권세에서 건져내사 그의 사랑의 아들의 나라로 옮기셨으니 그 아들 안에서 우리가 속량 곧 죄 사함을 얻었도다"라고 했습니다.

예수님이 우리를 위하여 행하신 일이 무엇입니까? 흑암의 권세에서 벗어나 사랑하는 아들의 나라로 옮기신 일입니다. 죄와 저주에서 해방하여 하나님의 사랑의 대상인 아들의 나라로 옮기신 일입니다. 여러분이나 저나 다같이 하나님의 아들의 나라로 옮겨진 존재들입니다.

특별히 고대 사회에서 있었던 일입니다. 이 나라와 저 나라가 싸움을 하여 승리하게 되면 승리한 나라가 패배한 나라의 백성들을 자기들이 원하는 곳으로 이주를 시키는 관습이 있었습니다. 열왕기서를 설교할 때 그렇게 한 사건을 들어보셨지요?

우리 주 예수 그리스도가 승리하셨기 때문에 우리를 하나님이 사랑하는 아들의 나라로 옮기게 된 것입니다. 앗수르가 북이스라엘 백성을 이주시킨 일도 있습니다. 유다 백성들이 바벨론 나라의 포로 생활을 한 것도 그런 일과 같습니다.

예수님께서는 마태복음 13장에서 씨뿌리는 비유와 가라지 비유를 말씀하십니다. 43절에서는 "그때에 의인들은 자기 아버지 나라에서 해와 같이 빛나리라 귀 있는 자는 들으라"라고 했습니다. 의인들이 가는 나라는 풀무불이 아니라 해와 같이 빛나는 아버지의 나라입니다.

'구속, 속량'이라는 말은 '노예된 자를 값을 주고 해방시키거나 저당 잡힌 물건의 부채를 청산하고 찾아오는 것'을 가리키는 말입니다. 예수 그리스도께서 대속의 죽음을 가리킬 때 사용되는 용어입니다.

우리가 언제 빚을 졌습니까? 우리가 언제 노예였습니까? 그렇습니다. 우리가 돈에 대하여 빚진 사실은 없습니다. 그러나 죄를 범하는 순간부터 우리는 죄의 종이었습니다. 사탄의 노예였습니다. 하나님 앞에 죄를 값아야 하는 죄인이 되었습니다.

엄청난 죄로부터 예수님이 피값을 주고 우리를 해방시키셨습니다. 그리고 영원한 자유를 주셨습니다. 그러므로 예수님은 우리의 구속주가 되십니다. 구원자가 되셨습니다. 예수는 우리의 영원한 구원자이십니다. 이단자들의 유혹과 미혹을 받고 있는 골로새 교인들에게 바울 사도는 구속주로서의 그리스도를 소개함으로써 승리하기를 원하고 있습니다.

그리스도께서는 속전이 되었습니다. 노예나 종의 자유를 위하여 반드시 내는 돈을 말합니다. 영어로 Ransom입니다. 예수님은 우리들이 지은 빚 때문에 죽으셨습니다. 죄와 사망과 어둠의 권세 아래에서 헤매며 신음하던 죄인들을 자유롭게 하기 위하여 자신을 속전으로 내놓으셨습니다.

그러므로 죄 사함은 석방을 의미하는 말로 포로 상태에서 자유를 얻는 것입니다. 누가복음 4장 18-19절에 "주의 성령이 내게 임하셨으니 이는 가난한 자에게 복음을 전하게 하시려고 내게 기름을 부으시고 나를 보내사 포로 된 자에게 자유를, 눈 먼 자에게 다시 보게 함을 전파하며 눌린 자를 자유롭게 하고 주의 은혜의 해를 전파하게 하려 하심이라"라고 했습니다.

또 구속의 의미는 정죄와 죄책감으로부터 해방을 얻는 것입니다. 로마서 8장 1-2절에 "그러므로 이제 그리스도 예수 안에 있는 자에게는 결코 정죄함이 없나니 이는 그리스도 예수 안에 있는 생명의 성령의 법이 죄와 사망의 법에서 너를 해방하였음이라"라고 했습니다.

예수님의 구속 사건으로 인하여 많은 결과를 가져오게 되었습니다. 우리를 억누르던 죄의 중압감으로부터 그리스도의 피가 해방시켜 주었습니다. 그러므로 그리스도 안에 있는 성도는 자유자입니다. 한 번의 자유가 아닙니다. 영원한 자유자입니다.

예수 그리스도를 구속주로 믿는 성도에게는 정죄가 없습니다. 마음이 괴로울 것도 없습니다. 주 안에서 기쁨과 행복과 즐거움뿐입니다.

바울은 이렇게 선언합니다. "누가 정죄하리요 죽을실 뿐 아니라 다시 살아나신 이는 그리스도 예수시니 그는 하나님 우편에 계신 자요 우리를 위하여 간구하시는 자시니라"(롬8:34)라고 했습니다.

또 에베소서 5장 8절에서 "너희가 전에는 어둠이더니 이제는 주 안에서 빛이라 빛의 자녀들처럼 행하라"라고 말합니다. 우리 주님이 세상의 빛이십니다. 그 빛을 받은 우리도 세상을 밝히는 빛입니다.

제7강
골로새서 1장 13-23절

그리스도의 신분과 사역(2)

바울이 첫 번째로 가르친 것은 예수 그리스도는 구속주입니다. 우리의 구원자요 구세주가 되십니다. 교회의 주인이시고 왕이십니다. 죄에 종노릇하던 우리를 자유를 위하여 구속해 주신 분입니다.

두 번째로 바울이 골로새 교인들에게 가르친 내용은 창조주로서의 그리스도입니다. 창조주로서의 그리스도는 절대성을 가지고 계시고 탁월성도 가지신 분임을 말합니다.

창조주로서의 그리스도, 그것이 무엇을 의미합니까? 예수님은 온 우주 만물의 창조주가 되신다는 가르침입니다. 골로새서 1장 15-17절입니다. "그는 보이지 아니하는 하나님의 형상이시요 모든 피조물보다 먼저 나신 이시니 만물이 그에게서 창조되되 하늘과 땅에서 보이는 것들과 보이지 않는 것들과 혹은 왕권들이나 주권들이나 통치자들이나 권세들이나 만물이 다 그로 말미암고 그를 위하여 창조되었고 또한 그가 만물보다 먼저 계시고 만물이 그 안에 함께 섰느니라"라고 가르쳤습니다. 창조주로서의 그리스도를 가르친 것입니다.

첫째로 예수님은 보이지 않는 하나님의 형상입니다. 하나님의 형상이라는 뜻은 '모형'이 아니라 '하나님의 원형'이란 말입니다. 그리스도는 하나님의 본체이십니다. 교회사적으로 말하자면 하나님과 동일본질입니다. 성자는 성부와 영광과 존귀와 권세에 있어서 동일하십니다.

형상이 무엇입니까? 볼 수 있도록 가시적으로 나타내주는 것을 말합니다. 형상(image)은 외형(figure) 혹은 닮음(likness)이라고 번역할 수 있습니다. 내적인 속성을 외적으로 표출하는 것입니다. 닮은 꼴로서의 표현입니다. 보이지 않는 하나님을 외적으로 완벽하게 나타내신 분이시고, 하나님을 완벽하게 구현하신 분이라는 의미입니다. 예수님은 온 우주 만물을 창조하신 하나님의 탁월성과 초월성을 소유하실 뿐만 아니라 하나님을 나타내 보여주신 분이십니다.

둘째로 하나님은 순결한 영이십니다. 인간은 뼈와 살을 가지고 있지만 하나님은 영이십니다. 누가복음 24장 39절에 "내 손과 발을 보고 나인 줄 알라 또 나를 만져 보라 영은 살과 뼈가 없으되 너희 보는 바와 같이 나는 있느니라"라고 했습니다.

요한복음 4장 24절에 "하나님은 영이시니 예배하는 자가 영과 진리로 예배할지니라"라고 했습니다. 그리고 예수님은 빛이시기 때문에 사탄이 가까이 갈 수 없는 분입니다. 심지어 어떤 사람도 볼 수 없는 존재입니다. 바울은 디모데전서 6장 16절에서 "오직 그에게만 죽지 아니함이 있고 가까이 가지 못할 빛에 거하시고 어떤 사람도 보지 못하였고 또 볼 수 없는 이시니 그에게 존귀와 영원한 권능을 돌릴지어다 아멘"이라고 했습니다.

출애굽기 33장 20-23절에서 "또 이르시되 네가 내 얼굴을 보지 못하리니 나를 보고 살 자가 없음이니라 여호와께서 또 이르시기를 보라 내 곁에 한 장소가 있으니 너는 그 반석 위에 서라 내 영광이 지나갈 때에 내가 너를 반석 틈에 두고 내가 지나도록 내 손으로 너를 덮었다가 손을 거두리니 네가 내 등을 볼 것이요 얼굴은 보지 못하리라"라고 했습니다. 모세의 소원이 무엇이었습니까?

그런 하나님께서 인간의 눈이 볼 수 있도록 육신의 옷을 입으시고 세상에 나타나셨습니다. 그것이 성육신입니다. 영어로 Incarnation입니다. 예수님은 하나님으로서 사람의 육체를 입으시고 인간이 되셨습니다. 그래서 그리스도를 본 자는 하나님을 본 것과 같습니다.

요한복음 14장 9절에 "예수께서 이르시되 빌립아 내가 이렇게 오래 너희와 함께 있으되 네가 나를 알지 못하느냐 나를 본 자는 아버지를 보았거늘 어찌하여 아버지를 보이라 하느냐"라고 말씀하셨습니다.

셋째로 예수님은 이 세상 모든 창조물보다 '먼저 나신 자' 입니다. 주후 256-336년까지 살았던 아리우스가 본 구절을 잘못 해석하여 그리스도를 피조물로 주장했습니다. '먼저 나신 자' 란 그리스도가 피조물이란 말이 아니라 창조주로서 만물의 통치자임을 나타내는 말입니다. '먼저 나신 자' 란 창조의 순서를 말하는 것이 아니라 예수께서 독생자로 창조주이심을 증거하는 말씀입니다. 그래서 "만물이 그에게서 창조되되"라고 한 것입니다. 아리우스는 그리스도에 대하여 피조물로 주장하다가 이단자가 되었습니다. 그 결과 화형을 당했습니다.

'먼저 나신 자' 에 대한 그릇된 생각 때문에 이단자가 되었습니다. 시간적으로 첫째를 나타내기도 합니다. 지위나 계급에 있어서 으뜸의 의미도 있습니다. 때로는 맏아들로 해석하기도 합니다. 가장 훌륭하다는 의미도 있습니다. 그러나 바울이 말하고 있는 '먼저 나신 자' 는 피조물로서의 먼저나 으뜸이 아니라 창조주로서의 의미입니다.

모든 창조물보다 먼저 나신 자가 뜻하는 의미가 무엇일까? 지금까지는 '먼저 나신 자' 가 피조물과는 다른 의미, 하나님 아버지와 동일본질에 대하여 언급했습니다.

그런데 70인역에는 '장자' 나 '초태생' 의 의미로 사용되었습니다. 그러므로 먼저 태어났다는 의미보다는 하나님께 바치기에 합당하다는 것을 뜻하는 말입니다. 동질성의 의미보다는 하나님과의 관계에 있어서 특수한 관계를 뜻하는 것입니다.

참고로 성경 말씀을 찾아 봅시다. 출애굽기 4장 22절에 "너는 바로에게 이르기를 여호와의 말씀에 이스라엘은 내 아들 내 장자라"라고 말씀하셨습니다. 독특한 관계성을 선언하신 것이지요.

시편 89편 26-29절을 봅시다. "그가 내게 부르기를 주는 나의 아버지시오 나의 하나님이시오 나의 구원의 바위시라 하리로다 내가 또 그를 장자로 삼고 세상 왕들에게 지존자가 되게 하며 그를 위하여 나의 인자함을 영원히 지키고 그와 맺은 나의 언약을 굳게 세우며 또 그의 후손을 영구하게 하여 그의 왕위를 하늘의 날과 같게 하리로다"라고 했습니다.

또 다른 의미도 생각해야 합니다. 헬라어 말에는 전체에서 분리되는 부분 소유격이 있습니다. 부분 소유격은 탈격의 의미입니다. 무슨 말일까요? 먼저 나신 자는 모든 창조물에 포함시키지 않습니다. 예수 그리스도는 하나님의 피조물에 포함할 수 없는 분입니다.

그래서 바울은 골로새 교인들에게 만물이 그리스도에 의해서 창조되었다고 선언합니다. 예수 그리스도로 말미암고 그리스도를 위해서 창조되었다는 것입니다. 창조주로서의 그리스도를 언급하는 것입니다. 결국 그리스도께서 모든 만물보다 탁월한 것은 모든 만물이 그리스도에 의해서 창조되었기 때문입니다.

바울은 로마서 11장 35-36절에서도 "누가 주께 먼저 드려서 갚으심을 받겠느냐 이는 만물이 주에게서 나오고 주로 말미암고 주에게로 돌아감이라 그에게 영광이 세세에 있을지어다 아멘"이라고 했습니다.

'창조되되'의 의미가 무엇인가? '창설하다, 창조하다'의 뜻이지만 어떤 지역이나 장소를 거주할 수 있게 만드는 것을 의미합니다. 사람이 살 수 있도록 주변 여건을 조성한 것입니다. 생활 환경을 만든 것이지요. 천지 창조를 한 것입니다. 그러므로 세상 만물은 그리스도 안에서 계획되어지고 그리스도에 의해서 만들어지고 그리스도 안에서 창조된 것입니다.

여기서 간과해서는 안 될 중요한 점이 있습니다. 그게 무엇일까요? 그리스도께서 피조물을 창조하신 목적입니다. 모든 창조물은 그리스도에게 영광과 존귀와 찬양을 돌려야 하는 것입니다. 그리스도는 모든 창조물과 구별되는 존재이십니다. 그리스도께서 창조하신 것은 땅에 있는 생명체뿐만 아니라 무생물체, 별과 행성, 보이는 것과 보이지 않는 것들, 영적인 천사와 물질 세계를 포함합니다.

바울은 보이지 않는 피조물을 네 가지로 설명했습니다. 첫째는 '보좌들'로 천사의 계급 중에 가장 높은 계급을 가지고 있으며, 하나님 보좌 앞에 거하는 천사들입니다. 둘째는 '주관들'입니다. 모든 천재지변, 자연재해를 다스리는 천사들로 하나님이 세상의 창조주이심을 나타내는 천사들입니다. 셋째는 '정사들'입니다. 인간 개개인에게 선한 양심을 따라서 하나님의 뜻대로 결정하도록 돕는 천사입니다. 넷째는 '권세들'입니다. 나라의 흥망성쇠를 주관하고 모든 나라의 진정한 왕이 하나님이심을 나타내는 천사들을 말합니다.

그러나 아무리 능력이 많고 존귀해 보이는 천사라 할지라도 숭배나 경배의 대상이 아님을 밝히면서 오직 경배는 그리스도에게만 돌려야 할 영광임을 가르치고 있습니다. 천사 숭배 사상이 골로새 교회 안에 큰 문제로 대두되고 있었기 때문입니다.

또 바울은 그리스도의 선재성을 강조하고 있습니다. 그리스도는 만물보다 먼저 계신 분입니다. 시간적인 의미로 이전이지만 뒤따르는 자보다 앞에 있다는 뜻으로, 우월성과 탁월성을 강조합니다. 과거에만 그런 것이 아니라 현재도 그렇다는 의미입니다. 그러므로 그리스도는 모든 만물보다 먼저 계신 분이고 가장 탁월하시기 때문에 만물을 붙잡고 계시고 섭리하신다는 뜻입니다.

그리스도께서 만물을 말씀으로 붙잡고 계시기 때문에 지구와 태양계가 적절한 궤도를 따라 운행하고 있습니다. 그리스도께서 통치하시기 때문에 만물의 질서가 유지되고 계절의 변화가 일어나며 자연 법칙이 적용되어 모든 만물이 운행합니다.

하늘과 땅, 보이는 것들과 보이지 않는 것들이 다 그리스도께서 창조하셨습니다. 그리스도께서 만물을 창조하시고 그리스도를 위하여 창조하셨습니다. 그리스도는 만물이 있기 전부터 존재하셨던 창조주요, 조물주이며, 제2위 하나님이십니다.

제8강
골로새서 1장 13-23절

그리스도의 신분과 사역(3)

로마 감옥에 갇혀 있던 바울은 골로새 교인들에게 그리스도의 신분과 사역에 대하여 편지 형식의 글을 써서 보냈습니다. 첫 번째로 강조한 것이 구속주로서의 그리스도이십니다. 두 번째로 강조한 것이 창조주로서의 그리스도입니다. 세 번째는 교회의 머리로서의 그리스도입니다.

골로새서 1장 18-19절에 "그는 몸인 교회의 머리시라 그가 근본이시요 죽은 자들 가운데서 먼저 나신 이시니 이는 친히 만물의 으뜸이 되려 하심이요 아버지께서는 모든 충만으로 예수 안에 거하게 하시고"라고 했습니다. 이것이 무슨 내용의 말씀입니까?

예수 그리스도와 교회의 관계성을 설명하고 있습니다. 그리스도와 교회는 어떤 관계입니까? 머리와 몸의 관계입니다. 바울은 지금 골로새 교인들에게 그리스도의 우월성과 탁월성을 교회와 그리스도와의 관계로 설명하고 있는 것입니다. 만물의 으뜸이 되신 그리스도는 교회와의 관계에서 머리가 되십니다.

바울의 서신을 연구해 보면 그리스도와 교회와의 관계를 머리와 몸에 비유하여 설명한 곳이 여러 군데 있습니다. 고린도 교회를 향한 서신에도 나타납니다.

고린도전서 12장 12절과 27절에 "몸은 하나인데 많은 지체가 있고 몸의 지체가 많으나 한 몸임과 같이 그리스도도 그러하니라", "너희는 그리스도의 몸이요 지체의 각 부분이라"라고 했습니다. 고린도전서 12 장 전체가 그런 사상입니다.

에베소 교회를 향해서 쓴 글에도 나타납니다. 에베소서 1장 22-23절에 "또 만물을 그의 발 아래에 복종하게 하시고 그를 만물 위에 교회의 머리로 삼으셨느니라 교회는 그의 몸이니 만물 안에서 만물을 충만하게 하시는 이의 충만함이니라"라고 했습니다.

머리와 몸은 그리스도와 교회와의 관계에 있어서 아주 밀접한 관계성을 강조하는 말입니다. 그런 의미에서 교회는 조직체적이지만 유기체적인 면이 있음을 잊지 말아야 합니다. 성도는 교회의 부분이요 지체입니다. 모든 지체를 다루시고 통치하시는 분은 머리 되신 예수 그리스도이십니다.

골로새 교회 안과 주변에 그릇된 사상들이 싹트고 있었습니다. 그 당시 그리스도가 아닌 사람이 교회의 머리 역할을 하고 있었기 때문에 바울이 교회의 머리로서의 그리스도를 주장하게 된 것입니다.

바울 사도는 골로새 교인들에게 교회의 머리로서의 그리스도를 주장하면서 두 가지 독특한 면을 강조했습니다. 그것이 무엇입니까? 첫째는 그리스도가 모든 것의 근본이라고 말했습니다. 근본이라는 말은 '시작이나 처음'을 말합니다. 그리스도가 모든 만물의 처음, 시작할 때 관여하신 창조자이심을 말합니다. 둘째는 죽은 자들 가운데서 먼저 나신 자입니다.

왜 그리스도가 교회의 머리입니까? 그리스도가 교회를 세우는 분이십니다. 교회의 인도자이고 모든 신자들을 대표하십니다. 또 그리스도가 먼저 나신 자이십니다. 그러므로 그리스도가 교회의 머리이십니다.

로마서 5장 15-17절에 "그러나 이 은사는 그 범죄와 같지 아니하니 곧 한 사람의 범죄를 인하여 많은 사람이 죽었은즉 더욱 하나님의 은혜와 또한 한 사람 예수 그리스도의 은혜로 말미암은 선물은 많은 사람에게 넘쳤느니라 또 이 선물은 범죄한 한 사람으로 말미암은 것과 같지 아니하니 심판은 한 사람으로 말미암아 정죄에 이르렀으나 은사는 많은 범죄로 말미암아 의롭다 하심에 이름이니라 한 사람의 범죄로 말미암아 사망이 그 한 사람을 통하여 왕 노릇 하였은즉 더욱 은혜와 의의 선물을 넘치게 받는 자들은 한 분 예수 그리스도를 통하여 생명 안에서 왕 노릇 하리로다"라고 했습니다.

지상에 존재하는 모든 교회의 특성이 무엇입니까? 몸이 머리의 명령에 복종하듯 교회는 주님의 명령에 복종하거나 순종합니다. 그 어떤 교회도 사람의 뜻에 순종하지 않습니다. 목사의 말이기 때문에 복종하는 것도 아닙니다. 교회의 말에 순종하는 것이 하나님의 뜻에 순종하는 것이고, 주님의 명령에 순종하는 것입니다.

어떻게 해서 예수 그리스도가 교회의 머리가 되셨습니까? 예수 그리스도는 부활의 첫 열매로 교회의 머리가 되셨습니다. 예수님께서 십자가에 죽으시고 부활하심으로써 교회의 머리가 되셨습니다.

그리스도를 믿는 모든 자들은 훗날에 그리스도가 부활하듯 부활하게 될 것입니다. 주님이 부활의 첫 열매가 되셨기에 그에게 붙어 있는 자마다 다 생명의 부활로 나올 줄로 믿습니다.

그리스도는 '먼저 나신 자'이십니다. 모든 창조물보다 먼저 나신 자입니다. 15절에서 먼저 나셨다는 의미는 창조 사역 이전에 성자 하나님께서 성부로부터 영원 발생하셨다는 뜻입니다. 그러나 18절에서 먼저 나셨다는 말은 그리스도의 부활을 말합니다. 성자 하나님께서 성부 하나님으로부터 영원 발생하셔서 창조자가 되신 것처럼 죽은 자 가운데서 처음으로 육체 부활을 하셨기 때문에 부활의 첫 열매가 되셨습니다.

고린도전서 15장 45-47절을 봅시다. "기록된 바 첫 사람 아담은 생령이 되었다 함과 같이 마지막 아담은 살려 주는 영이 되었나니 그러나 먼저는 신령한 사람이 아니요 육의 사람이요 그 다음에 신령한 사람이니라 첫 사람은 땅에서 났으니 흙에 속한 자이거니와 둘째 사람은 하늘에서 나셨느니라"라고 했습니다.

52절부터 54절까지도 봅시다. "나팔 소리가 나매 죽은 자들이 썩지 아니할 것으로 다시 살아나고 우리도 변화되리라 이 썩을 것이 반드시 썩지 아니할 것을 입겠고 이 죽을 것이 죽지 아니함을 입으리로다 이 썩을 것이 썩지 아니함을 입고 이 죽을 것이 죽지 아니함을 입을 때에는 사망을 삼키고 이기리라고 기록된 말씀이 이루어지리라"라고 했습니다.

예수 그리스도의 부활과 죽었다가 살아난 나사로와는 어떤 차이점이 있는 것일까? 겉보기에는 비슷해 보이지만 근본적으로 다른점이 있습니다. 그리스도는 영광스러운 몸, 강한 몸, 신령한 몸으로의 부활이었습니다. 나사로는 여전히 약한 몸, 육의 몸, 썩을 몸으로 살아난 것이었습니다. 그러므로 근본적인 차이점이 있는 것입니다.

그리스도께서 신령한 몸으로 부활하신 목적이 무엇입니까? 만물의 으뜸이 되기 위함이었습니다. 으뜸이란 '첫째 자리를 점유하다, 최고의 자리를 잡다' 라는 뜻이 있습니다. 물질적인 현상계이든 영적인 세계이든 최고의 자리, 위치에 앉으셨다는 의미입니다.

사도 바울은 최상급의 용어를 사용하여 교회의 머리 되신 그리스도가 만물의 으뜸, 최고라고 선언하고 있습니다. 예수 이외에 다른 어떤 존재도 으뜸, 머리일 수 없다는 선언입니다. 예수 그리스도만이 유일하다는 선언입니다.

예수님은 십자가에 죽으심으로써 하나님의 공의를 만족시키셨고, 죽음의 권세를 이기셨습니다. 사망의 권세를 깨뜨리셨습니다. 부활하셔서 만물의 으뜸이 되실 뿐만 아니라 최고의 자리를 차지하셨습니다.

바울은 빌립보 교인들에게 "하늘에 있는 자들과 땅에 있는 자들과 땅 아래에 있는 자들로 모든 무릎을 예수의 이름에 꿇게 하시고 모든 입으로 예수 그리스도를 주라 시인하여 하나님 아버지께 영광을 돌리게 하셨느니라"라고 했습니다(빌2:10-11). 모든 사람이 예수님 앞에 무릎을 꿇게 하셨습니다. 예수 그리스도가 주시기 때문입니다.

예수님은 생명의 부활을 이루심으로써 심판주가 되십니다. 고린도후서 5장 9-10절에 "그런즉 우리는 몸으로 있든지 떠나든지 주를 기쁘시게 하는 자가 되기를 힘쓰노라 이는 우리가 다 반드시 그리스도의 심판대 앞에 나타나게 되어 각각 선악간에 그 몸으로 행한 것을 따라 받으려 함이라"라고 했습니다. 우리는 심판대 앞에 서야 합니다.

부활하신 주님은 사람이 행한 대로 갚아 주십니다. 요한계시록 22장 12-13절에서도 "보라 내가 속히 오리니 내가 줄 상이 내게 있어 각 사람에게 그가 행한 대로 갚아주리라"라고 했습니다.

그리고 "아버지께서는 모든 충만으로 예수 안에 거하게 하시고"라고 했습니다. 충만은 '채워진 것', '풍부'라는 뜻으로 물이 잔에 흘러넘치듯이 부족함이 없는 상태를 가리키는 말입니다. 바울이 주장하는 것은 예수 그리스도 안에서는 인간의 필요한 것을 공급하기에 부족함이 없다는 의미입니다. 하나님의 충만한 것이 그리스도 안에 있기 때문입니다.

골로새서의 핵심적인 주제는 그리스도의 충만이기도 합니다. 이단은 그리스도의 탁월성이나 그리스도의 충만을 부정하고 무엇인가를 더하려고 할 때 생겨나는 것입니다. 그리스도 이외에 무엇을 더하려고 하거나 율법주의자가 되거나 천사 숭배 사상을 가질 때 이단이 되는 것입니다.

예수 그리스도 안에는 하나님의 충만하심과 권능, 영광과 능력, 은혜와 지혜가 가득차 있습니다. 어제나 오늘이나 영원토록 항상 그렇습니다. 사랑하는 성도들이여! 하나님의 충만으로 충만하신 예수 그리스도만 믿읍시다. 예수 그리스도만 신뢰합시다.

제9강
골로새서 1장 13-23절

그리스도의 신분과 사역(4)

바울이 골로새 교인들에게 가르친 첫 번째는 구속주로서의 그리스도, 두 번째는 창조주로서의 그리스도, 세 번째는 교회의 머리로서의 그리스도였습니다. 그리고 네 번째는 화목주로서의 그리스도입니다.

예수 그리스도는 우리의 죄를 대속해서 하나님의 자녀가 되게 하신 것은 물론 하나님과의 관계 회복과 사람과의 관계, 만물까지 회복한 화목주가 되셨습니다.

골로새서 1장 20-22절입니다. "그의 십자가의 피로 화평을 이루사 만물 곧 땅에 있는 것들이나 하늘에 있는 것들이 그로 말미암아 자기와 화목하게 되기를 기뻐하심이라 전에 악한 행실로 멀리 떠나 마음으로 원수가 되었던 너희를 이제는 그의 육체의 죽음으로 말미암아 화목하게 하사 너희를 거룩하고 흠 없고 책망할 것이 없는 자로 그 앞에 세우고자 하셨으니"라고 가르쳤습니다.

1. 그리스도의 피

사도 바울은 로마 감옥에 갇혀 있으면서 골로새 교인들이 이단 사상에 물들지 않게 하기 위하여 화목주로서의 그리스도를 가르쳤습니다. 그리스도의 피를 강조했습니다.

예수 그리스도는 중보자이십니다. 하나님과 인간 사이, 인간과 인간 사이의 중보자이십니다. 사람은 아담의 범죄로 인하여 하나님과 원수 상태에 놓이게 되었습니다. 사람과 사람 사이도 마찬가지입니다.

그래서 예수님께서 십자가에서 대속의 죽음을 죽어 주심으로써 화목한 상태에 나아가게 했습니다. 하나님과 인간 그리고 인간만이 아니라 만물까지 그리스도 안에서 회복되는 축복이 임하게 된 것입니다. 그리스도의 피 공로 때문에 화목하게 되었습니다.

그리스도의 피가 우리를 그렇게 만들었습니다. 하나님께서 그리스도의 피로 화평을 이루셨습니다. 하나님과 사람 그리고 만물이 그리스도 안에서 화목하게 되었습니다. 화평을 이루사란 '평화를 만들다, 화평하게 하다' 라는 뜻입니다. 하나님께서 그리스도를 통해 하나님과 사람 그리고 만물이 서로 상호간에 평화가 이루어지게 하셨습니다.

로마서 5장 10절에 "곧 우리가 원수 되었을 때에 그의 아들의 죽으심으로 말미암아 하나님과 화목하게 되었은즉 화목하게 된 자로서는 더욱 그의 살아나심으로 말미암아 구원을 받을 것이니라"라고 했습니다.

에베소서 2장 16절에 "또 십자가로 이 둘을 한 몸으로 하나님과 화목하게 하려 하심이라 원수 된 것을 십자가로 소멸하시고"라고 했습니다. 첫째 아담의 불순종으로 말미암아 하나님과 원수가 되었던 인류를 둘째 아담 그리스도의 순종으로 말미암아 하나님과 화평을 이루게 하셨습니다.

그리스도는 영원하신 하나님이십니다. 인간의 몸을 입고 이땅에 내려오사 자기 몸을 십자가에서 찢어 속죄의 피를 흘리셨습니다. 물과 피한 방울을 남기지 않고 쏟으셨습니다.

꼭 그 방법만이 유일한 방법이었을까? 그렇습니다. 피흘림이 없으면 사함이 없기 때문에 그 방법이 유일한 방법이었습니다. 하나님께서 세우신 제도가 그랬습니다.

레위기 17장 11절을 봅시다. "육체의 생명은 피에 있음이라 내가 이 피를 너희에게 주어 제단에 뿌려 너희의 생명을 위하여 속죄하게 하였나니 생명이 피에 있으므로 피가 죄를 속하느니라"라고 했습니다.

히브리서 9장 22절에도 그렇습니다. "율법을 따라 거의 모든 물건이 피로써 정결하게 되나니 피흘림이 없은즉 사함이 없느니라"라고 했습니다. 피흘림이 없으면 용서도 없는 원리입니다.

그리스도의 피는 양과 송아지의 피와는 달랐습니다. 구약시대에는 한 가지 죄악을 위하여 양과 송아지가 희생제물이 되었지만 그리스도의 피는 단번에 영원한 효력이 있는 피였습니다. 그러므로 기독교는 그리스도의 보혈을 찬송하는 종교입니다.

하나님은 그리스도의 피로 화목하게 하는 것을 기뻐하십니다. 기쁘게 여기십니다.

2. 악한 행실

전에는 행실로 떠나 있었습니다. 마음으로 원수 상태에 있었습니다. 이제는 그리스도께서 육체적인 죽음, 십자가의 죽음으로 화목하게 되었습니다. 과거를 생각해 봅시다. 누구나 다 흑암의 권세 아래 있었습니다. 죄의 지배를 받으면서 살았습니다. 심지어 세상 풍속에 종노릇 하면서 지냈습니다.

바울 서신을 보면 종종 '과거'와 '현재'를 비교해서 설명합니다. '전에'와 '이제'를 비교하기도 합니다. 대조적이기 때문입니다. 그리스도를 알기 전에는 하나님과 원수 상태였습니다. 그러나 그리스도의 피 공로 때문에 이제는 하나님의 자녀가 되었습니다.

과거의 삶을 보십시오. 멀리 떠나 있었습니다. 하나님과 원수 상태에 있으면서 그것이 옳은 줄로 알았습니다. 하나님으로부터 멀리 떨어진 것이 행복인 줄로 알았습니다.

에베소서 2장 12-13절에 "그 때에 너희는 그리스도 밖에 있었고 이스라엘 나라 밖의 사람이라 약속의 언약들에 대하여는 외인이요 세상에서 소망이 없고 하나님도 없는 자이더니 이제는 전에 멀리 있던 너희가 그리스도 예수 안에서 그리스도의 피로 가까워졌느니라"라고 했습니다.

또 에베소서 4장 18절도 봅시다. "그들의 총명이 어두워지고 그들 가운데 있는 무지함과 그들의 마음이 굳어짐으로 말미암아 하나님의 생명에서 떠나 있도다"라고 했습니다.

심지어 적극적으로 하나님과의 관계를 끊고 살았습니다. 자기 자신의 정욕대로 살았을 때 거룩하신 하나님과의 관계를 끊고 살았습니다. 그 결과가 하나님과 원수 상태에 놓이게 된 것입니다. 그리스도의 피 공로를 생각하지 않을 때 하나님으로부터 멀어질 뿐만 아니라 의도적으로 하나님과 원수의 자리에 앉게 되어 있습니다. 하나님을 대적하는 것입니다.

여러분은 지금 어떤 상황에 놓여 있습니까? 하나님을 멀리하면서 웃을 수 있는 것일까요? 하나님으로부터 의도적으로 떨어져 있으면서 행복하다고 말할 수 있을까요?

3. 그리스도의 죽음

"이제는 그의 육체의 죽음으로 말미암아 화목하게 하사"라고 했습니다. 왜 바울 사도는 육체적인 죽음을 언급하는 것일까? 초대 교회로부터 그리스도가 육체가 아닌 영이라는 주장이 있었습니다. 또 그리스도는 육체의 죽음을 당하지 않고 죽은 것처럼 보였다는 가현설을 주장하는 이단자들이 있었기 때문입니다.

그러나 하나님께서 그리스도의 육체적인 죽음을 통하여 성도와 화목하게 하시고 성도들을 거룩하고 흠 없고 책망할 것이 없는 자가 되게 하셨습니다. 실제적으로 십자가에서 죽으셨습니다. 로마군병이 창으로 옆구리를 찔렀을 때 물과 피가 쏟아졌습니다. 이사야 선지자의 예언대로 인류를 대속하기 위하여 십자가에서 죽으셨습니다.

예수님께서 십자가에서 죽으심의 은혜로 거룩하고 흠이 없는 사람, 책망할 것이 없는 존재가 되기를 원하셨습니다. 하나님께서 독생자를 십자가에서 희생하신 목적이 나타납니다. 하나님과 성도의 화목, 성도와 성도의 화목, 그리고 만물의 회복을 위하여 그렇게 하셨습니다. 그리고 영적인 성숙을 통하여 거룩한 하나님의 사람이 되기를 원하셨습니다.

예수 그리스도를 믿는 성도는 하나님께 바쳐진 존재입니다. 거룩한 존재입니다. 깨끗하고 성결한 존재가 되었습니다. 하나님께 바쳐진 거룩한 산 제물이 되었습니다. 윤리적으로나 도덕적으로 티가 없는 존재가 되었습니다. 구원받은 성도들은 어린양의 피로 깨끗하게 씻겨졌으므로 거룩하게 살아야 할 책임도 있습니다.

또 흠도 없어야 합니다. 흠이 없다는 말은 일점의 티도 없는 깨끗한 상태입니다. 깨끗하게 세탁한 옷과 같은 상태를 말합니다. 그리스도의 죽음이 그렇게 만들었습니다.

그리고 책망할 것이 없는 사람입니다. 비난받을 만한 죄가 없는 사람이 됩니다. 책망할 것이 없는 것은 온전한 상태를 가리킵니다. 성도는 마지막 심판 때에 그렇게 변화할 것입니다.

이런 복음을 알던 바울이 뭐라고 고백했습니까? 23절에서 "나 바울은 이 복음의 일꾼이 되었노라"라고 말했습니다. 복음의 일꾼은 예수 그리스도를 전하는 사람입니다. 복음을 섬기는 자입니다. 복음을 위해 전심 전력을 다하는 사람입니다.

하나님 앞에 흠 없고 거룩한 자로 서려면 믿음에 굳게 서서 복음의 소망에서 흔들리지 않아야 합니다. 어떤 장소로부터 움직이지 말라. 믿음에 굳게 서라. 그리고 복음의 소망을 가지라. 골로새 교회를 세우는 분은 하나님이십니다.

예수 그리스도의 복음은 천하 만민에게 전파되었으며 바울도 복음의 일꾼이 되었습니다. 일꾼은 '주인의 명령을 수행하는 사람', '시중드는 사람'을 가리킵니다. 주인의 명령에 절대적으로 순종하는 사람입니다. 복음은 하나님과의 화목, 사람과의 화목을 가져옵니다. 예수 그리스도가 누구십니까? 우리의 구원자, 재창조자, 교회의 머리 그리고 우리의 화목주가 되십니다.

제10강
골로새서 1장 24-29절

교회의 일꾼

하나님의 형상과 모양대로 지음 받은 사람에게 "생육하고 번성하여 땅에 충만하라 땅을 정복하라 바다의 물고기와 하늘의 새와 땅에 움직이는 모든 생물을 다스리라"라고 명령하셨습니다. 인간은 놀고 먹는 존재가 아니라 일하는 존재로 지음 받았습니다. 하나님께서 사람을 창조하신 목적이 하나님의 동산을 경작하고 관리하는 것이었습니다.

사람은 누구나 일을 하면서 삽니다. 가정을 섬기는 것도 일, 학교에서 공부하는 것도 일, 직장에서 수고하는 것도 일, 교회에서 봉사하는 것도 모두 다 일입니다. 다만 행하는 일이 선한 일이냐 아니면 악한 일이냐가 문제일 뿐입니다.

바울 서신에 보면 우리는 그리스도 안에서 새롭게 재창조되었는데 그 목적이 "선한 일을 위하여 지으심을 받은 자"라고 가르쳐 주고 있습니다(엡2:10). 디도서에서는 "그가 우리를 대신하여 자신을 주심은 모든 불법에서 우리를 속량하시고 우리를 깨끗하게 하사 선한 일을 열심히 하는 자기 백성이 되게 하려 하심이라"(딛2:14)라고 했습니다. 디모데에게는 교회의 일꾼을 세울 때 '선한 일을 사모하는 자를 세우라'라고 가르쳐 주었습니다(딤전3:1).

그러면 바울은 복음을 위한 교회의 일꾼으로 부름 받아 어떻게 봉사했습니까?

1. 고난 중에도 기뻐하는 사람

바울은 고난 중에도 기뻐하고 감사하는 사람이었습니다. 24절을 봅시다. "나는 이제 너희를 위하여 받는 괴로움을 기뻐하고 그리스도의 남은 고난을 그의 몸된 교회를 위하여 내 육체에 채우노라"라고 했습니다.

바울은 목회자요 신학자이며 선교사이고 성경 저자이지만 고난받는 사람이었습니다. 가는 곳곳마다 환영보다는 미움과 박해를 당했습니다. 그리스도를 증거하다가 수없이 죽을 뻔했습니다. 때로는 태장으로 맞았습니다. 40에 한 대 감하는 매를 다섯 번이나 맞았습니다. 유대인과 이방인들이 박해를 가해왔습니다. 감옥에 갇히기도 여러 번 했습니다.

바울은 고린도후서 11장 22-33절에서 자기가 당한 고난에 대해서 말했습니다. 강의 위험과 바다의 위험, 강도의 위험과 동족의 위험, 수고하며 애쓰고 여러 번 자지 못하고 주리고 목마르며 여러 번 굶고 춥고 헐벗었다고 했습니다. 어떤 때는 광주리를 타고 성에서 도망쳐야 했습니다.

어떤 사람이 교회의 일꾼일까요? 바울의 경우를 보면 교회의 일꾼은 교회와 그리스도를 위하여 받는 괴로움을 기뻐하는 사람입니다. "나는 이제 너희를 위하여 받는 괴로움을 기뻐하고 그리스도의 남은 고난을 그의 몸된 교회를 위하여 내 육체에 채우노라".

그러면 바울이 겪는 고난은 어떤 고난이었습니까? 바울은 골로새 교회나 그 교인들 때문에 직접적인 고난을 당하거나 어려움을 겪어 본 일이 없었습니다. 직접 세운 교회도 아니었고 목회를 하지도 않았던 교회였습니다. 그런데 왜 그 교회를 위하여 고난 당한다고 표현했을까요?

당시 유대인은 이방인을 개같이 여겼습니다. 관대하지 않았습니다. 하나님의 백성으로 생각하지도 않았습니다. 그런 시대적인 상황을 겪으면서 바울은 복음을 아는 사람, 복음의 비밀을 깨달은 사람, 하나님의 성령으로 충만한 사람이었기에 이방인이 겪는 고난에 대해 함께 동참한 사람입니다. 그 고난을 기뻐하고 감사하는 사람이 되었습니다. 기쁨이란 번영과 평안에서 오는 감정을 말합니다.

교회를 위하여 받는 괴로움을 기뻐한다는 것은 구원의 복음을 전할 때 뒤따르는 고난을 말합니다. 구원의 복음을 전할 때 마귀, 사탄이 방해를 합니다. 끊임없이 가로막습니다. 어떤 때는 사람을 통해서 방해하기도 하고 어려운 환경을 이용하여 방해하기도 합니다. 그러나 복음을 전하는 일은 하나님의 일이기 때문에 아무도 막을 수 없습니다.

예수님은 요한복음 15장 19절에서 "너희가 세상에 속하였으면 세상이 자기의 것을 사랑할 것이나 너희는 세상에 속한 자가 아니요 도리어 내가 너희를 세상에서 택하였기 때문에 세상이 너희를 미워하느니라"라고 했고, "세상에서는 너희가 환난을 당하나 담대하라 내가 세상을 이기었노라"(요16:33)라고 했습니다.

사도행전 5장 41절에서 "사도들은 그 이름을 위하여 능욕 받는 일에 합당한 자로 여기심을 기뻐하면서 공회 앞을 떠나니라"라고 했습니다. 성령이 충만했던 사도들도 예수님의 이름 때문에 당하는 어려움과 고난을 기뻐했습니다. 하나님의 일을 하는 것은 고난입니다. 교회 일을 하는 것이 한편으로는 즐거움이지만 다른 편에서 보면 고난입니다.

그러면 우리는 작은 고난도 못견딜 때가 많은데 바울은 어떻게 그러한 고난을 이겨냈을까요? 내세의 영광을 바라보았기 때문입니다. 로마서 8장 18절에 "생각하건대 현재의 고난은 장차 우리에게 나타날 영광과 비교할 수 없도다"라고 했습니다. 고린도후서 4장 17절에서는 "우리의 잠시 받는 환난의 경한 것이 지극히 크고 영원한 영광의 중한 것을 우리에게 이루게 함이니"라고 했습니다.

베드로 사도는 베드로전서 4장 13-14절에서 "오히려 너희가 그리스도의 고난에 참여하는 것으로 즐거워하라 이는 그의 영광을 나타내실 때에 너희로 즐거워하고 기뻐하게 하려 함이라 너희가 그리스도의 이름으로 치욕을 당하면 복 있는 자로다 영광의 영 곧 하나님의 영이 너희 위에 계심이라"라고 했습니다.

그럼 고난 받게 하는 이유가 무엇일까요? 고난을 통하여 복음이 전파됩니다. 디모데후서 2장 9절에 "복음으로 말미암아 내가 죄인과 같이 매이는 데까지 고난을 받았으나 하나님의 말씀은 매이지 아니하니라"라고 했습니다.

바울은 그리스도의 남은 고난을 내 육체에 채운다고 고백했습니다. 그리스도인들의 고난은 대속의 고난이 아니라 교회 성장을 위한 고난입니다. 교회의 일꾼들이 고난을 기쁨으로 감당할 때 하나님의 교회는 점점 더 발전하게 되고, 하나님의 나라는 더욱 성장할 줄로 믿습니다.

참된 교회의 일꾼의 자세는 성도를 위하여 받는 괴로움을 기뻐해야 합니다. 교회에 얼마나 많은 어려운 문제들이 있습니까? 결혼문제, 소송문제, 이단문제, 분쟁문제, 헌금문제, 박해와 고난의 문제 등등. 바울은 교회의 일을 기쁨으로 감당했습니다. 이것이 교회 일꾼의 첫 번째 특징입니다.

2. 하나님의 말씀을 이루는 사람

교회의 일꾼의 두 번째 특징은 하나님의 말씀을 이루는 사람입니다. 25절부터 27절까지 교회의 일꾼이 된 이유를 밝히고 있습니다. 감추었던 하나님의 비밀 곧 예수 그리스도를 통한 하나님의 구원 계획과 섭리를 성도들에게 나타내 보이기 위한 일꾼이었습니다.

바울은 단순 노동을 하는 교회의 일꾼이라기보다 하나님의 비밀을 맡은 일꾼, 복음의 일꾼입니다. 골로새서 1장 23절에서 "나 바울은 이 복음의 일꾼이 되었노라"라고 했고, 에베소서 3장 7절에서는 "이 복음을 위하여 그의 능력이 역사하시는 대로 내게 주신 하나님의 은혜의 선물을 따라 내가 일꾼이 되었노라"라고 했습니다.

고린도후서 3장 6절에서는 "그가 또한 우리를 새 언약의 일꾼 되기에 만족하게 하셨으니"라고 하여 새 언약의 일꾼이란 말로 표현했습니다. 바울은 복음을 위하여 세움을 받은 자, 복음을 위한 교회의 일꾼, 새 언약의 일꾼이었습니다. 이것은 자신의 자의로 된 것이 아니라 하나님의 경륜을 따라 되었습니다.

그러면 바울이 교회의 일꾼으로 하나님의 비밀을 맡았는데 바울이 맡은 하나님의 비밀은 무엇입니까? 예수 그리스도를 통해 온 인류를 구원하시고자 하시는 하나님의 구원 계획과 섭리입니다. 바울은 하나님의 경륜 가운데서 이 사명을 깨닫게 되었습니다.

하나님께서 바울을 세운 목적이 나타납니다. '만세와 만대로부터' 감추어졌던 것, 숨겨졌던 것이 이제는 드러났습니다. 구약시대에는 유대인에게만 계시되었던 복음입니다. 그러나 이제는 이방인에게까지 공식적으로 확장되었습니다. 이방인들도 떳떳하게 하나님의 백성이 되는 길이 활짝 열렸습니다. 이방인들도 예수를 믿으면 구원받는 축복을 받게 되었습니다. 누구든지 믿으면 구원받는 영광이 있는 줄로 확실히 믿습니다. 이것이 드러나게 되었고, 나타나게 되었습니다.

바울은 고린도 교인들을 향하여 고린도전서 4장 1-2절에서 "사람이 마땅히 우리를 그리스도의 일꾼이요 하나님의 비밀을 맡은 자로 여길지어다 그리고 맡은 자들에게 구할 것은 충성이니라"라고 했습니다.

여러분도 하나님의 교회의 일꾼 된 것을 자랑스럽게 여깁시다. 직분은 다 다르지만 하나님의 말씀을 이루기 위해 일하는 목표와 목적은 다 같습니다.

3. 복음을 전하며 가르치는 사람

교회의 일꾼의 세 번째 특징은 복음을 전하며 가르치는 사람입니다.

(1) 교회의 일꾼은 복음을 전하는 사람입니다. 마태복음에는 "하늘과 땅의 모든 권세를 내게 주셨으니 그러므로 너희는 가서 모든 민족을 제 자로 삼아 아버지와 아들과 성령의 이름으로 세례를 베풀고 내가 너희 에게 분부한 모든 것을 가르쳐 지키게 하라 볼지어다 내가 세상 끝날까 지 너희와 항상 함께 있으리라"(마28:18-20)라고 했습니다.

마가복음에는 "너희는 온 천하에 다니며 만민에게 복음을 전파하라 믿고 세례를 받는 사람은 구원을 얻을 것이요 믿지 않는 사람은 정죄를 받으리라"(막16:15)라고 했습니다.

누가복음에는 "그의 이름으로 죄 사함을 받게 하는 회개가 예루살렘 에서 시작하여 모든 족속에게 전파될 것이 기록되었으니 너희는 이 모 든 일의 증인이라"(눅24:47-48)라고 했고, "오직 성령이 너희에게 임하 시면 너희가 권능을 받고 예루살렘과 온 유대와 사마리아와 땅 끝까지 이르러 내 증인이 되리라"(행1:8)라고 하였습니다.

교회의 일꾼은 때를 얻든지 못 얻든지 항상 하나님의 말씀을 전하는 사람입니다. 하나님은 전파하는 방법을 통해서 사람을 구원하십니다. 이것이 사람 보기에는 어리석게 보이지만 지혜로우신 하나님의 방법입 니다. 바울은 하나님의 방법으로 일했던 교회의 일꾼이었습니다.

(2) 교회의 일꾼은 복음을 지혜롭게 가르치는 사람입니다. 하나님의 비밀을 나타내는 사람입니다. 목적이 무엇입니까? 물론 복음을 가르쳐 서 주님을 믿게 합니다. 구세주로 받아들이게 만드는 일입니다. 더 나 아가 그리스도 안에서 완전한 자로 서게 하는 일입니다. 바울은 이런 수고를 아끼지 않았습니다.

"각 사람을 권하고"의 '권하고'란 '조언하다', '가르치다'란 뜻입니다. 거짓 선생들의 잘못된 교리에 빠져들지 않고, 대항하도록 권고한다는 뜻입니다. 복음을 가르쳐서 성숙한 그리스도인들이 되게 할 때 이단자들을 대항할 수 있습니다.

"그리스도 안에서 완전한 자"에서 '완전한 자'란 '충분히 성숙한 자'의 뜻입니다. 영적으로 성숙한 사람입니다. 거룩하고 흠이 없는 사람입니다. 책망할 것이 없는 사람입니다.

바울은 그리스도의 비밀을 성실하게 전파하여 완전한 자로 세우기 위한 노력을 아끼지 않았습니다. 힘을 다하여 수고했습니다. 여기서 사용된 말의 의미는 운동경기에서의 '싸우다', '고뇌하다'로 지금도 힘쓰고 애쓰고 있음을 뜻하는 말입니다. 가르치는 일을 지칠 때까지 힘쓰겠다는 뜻입니다.

중요한 것은 복음을 전할 때나 가르칠 때 사역자가 최선을 다하여 노력해야 되지만 그리스도의 능력, 하나님의 능력이 필요합니다. 하나님께서 돕는 은혜를 베풀어 주셔야 합니다.

결론적으로 바울은 교회의 일꾼이었습니다. 고난 속에서도 기뻐하며 감사하는 일꾼이었습니다. 교회와 그리스도를 위한 고난을 잘 감당할 때 교회가 부흥되고 하나님 나라가 발전하기 때문입니다. 바울은 교회의 일꾼으로 하나님의 말씀을 이루는 사역자였습니다. 이방인들이 그리스도 때문에 영광스러운 복음을 알고 믿어 구원받게 되었습니다. 이 복음을 위하는 일꾼들이 되어야 할 것입니다.

끝으로 바울은 그리스도로 말미암아 구원받는 영광스러운 복음을 잘 전하고 가르쳐서 완전한 자로 세웠습니다. 우리도 바울처럼 그리스도 안에서 하나님의 능력으로 완전한 자를 만드는 일에 최선을 다합시다.

제11강
골로새서 1장 28-29절

교사의 사명이 무엇인가?

하나님 나라에서 다른 사람들을 가르치는 교사로 부름받은 것은 큰 영광이요 행복입니다. 왜 하나님의 교회에서 가르치는 교사가 큰 영광일까요? 가르치는 교육을 통해 하나님의 교회를 세우는 방법으로 성령이 역사하고 사람이 세워집니다.

교사는 하나님 나라, 하나님의 교회를 세우기 위해서 부름받은 사람입니다. 여기에 교사의 사명이 있습니다. 천지 만물을 창조하신 하나님이 불러서 쓰는 사람들입니다. 그래서 목사를 성경을 가르치는 교사라고 말하는 것입니다.

1. 하나님에게서 배웁니다

삼위일체 하나님이 가르쳐 주신 방법입니다. 교사는 다른 사람을 가르치기 전에 자신이 먼저 하나님으로부터 배워야 합니다. 하나님으로부터 무엇을 배울까요?

1) '여호와께서 가라사대'의 방법입니다. 때로는 '이르시되', '말씀

하시느니라', '말씀하셨느니라', '명령하신 대로', '명령하셨느니라'
라고 합니다.

하나님이 이르시되(창1:3)는 창세기 1장에서만 9번이나 나옵니다. '하
나님이 이르시되'라고 가르쳐 주셨습니다. 창세기 2장에서는 인간의
기원을 말씀하실 때도 "여호와 하나님이 이르시되 사람이 혼자 사는 것
이 좋지 아니하니 내가 그를 위하여 돕는 배필을 지으리라"라고 하셨습
니다.

창세기 9장 1절에 "하나님이 노아와 그 아들들에게 복을 주시며 그들
에게 이르시되 생육하고 번성하여 땅에 충만하라"라고 하셨습니다. 생
육하고 번성하여 땅에 충만하라는 축복의 방법이 가르치는 방법이었습
니다. 그러니까 다른 말로 하면 말씀하는 방법입니다. 말하는 방법으로
가르칩니다.

창세기 12장 1절에서 "여호와께서 아브람에게 이르시되 너는 너의
고향과 친척과 아버지의 집을 떠나 내가 네게 보여 줄 땅으로 가라"라
고 말씀하셨습니다. 아브라함을 부르실 때도 행동으로 하지 않고 부르
시는 음성으로, 부드러운 음성으로, 그리고 방향을 가르치는 방법을 사
용하셨습니다.

이사야 43장 1절에서는 "야곱아 너를 창조하신 여호와께서 지금 말
씀하시느니라 이스라엘아 너를 지으신 이가 말씀하시느니라"라고 하셨
습니다. 두 번씩이나 '말씀하시느니라'라고 하셨습니다.

모세나 여호수아를 데려다가 쓰실 때도 '여호와께서 이르시되'라고
표현되어 있고, 왕과 백성들이 잘못된 길에 섰을 때도 하나님은 '이르
시되'의 방법을 사용하셨습니다. 가르침의 방법은 하나님의 방법이었
습니다. 우리도 가르침이 있는 하나님의 방법을 사용하기 위하여 먼저
듣고 배우는 시간이 반드시 필요한 것입니다.

2) '예수께서 가라사대'의 방법입니다. "예수께서 대답하여 이르시

되"(마3:15), "하늘로부터 소리가 있어 말씀하시되 이는 내 사랑하는 아들이요 내 기뻐하는 자라"라고 음성을 들려주셨습니다. 예수님께서도 29번이나 자신이 '선생'이라고 말씀하셨습니다.

마태복음 4장 4절에 "예수께서 대답하여 이르시되 기록되었으되 사람이 떡으로만 살 것이 아니요 하나님의 입으로부터 나오는 모든 말씀으로 살 것이라"라고 했습니다. 7절에 "예수께서 이르시되 또 기록되었으되 주 너의 하나님을 시험하지 말라 하였느니라"라고 했습니다. 10절에서는 "예수께서 말씀하시되 사탄아 물러가라 기록되었으되 주 너의 하나님께 경배하고 다만 그를 섬기라 하였느니라"라고 했습니다.

마태복음 5장 2절에 "입을 열어 가르쳐 이르시되"라고 했습니다. 가르침의 방법은 예수님의 교육 방법이었습니다. 팔복도 가르치는 방법을 사용하셨고, 천국에 대하여도 가르치는 방법을 사용하셨습니다.

3) '성령께서 이르시되', 성령께서는 '말하게 하시는 영, 말씀하는 영'으로 오셨습니다. 오순절 이전에 예수님께서 제자들을 파송하셨습니다. 보내실 때 하신 말씀이 총독들과 임금들에게 끌려갈 때 어떻게 무슨 말을 할까 염려하지 말라 "너희에게 할 말을 주시리니 말하는 이는 너희가 아니라 너희 속에서 말씀하시는 이 곧 너희 아버지의 성령이시니라"라고 하셨습니다(마10:19-20).

성령이 오순절에 강림하셨습니다. 그리고 교회를 세우셨습니다. 사람을 거듭나게 하시고 사람들을 교회로 부르셨습니다. 사도행전 2장 4절에 "성령이 말하게 하심을 따라 다른 언어들로 말하기를 시작하니라"라고 했습니다.

사도행전 13장 2절에 안디옥 교회가 금식하며 기도할 때 "성령이 이르시되 내가 불러 시키는 일을 위하여 바나바와 사울을 따로 세우라"라고 성령의 지시가 있었습니다. 사도행전 16장에서는 바울이 아시아에서 복음을 전하려고 할 때 성령께서 못하게 하셨고, 비두니아 지역으로 가려고 할 때도 예수의 영이 허락하지 않아 결국 마게도냐 지방으로 건너가게 되었습니다. 성령의 인도하심입니다.

요한계시록 2-3장에서 "귀 있는 자는 성령이 교회들에게 하시는 말씀을 들을지어다"라고 했습니다(계2:7,11,17,29;3:6,13,22). 교회는 성령의 음성을 듣고 움직이는 단체입니다. 그래서 교회는 늘 성령의 충만을 위하여 기도해야 합니다.

이렇게 기독교 교육은 삼위일체 하나님의 방법이었고 하나님으로부터 시작된 교육입니다. 사도들은 사도행전 2장 42절에 "사도의 가르침을 받아"와 5장 42절에 "그들이 날마다 성전에 있든지 집에 있든지 예수는 그리스도라고 가르치기와 전도하기를 그치지 아니하니라"라고 했습니다.

2. 사람이 따르는 교사

교회 교사는 사람이 따르는 교사가 되어야 합니다. 또한 교사가 학생을 따라다니는 것도 중요한 사역입니다. 에스겔 성경에서 강조된 내용입니다. 병들고 약한 양들을 찾고 찾아야 한다는 말입니다. 반대로 학생이 따라올 수 있도록 가르쳐야 합니다. 그러면 어떻게 하면 학생이 교사를 따라올 수 있을까요?

첫 번째 방법은 잘 가르쳐야 합니다. 내용 있는 교육입니다. 골로새서 1장 28절 하반절에 '권하고'는 '조언하다', '가르치다'의 뜻입니다. 거짓 선생들의 잘못된 교리에 빠져들지 않고, 대항하도록 권고한다는 뜻입니다.

가르치는 내용이 사람의 말이나 경험보다도 더 중요한 것은 하나님의 말씀이어야 합니다. 양은 목자의 음성을 듣습니다. 요한복음 10장 3-4절에 "양은 그의 음성을 듣나니 그가 자기 양의 이름을 각각 불러 인도하여 내느니라"라고 했습니다. 4절에서는 "양들이 그의 음성을 아는 고로 따라오되 타인의 음성은 알지 못하는 고로 타인을 따르지 아니하고 도리어 도망하느니라"라고 했습니다. 14-15절에 "나는 선한 목자라 나는 내 양을 알고 양도 나를 아는 것이 아버지께서 나를 아시고 내가 아버지를 아는 것 같으니 나는 양을 위하여 목숨을 버리노라"라고 했습니다. 하나님의 음성인 성경말씀을 가르쳐야 양들이 병들지 않고 영적으로 힘이 있습니다.

성경은 하나님 나라에 대한 책입니다. 사도행전 1장 4절에 부활하신 예수님께서 승천하기 이전에 하나님 나라를 가르치셨습니다.

두 번째는 성령이 역사해야 합니다. 성령의 영감이 있을 때 엘리사가 엘리야를 따라다니지 않습니까? 길갈에서 벧엘, 벧엘에서 여리고, 여리고에서 요단으로 갈 때 계속하여 따라갔습니다. 벧엘과 여리고에는 하나님을 믿고 따르는 여러 명의 제자들이 있었습니다. 그러나 끝까지 따르던 엘리사만 성령의 능력을 받았습니다.

모세가 하나님의 인도를 받을 때 여호수아가 끝까지 따릅니다. 예수님이 성령의 이끌림을 받아 순종하실 때 제자들이 끝까지 따릅니다. 성령 충만한 교사가 되어야 합니다. 성령이 생각나게 하고 성령이 인도하고 성령이 사람을 만드는 교육입니다.

세 번째로는 하나님의 사랑이 있어야 합니다. 하나님의 사랑을 느끼고 받고 보고 깨닫기 때문에 사람이 사람을 따르는 것이 아닙니까? 세상은 점점 삭막한 세상이 되어가고 있습니다. 가정은 파탄되고 부모와 자녀 간에도 서로 사랑을 주고 받는 것이 사라진 세상입니다. 사람은 점점 기계문명의 노예가 되어가고 있습니다. 일자리를 잃게 되었습니다. 주님 대신 사랑의 마음을 쏟아야 합니다. 사랑의 손길을 펼쳐야 합니다. 사랑하는 마음이 있는 한 사람들은 다른 곳으로 가지 않습니다. 사랑의 맛을 알고 있기 때문입니다.

3. 언제까지 교육할 것인가?

올해만 할 것인가 아니면 70세 정년까지 할 것인가? 그런 것도 중요한 말이지만 더욱 중요한 것이 있습니다. 바울은 우리들에게 골로새서 1장 28절 하반절에서 "그리스도 안에서 완전한 자로 세우려 함이니"라고 했습니다. 그리스도 안에서 완전한 자가 될 때까지 가르치고 사랑으로 권면한다고 했습니다.

'완전한 자'는 '충분히 성숙한 자, 아무것도 결여된 것이 없는 자'란 뜻입니다. 인격적으로 성숙할 때까지 가르치겠다는 말입니다. 영적으로 성숙한 사람입니다. 그리스도를 닮아서 거룩하고 흠이 없는 사람입니다. 책망할 것이 없는 사람, 칭찬받는 사람을 만들겠다는 뜻으로 인간다운 인간이 만들어질 때까지 교육합니다.

바울은 사람을 만들기 위해서 29절 하반절에서 "힘을 다하여 수고"했습니다. 힘을 다하여 수고한다는 말은 '운동경기에서 싸우다', '고뇌하다'로 지금도 힘쓰고 있음을 뜻하는 말입니다.

경기하는 선수들이 힘껏 싸우고 수고하다 지치고 또 '지칠 때까지 힘쓴다'는 뜻입니다. 바울은 지금도 계속하여 인격적인 사람을 만들기 위해서 힘쓰고 있음을 밝히고 있습니다. 여러분은 무엇을 하고 있습니까? 교사는 그리스도의 사람을 만드는 사람입니다. 그리스도 안에서 완전한 자를 만드는 사람입니다.

바울의 염려

바울은 복음의 일꾼입니다. 바울이 전한 복음의 내용을 요약해 보면 예수 그리스도가 우리의 구속주요, 창조자이시며, 교회의 머리시요, 화목주가 되심을 증거했습니다.

이 복음을 증거할 때 사도 바울에게는 고난이 뒤따라왔습니다. 사람들은 복음을 싫어하는 경향이 있기 때문입니다. 왜냐하면 잘못된 철학적인 이론과 자연 만물을 숭배하는 그릇된 사상들, 그리고 자기 자신이 세상에서 가장 뛰어난 존재로 여기는 마음이 있기 때문입니다.

하나님의 복음의 일꾼이 된 바울은 배고픔과 자지 못함, 억울함과 매 맞음, 유대인과 이방인의 박해, 강과 바다의 위험이 있었습니다. 가는 곳곳마다 환영과 환호가 아니라 돌을 던지고 비난하고 내팽개치는 일들이 비일비재했습니다. 그래도 바울은 로마에까지 가서 복음을 전했던 하나님의 도구였습니다. 이 말을 할 때 바울은 검투사의 모습을 생각하면서 기록하고 있는 것입니다.

바울은 골로새 교회를 사랑했습니다. 골로새 교회를 생각할 때마다 믿음, 소망, 사랑 때문에 감사했고, 하나님을 더 잘 알기를 원해서 기도드렸습니다. 바울은 골로새 교회를 걱정했습니다. 왜 걱정했습니까? 무엇 때문에 근심하고 걱정했을까요? 여기서 목회자의 심정을 엿볼 수 있게 됩니다.

1. 바울의 근심

라오디게아 교회와 골로새 교회를 바울의 육신적인 눈이나 얼굴로는 보지 못한 교회입니다. 바울이 직접 세운 교회가 아닙니다. 얼굴로 대면한 적도 없습니다. 그런데 골로새 교회 안에 이단자들이 침투하기 시작했습니다. 그릇된 교리가 들어와서 성도들을 어지럽히기 시작했습니다. 교회가 혼란의 위기, 분열의 위기에 직면하게 되었습니다. 이것은 성령의 역사가 아니라 사탄의 역사였습니다.

바울이 현재적으로 처한 입장이 무엇입니까? 옥중에 갇혀 있습니다. 먹을 것 못 먹고 자지 못하고 고생하는 곤고한 입장입니다. 그러나 마음만은 골로새 교회를 향하고 있었습니다. 바울의 염려는 골로새 교인들의 마음이 하나 되고 사랑으로 연합하여, 하나님의 비밀인 복음을 깨달아 알고 그리스도만을 따르기를 원했습니다.

2절을 봅시다. "이는 그들로 마음에 위안을 받고 사랑 안에서 연합하여 원만한 이해의 모든 부요에 이르러 하나님의 비밀인 그리스도를 깨닫게 하려 함이라". 이것이 바울의 마음이었습니다.

사도 바울이 골로새 교회를 생각했던 세 가지 이유가 나타납니다. 첫 번째는 '마음의 위안'입니다. '마음의 위안'은 '용기를 주다, 힘을 준다'라는 뜻입니다. 골로새 교인들의 마음에 하나님을 향한 용기와 힘을 얻기를 원했던 바울입니다.

두 번째로는 사랑 안에서의 연합입니다. 골로새 교회 성도들이 그리스도의 사랑, 하나님의 사랑, 성령의 사랑으로 똘똘 뭉치기를 원했습니다. 그래서 성도들에게, 이름도 모르는 교인들이지만 기도하고 편지를 쓰고 있는 것입니다.

세 번째로는 하나님의 지혜로 그리스도를 알고 깨닫게 하려는 데 바울의 고민이 있고, 목회자의 걱정이 있었던 것입니다. 골로새 교인들이 하나님의 비밀인 그리스도를 알고 의지하며, 신실한 생활을 할 수 있기를 원했습니다.

그리스도 안에 하나님의 비밀이 담겨져 있습니다. 하늘의 보화가 감추어져 있습니다. 구원의 비밀이 숨겨져 있습니다. 세상이 감당할 수 없는 믿음의 능력이 있습니다.

그러니까 목회자 바울은 그리스도 예수 안에 풍성히 감추어진 것들을 골로새 교인들이 참된 지혜와 지식으로 깨달아 알기를 원했던 것입니다. 당대 골로새 교회에는 세 종류의 지혜가 있었습니다. 첫째는 바울과 교역자와 성도가 가진 지혜입니다. 둘째는 이단자들이 주는 헛된 지혜입니다. 셋째는 그리스도 안에 있는 하나님의 영원한 지혜입니다. 오늘 말씀에서는 하나님의 지혜를 가리킵니다.

그러므로 하나님의 지혜로 그리스도를 알면 이단에 빠지지 않습니다. 이단에 빠졌다 하더라도 속히 뛰쳐 나올 수가 있습니다. 그릇된 낭설이나 오해도 하지 않습니다. 대부분의 경우 분별력이 없기 때문에 잘못된 사상에 빠지고 잘못된 행동과 삶을 살게 됩니다.

'너희의 규모, 믿음의 굳은 것'이란 말이 나옵니다. 잘 훈련받은 군인은 대열에서 이탈되지 않듯이 잘 믿는 믿음의 사람은 거짓된 말과 이단적인 행동에 미혹을 받지 않습니다. 거짓된 말과 교훈 때문에 믿음을 져버리지도 않습니다.

사람은 열매로 그 사람을 압니다. 그 사람이 자리를 떠나거나 죽은 다음에 그 사람을 평가하게 됩니다. 살아서 돌아다닐 때나 함께 있을 때는 그 사람에 대해서 함부로 말할 수 없습니다.

여러분도 다른 사람을 걱정한다면 자기 자신 또한 걱정해야 합니다. 교회 앞에서나 주님 앞에 설 때 칭찬받을 것이 있는지 생각하면서 겸손하게 사는 것이 유익될 것입니다.

교회와 주님 앞에 칭찬받기를 원하십니까? 주님을 잘 알고 믿는 성도가 되기 바랍니다. 영생이 무엇입니까? 하나님을 아는 것입니다. 그리스도를 아는 것입니다. 그리스도를 구속주로, 창조주로, 교회의 머리로, 화목주로 알 때 믿음이 생기고, 그 주님만을 믿고 의지하게 됩니다.

2. 바울의 권면

골로새 교회는 예수 그리스도를 구속주와 창조자, 교회의 머리와 화목주로 믿는 사람들이었습니다. 믿는 사람들의 공동체, 택한 자들의 모임이라는 말로 표현하기도 합니다. 그런데 지상 교회는 전투하는 교회입니다. 승리한 교회가 아닙니다. 그 말은 영적인 전쟁을 하고 있는 상황이라는 의미인데 양과 염소가 섞여 있습니다. 알곡과 가라지도 섞여 있습니다. 착하고 충성된 종이 있는가 하면 악하고 게으른 사람도 있습니다. 그래서 조심하라는 뜻입니다.

골로새 교회를 향한 바울의 권면은 어떤 내용이었습니까? 7절에 "그 안에 뿌리를 박으며 세움을 받아 교훈을 받은 대로 믿음에 굳게 서서 감사함을 넘치게 하라"라고 했습니다.

세상에 도처에서 자라나고 있는 식물이나 건축물에 비유해서 권면하고 있습니다. 뿌리를 박으라, 잘 세우라, 굳게 세우라, 감사함이 넘치게 하라.

1) 그리스도 안에서 행하라. 골로새 교인들아, 그리스도 안에서 행하라. 큰 나무가 뿌리를 깊이 내리듯, 큰 건물이 기초를 깊이 파고 세우듯 그리스도 안에서 행하라. 이것이 골로새 교인들을 향한 첫 번째 권면입니다.

그리스도 안에서 행할 때 소극적으로 이단사상을 물리칠 수 있습니다. 지상에 있는 교회는 종종 문제가 발생합니다. 이단자들이 여러분을 미혹합니다. 그릇된 사상이 여러분이 기도하지 못하게 하고 믿음으로부터 멀어지게 만듭니다. 그럴 때마다 승리할 수 있는 비결이 무엇일까요?

그리스도 안에서 머물면서 사랑으로 행하는 것입니다. 그리스도 안에서 연합하는 것입니다. 자기 자신이 교회 회원임을 기억하는 것입니다. 그리스도의 장성한 분량이 충만한 데까지 성장하는 것입니다. 에베소 교회를 향해서도 바울은 그렇게 권면했습니다(엡4:3,13).

2) 그리스도 안에서 뿌리를 깊게 박고, 지속적으로 성장하라. 바울은 나무와 건물을 생각하면서 두 번째 권면을 하고 있습니다. 이 세상에서 이단의 유혹이 가장 많은 나라가 대한민국이라는 말이 있습니다. 이단 천국이라 할 정도로 이단자들이 많습니다. 더군다나 미혹하는 영을 받은 사람들이 얼마나 많습니까? 여러분에게 도움을 줄 만한 믿음의 사람을 찾아보기 힘든 세상입니다.

헛된 사상을 가진 자들이 정말 많습니다. 여러분의 신앙생활을 병들게 하고, 기도생활을 방해하는 사람들이 있을 것입니다. 그리스도의 사랑을 실천하기보다는 자기 이론을 전개하는 사람도 교회 안에 깊숙히 침투해 오고 있는 시대입니다. 이럴 때 우리는 그리스도에 대한 사랑을 고백하며, 믿음의 확신을 더욱 가져야 합니다.

베드로 사도의 외침을 기억합시다. 베드로후서 3장 18절에 "오직 우리 주 곧 구주 예수 그리스도의 은혜와 그를 아는 지식에서 자라 가라 영광이 이제와 영원한 날까지 그에게 있을지어다"라고 했습니다.

성숙해 가는 그리스도인이 됩시다. 영적으로 성장해야 합니다. 그렇지 않으면 그릇된 이론이나 잘못된 소문에 휩쓸려 떠내려 가게 됩니다. 떨어진 은혜는 회복이 쉽지 않습니다. 그리스도 안에서 뿌리를 박으세요. 그리고 지속적으로 성장하세요.

3) 하나님의 은혜를 받은 성도는 일평생을 감사하는 삶을 살아라. 감사 생활은 성도의 본분입니다. 감사하는 생활이 성도의 생활입니다. "범사에 감사하라 이는 그리스도 예수 안에서 너희를 향하신 하나님의 뜻이니라". 감사 생활은 자기 신앙을 튼튼하게 합니다. 다른 사람의 믿음을 붙잡아 주는 결과를 가져옵니다.

바울은 나무와 건축물을 생각하면서 감사 생활을 하라고 교훈하고 있습니다. 감사는 또 다른 감사를 낳습니다. 늘 감사합시다. 감사 생활이 하나님의 뜻입니다. 그리스도 안에 머물러 있는 성도의 모습입니다. 세상에서 가장 아름다운 삶일 것입니다. 범사에 감사하는 사람의 삶이 아름답습니다.

제13강
골로새서 2장 8-15절

이단과 예수 그리스도

바울은 복음의 훌륭한 일꾼입니다. 골로새 교인들이 나무가 뿌리를 깊이 내리듯, 건축물이 굳건히 세워지듯 그리스도 예수 안에 뿌리를 내리며 굳게 세워지기를 원했던 것입니다. 왜 그랬을까요? 골로새 교회 안에 잘못된 이단자들이 나타났기 때문입니다. 어떤 이단자들이었을까요?

1. 철학과 속임수

하나님의 충만한 것이 그리스도로 말미암아 우리에게 나타났습니다. 그리스도의 성육신으로 말미암아 하나님이 어떤 분이신지 드러났습니다. 성도들은 예수 그리스도와 연합함으로써 그리스도 안에서 충만한 하나님의 복을 경험하는 은혜가 임하게 되었습니다.

반대로 '세상 철학과 헛된 속임수' 는 사람을 노략질합니다. 철학이란 '지혜에 대한 사랑' 이라는 의미입니다. 당시의 철학은 궤변과 언어 유희적인 면이 많았습니다. 믿음을 흔들어 놓는 지혜는 세속적인 지혜이지 하늘로부터 온 지혜가 아닙니다.

그 대표적인 예로 영지주의자들이 나타나 교회를 혼란스럽게 했습니다. 철학이 하나님을 추구한다면 나름대로 공헌을 할 수 있는 것이지만 철학이 언어의 유희로 등장하여 사람들을 속이는 속임수로 등장하게 되었습니다. 속임수란 '사기, 속임, 술수'라는 뜻입니다. 다른 사람이 가지지 못한 영적인 지식이 있다는 속임수입니다.

기독교는 하나님을 높이는데, 철학은 하나님보다 사람을 높입니다. 실제적인 가치보다는 이론적이고 말의 가치에 역점을 두게 됩니다. 그러므로 성도들은 어떤 사조가 흘러들어와도, 영혼에 치명적인 손상을 입히는 어떤 풍조라도 물리칠 줄 알아야 합니다. 노략한다는 말은 '포로로 사로잡아 가다, 전리품을 빼앗아 가다'라는 뜻입니다. 영지주의자들이나 이단자들이 그렇다는 것이지요.

왜냐하면 이런 사상들은 하나님으로부터 온 사상이 아닙니다. 사람의 유전이고 사람의 교훈들입니다. 당시에 유대주의적인 율법주의와 헬라주의적인 영지주의가 골로새 교회를 위협했습니다. 그러나 중요한 것은 예수 그리스도와 비교해 보면 철학이나 영지주의는 세상의 초등학문과 같았습니다. 그 근본이 구주 예수 그리스도에게 둔 사상이 아니기 때문에 그렇습니다.

유대주의적 율법주의가 무엇입니까? 할례를 받음으로써 구원을 받는다. 행위 구원에 기초가 되는 주장입니다. 먹고 마시는 것, 절기와 월삭 문제, 안식일 등을 구원의 조건으로 내세우는 이단적인 요소를 말합니다.

또 천사 숭배 사상도 있었습니다. 골로새 교인들이 신비한 환상이나 천사에게 집중하거나 과장되게 생각하는 성향을 가리킵니다. 천사는 하나님이 부리는 종입니다. 우리는 신분적으로 자녀의 신분입니다.

그리고 골로새 교회에는 금욕주의자들이 나타났습니다. 붙잡지도 말고 맛보지도 말며 만지지도 말라는 주장입니다. 육체적인 욕구들에 대하여 극도로 억압하는 성향의 신앙생활입니다. 스스로 몸을 많이 괴롭히는 주장입니다.

이렇게 볼 때 골로새 교회에 침투했던 이단적인 요소로는 유대주의적 요소와 헬라 사상의 요소가 결합한 일종의 혼합주의적 성격이 많았습니다. 종교적 혼합주의입니다. 이것이 2세기경에 영지주의(Gnosticism)로 나타납니다.

골로새 교회에 침투한 이단의 가르침이 아무리 그럴싸 하더라도 그 근본적인 기원이 하나님께 있는 것이 아니었습니다. 하나님께서 제시한 구원의 길은 예수 그리스도뿐입니다. 다른 이로서는 구원을 받을 수 없습니다. "나로 말미암지 않고는 아버지께로 올 자가 없느니라".

2. 신성이 충만한 그리스도

예수 그리스도는 영원한 제2위 하나님이십니다. 창조주와 구속주가 되십니다. 교회의 머리와 화목주도 되십니다. 그리고 오늘 말씀에서는 그리스도는 모든 정사와 권세의 머리가 되십니다. 그리스도는 영적인 존재들과 정사와 권세들에 대해서 지배권, 통치권을 가진 분이십니다.

그리스도 안에 신성이 충만합니다. 신성이란 하나님의 본질을 말합니다. 성도들은 그리스도 안에서 충만해집니다. 그러므로 그리스도인들은 그리스도에게 뿌리를 두고 있기에 충만할 수 있는 것입니다.

그리스도는 모든 것에 충만한 것의 충만이 되십니다. 그리스도만이 영원히 충만하신 분입니다. 충만(fullness)은 '풀레로마' 라는 헬라어 말로, '가득채우다, 넘쳐난다' 라는 뜻입니다. 그리스도 안에는 하나님의 속성과 하나님의 완전함이 나타납니다.

그리스도께서 육체로 머무실 때도 신성이 충만했습니다. 인성만 있었던 분이 아니라 하나님의 본질인 신성으로 충만했던 분입니다. 예수 그리스도가 혈육으로는 다윗의 후손이었지만 본질적으로 완전한 인간이고 완전한 하나님이셨습니다. 당시 영지주의자들은 그리스도의 완전한 인성을 부인하거나 완전한 신성을 부정하였습니다. 그러나 성육신하신 그리스도는 완전한 인성과 신성을 가진 분이셨습니다.

로마서 1장 3-4절을 봅시다. 바울은 "그의 아들에 관하여 말하면 육신으로는 다윗의 혈통에서 나셨고 성결의 영으로는 죽은 자들 가운데서 부활하사 능력으로 하나님의 아들로 선포되셨으니 곧 우리 주 예수 그리스도시니라"라고 했습니다.

성육신하신 그리스도는 영원 전부터 이미 하나님과 동일본질이셨습니다. 요한복음 1장 1절에 "태초에 말씀이 계시니라 이 말씀이 하나님과 함께 계셨으니 이 말씀은 곧 하나님이시니라"라고 했습니다. 요한복음 17장 5절에도 "아버지여 창세 전에 내가 아버지와 함께 가졌던 영화로써 지금도 아버지와 함께 나를 영화롭게 하옵소서"라고 했습니다.

성육신하신 후에도 완전한 신성과 인성을 소유하셨습니다. 요한복음 14장 9-10절에서 "예수께서 이르시되 빌립아 내가 이렇게 오래 너희와 함께 있으되 네가 나를 알지 못하느냐 나를 본 자는 아버지를 보았거늘 어찌하여 아버지를 보이라 하느냐 내가 아버지 안에 거하고 아버지는 내 안에 계신 것을 네가 믿지 아니하느냐 내가 너희에게 이르는 말은 스스로 하는 것이 아니라 아버지께서 내 안에 계셔서 그의 일을 하시는 것이라"라고 했습니다.

그렇습니다. 예수 그리스도를 믿는 자에게는 넉넉한 구원이 있습니다. 모든 피조물에게 생명을 넉넉하게 채워주는 분이십니다. 지금도 하나님의 교회를 능력있게 하시는 분은 그리스도이십니다. 하나님과 사람, 사람과 사람을 화목하게 하시는 분은 그리스도뿐입니다. 예수 충만, 하나님 충만입니다. 왜냐하면 예수 그리스도는 하나님이시고 영원한 구원자이기 때문입니다.

3. 속죄 사역의 완전성

성도는 그리스도 안에서 하나님의 백성으로서 할례를 받지만 육체적인 할례가 아니라 그리스도의 할례 곧 마음의 할례를 받았습니다. 이것이 영적인 할례입니다. 할례는 언약 백성의 표시로서 '주위를 잘라내는 것'입니다.

그러나 바울은 진정한 할례는 낡은 옷을 벗어버리듯 육적인 몸을 벗는 것으로 말하고 있습니다. 육적인 몸은 타락한 인간의 옛 본성, 옛 사람 안에 있는 모든 죄악된 것들을 말합니다. 마음과 본성의 변화, 중생이라고 할 수 있습니다.

유대의 율법주의자들은 육체의 할례가 언약 백성의 표라고 주장하지만, 그리스도의 속죄 사역이나 성령의 새롭게 하심은 완전하기 때문에 성도들에게 요구되는 할례는 육적인 할례가 아니라 마음의 할례인 것입니다. 이것이 그리스도께서 이루신 구속 사역의 완전성입니다. '다 이루었다'는 선언을 기억합시다.

예레미야 4장 4절에 "유다인과 예루살렘 주민들아 너희는 스스로 할례를 행하여 너희 마음 가죽을 베고 나 여호와께 속하라 그리하지 아니하면 너희 악행으로 말미암아 나의 분노가 불같이 일어나 사르리니 그것을 끌 자가 없으리라"라고 했습니다. 그러므로 마음의 할례는 그리스도의 할례입니다.

그리고 바울은 그리스도와의 연합을 강조했습니다. 성도는 세례를 통해 그리스도와 연합하여 그와 더불어 죽어 장사되고 그와 더불어 다시 살게 된 자들입니다. 세례를 통하여 그리스도와 함께 죽어 장사된 후 그리스도와 함께 다시 살리심을 얻게 된 자들입니다. 이것은 사람의 공로가 아니라 하나님의 역사입니다.

또 바울은 골로새 교회 성도들은 전에는 범죄하고 할례받지 않은 이방인으로서 영적으로 죽은 상태였지만 하나님께서 그들을 그리스도와 함께 다시 살리시고 모든 죄를 사하셨습니다. 죄 사함을 강조하고 있습니다.

하나님이 인간의 죄를 지적하고 정죄하는 율법 조항들을, 의문에 쓴 증서를 십자가에 못박아 이루셨습니다. 하나님과 관계없던 이방인들에게 그리스도로 말미암아 구원의 길이 열리게 된 것입니다. 당시 율법이 구원을 주는 것이 아니라 죄책감과 절망을 안겨주었기 때문입니다.

또 악한 천사들을 무장 해제시키고 악한 천사들의 수치를 드러내어 십자가로써 승리하셨습니다. 마치 로마 시대에 전쟁에서 승리한 개선 장군이 적장의 옷을 벗겨서 자기가 타는 전차 뒤를 따르도록 하는 것과 같이 그리스도께서 악한 정사와 권세와 악령들에 대하여 십자가로 승리하시고 그렇게 하셨습니다. 승리를 경축하게 한 것이지요. 바울은 그리스도의 존귀한 신분을 그렇게 제시한 것입니다. 이것이 구속 사역의 완전성입니다.

제14강
골로새서 2장 11-12절

소요리문답 제95문이 무엇입니까?

제95문의 질문이 '세례는 어떤 사람에게 베풉니까?'라는 질문입니다. 질문에 대한 대답이 무엇입니까? '세례는 보이는 교회 밖에 있는 자에게 베풀지 않으며, 그들이 그리스도를 믿고 그에게 복종하겠다는 고백을 할 때 비로소 베풀며(행2:41;8:12,36,38;18:8), 보이는 교회 회원의 유아들이 받습니다(창17:7,9-11, 행2:38-39;16:32-33, 고전7:14, 골2:11-12)'라고 했습니다.

소요리문답에 인용된 성경 구절을 찾아봅시다. 사도행전 2장 41절입니다. "그 말을 받은 사람들은 세례를 받으매 이날에 신도의 수가 삼천이나 더하더라"라고 했습니다. 오순절 이후에 성령의 충만을 받은 사도 베드로가 수많은 군중 앞에서 설교했을 때 나타난 반응입니다. 형제들아 어찌할꼬? 회개했습니다.

8장 12-13절에는 "빌립이 하나님 나라와 및 예수 그리스도의 이름에 관하여 전도함을 그들이 믿고 남녀가 다 세례를 받으니 시몬도 믿고 세례를 받은 후에 전심으로 빌립을 따라다니며 그 나타나는 표적과 큰 능력을 보고 놀라니라"라고 했습니다.

8장 36-38절에 "길 가다가 물 있는 곳에 이르러 그 내시가 말하되

보라 물이 있으니 내가 세례를 받음에 무슨 거리낌이 있느냐 … (없음)
… 이에 명하여 수레를 멈추고 빌립과 내시가 둘 다 물에 내려가 빌립
이 세례를 베풀고"라고 했습니다.

창세기 17장 7절과 9-11절을 봅시다. "내가 내 언약을 나와 너 및 네
대대 후손 사이에 세워서 영원한 언약을 삼고 너와 네 후손의 하나님이
되리라"라고 했고, "하나님이 또 아브라함에게 이르시되 그런즉 너는
내 언약을 지키고 네 후손도 대대로 지키라 너희 중 남자는 다 할례를
받으라 이것이 나와 너희와 너희 후손 사이에 지킬 내 언약이니라 너희
는 포피를 베어라 이것이 나와 너희 사이의 언약의 표징이니라"라고 했
습니다.

사도행전 2장 38-39절에는 "베드로가 이르되 너희가 회개하여 각각
예수 그리스도의 이름으로 세례를 받고 죄 사함을 받으라 그리하면 성
령의 선물을 받으리니 이 약속은 너희와 너희 자녀와 모든 먼 데 사람
곧 주 우리 하나님이 얼마든지 부르시는 자들에게 하신 것이라"라고 했
습니다. 16장에는 빌립보 지방의 간수의 가정이 세례를 받았습니다.

골로새서 2장 11-12절에서는 "또 그 안에서 너희가 손으로 하지 아
니한 할례를 받았으니 곧 육의 몸을 벗는 것이요 그리스도의 할례니라
너희가 세례로 그리스도와 함께 장사되고 또 죽은 자들 가운데서 그를
일으키신 하나님의 역사를 믿음으로 말미암아 그 안에서 함께 일으키
심을 받았느니라"라고 했습니다.

1. 보이는 교회

세례와 관련된 교회를 '보이는 교회'라는 말로 표현했습니다. 교회
는 양면이 있습니다. 보이는 교회와 보이지 않는 교회입니다. 여러 가
지 다른 말로 표현하기도 하는데 가견적 교회와 불가견적 교회, 가시적
교회와 불가시적 교회, 보이는 교회와 보이지 않는 교회, 하나님께서

보시는 교회와 사람이 보는 교회, 하나님이 아시는 교회와 사람이 아는 교회로 구분할 수 있습니다.

그러니까 다시 설명하자면 하나님이 보시는 면이 있고 사람이 보는 면이 있습니다. 하나님이 아시는 면이 있고 사람이 아는 면이 있습니다. 하나님이 보시는 교회가 사람에게 나타나고 세상에도 나타나는데, 그 교회가 나타날 때에는 가견적 교회라고 말합니다.

하나님의 은혜로 세우시는 교회가 세상에 존재하고 있다는 것을 우리는 잘 알고 있습니다. 보이는 교회는 세상에 지역마다 존재합니다. 그러나 보이지 않는 영원한 교회는 하나의 교회밖에 없습니다.

그런데 오늘 신앙고백서에서 세례와 관련하여 중요하게 강조하는 점은 보이지 않는 교회보다 보이는 교회입니다. 보이는 교회에서 집행하는 거룩한 예식이라는 점입니다. 그러므로 보이는 교회에서 중요하게 여기고 성령이 역사하는 통로로서의 세례는 매우 중요합니다. 제정하신 분이 예수 그리스도이시기 때문에 성례라고 말합니다.

2. 보이지 않는 교회

보이는 교회와 보이지 않는 교회라고 말할 때 보이는 교회는 지상에 존재한다면, 보이지 않는 교회만이 영원한 교회입니다. 보이는 교회에는 양만 있지 않고 염소도 있습니다. 믿는 자와 믿지 않는 자가 섞여 있고, 진짜만 존재하는 것이 아니라 가짜도 섞여 있습니다. 그리고 알곡만 자라나는 것이 아니라 가라지도 섞여 있습니다.

그럼에도 불구하고 보이는 교회, 가견적인 교회를 중요하게 여겨야 합니다. 왜냐하면 성경에서는 두 종류의 교회를 나누어서 설명하지 않고 있기 때문입니다. 성경에서는 그냥 '교회'라고만 설명합니다.

그래서 교회에서는 누가 누군지 모르니까 누구든지 다 사랑합니다. 양과 염소를 골라서 사랑하는 것이 아닙니다. 무조건적인 사랑으로 누구든지 사랑하는 단체가 교회입니다.

하나님의 교회를 보이는 교회라고 표현했습니다. 예수 그리스도를 믿는 자들의 공동체로서의 교회입니다. 예수 그리스도를 믿어서 구원 얻기를 바라고 예수의 피로써 죄 씻음을 받으며, 성령으로 거룩하게 되고 성령으로 인치심을 받은 사람들의 공동체를 말합니다.

예수님은 니고데모에게 "바람이 임의로 불매 네가 그 소리는 들어도 어디서 와서 어디로 가는지 알지 못하나니 성령으로 난 사람도 다 그러하니라"(요3:8)라고 말씀하셨습니다.

따뜻한 봄바람은 얼어붙었던 대지를 다 녹입니다. 그러나 세찬 바람은 때로는 무섭습니다. 강풍이나 태풍은 더 무섭습니다. 선박이 뒤집어지고 지붕이 날아가고 사람이 다치고 죽고, 심지어 전재산이 다 날아가 버리게도 합니다.

성령이 하는 일도 구원의 은혜를 사람에게 끼치고 거듭나게 하는데, 전혀 예상하지 못한 사람들이 믿고 돌아옵니다. 예수 그리스도를 알고 하나님을 알며 회개하고 생활을 고치고 거룩한 사람으로 살게 만듭니다.

보이는 교회를 왜 중요하게 여겨야 하는가? 성경에서 교회를 사람들에게 나타낼 때에는 보이는 교회를 가리킵니다. 보이는 교회를 향하여 말씀하고 일을 하고 헌신과 봉사하는 것으로 설명하고 있습니다.

로마서 1장 7절에 "로마에서 하나님의 사랑하심을 받고 성도로 부르심을 받은 모든 자에게 하나님 우리 아버지와 주 예수 그리스도로부터 은혜와 평강이 있기를 원하노라"라고 했습니다. 로마 교회는 가견적인 교회, 보이는 교회를 가리킵니다. 바울의 편지도 그렇습니다.

3. 가시적 교회 안에 불가시적 교회의 존재

가시적 교회 안에 불가시적 교회가 존재합니다. 보이는 교회 안에 보이지 않는 교회가 존재한다는 말입니다. 하나님이 보시는 교회라도 그 냥 따로 교회를 보존하는 것이 아니고 가시적 교회 안에 불가시적 교회 가 있는 것입니다. 가시적 교회 안에 불가시적 교회, 하나님이 아시는 교회가 있는 것입니다.

다만 중국과 같은 공산주의국가 안에는 드러나지 않은 교회가 종종 있습니다. 종교의 자유가 없기 때문입니다. 교회가 지하교회로 숨어 있 습니다. 성례를 베푸는 곳도 별로 없습니다. 다만 하나님의 말씀만 가 르치며 정기적으로 모였다가 흩어지는 상황입니다.

소요리문답에서 세례는 보이는 교회에서 일어나는 일이라고 가르칩 니다. 그리스도를 믿고 신앙고백을 하는 사람들에게 베푸는 예식입니 다. 다만 종교의 자유가 없는 곳에서는 성례를 일정하게 행할 수가 없 습니다.

하나님의 말씀은 은혜의 중요한 방도요 성례보다 오히려 훨씬 더 중 요한 방도입니다. 로마 가톨릭에서는 성례를 더 은혜의 방도로 생각하 지만 개신교에서는 말씀이 훨씬 우선적이라고 가르칩니다.

4. 세례의 의미

세례는 어떤 의미에서 중요합니까? 세례는 성령이 역사하는 통로가 될 뿐만 아니라 교회와 세상을 구분짓는 표가 되기 때문에 중요한 예식 이기도 합니다.

예수 그리스도를 믿고 신앙을 고백할 때 세례를 베풉니다. 성령 세례 가 중요하지만 물 세례도 중요합니다. 기준선이 되기 때문인데, 세례를 받을 때 회원의 자격이 주어지는 것입니다.

세상에서 하나님 나라로 들어온 경계선이 세례입니다. 내가 주님을 의지하고 주님 뜻대로 살아야 하겠다고 고백하는 사람에게 세례를 줍 니다. 예수 그리스도가 자신의 주와 왕으로 알고 그분의 뜻을 향하여 전진하는 사람에게 세례를 베풉니다.

주님의 죽으심을 자신의 죽음으로 믿으며 주님의 부활하심을 자신의 부활로 확신하는 사람에게 세례를 베풉니다. 또 교회의 모든 집회나 행사에 동참하겠다고 각오할 때 세례를 베푸는 것입니다.

사랑하는 성도님들이여! 여러분은 성부 성자 성령의 이름으로 세례를 받은 분들입니다. 세례 교인답게 신앙생활도 하시고 교회 앞에도 부끄러움 없이 당당하게 섬기고 봉사하면서, 세상 앞에 빛으로 살아가기를 바랍니다.

제15강
골로새서 2장 16-23절

이단자에 대한 교훈

예수님은 "너희가 사람의 미혹을 받지 않도록 주의하라"라고 경고하셨습니다. 역사적으로나 현실적으로 이단적인 사상을 가진 사람은 우리 가까운 데 있습니다. 또 우리가 가지고 있는 사상이 다 올바른 사상은 아닙니다. 그러므로 항상 깨어 기도하고 성경으로 돌아가지 않으면 언제든지 그릇된 사상에 빠질 수밖에 없는 존재가 사람입니다.

바울은 골로새 교인들에게 신성이 충만한 그리스도를 가르쳤습니다. 또 그리스도 안에 있는 성도들에게 그리스도로 충만해지기를 소원했습니다. 그리고 그리스도의 속죄 사역의 완전성을 강조했습니다. 이렇게 하나님으로 충만한 그리스도, 그리스도로 충만한 성도, 그리스도의 속죄 사역의 완전성을 강조한 이유가 무엇입니까? 그렇게 될 때 온전한 믿음생활을 할 수 있으며 또한 이단을 물리칠 수 있기 때문입니다.

골로새 교회 안에는 그리스도의 육체 안에 완전한 신성을 부정하거나 그리스도의 속죄 사역의 완전성을 부정하는 이단자들이 있었기 때문에 바울은 그렇지 않음을 가르친 것입니다.

그러면 골로새 교회 안에 어떤 이단자들이 또 있었을까요?

1. 율법주의

골로새 교회 안에 있었던 이단 성향의 대표적인 사상은 율법주의였습니다. 사람들은 영적인 것보다 의식법(Ceremonial Law)을 더 좋아하는 성향이 있습니다. 골로새 교회 안에는 구약의 의식법을 준수해야 한다고 주장한 사람들이 있었습니다.

구약의 의식이나 할례를 주장하는 사람들의 결과는 그리스도를 믿음으로써 구원받는다는 진리를 훼손하거나 그리스도의 속죄 사역을 무시하는 성향이 나타나게 됩니다. 그래서 사도 바울은 골로새 교인들에게 보낸 서신에서 유대 율법 문제로 성도들을 비난하지 못하게 하라고 명령했습니다.

할례에 대하여 생각해 봅시다. 창세기 17장에 보면 하나님께서 믿음의 사람 아브라함에게 할례를 행하라고 명령하셨습니다. 할례는 선민의 표시, 언약 백성의 표시였습니다.

율법주의자들은 예수를 믿음으로써 구원받는 것이 아니라 할례를 행함으로써 구원받는다고 주장했습니다. 갈라디아 교회와 골로새 교회 안에 이런 사상이 팽배했습니다. 이런 사상이 성도들을 미혹하게 만들었습니다. 사람이 할례를 받아서 구원받는 것이 아니라 그리스도를 믿어 성령으로 거듭날 때, 즉 새 사람으로 중생할 때 구원받습니다. 그래서 바울은 그리스도에게 속한 마음의 할례를 말하게 됩니다.

구약에는 할례를, 신약에는 성령의 세례를 말합니다. 그리스도의 십자가로 죄 사함을 받습니다. 십자가의 주님을 믿는 사람은 부활하신 그리스도와 함께 살리심을 받습니다. 그리스도 안에 있으면 새로운 피조물입니다. 죄는 그리스도께서 해결하셨습니다. 지워버리셨습니다. 문질러서 닦아내듯 없애 버리셨습니다.

바울은 말합니다. "먹고 마시는 것과 절기나 초하루나 안식일을 이유로 누구든지 너희를 비판하지 못하게 하라"라고 했습니다. 율법주의자들이 골로새 교인들의 믿음을 판단한 구체적인 내용들입니다.

먹고 마시는 것을 봅시다. 유대의 정결 예식에 먹어야 할 음식과 먹지 말아야 할 음식이 있습니다. 레위기 11장, 민수기 6장에도 나타납니다. 골로새 교회 안에 새 언약의 주인이신 그리스도를 멀리하고 율법의 전통적인 것을 강조하는 사람들이 있었습니다. 모세 시대에 있었던 음식에 대한 규례를 지켜야 된다는 주장이었습니다. 이것이 골로새 교회 안에 있는 금욕주의자들입니다. 중요한 것은 더 이상 지킬 필요가 없는 규례들을 성도들에게 지키라고 강요하는 이단 사상이 있었습니다.

'절기와 초하루와 안식일'은 유월절, 칠칠절 혹은 오순절, 장막절 혹은 초막절, 나팔절, 수전절 그리고 부림절과 새로 시작되는 달의 첫날, 하나님의 창조를 기억하며 쉬는 안식일 등 여호와 하나님을 경배하는 날입니다. 이 모든 절기나 초하루 그리고 안식일은 하나님께서 베풀어 주신 은혜를 기억하며 경배하는 날이었습니다.

과거의 것은 허상이고, 예표입니다. 그림자였습니다. 그리스도가 원형이고 실체입니다. 모든 것의 실체 되신 그리스도께서 오셨는데 그림자에 불과한 것들을 주장하는 것은 어리석은 일입니다. 여러분은 그리스도만 믿기를 바랍니다. 그리스도가 구속주요 창조자시며 우리의 머리이고 화목주가 되십니다.

2. 천사 숭배 사상

천사 숭배 사상입니다. 왜 천사 숭배 사상이 나타났을까? 사람들은 지극히 높으신 하나님을 사람이 직접 경배하는 일은 교만한 일로 생각했습니다. 나는 하나님을 직접 경배할 수 없는 사람이라서 중보자 천사를 통해서 하나님을 경배한다는 사상입니다. 그러므로 중보자 천사를 숭배해야 한다는 사상이 싹트게 된 것입니다.

천사가 어떤 존재입니까? 하나님의 창조물로서 하나님께 봉사하는 존재입니다. 하나님의 종이고 심부름하는 영적인 존재입니다. 때로는 하나님의 자녀들을 섬기는 데 봉사하는 존재입니다.

이단자의 결과가 무엇입니까? 그리스도의 중보자 역할을 무효화시키는 결과를 낳았습니다. 그리스도의 속죄 사역을 무효화하는 결과를 초래했습니다. 이것이 문제입니다. 율법주의자들보다 더 해악한 주장을 한 사람들이 천사 숭배 사상입니다.

바울은 "너희의 상을 빼앗지 못하게 하라"라고 단언했습니다. 어떤 경기에서든지 오심이 있습니다. 근래에는 비디오 판독까지 등장시켰습니다. 심판이 경기하는 선수들에 대하여 그릇된 심판을 하면 억울하게 상을 받을 사람이 상을 받지 못하는 경우가 종종 발생합니다. 그런 경우에 사용된 말입니다.

때로는 심판이 의도적으로 불리한 판정을 할 때도 있습니다. 상을 받기에 부적합하다는 선언입니다. 이 경우를 말합니다. 천사를 숭배하는 사람들은 천사를 숭배하지 않으면 구원받지 못한다고 주장했습니다.

골로새 교회 안에는 자신이 심판자가 된 것처럼 천사 숭배 사상을 강요하는 사람들이 있었습니다. 체험을 강조하고, 천사를 숭배하지 않으면 구원을 받을 수 없다는 주장까지 했습니다. 사도 바울은 천사 숭배 사상은 하나님의 상을 받지 못하는 그릇된 사상임을 강조한 것입니다.

바울은 그리스도와 성도의 관계를 머리와 몸으로 설명했습니다. 머리 없는 몸이 생명이 있을까요? 그리스도와 연합 없는 성도에게 영적인 생명은 없습니다. 자라나는 성장도 없습니다. 그리스도가 머리이시기 때문에 교인들은 머리에 붙어 있어야 합니다. 성도는 그리스도의 몸이요, 지체입니다. 머리 없는 천사 숭배 사상은 이단사상입니다. 허무요, 생명 없는 이론이며 아무 것도 아닙니다.

"머리를 붙들지 아니하는지라". 거짓 교사들의 수단입니다. 어리석은 자들은 마음의 욕심을 좇아 행하기에 머리 되신 그리스도를 붙잡지 않습니다. 겸손해 보이지만 교만이요 멸망입니다. 교회로 말하자면, 교회를 시험에 들게 하는 것은 자신만이 아니라 많은 사람을 멸망의 길로 들어서게 만드는 것이기 때문에 기도하고 조심해야 합니다.

골로새 교인들이 천사 숭배 사상에 빠졌기 때문에 바울이 강력하게 그것이 헛된 길이고 생명이 없음을 알게 하는 것입니다. 오직 그리스도 안에 생명이 있습니다. 예수가 생명입니다.

3. 금욕주의

골로새 교회 안에 금욕주의 이단자들도 있었습니다. 사람이 만든 이론은 옳아보여도 종종 금욕주의에 불과합니다. 금욕주의자들은 육은 세속적이거나 악한 것이고 영은 거룩하고 선한 것으로 보았습니다. 영과 육을 철저하게 분리해서 생각했습니다. 세상에는 하나님의 지지를 얻지 못하는 이론이 많습니다.

세상에는 초등학문과 같은 것이 많습니다. 금욕주의자들이 주장하는 것과 그리스도께서 이루신 것을 비교해 보면 금욕주의자의 것은 세상의 초등학문과 같은 것입니다. 그래서 바울이 책망합니다.

"그리스도와 함께 죽었거든 어찌하여 세상에 사는 것과 같이 규례에 순종하느냐?" 성도는 이미 그리스도와 함께 십자가에 못박혀 죽었는데 왜 그리스도를 모르는 세상의 규례에 순종하느냐? 영혼과 육체를 분리하는 주장은 이원론적인 헬라 철학의 영향입니다.

21절에 "붙잡지도 말고 맛보지도 말고 만지지도 말라 하는 것이니 이 모든 것은 한때 쓰이고는 없어지리라". 이것이 금욕주의자들의 주장입니다. 음식이나 술과 고기에 해당하는 말들입니다. 어떤 경우에는 결혼까지 금하는 금욕주의자도 있었습니다.

이런 이론들은 하나님의 계시가 없는 종교의 이론에 불과함을 바울은 가르쳐 주고 있습니다. 결국 무가치한 이론입니다. 유익보다 손해를 끼칩니다. 그리스도께서 주신 참다운 자유를 빼앗아 갈 뿐만 아니라 인간을 멸망시키게 됩니다. 아무런 유익이 없을 뿐만 아니라 몸을 해롭게 하는 결과만 초래합니다.

그러므로 하나님이 육신을 입으시고 사람 되게 하신 그리스도를 믿어야 합니다. 십자가에 죽으시고 부활하신 그리스도를 믿어야 합니다. 사람은 누구나 그리스도와 연합할 때 참된 자유를 얻습니다. 그리스도와 하나가 될 때 이단을 이길 수 있습니다.

제16강
골로새서 3장 1-4절

그리스도인의 삶

바울 서신의 특징은 무엇입니까? 바울 사도는 언제나 교리를 먼저 말하고 그 다음으로 실제적인 삶을 강조하는 형식이 특징입니다. 로마서, 에베소서 그리고 골로새서 다 마찬가지 패턴입니다. 물론 약간씩 뒤섞여 있지만 그래도 그런 특징을 가지고 있습니다.

골로새 교회를 향한 서신서도 연구해 보면 초반부에서 그리스도론, 기독론을 가르쳤습니다. 예수님은 구속자, 창조자, 교회의 머리, 화목주로 설명했습니다. 그리스도에 대한 이해와 신념을 가진다면 모든 문제를 해결할 수 있기 때문입니다.

이단자는 그리스도에 대한 잘못된 사상이나 신념을 가진 사람들이 대부분입니다. 성경이 말하는 예수를 믿어야 잘 믿는 사람인데, 성경이 말하는 그리스도를 이해하지 못하거나 그릇된 주장을 하여 이단자가 되는 것입니다.

올바른 그리스도론, 기독론을 가진 사람은 그리스도 안에서 새 사람이 된 사람입니다. 새 사람이 된 사람은 생활 원리가 있습니다. 실제적인 삶의 원칙이 있습니다. 이것이 후반부의 내용입니다. 성도의 생활 원칙이 무엇이겠습니까?

1. 위의 것을 찾으라

"위의 것을 찾으라". 바울은 골로새서 3장 1절에서 "그러므로 너희가 그리스도와 함께 다시 살리심을 받았으면 위의 것을 찾으라 거기는 그리스도께서 하나님 우편에 앉아 계시느니라"라고 했습니다. 골로새서 3장 2절에서는 "위의 것을 생각하고 땅의 것을 생각하지 말라"라고 가르쳤습니다. 집요하고 열정적으로 찾는 것입니다.

"위의 것을 찾으라 … 위의 것을 생각하라." 이 한마디의 말씀이 성도의 생활 원리요 실제적인 삶의 방향을 제시하고 있는 말씀입니다. 여러분은 위의 것을 찾고 생각하는 사람입니까 아니면 땅의 것, 아래 것을 찾고 생각하는 사람입니까?

그러므로 성도의 가장 바람직한 생활 원칙이 무엇인가? 위의 것을 찾는 것입니다. 위의 것을 생각하는 것입니다. 성도가 위의 것, 하늘의 것에 소망을 두고 살아가는 삶이어야 합니다. 골똘히 생각하는 것을 말합니다.

믿음의 조상 아브라함을 생각해 봅시다. 아브라함의 삶의 특징이 있다면 하나님께서 약속하신 것을 바라보며 위의 것을 찾는 삶이었습니다. 하늘에 속한 하나님의 것을 추구하는 삶이었습니다. 하나님이 경영하시고 세우시는 나라를 그리워하면서 살았던 인물이 아브라함입니다.

사도 바울도 그랬습니다. 땅의 것을 배설물처럼 버렸고 아래 것을 귀하게 여기지 않고 하늘에 속한 것을 귀중히 여겼던 인물입니다. 물론 예수님은 말할 것이 없습니다. 위의 것을 찾고 구하는 삶이었습니다. 이땅에서는 멸시와 천대의 십자가를 지셨습니다. 지나가는 사람까지 침뱉고 멸시했던 삶이었습니다.

여기 사용된 '생각하고' 라는 말은 현재 명령형입니다. '끊임없이 상고하라' 는 뜻입니다. 다른 것을 생각하지 말라는 것이 아니라 목표가 위의 것이니 끊임없이 위의 것을 생각하면서 세상을 살라는 교훈입니다. 땅의 것이 성도의 목적이나 목표가 아닙니다. 하늘의 것, 위의 것이 우리의 목표요 목적입니다.

예수님은 우리에게 하나님의 나라와 의를 구하라고 가르쳐 주었습니다. 마태복음 6장 33절에 "그런즉 너희는 먼저 그의 나라와 그의 의를 구하라 그리하면 이 모든 것을 너희에게 더하시리라"라고 약속하셨습니다.

우리는 기독교 교리 위에 삶의 뿌리를 내린 사람들입니다. 건축물로 말하면 그리스도 안에서 깊이 파고 기초를 놓으며 건물을 짓는 사람입니다. 세상의 철학이나 율법주의, 천사 숭배 사상이나 금욕주의 위에 우리의 신앙을 건축하고 있는 자들이 아닙니다. 예수 그리스도의 교훈과 인격 위에 우리의 신앙을 건축하는 사람들입니다.

그런데 세상의 초등학문이나 자기 경험이나 지식 위에 신앙의 집을 짓고 있는 사람이 꽤 있습니다. 우리는 그리스도와 함께 죽고 함께 살리심을 받았기 때문에 삶의 방향과 목표가 다른 것에 있지 않고 위의 것을 찾고 생각하는 데 있습니다.

'살리심을 받았다'는 말은 부정과거 수동태입니다. '과거 어느 한 시점에서 한 번 살리심을 받았다'라는 뜻입니다. 과거에 일어난 일이고 자신의 힘이 아니라 외부의 힘이 그렇게 했습니다. 그 시점이 언제일까? 대부분의 학자들은 '성령 세례'라고 말합니다.

하나님 앞에서 죄를 자복하고 그리스도를 영접하는 순간, 그리스도의 영, 성령이 우리를 그리스도와 하나 되게 하고, 연합하게 만들었습니다. 과거 어느 시점에선가 성령이 중생하게 만들었습니다. 물과 성령으로 거듭난 사람이 되었습니다. 이것이 하나님의 전적인 은혜입니다.

이렇게 거듭난 성도의 삶의 방향이 무엇이겠습니까? "위의 것을 찾으라". 위의 것을 찾고 생각하는 삶입니다. 중생한 사람, 거듭난 사람, 성령 세례를 받은 사람은 한결같이 누구나 똑같이 위의 것을 찾습니다.

그렇다고 세상 것을 부정하고 당장 하늘나라로 가라는 말이 아닙니다. 땅의 일을 힘써서 하지만 위의 것을 대망하면서 산다는 말입니다. 여기 '위'라는 말은 물리적인 방향을 말하는 것이 아니라 하나님을 향한 방향을 가리키는 말입니다. 하나님을 찾으라. 하나님이 계신 곳을 바라보는 삶입니다. 하나님의 선과 의, 거룩과 생명을 추구하라는 뜻입니다. 하나님과 긴밀한 관계를 가지라는 말입니다.

우리가 그렇게 사랑하고 헌신하고 사모하는 믿음의 주가 어디에 계십니까? 그리스도께서는 하나님의 우편 보좌에 앉아 계십니다. 인생의 순례길을 마치는 날 내가 기쁨으로 돌아갈 내 고향 하늘 나라입니다. 주님이 계신 곳입니다.

2. 왜 그렇습니까?

왜 성도는 위의 것을 찾아야 합니까? 그 이유가 무엇입니까? 3절이 밝혀줍니다. "이는 너희가 죽었고 너희 생명이 그리스도와 함께 하나님 안에 감추어졌음이라"라고 했습니다. 이것이 위의 것을 찾아야 할 이유입니다.

우리는 죽었습니다. 생명이 그리스도와 함께 하나님 안에 감추어졌습니다. 예수를 믿는 사람은 변화된 사람입니다. 이미 그리스도와 연합한 성도입니다. 그리스도와 하나가 된 사람입니다. 성도는 주님과 신비한 연합을 이루었기 때문에 위의 것을 찾게 되어 있습니다.

아담 안에서 타락한 옛 사람은 예수님과 함께 십자가에 못박혔습니다. 그리스도께서 십자가에서 죽으실 때 함께 죽었습니다. 그리스도께서 부활하실 때 함께 부활하심을 믿습니다. 그러므로 하나님의 자녀는 죄와 세상에 대하여 죽은 존재입니다.

로마서 6장 1-2절에 "그런즉 우리가 무슨 말을 하리요 은혜를 더하게 하려고 죄에 거하겠느냐 그럴 수 없느니라 죄에 대하여 죽은 우리가 어찌 그 가운데서 더 살리요"라고 했습니다. 우리의 정과 욕을 십자가에 못박은 사람이 성도입니다.

우리는 새 사람을 입었을 뿐만 아니라 그리스도께서 영광스러운 재림을 하실 때 함께 영광스러운 자리에 서게 될 것입니다. 지금은 하나님 안에 보호받고 있는 사람입니다. 우리의 생명이 하나님 안에 있습니다. 주님이 우리의 생명이십니다. "내가 곧 길이요 진리요 생명이니 나로 말미암지 않고는 아버지께로 올 자가 없느니라".

우리는 그리스도의 재림을 기다리면서 힘있게 살아가는 성도입니다. 좌우로 치우치지 않는 것이 중요합니다. 십자가의 주님을 믿는다면 부활의 주님을 믿을 것이요, 재림의 주님도 믿는 것입니다.

3. 성결을 힘쓰라

주님의 재림을 믿는 사람, 위의 것을 찾는 그리스도인들은 어떻게 세상을 살아야 합니까? 1절에 "거기는 그리스도께서 하나님 우편에 앉아 계시느니라"라고 했고, 4절에 "우리 생명이신 그리스도께서 나타나실 그때에 너희도 그와 함께 영광 중에 나타나리라"라고 했습니다.

주님은 죽은 자들에게는 심판주로 그리고 산 자들에게는 생명과 영광의 주로 오실 것입니다. 요한복음 5장 29절에 "선한 일을 행한 자는 생명의 부활로, 악한 일을 행한 자는 심판의 부활로 나오리라"라고 했습니다.

재림의 날, 심판의 날, 부활의 날, 그날이 있다는 것을 믿는 사람은 어떻게 살아야 합니까? 어떤 생각 속에서 세상을 살아야 할까요? 천국 시민으로서 무엇을 찾으면서 살아야 할까요? 한마디로 하나님 나라에 합당한 삶을 살아야 합니다. 그것이 거룩입니다. 성결입니다. 깨끗함입니다.

요한계시록 19장 8절에 어린 양의 혼인잔치에 참여하는 성도의 모습을 이렇게 묘사했습니다. "그에게 빛나고 깨끗한 세마포 옷을 입도록 허락하셨으니 이 세마포 옷은 성도들의 옳은 행실이로다"라고 했습니다. 성도의 옳은 행실이 중요합니다.

사도 요한은 "주를 향하여 이 소망을 가진 자마다 그의 깨끗하심과 같이 자기를 깨끗하게 하느니라"라고 했고, 또 "자녀들아 우리가 말과 혀로만 사랑하지 말고 행함과 진실함으로 하자"(요일3:3,18)라고 했습니다.

여러분은 예수님이 이땅에 오실 것을 진심으로 믿습니까? 그렇다면 주님처럼 세상을 산다는 말입니다. 항상 거룩하게, 항상 의롭게, 항상 진실하게 세상을 산다는 말입니다.

주님은 삶의 모본을 보여주면서 "너희는 세상의 소금이니 … 너희는 세상의 빛이라 … 이같이 너희 빛이 사람 앞에 비치게 하여 그들로 너희 착한 행실을 보고 하늘에 계신 너희 아버지께 영광을 돌리게 하라"(마5:13-16)라고 하셨습니다.

제17강
골로새서 3장 5-11절

새 사람이 버려야 할 것은 무엇인가?

그리스도인의 삶의 원칙은 '위의 것을 찾는 삶', '위의 것을 생각하는 삶'이어야 합니다. 위의 것을 찾고 위의 것을 생각하는 삶이란 구체적으로 어떻게 살아야 하는 것인가? 위의 것을 찾고 생각하는 자는 먼저 버려야 할 것들이 있음을 바울 사도가 가르쳐 주고 있습니다. 그것이 무엇입니까? 무엇을 버려야 합니까?

예수 그리스도와 연합된 사람은 옛 사람, 옛 생활을 하면서 살 수는 없습니다. 새 사람이 된 사람은 옛 사람을 벗어 버린 사람입니다. 새 사람으로 옷 입은 사람, 예수 그리스도로 옷 입은 사람이기 때문입니다. 결국 죄와 완전히 분리되거나 단절된 생활, 사탄과 담 쌓는 생활을 해야 합니다.

그렇다면 버려야 할 것 중에 첫 번째가 무엇입니까?

1. 옛 사람의 성품들입니다

옛 사람의 성품을 버려야 합니다. 바울은 "땅에 있는 지체를 죽이라"라고 말했습니다. '땅에 있는 지체'란 우리의 육신을 버리라고 말하는 것이 아닙니다. 옛 사람이 가지고 있는 죄악된 성품을 말하는 것입니다. 옛 성품을 죽이라. 옛 사람을 죽이라. 여기 '죽이다' 라는 말은 결단성을 촉구하는 말입니다. 단호하게 한 번에 완전히 죽여 버리라는 뜻입니다. 자기 자신의 죄악을 제거하는 일에 결단하라는 의미입니다. 자기 자신으로 하여금 타락하게 하고 하나님 앞에 죄를 짓게 만드는 일을 버리라는 뜻입니다.

옛 사람의 성품은 구체적으로 "음란과 부정과 사욕과 악한 정욕과 탐심이니 곧 우상숭배"입니다. '음란' 이란 불법적인 성관계나 비정상적인 성행위, 포르노(porno) 같은 것을 말합니다. 미국의 모대통령의 말대로 부적절한 관계가 죄입니다. 구원받은 백성도 다윗이나 아브라함 같이 부적절한 관계를 맺을 수 있기 때문에 그런 생활을 버리라고 했습니다.

'부정' 은 '정직하지 못하거나 정결하지 못한, 부도덕적인 문란한 행위' 를 가리킵니다. 성도는 정직해야 합니다. 새 사람이기 때문에 더욱 정직해야 합니다. 거짓말이나 거짓된 행동을 하는 것은 보통 심각한 문제가 아닙니다. 거짓은 사탄의 역사요, 족보를 연구해 보면 조상이 사탄입니다.

'사욕' 은 감정적인 욕망에서 분출되어 나오는 마음을 말합니다. 사적이고 개인적인 욕심입니다. 사욕을 버리라. 공적인 것을 항상 생각해야 그 사람이 가치가 있고 아름답고 존귀한 사람인 것입니다.

'악한 정욕' 은 죄악된 인간이 가지고 있는 보편적인 욕구를 말합니다. 타락한 인간은 누구나 악한 정욕이 있습니다.

'탐심' 이란 경제적인 욕구에 대한 무절제한 욕망입니다. 더 많이 가지고자 하는 욕구를 말합니다. 바울은 탐심을 '우상숭배' 라고 규정했습니다. 사람이 세상에 존재하는 한 물질이 필요한 것은 사실이지만, 물질만 추구한다면 물질을 하나님의 위치에 올려 놓는 결과를 가져오게 됩니다.

예수님은 마태복음 6장에서 '하나님과 재물'을 겸하여 섬길 수 없다고 선언했습니다. 사랑의 문제가 대두되고 귀히 여기고 더 존중히 여기는 문제가 대두되기 때문입니다.

성도라고 하면서 옛 사람의 성품을 소유할 때 하나님의 진노가 임하게 됩니다. 하나님의 공의로운 심판은 죄에 대한 대가입니다. 죄가 우리들이 볼 때에 크고 작은 것이 있지만 작고 큰 것이 문제가 아닙니다. 거듭난 성도라고 말하면서 우리는 음란의 함정에 빠질 수 있습니다. 사욕과 우상숭배 같은 죄악에 빠질 수 있습니다.

골로새 교인들이 구원받았다고 하면서 죄의 본성을 따라 살았습니다. 세속적인 욕망에 이끌려서 살았습니다. 그리스도를 영접한 다음에는 새로운 피조물로 살아야 하고 땅에 있는 여러 가지 죄악된 모습은 죽여야 하는데, 그렇게 하지 못했습니다. 주님도 "자기를 부인하고 십자가를 지고 나를 좇으라"라고 가르쳐 주셨습니다.

우리는 천국 시민입니다. 소망이 하늘에 있습니다. 세상적인 것들을 좋아하지 않습니다. 하나님을 모르는 세상을 사랑하지 않습니다. 마태복음 6장 33절에 "그런즉 너희는 먼저 그의 나라와 그의 의를 구하라 그리하면 이 모든 것을 너희에게 더하시리라"라고 했습니다.

사랑하는 성도님이여! 더럽고 추악한 죄악들은 옷을 벗어 버리듯 벗어 버립시다. 새 사람으로 살아서 그리스도를 본받는 삶을 삽시다. 베드로 사도의 말씀과 같이(벧후1:4) 우리는 신의 성품에 참예한 사람들입니다. 하나님의 형상과 모양을 사모하는 사람들입니다. 옛 사람을 벗어 버리고 그리스도 안에서 새 사람으로 살아서 영육간에 하나님의 축복이 충만합시다.

2. 옛 사람의 행실들입니다

옛 사람의 행위를 버려야 합니다. 옛 사람의 행위는 구체적으로

"분함과 노여움과 악의와 비방과 너희 입의 부끄러운 말이라"라고 했습니다.

'분함'은 분노입니다. 마음속에 분을 품고 있다가 노함으로 분을 표출하는 것이 사람입니다. 우리는 마음에 의분이 있는 것이 아니라 분노가 충만한 사람입니다.

'악의'는 타인을 해하려는 의도 또는 감정을 말합니다. 교인이 타락하면 교회를 허는 사람이 됩니다. 이것이 악의입니다. 세우는 사람이 됩시다. 성경적으로 말하자면 쓴 뿌리나 포도원을 허는 작은 여우가 되지 말고 교회를 진심으로 사랑하여 세우는 거룩한 사람이 되십시오.

'비방'은 본래 하나님께 대한 불경스러운 말을 의미합니다. 다른 사람에 대한 비방과 중상 모략도 비방하는 것입니다.

'부끄러운 말'은 음란한 말, 또는 비방의 말을 가리킵니다. 부끄러운 말은 거짓말도 포함됩니다.

요한계시록 21장 8절과 27절에 보면 거짓말하는 사람은 지옥불에 떨어질 것을 사도 요한이 말해 주었습니다. 다른 나라 사람들이 한국 사람을 평가할 때 진실성에 문제가 있다는 진단을 하기도 합니다. 정직하거나 솔직하지 못하다는 말입니다.

어느 목회자가 평생을 목회하고 나서 이런 말을 하는 것을 들어 보았습니다. 너무 솔직하면 목회하기 힘들다고. 그러나 저는 목회자가 어렵고 힘들어도 정직해야 한다고 믿는 사람입니다.

옛 사람과 그 행위를 벗어 버리라. '옛 사람'은 죄의 본성입니다. '행위'는 악한 행위를 말합니다. '벗어 버리다'란 말끔히 벗어 버리는 것을 가리킵니다. 오늘 이 예배에 출석하신 성도 여러분! 옛 사람을, 옛 행동들을 말끔히 벗어 버립시다.

아브람이 아브라함으로, 사래가 사라로, 야곱이 이스라엘로 바뀌듯 그리스도 안에서 새 사람이 됩시다. 성령의 사람이 다 됩시다.

3. 새 사람의 신분

새 사람의 신분, 새 사람으로서의 성도의 신분이 무엇인가? 성도는 옛 사람의 본성과 죄악된 행위를 벗어 버려야 합니다. 그리고 새 사람, 하나님의 형상대로 지음을 받은 새 사람이 되어야 합니다. 잃어버렸던 하나님의 형상을 회복해야 합니다. 지식에까지 새롭게 변화되어야 합니다. 예수를 믿음으로 의롭게 된 자들입니다. 최근에 태어난 사람, 중생한 사람입니다. 십자가의 보혈로 깨끗하게 씻김을 받은 사람입니다. 영적인 갓난 아이입니다.

"그런즉 누구든지 그리스도 안에 있으면 새로운 피조물이라 이전 것은 지나갔으니 보라 새것이 되었도다"라고 했습니다. 우리 안에 변화되지 않은 것들 때문에 하나님의 진노가 임합니다. 그리스도와 함께 죽어 새 사람이 된 성도, 그리스도 안에 새로운 피조물 된 사람에게는 하나님의 은총과 복이 임하는 법입니다. 그러므로 성도는 하나님의 형상을 따라 살아야 합니다. 버릴 것은 버려야 합니다.

옛 사람은 죄의 지배를 받던 사람입니다. 새 사람은 그리스도 안에서 변화된 사람입니다. 옛 사람과 새 사람, 죄의 지배를 받는 사람과 변화된 사람은 다릅니다. 그리스도로 말미암아 의롭다함을 받은 사람은 죄의 지배를 받지 않습니다. 죄를 짓는 순간부터 번민과 고민 그리고 갈등과 아픔이 있게 됩니다.

새 사람은 옛 생활과 옛 사람을 벗어 버린 사람입니다. 옛 성품과 옛 행동들을 버린 사람입니다. 옛 것으로부터 돌아선 사람입니다. 에베소서 4장 22-24절에 "너희는 유혹의 욕심을 따라 썩어져 가는 구습을 따르는 옛 사람을 벗어 버리고 오직 너희의 심령이 새롭게 되어 하나님을 따라 의와 진리의 거룩함으로 지으심을 받은 새 사람을 입으라"라고 했습니다.

그리스도 안에서는 남녀의 구별이 없습니다. 차별도 없습니다. 인종적인 차별도 없고, 지역적인 갈등도 없습니다. 경제적인 차별이나 신분의 갈등도 없습니다. 온 세계적으로 동일한 하나님의 백성입니다. 유대인과 이방인, 할례당과 무할례당, 종이나 자유인의 차등이 없는 나라입니다.

왜 그렇습니까? 그리스도께서 만유의 근본자이시고, 주재자이시며, 만유를 통일하시는 분이기 때문입니다. 그리고 모든 교회 공동체에서 그리스도만이 주인이고 왕이시기 때문입니다.

사랑하는 성도님들은 옛 사람을 벗어 버리십시오. 새 사람으로 사십시오. 옛 생활을 청산합시다. 예수 안에서 새 사람으로 새로운 생활을 합시다. 그래서 하늘에 계신 아버지의 온전하심과 같이 온전하게 되기를 바랍니다.

제18강
골로새서 3장 12-17절

새 사람은 어떻게 살아야 하는가?

성도는 예수와 연합한 사람입니다. 예수와 하나된 사람이 그리스도인입니다. 그리스도와 연합된 사람은 옛 사람, 옛 생활을 벗어 버려야 합니다. 그리스도 안에서 새로운 피조물이 되었기 때문입니다.

그러면 중생한 사람, 그리스도와 하나된 사람, 새 사람은 어떻게 살아야 하는가? 새 사람은 하나님의 성품을 본받는 사람으로 살아야 합니다. 하나님의 거룩, 하나님의 의, 하나님의 사랑, 하나님의 자비, 하나님의 선을 추구하는 삶을 살아야 합니다.

성도는 영원전부터 하나님의 예정과 선택하심을 받은 사람입니다. 구약시대에는 이스라엘이 하나님의 선민이었습니다. 이스라엘은 국가교회였습니다. 신약시대에는 영적인 이스라엘을 말합니다.

영적인 이스라엘이란 그리스도 안에서 예정과 선택 그리고 부르심을 받아 하나님의 자녀가 된 자들입니다. 유대인이나 이방인을 구별하지 않습니다. 남자와 여자도 구별하지 않습니다. 빈부의 격차도 말하지 않습니다.

영적 이스라엘 백성을 그리스도인들이라고 말하는데 그리스도인들은 덕이 있어야 합니다. 어떤 것이 기독교인의 덕입니까? 그리스도 중심적인 삶입니다.

1. 사랑입니다

성도에게 필요한 덕은 사랑입니다. 우리가 믿는 하나님은 사랑의 하나님입니다. 우리가 섬기는 교회도 본질이 사랑입니다. 우리가 받은 성령도 사랑의 영입니다. '사랑은 기독교의 미덕의 총체이며 핵심이다'라고 람세이는 말했습니다. 사랑은 구체적으로 '긍휼과 자비와 겸손과 온유와 오래 참음'입니다.

'긍휼'이란 고난당하는 자들을 불쌍히 여기는 마음입니다. 육체적인 고통을 당하든지 정신적인 고통이든지 어떠한 고난과 고통을 당하든지 불쌍히 여기는 마음이 사랑입니다. 주님은 목자 없는 양 같은 백성을 민망히 여기셨습니다. 불쌍히 여기셨습니다. 불쌍히 여길 때 기적과 능력이 나타났던 것입니다. 긍휼이란 '창자, 장'을 뜻하는데 헬라인들은 창자를 사랑과 분노와 격렬한 감정이 일어나는 곳으로 이해했고, 히브리인들은 부드러운 감정인 친절과 자비와 동정심이 일어나는 자리로 보았습니다. 어려운 사람에 대한 동정심을 말합니다.

'자비'란 성품이 부드럽고 친절한 것을 말합니다. 자격 없는 자에게 베푸는 하나님의 은혜입니다. 성령의 열매 중의 하나가 자비입니다. 구원받은 성도들의 특성이 자비입니다. 부드럽고 친절한 것입니다. 쌀쌀맞고 표독스럽고 지독한 것은 성령의 역사가 아닙니다. 사랑스러운 눈길과 자비한 음성이 사랑입니다. 주님의 눈은 자비한 눈입니다. 시험에 든 교인을 보십시오. 표독스럽습니다. 쌀쌀맞습니다. 부드러움이 없습니다.

'겸손'이란 하나님과 사람 앞에서 자신을 낮추는 것입니다. 하나님 앞에서 자신의 무능과 무가치함을 인정하는 것입니다. 우리 주님이 겸손하셨습니다. 하나님이시지만 사람이 되셨습니다. 낮고 천한 곳을 찾아 오셨습니다. 부요하신 자이시지만 가난한 것을 선택하셨습니다. 낮아지시고 또 낮아지셨습니다. 겸손한 주님은 하나님의 뜻을 준행하심으로써 하나님을 영화롭게 하셨습니다.

'온유'도 주님의 성품입니다. 한없이 부드러운 마음입니다. 외유내강입니다. 사람이 죄악을 회개하면 마음이 한없이 부드러워집니다. 회개하지 않으면 인간의 마음이 악한 상태에 떨어집니다. 마태복음 5장 5절에 "온유한 자는 복이 있나니 그들이 땅을 기업으로 받을 것임이요"라고 말씀하셨습니다. 모세는 온유한 마음을 가졌던 사람입니다. 주님은 말할 것도 없이 온유하고 겸손한 마음을 소유하셨습니다. 이것이 사랑에 근본을 둔 마음들입니다.

'오래 참음'은 복수하지 않는 마음입니다. 말을 했다는 것은 이미 오래 참는 것이 아닙니다. 그리고 오래 참는 것은 성령의 열매 중의 하나입니다. 다른 사람의 혐의가 있더라도 너그러운 마음으로 기다려 보아야 합니다. 용서하는 마음을 가지고 상대를 대해야 그것이 기독교인의 마음입니다. 하나님의 심판을 믿기 때문입니다.

타락한 사람은 죄와 허물로 죽은 존재입니다. 하나님께서 선택하셨기 때문에 인간이 사망에서 생명으로 옮겨지게 된 것입니다. 구원받은 것은 하나님의 은혜로 된 것이지 우리의 선한 행위나 의로운 공로로 이루어진 것이 아닙니다. 하나님께서 값없이 주신 은혜와 사랑으로 얻어진 것뿐입니다.

이처럼 하나님의 사랑을 입은 성도들이 이웃 사람들과 더불어 사랑으로 조화를 이루는 것은 당연한 일입니다. 그리고 성도들이 서로 조화를 이루려면 하나님의 은혜가 아니면 불가능한 일입니다. 성령의 하나 되게 하신 것을 힘써 지키지 않으면 불가능한 일입니다.

항상 깨어 기도해서 예수 그리스도의 십자가의 사랑을 확실히 믿는다면, 하나님께서 사랑하셔서 독생자를 주신 것을 의심없이 믿는다면, 용서 못할 죄악은 하나도 없습니다. 성도는 일흔 번씩 일곱 번이라도 용서해야 합니다. 그래서 사랑이 모든 것을 매는 끈, 띠와 같습니다. 옷을 입고 허리띠를 매지 않는다면 어떻게 되겠습니까?

2. 어떻게 하면 조화를 이룰 것인가?

성도들이 어떻게 하면 다른 사람들과 조화를 이룰 수 있는 것인가? 예수 그리스도의 평강을 소유할 때만 가능한 일입니다. 15절입니다. "그리스도의 평강이 너희 마음을 주장하게 하라 너희는 평강을 위하여 한 몸으로 부르심을 받았나니 너희는 또한 감사하는 자가 되라"라고 했습니다.

하나님께서 그리스도를 통해서 주시는 평화, 안녕, 평강입니다. 은혜의 열매가 평강입니다. 이런 것들이 그리스도의 평강입니다. 그리스도인들은 자기가 평안할 때 다른 사람을 평안하게 만들 수 있습니다. 자기가 불안한데 다른 사람을 평안하게 만들 수 있는 사람은 없습니다.

평강의 왕, 평화의 왕이신 예수 그리스도께서 선물로 주시는 평강만이 우리를 조화있게 만듭니다. 그리스도만이 참 평강을 누리게 합니다. 주님은 우리를 평화의 사람으로 만듭니다. 평화의 도구로 사용하십니다.

평화의 사람의 특성이 무엇일까요? 감사하는 자가 되라. 감사하는 것입니다. 말도 감사, 삶도 감사입니다. 찬양을 통해서 감사하든지 아니면 기도로 감사를 표현하든지 아니면 물질로 표현하든지 감사하는 성도가 하나님과 관계가 좋은 성도입니다.

사람의 힘으로는 사랑하는 것이 불가능합니다. 온유하거나 겸손해지는 것도 불가능합니다. 자비와 긍휼을 베푸는 것도 어렵습니다. 그러나 오직 그리스도께서 주시는 평강은 사람을 평화롭게 만듭니다. 다른 사람을 사랑할 수 있는 능력을 줍니다. 부활하신 주님은 "너희에게 평강이 있을지어다. 너희에게 평강이 있을지어다"라고 축복하셨습니다. 예수님은 평강의 축복을 내리셨습니다.

사도 바울은 평강이 무엇인지 알고 있던 사도였습니다. 서신서를 기록할 때마다 "하나님 아버지와 예수 그리스도로 좇아 은혜와 평강이 있을지어다"라고 기록하고 있습니다. 성도에게 필요한 것은 하나님의 평강입니다. 하나님과 사람, 사람과 사람 사이에 반드시 있어야 할 것은 하나님의 평강이기 때문입니다.

평강은 하나님의 은혜의 열매입니다. 은혜를 받으면 결과가 평강의 복입니다. 로마서 15장 13절에 "소망의 하나님이 모든 기쁨과 평강을 믿음 안에서 너희에게 충만하게 하사 성령의 능력으로 소망이 넘치게 하시기를 원하노라"라고 했습니다.

3. 결과가 무엇입니까?

예수 그리스도께서 주시는 평강으로 서로 사랑할 때 어떤 결과를 가져오겠습니까? 사람이 주님의 사랑을 깨닫고 세상을 살아갈 때 우선 자기 자신이 행복합니다. 그리고 다른 사람을 행복하게 만듭니다. 다른 사람에게 그리스도의 사랑을 보여주게 됩니다. 구체적으로 어떻게 보여줄 수 있을까요? 감사하는 말과 생활입니다. 하나님께 감사, 사람에게 감사하는 말을 합니다. 감사가 없는 사람은 하나님의 은혜가 메마른 사람입니다.

하나님의 평강은 하나님께 대한 찬양과 감사와 영광을 돌리는 삶을 살게 만듭니다. 16-17절에 "그리스도의 말씀이 너희 속에 풍성히 거하여 모든 지혜로 피차 가르치며 권면하고 시와 찬송과 신령한 노래를 부르며 감사하는 마음으로 하나님을 찬양하고 또 무엇을 하든지 말에나 일에나 다 주 예수의 이름으로 하고 그를 힘입어 하나님 아버지 앞에 감사하라"라고 했습니다.

데살로니가전서 15장 18절에 "범사에 감사하라 이것이 그리스도 예수 안에서 너희를 향하신 하나님의 뜻이니라"라고 했습니다. 무엇을 하든지 다 주 예수 그리스도의 이름으로 하라. 이것은 명령입니다.

말씀의 가르침을 받고 시와 찬송과 신령한 노래가 있는 것은 예배가 살아 있는 사람의 모습입니다. 말씀이 사람을 사로잡습니다. 말씀에 붙잡힙니다. 내 삶을 말씀이 이끌어 갑니다. 말씀으로 풍족하게 됩니다. 지식에까지 새롭게 만들어 버립니다.

성도와 아름다운 교제가 이루어집니다. 하나님의 뜻대로 하는 교제는 세속적인 교제가 아닙니다. 말씀을 이루는 교제입니다. 협력하여 아버지의 뜻을 이루는 삶을 삽니다. 그런 의미에서 그리스도인들은 작은 예수라는 말을 듣게 됩니다.

제19강
골로새서 3장 18-4장 1절

가까운 인간 관계

지금까지 새 사람의 덕목에 대하여 설명한 바울이 이제는 가장 가까운 관계에 대해 설명하고 있습니다. 그러면 새 사람의 가정 생활은 어떠해야 합니까?

1. 아내와 남편 관계

가정 생활에 있어서 가장 기초가 되는 것은 '아내와 남편' 입니다. 창세기를 연구해 보면 하나님께서 사람을 창조하시고 "남자가 부모를 떠나 그의 아내와 합하여 둘이 한 몸을 이룰지로다"(창2:24)라고 했습니다. 이것이 창조의 원리입니다. 이 원리가 가정의 기초요, 부부관계의 첫 출발점, 가장 가까운 관계는 부부관계입니다.

부부관계는 서로 사랑하고 존경하는 것이 기초입니다. 우리 나라 역사나 유대 사회에서는 여성을 낮게 평가하는 경향이 있어 왔습니다. 특별히 복음을 오해하면 가정 질서를 파괴하거나, 그리스도인의 자유를 오해하면 무질서로 이어지기도 합니다.

　사람이 왜 존귀합니까? 하나님의 형상대로 지음받았기 때문에 존귀한 존재입니다. 창조할 때 하나님의 형상과 모양대로 지음받았기 때문에 존귀한 존재입니다. 순서적으로 볼 때도 그렇습니다. 하나님은 사람을 여섯째날, 창조의 맨 마지막 날에 창조하셨습니다. 이것도 가장 존귀한 존재가 사람임을 증명하는 것입니다.

　가정은 하나님의 사랑과 하나님의 공의를 나타내야 할 가장 중요한 기관이요 기초입니다. 대부분의 사람들은 사랑은 이해하고 있으나 공의에 대하여는 생각하지 않는 것으로 보입니다.

　이사야 56장 1-2절에 보면 "여호와께서 이와 같이 말씀하시기를 너희는 정의를 지키며 의를 행하라 이는 나의 구원이 가까이 왔고 나의 공의가 나타날 것임이라 하셨도다 안식일을 지켜 더럽히지 아니하며 그의 손을 금하여 모든 악을 행하지 아니하여야 하나니 이와 같이 하는 사람, 이와 같이 굳게 잡는 사람은 복이 있느니라"라고 했습니다.

　남자와 여자는 똑같은 점이 있습니다. 그것이 무엇입니까? 하나님의 형상과 모양대로 지음 받았다는 사실, 인간은 본질적으로 동일하다는 사실입니다. 인격적으로도 똑같습니다. 다만 역할과 위치의 차이가 있습니다. 질서상 차이가 있습니다. 그것이 무엇입니까? 남편에게는 가정을 다스리고 지킬 권한과 의무를 주셨다면 아내에게는 남편을 내조하고 섬기는 역할을 주셨다고 보아야 할 것입니다.

　아내에게 필요한 것은 남편에게 복종하고 남편은 아내를 사랑해야 합니다. 남편이 아내를 사랑한다고 할 때 '에로스'만을 말하는 것이 아닙니다. '아가페'를 강조하여 말하고 있는 것입니다. 주님께서 교회를 사랑하시고 위하여 자신을 주심 같은, 그런 사랑으로 사랑하라는 말입니다.

　아내의 윤리가 복종과 섬김의 윤리라면 남편의 윤리는 사랑과 자비의 윤리일 것입니다. 바울은 에베소서 5장에서도 그리스도와 교회의 관계를 말하면서 남편과 아내와의 관계로 설명했습니다. 오늘 말씀에서도 "아내들아 남편에게 복종하라 이는 주 안에서 마땅하니라 남편들아 아내를 사랑하며 괴롭게 하지 말라"라고 했습니다.

복종의 개념은 '... 아래에 두다, 놓는다'라는 개념입니다. 상대방의 권고와 충고와 통제에 따르는 것을 의미합니다. 군대에서 상관의 명령에 하급자가 따르는 것과 같은 의미입니다. 하나님께서 가정을 다스리도록 통치하는 권세를 남편에게 주셨기 때문에 아내가 순종하고 복종하는 것입니다. 창조의 질서나 창조의 원리를 볼 때 그렇습니다. 여자가 남자에게서 났으며 남자를 위하여 지음을 받았습니다. 아내가 남편에게 복종하는 것은 교회가 그리스도에게 복종하는 것과 같은 원리입니다.

여자가 남자보다 열등해서 그런 것이 아니라 동등하지만 질서상 그렇습니다. 예수님이 본질적으로 하나님 아버지와 동등하시지만 항상 복종하셨습니다. 그런 원리입니다. 아내의 복종은 아름다운 가정을 세우는 기초가 됩니다.

그리고 남편이 아내를 사랑하는 것은 그리스도께서 교회를 사랑하신 원리에 기초를 두고 있습니다. 이렇게 아내의 복종과 남편의 사랑이 아름다운 천국을 이루는 기초도 됩니다.

2. 부모와 자녀 관계

두 번째로 중요한 관계가 무엇일까요? "자녀들아 모든 일에 부모에게 순종하라 이는 주 안에서 기쁘게 하는 것이니라". 부모와 자녀와의 관계는 어떤 관계여야 합니까? 주 안에서 순종과 존중의 관계여야 합니다. 모든 일에 있어서 철저한 순종입니다.

왜 기독교인들은 부모에게 순종해야 합니까? 물론 부모는 자녀들을 낳아서 길러주었다는 생물학적이고 윤리적인 교훈을 말할 수 있습니다. 그러나 그런 단계를 뛰어넘어서 더 근본적인 이유는 하나님께서 세우셨기 때문에 순종해야 합니다.

주께서 가정과 자녀의 생명을 위하여 세운 분이 부모입니다. 하나님께서 나를 위하여 내 부모를 세워주셨다는 생각이 있다면 자녀들은 반드시 부모에게 순종해야 합니다. 부모에게 순종하면 복을 받는 이유도 여기에 있습니다. 부모는 하나님의 대행자, 하나님의 대리자와 같습니다.

자녀들은 부모를 통하여 하나님을 배웁니다. 부모의 정의로운 모습을 보면서 하나님의 공의를 보게 됩니다. 부모님들이 사랑하는 모습을 보면서 하나님의 사랑을 느끼게 됩니다. 그래서 좋은 부모 밑에서 좋은 자녀가 배출되는 것입니다. 감사하는 부모의 믿음 생활을 보면서 자녀들이 감사를 배우고, 기도하는 부모의 모습을 보면서 자녀들이 기도를 배우는 것입니다.

바울은 주 안에서 부모에게 순종하면 장수하며 땅에서 잘되는 축복을 자녀들에게 말해주었습니다. 우리 성도들은 부모에게 잘하는 효자, 효녀, 효부들이 다 됩시다.

21절에서는 "아비들아 너희 자녀를 노엽게 하지 말지니 낙심할까 함이라"라고 했습니다. 부모들이 가정 생활을 할 때 조심해야 할 부분입니다. 자녀들을 노엽게 하지 말라는 것입니다. '노엽게 하지 말라.' 여기 '노, 격노'라는 말은 '흥분시키지 말라, 자극시키지 말라' 라는 뜻으로 감정적으로 대하지 말라는 뜻입니다. 오히려 "주의 교양과 훈계로 양육하라"라고 했습니다.

한국 사회나 유대 사회나 자녀를 부모의 소유물로 생각하는 경향이 있습니다. 자녀는 내 소유라기보다는 하나님께서 주신 분복입니다. 여호와께서 주신 기업입니다. 하나님께로 되돌려 드려야 할 귀한 자녀들입니다. 자녀들은 부모에게 효를 다하고, 부모는 자녀들을 주의 교양과 훈계로 양육해야 합니다.

3. 종과 주인 관계

세상을 살면서 세 번째로 중요한 관계는 주인과 종의 관계입니다. 주인과 종의 관계가 중요하지만 잘못하면 서로 폭력적일 수 있는 세상입니다. 그러나 종은 종대로, 주인은 주인대로 하나님을 두려워하는 마음으로 성실과 의와 공평을 추구해야 합니다. 그러면 하나님 앞에는 모두 종일 뿐입니다. 주인도 종이고 종도 종입니다.

고대 사회나 현대 사회나 주인의 횡포가 있는 것이 사실입니다. 흔히 말하는 갑질입니다. 최근에도 어느 대기업의 경영진이 문제가 되어 세상을 시끄럽게 했습니다. 갑질 문제입니다.

하나님을 믿는 그리스도인이 자유를 남용하면 사회 질서를 파괴하게 됩니다. 주인된 사람들이 폭력적이든, 종된 사람들이 폭력적이든 결과적으로 복음전파에 막대한 지장을 줄 수 있는 것이 현실입니다.

바울이 활동하던 시대에는 노예제도가 있었습니다. 바울은 노예제도를 개선하려고 생각하지 않았습니다. 제도를 개선하는 것보다 복음을 전하는 것이 더 중요함을 의미합니다. 영광스러운 복음을 복음으로 받아들이는 것이 더 중요합니다. 복음으로 심령이 새롭게 될 때 제도가 변하게 되는 것입니다.

성도가 사회에 참여하는 것이 굉장히 중요한 일이지만 구원을 추구하고 복음을 전하는 일이 더 급선무라는 것도 깨달아 알아야 할 것입니다. 제도의 개선이 사람을 바꾸지는 못합니다. 사람은 복음으로 변해야 새 사람이 되는 법입니다. 인격이 새롭게 바꾸어져야 새 사람이 되는 것입니다.

골로새서 4장 1절에 "상전들아 의와 공평을 종들에게 베풀지니 너희에게도 하늘에 상전이 계심을 알지어다"라고 말했습니다. 세상에서 상전이라고 하늘에서도 상전입니까? 그렇지 않습니다. 성도를 평가하실 분은 하나님이십니다. 성도는 항상 자신의 생각과 뜻이 하나님의 뜻인지 살펴보아야 합니다. 그러므로 성도는 신전의식, 하나님 앞에서의 삶입니다. 성숙한 성도의 삶이 하나님을 인식하면서 사는 사람입니다.

바울이나 칼빈도 그렇게 주장했는데 우리를 일터로 부르신 분은 육신의 상전이나 사장이 아니라 예수 그리스도이십니다. 모든 직업은 하나님으로부터 부름 받은 소명입니다(칼빈). 칼빈은 직업 소명론에서 그리스도께서 성도들의 직장의 상전을 두시고 권위를 부여하여 사회와 국가를 위해 구체적인 일을 하도록 했다고 했습니다. 바울은 그리스도인의 직업관의 출발점이 그리스도요 일터의 주인이 그리스도이심을 밝히고 있습니다.

그러므로 눈가림용으로 하는 봉사가 아니라 주인이 있을 때나 없을 때나 꾸밈과 위선을 버리고 하나님 앞에서 진실함과 거룩함으로 봉사해야 합니다. 주님에게 봉사하듯 해야 칭찬과 영광과 존귀가 있습니다.

데살로니가전서 2장 4절에 "우리가 이와 같이 말함은 사람을 기쁘게 하려 함이 아니요 오직 우리 마음을 감찰하시는 하나님을 기쁘시게 하려 함이라"라고 했습니다.

기도 생활

바울은 새 사람의 특성을 말할 때 아내와 남편, 부모와 자녀 같은 가정 생활에만 국한하여 말하지 않습니다. 기도 생활도 말하고 있습니다. 기도는 하나님과의 관계입니다. 성도로서 거룩한 삶을 추구하기 위해 하나님과의 관계도 지적하고 있습니다. 성도와 하나님과의 관계는 어떠해야 하는가?

"기도를 계속하고 기도에 감사함으로 깨어 있으라 또한 우리를 위하여 기도하되 하나님이 전도할 문을 우리에게 열어 주사 그리스도의 비밀을 말하게 하시기를 구하라 내가 이 일 때문에 매임을 당하였노라"라고 바울은 말했습니다.

1. 기도 생활

성도가 하나님을 만나는 기도 생활을 계속할 때 새롭게 변화하는 삶, 승리하는 삶을 살 수 있습니다. 기도에 있어 변함없이 헌신하고 충실하라는 의미입니다. 초대교회의 탄생을 생각해 보십시오. 120명이 모여 기도에 힘쓸 때에 성령이 역사했습니다. 사도들이 기도하는 일과 말씀전하는 일에 전념할 때 성령이 주장하는 교회가 되었습니다. 기도 생활은 믿음으로 끝까지 지속적으로 나가는 것이 중요합니다.

사람이 은혜를 받아 변했는가 생각하지만 세상을 살다보면 다시 더 러워집니다. 그래서 예수님은 '구하라 찾으라 문을 두드리라'고 하셨습니다. 이것은 주님의 명령이요 약속입니다. 기도는 약속이기 때문에 얻습니다. 찾게 됩니다. 문이 열려지게 됩니다.

이제 기도하다가 쉬던 성도들이 기도하는 성도가 되십시오. 기도를 배우는 성도가 되십시오. 확신을 가지고 있는 사람이라면 누구나 기도하게 되어 있습니다. 교사도 기도하고 성가대도 기도하십시오. 집사도 기도하는 집사가 되고 장로도 기도하는 장로가 되십시오. 권사는 말할 것도 없습니다. 그러면 더 은혜가 넘칠 것입니다.

'기도를 계속하고'라는 의미는 '끝까지, 끈기있게, 지속적이고도 열성을 다하다'라는 뜻입니다. 하나님의 임재를 느끼는 기도는 형식적일 수가 없는 일입니다. 기도는 형식적인 요식행위가 아닙니다. 기독교의 예배에 있어서 한 순서가 아닙니다. 목숨이 있는 한 힘쓰고 애써서 해야 할 큰 일은 기도입니다.

양영학 선교사가 전도사 시절 박윤선 목사님을 찾았습니다. 아무 말씀도 하지 않던 목사님이 '돌아다니는 똑똑이가 되지 말고 기도하는 바보가 되라'라고 말씀해 주셨습니다.

주님이 겟세마네 동산에서 우리에게 가르쳐 주신 것이 무엇입니까? 기도였습니다. "시험에 들지 않도록 깨어 있어 기도하라", "아버지여 나의 원대로 마옵시고 아버지의 원대로 되기를 원하나이다". 역으로 이야기하면 누구든지 깨어서 기도하지 않으면 사탄의 시험거리가 된다는 말씀입니다. 아버지의 뜻이 아니라 자기의 마음대로 살게 된다는 교훈입니다.

기도 시간에 잠잤던 사도들을 생각해 봅시다. 주님이 잡혀가실 때 다 도망쳤습니다. 베드로는 주님을 따라가더라도 멀찍이 따라갔습니다.

그러다가 주님을 모른다고 세 번씩이나 부인했습니다. 얼마나 기가 막히는 일이 벌어졌습니까? 이 모습이 우리의 모습이 아닌지요? 지금 기도하지 않는 모습과 별로 다르지 않습니다.

여러분은 지금 깨어 있는 성도입니까 아니면 깊이 잠자는 성도입니까? 영적으로 깨어나기를 바랍니다. 죽어가는 자리에서 일어나 기도하는 성도가 되기를 바랍니다. 기도하라는 말이 마치 여러분의 잠을 방해하는 것처럼 들려서는 안 될 것입니다. 새 사람은 생활을 시작할 때 기도로부터 시작합니다.

때로는 조금 덥기도 하고 좀 춥기도 하지만, 기도로 하루의 일과를 시작하고 기도로 하루의 일과를 마치는 사람이 새 사람이요, 그리스도인이요, 하나님의 사람이요, 하나님의 자녀입니다.

우리가 다 같이 고백할 수 있는 것이 무엇입니까? 기도하지 않으면 인간적인 생각이 든다는 점입니다. 믿음이 성장하지 않는다는 것도 사실입니다. 성령이 크게 역사하지 않기 때문에 기쁨도 적습니다. 더 나아가서 사탄의 시험에 빠진다는 것도 사실입니다. 부인할 수 없는 결과일 것입니다.

기도하지 않는다면 신령과 진정으로 예배가 되지 않습니다. 목회를 하면서 평생을 관찰해 보니까 기도하지 않으면 하나님이 가까이 찾아오시지 않기 때문에 원망과 불평의 사람, 감사가 없는 사람으로 바뀌어지고 맙니다.

전능하신 하나님의 도우심을 받지 않는다면 사탄을 이길 사람이 없습니다. 사탄은 우는 사자와 같이 삼킬 자를 찾고 있습니다. 기도하면 대적할 수 있는 능력이 생깁니다.

주님처럼 깨끗하고 거룩하며 성결한 삶을 살고 싶으면 기도해야 합니다. 기도하지 않으면 마음으로 죄 짓고 행동으로도 죄를 짓게 됩니다. 다른 사람을 원망하고 교회에 대해 반항하다가 하나님의 진노로 망하는 것입니다.

바울 사도가 골로새 교인들에게 가정 생활을 잘 할 수 있는 방법을 가르친 다음에 곧바로 기도 생활에 대해 말하고 있습니다. 바울 자신을 위해서도 중보기도를 부탁하고 있습니다. 전도의 문이 열려지기를 원하고 있습니다. 로마 옥중에서 벗어나는 것보다 전도의 문이 열려지기를 기도하라고 말하고 있습니다. 어떤 상황에서든지 복음이 전파되기를 원하는 바울입니다. 주님의 명령인 복음을 땅끝까지 전하고 싶어하는 바울입니다. 그리스도의 비밀을 전하고 싶은 충정스러운 마음뿐입니다. 복음으로 그리스도를 나타내고 싶은 마음뿐이었습니다.

결국 기도 생활이 전도 생활을 가능하게 합니다. 기도하지 않으면 전도가 되지 않습니다. 자신도 복음을 위해 살지 않게 되고 다른 사람도 못 살게 만드는 결과를 가져오게 됩니다. 성도의 큰 의무 중의 하나는 목회자를 위해 기도하는 일입니다. 누가 뭐라 해도 기도의 사람이 되어야 합니다. 목회자를 위해 기도하지 않으면 여러분 자신들이 은혜를 받을 수가 없습니다. 복음을 전하는 사람도 사람입니다. 하나님이 맡겨주신 복음을 잘 전할 수 있도록 기도하는 것이 성도의 책임이자 의무입니다.

바울은 골로새서 4장 2절에 "감사함으로 깨어 있으라"라고 했습니다. 기도의 결과는 감사입니다. 감사로 끝을 맺게 하는 것이 기도입니다. 기도하지 않으면 누구도 예외없이 시험에 빠집니다. 특별히 주님의 재림을 기다리는 성도들은 기도에 깨어 있는 성도입니다.

2. 사회 생활

바울은 가정 생활과 그리고 기도 생활을 가르친 다음에 사회 생활에 대해서도 가르쳤습니다. 하나님의 은혜로 새 사람된 사람은 세상을 살 때 불신자들을 어떻게 대해야 하는가? 바람직한 사회 생활은 어떤 것일까?

흔히 성도들이 세상을 살 때 너무나 어렵다고 말합니다. 어렵다면 왜 어려운 것일까요?

5절에 '외인'이라는 말은 외부의 사람, 문 밖에 있는 사람, 그리스도의 교회에 속하지 않은 사람, 교회 밖에 있는 사람, 불신자를 가리킵니다. 우리가 새 사람이지만 세상에 발을 붙이고 살고 있습니다. 불신자와 항상 마주치면서 살아가고 있습니다.

그럴 때 어떻게 살아가야 하는가? 동화되지도 않고, 부딪혀서 적대 관계 속에 놓이지 않고 살아갈 수 있는 길은 무엇인가? 세상 사람을 대할 때 지혜롭게 대하라고 바울은 가르칩니다. 지혜롭게 시간 관리를 하라. '지혜'라는 말과 '시간 관리'라는 말을 사용했습니다.

말과 행동에 있어서 더욱 그렇습니다. 마태복음 10장 16절에서 "뱀 같이 지혜롭고 비둘기같이 순결하라"라고 말씀하셨습니다. 그렇지 않으면 넘어집니다. 자신뿐만 아니라 다른 사람들까지 시험에 들게 만들어 버립니다.

"너희 말을 항상 은혜 가운데서"라고 가르칩니다. 말하기가 얼마나 힘이 많이 듭니까? 소금으로 고루게 함같이 하라. 소금이 맛도 내고, 부패도 방지하듯 말이 은혜가 되게 하라. 은혜롭지 못한 말은 하지 않는 것이 좋습니다. 대화할 때 조심해야 합니다. 전화할 때도 그렇습니다. 은혜가 되는 말을 해야 합니다.

또 하나는 '세월을 아끼는 것'입니다. 아끼라는 말은 어떤 것을 소유하기 위해서 대가를 지불하고 타인에게서 자신의 소유권 아래로 옮기는 것을 말합니다. 적절한 시기에 불신자들을 그리스도께 인도하기 위해서 우리는 심혈을 기울여 노력해야 합니다. 기회를 사서 많은 영혼을 주님 앞으로 인도하기 위해 노력하라는 뜻입니다.

새 사람은 자신만 변화된 것으로 만족할 수 없는 존재입니다. 자신의 삶을 통해서 다른 사람을 주님 앞으로 인도해야 할 책임이 있습니다. 자신이 거룩하게 된 사람이라면 다른 사람을 예수님 앞으로 인도해야 할 책임이 있습니다.

성도가 불신자들을 대할 때 조심해야 할 부분은 언어 생활입니다. 첫째로, 선한 마음으로부터 나오는 하나님의 은혜 가운데서 말해야 합니다. 그래야 감화, 감동을 받습니다.

둘째는 소금으로 고루게 함같이 적절한 말을 해야 합니다. 음식을 만들 때 소금을 골고루 뿌려서 맛을 냅니다. 소금은 부패를 방지합니다. 깨끗하게 하여 잡냄새도 제거합니다. 그리고 하나님께 바치는 예물에도 사용했습니다. 기독교인의 말은 소금이 맛을 내듯 그렇게 적절하게 말을 해야 합니다. "너희는 세상의 소금이니"라고 하셨습니다.

제21강
골로새서 4장 7-9절

두기고와 오네시모

사도 바울은 골로새서 성경을 기록할 때 그 핵심적인 내용을 기독론 중심적으로 기록했습니다. '기독론'이란 말은 예수 그리스도를 뜻하는 것으로 '그리스도론'이라고도 말합니다.

바울은 골로새서에서 예수 그리스도는 '우리의 구원자이시요, 창조주이시며, 교회의 머리로서 하나님과 사람, 사람과 사람 사이에 화목주'가 되심을 강조했습니다. 왜냐하면 골로새 교회 안에 잘못된 믿음의 소유자들이 있었기 때문입니다.

옛날이나 지금이나 교인들의 믿음을 살펴보면 예수 그리스도를 중심적으로 믿는 것이 아니라, 낮고 천한 인간을 믿기도 하고, '높고 높으신 하나님을 어떻게 직접 섬길 수 있겠느냐' 하면서 하나님보다 낮은 천사를 숭배해야 한다는 주장도 했습니다.

또 어떤 이들은 금욕주의자가 되어서 '만지지도 말라, 먹지도 말라, 보지도 말라'라는 주장도 했습니다. 그리고 율법주의자들이 교회에 침투하여 '하나님의 은혜로 구원받는 것이 아니라 할례를 받음으로써 구원받을 수 있다'고 거짓 주장을 하여 그리스도의 능력과 십자가를 약화시키는 결과도 가져왔습니다.

바울이 강조한 것은 예수를 믿어 구원받은 성도는 가정 생활, 교회 생활, 사회 생활을 주께 하듯 해야 한다고 가르쳤습니다. 모든 삶의 영역이 하나님 앞에서의 삶이기 때문입니다.

그래서 가정 생활을 가르칠 때도 '아내들아, 남편에게 복종하기를 주께 하듯 하라. 남편들아 아내 사랑하기를 그리스도께서 교회를 사랑하시고 자신을 주심같이 하라'. '자녀들아, 주 안에서 네 부모를 공경하라. 부모들이여, 자녀들을 주의 교양과 훈계로 양육하라". "종들아, 육신의 상전들에게 순종하되 주께 하듯 하고, 사람에게 하듯 하지 말라. 눈가림이나 사람을 기쁘게 할 것이 아니라 하늘에 계신 하나님을 기쁘시게 하라', '상전들아, 의와 공평을 종들에게 베풀지니 너희에게도 하늘에 상전이 계시니라' 라고 가르쳤습니다.

이렇게 올바른 믿음과 올바른 신앙 생활을 가르쳤던 바울이 골로새서를 끝마치면서 몇 사람을 소개하고 있습니다. 제일 먼저 언급한 사람이 두기고입니다. 두기고는 어떤 인물이었습니까?

1. 두기고

1) 골로새서를 골로새 교회에 전달한 사람입니다. 바울은 성경을 기록하고 두기고는 전달한 사람입니다. 두기고는 하나님의 말씀을 가지고 걷고 또 걸어서 골로새 교회에 전달한 사람입니다. 얼마나 귀한 사역을 감당했습니까?

감옥에 갇힌 사도 바울을 곁에서 돕다가 하나님의 백성들에게 문제가 발생되었을 때 가야 할 길과 해야 할 일을 가르쳐 주는 사람, 하나님의 말씀을 전달하는 사역을 감당했던 인물입니다.

사랑하는 성도 여러분, 여러분도 다른 사람들에게 복음을 전할 수 있기를 바랍니다. 하나님의 말씀을 증거할 수 있기를 바랍니다. 하나님의 복음을 전할 때 회개하는 운동이 일어납니다. 수많은 사람이 여러분이 전하는 복음을 듣고 회개하며 주께로 돌아오는 역사가 일어나는 것입니다.

2) 두기고는 아시아 사람입니다. 바울이 제3차 선교 여행을 마치고 예루살렘으로 올라갈 때 동행했던 인물입니다(행20:4). 바울과 함께 헌금을 가지고 예루살렘으로 올라갔던 헌금 전달자였습니다. 교회가 믿어 주고 목회자 바울이 믿어 주었던 인물이었습니다. 헌금은 아무에게나 맡기지 않습니다. 믿을 만한 사람, 영적으로 돈에 깨끗한 하나님의 사람에게 맡기는 법입니다.

성도는 돈에 대하여 깨끗해야 합니다. 현대 사회에서 돈에 대하여 깨끗하지 못하면 아무도 여러분을 믿어줄 사람이 없는 세상이 되었습니다. 두기고는 교회가 믿어주고 목회자 바울이 믿어 주었던, 돈에 관하여 깨끗했던 인물이었습니다.

3) 두기고는 신약 성경에 다섯 번이나 이름이 나타나는 인물입니다. 7절이나 에베소서 6장 21절을 볼 때에 옥중 서신과 목회 서신(딤후4:12, 딛3:12)을 기록할 당시 바울과 동행했던 인물이었습니다.

두기고는 바울이 옥고 생활을 겪을 때 바울을 곁에서 잘 돕고, 사정을 잘 알던 사람입니다. 이것이 두기고를 골로새 교회로 보내게 되었던 근본적인 이유였습니다.

목회자 바울이 자기 자신의 형편을 잘 알고 있는 두기고를 골로새 교회에 보낸 것은 걱정하고 근심하는 교인들을 위로하기 위함이었습니다. 바울의 관심은 자기의 고난이 아니었습니다. 자신이 고난을 당한다 할지라도 피값을 주고 사신 하나님의 교회를 생각하는 마음뿐이었습니다.

두기고는 하나님의 사역자들이 무엇을 하는 사람인지, 어떤 상황에 처해 있는 사람인지를 알아서 교회를 안정되게 섬기고 좋은 소식을 전하는 사람으로, 위로할 줄 아는 사람이었습니다. 여러분의 입에서 나오는 말이 다른 사람을 위로할 수 있기를 바랍니다.

교회는 영적인 지도자를 잃을 때 가장 슬픈 것입니다. 그 단체가 갈팡질팡하게 됩니다. 이것이 얼마나 큰 슬픔인 줄 아십니까? 또 양떼를 두고 멀리 떠나 감옥에 있는 바울의 마음이 어떠했겠습니까? 이런 시대적인 상황 속에서 양쪽을 오고 가면서 교인들의 마음도 위로하고, 교역자의 마음도 위로했던 사람이 두기고였습니다. 우리 모두 하나님의 일을 하는 사람으로서 두기고 같은 성도가 됩시다.

두기고는 목회자가 믿어 주고, 교회가 믿어 주는 사람이고, 교회를 위로하고 목회자를 위로하는 사람입니다. 더 나아가서 복음을 다른 사람에게 전하는 자였습니다.

2. 오네시모

오네시모는 골로새 교회 출신입니다. '그는 너희에게서 온 사람이라'. 오네시모는 빌레몬의 종이었습니다. 빌레몬 집에서 도적질을 한 것으로 보입니다. 범죄한 다음에 로마 나라로 도피행각을 벌였습니다. 로마에서 도피 생활을 하다가 잡혀서 옥에 갇히게 되었고, 그 감옥에서 목회자 바울을 만나게 되었습니다. 감옥에서 바울의 전도로 회개하여 그리스도를 영접하게 되었고, 그리스도의 제자가 된 사람입니다.

사도 바울은 오네시모를 빌레몬에게 되돌려 보내기를 원했습니다. 그래서 오네시모를 골로새 성경에 기록하고 있다고 생각됩니다. 주님을 믿으면 무엇인가 변해야 합니다. 옛 사람을 벗어버리고 새 사람을 입어야 합니다. 옛 생활을 청산하고 새 생활을 해야 합니다. 가정 생활도 달라지고 교회 생활도 달라져야 합니다. 그리고 사회 생활은 말할 것도 없습니다.

진정한 회개가 무엇인가? 여러분은 회개가 무엇인지를 날마다 배워야 합니다. 기독교는 회개의 종교입니다. 그런데 요즘은 말로만 회개합니다. 물론 회개는 믿음 생활에 있어서 첫 출발선입니다. 중요한 것은 배상해야 할 것은 배상을 해야 합니다. 고백해야 할 것은 고백을 해야 합니다. 되돌아가야 할 길은 되돌아가야 합니다.

어떤 사람은 회개를 유턴하는 것과 같다고 표현하여, 방향 전환이라고 합니다. 세상을 향해 가던 발걸음을 하나님께로 방향 전환하는 것이고, 우상을 향하던 마음이 하나님을 향해 방향 전환하는 것이 회개일 것입니다.

목회자 바울은 오네시모를 향하여 '신실하고 사랑받는 형제' 라고 소개하고 있습니다. 회개하기 이전의 오네시모와 회개한 다음의 오네시모는 많은 차이점이 있음을 발견하게 됩니다.

모든 기독교인은 다 그래야 합니다. 회개하기 전에는 도적놈이었습니다. 회개한 이후에는 신실한 사람이 되었습니다. 목회자가 믿을 만한 일꾼이 되었습니다. 전도자 바울에게 사랑받는 형제가 되었습니다. 심지어 심복이라고 표현하고 있습니다.

회개한 이후에 좋은 그리스도인이 되었다는 뜻입니다. 현대인들은 변화가 쉽게 일어나지 않고 있습니다. 이기주의와 이성주의 그리고 철학적 합리주의와 물질주의에 빠져 있습니다. 심지어 자기 중심적인 이기주의와 회개할 줄 모르는 사람들이 되어 가고 있기 때문입니다.

정말 하나님을 두려워함이 없는 시대요, 성도들도 점점 세속적이고 자기 주관이 분명해져서 무릎을 꿇지 않는 시대가 되었습니다. 저나 여러분이나 하나님 앞에 잘못된 생각과 말과 행동들을 회개할 수 있기를 바랍니다.

바울의 글을 보면 빌레몬과 골로새 교인들이 오네시모의 과거의 죄를 용서해 주라는 뜻도 있습니다. 한 번 이탈되었던 사람을 다시 받아들이는 것이 쉬운 일은 아닙니다. 그러나 진정으로 회개한 사람이라면 용서 못할 죄악은 존재하지 않습니다.

목회자 바울은 오네시모를 받아 주기를 원해서 빌레몬서를 기록하여, 개인적이지만 서신을 써서 보내기도 했습니다. 목회자는 사람을 만드는 사람입니다. 물론 하나님께서 근본적으로 사람을 만드시지만 목회자는 하나님의 사역을 돕는 사람입니다. 사람다운 사람을 만들기가 쉽지 않습니다. 변했는가 싶으면 다시 옛 사람의 본성이 뛰쳐나오고 또 옛 생활의 모습이 나타날 때가 있습니다.

사랑하는 성도님들은 주님만 잘 믿읍시다. 주님을 믿는 데서부터 변화는 일어나기 시작합니다. 옛 사람의 성품이나 옛 생활을 버리게 되고, 새 사람의 모습, 새 생활이 시작하게 됩니다. 두기고와 오네시모처럼 변하여 목회자에게 인정받고 하나님께 쓰임 받는 성도가 다 됩시다.

하나님 나라의 일꾼

사도 바울은 로마 감옥에 갇혀 있으면서 골로새서를 기록했습니다. 골로새서 마지막 부분에서 골로새 교인들에게 목회자의 동역자로 수고한 여러 사람을 소개했습니다. 특별히 바울이 하나님의 이름과 그의 나라를 위하여 수고할 때 동역했던 동역자들을 소개했습니다.

'동역'이라는 말은 '함께 멍에를 메고 수고하는 사람'을 가리키는 말입니다. 나는 군대 생활을 강원도 철원 지방에서 3년을 했습니다. 거기에서 경기도 지방에서는 볼 수 없는 광경을 보았는데, 경기도 지방에서는 논이나 밭을 갈 때 한 마리의 소에 쟁기를 달아서 가는데 강원도에서는 두 마리의 소에 쟁기를 달아서 논밭을 갈고 있었습니다.

한 마리가 논밭을 갈 때와 두 마리가 갈 때 다른점이 무엇일까요? 두 마리가 한 쟁기에 한 멍에를 같이 메고 갈 때는 보조를 잘 맞추어야 갈 수 있습니다. 목회도 그렇습니다. 동역자들이 목회자와 더불어 마음을 같이 하고 뜻을 같이 하여 일할 때 더욱 아름다운 교회가 세워지고 거룩한 하나님 나라가 발전하는 것입니다.

1. 아리스다고

　바울은 동역자로 아리스다고를 언급했습니다. 아리스다고는 데살로니가 지방 출신입니다. 이방인이 사용하는 이름을 가지고 있습니다. 당시 유대인들도 이방인들이 좋아하는 이름을 사용하기도 했습니다. 아리스다고는 헬라파 유대인으로 이해하고 있습니다. 이름의 뜻은 '최상의 지도자, 최선의 우두머리'라는 뜻입니다. 아리스다고는 어떤 일을 감당했기에 바울의 동역자였을까?

　아리스다고는 데살로니가 지방에서 바울의 설교를 듣고 회개한 사람으로 에베소 지방에서 폭동이 일어났을 때 바울과 가이오와 함께 투옥되었던 인물입니다. 사도행전 19장 29절에 "온 시내가 요란하여 바울과 같이 다니는 마게도냐 사람 가이오와 아리스다고를 붙들어 일제히 연극장으로 달려 들어가는지라"라고 했습니다. 주님을 위한 고난을 받던 인물입니다. 복음을 위해 고난을 받던 사람입니다.

　아리스다고는 에베소 지방에서 사도 바울과 함께 일했습니다. 은장색 데메드리오의 폭동이 일어났습니다. 아리스다고는 가이오와 함께 투옥되었습니다. 그래서 오늘 성경에서 바울은 '함께 갇힌 자'라고 소개하고 있습니다.

　아리스다고는 죄가 있어서 감옥에 갇힌 것이 아니라 복음을 자랑했던 바울과 옥고 생활을 같이 했던 사람입니다. 베드로 사도는 예수님을 향하여 옥에도, 죽는 데도 같이 가겠다고 말하더니 막상 어려운 일이 생겼을 때에는 도망쳤습니다. 그리고 예수님은 세 번씩이나 부인했습니다. 때로는 멀찍이 따라갔습니다. 이것이 일반적인 사람의 모습입니다. 그러나 아리스다고는 죄없는 죄수가 되어 복음을 위해 고생하는 사도 바울과 함께 옥에 갇혔던 인물입니다.

　사도 바울이 예루살렘을 방문할 때도 동행한 사람이었습니다. 사도행전 20장 4절입니다. "아시아까지 함께 가는 자는 베뢰아 사람 부로의 아들 소바더와 데살로니가 사람 아리스다고와 세군도와 더베 사람 가이오와 및 디모데와 아시아 사람 두기고와 드로비모라".

아리스다고 역시 예루살렘 교회를 도울 구제 헌금을 맡았던 인물이 었습니다. 사람이 가는 곳곳마다 돈을 맡긴다는 것은 아주 중요한 의미를 담고 있습니다. 제가 젊은 목사였을 때 총회에 참석하면 꼭 돈을 제게 맡기곤 했습니다. 총회가 믿어 주었기 때문이라고 생각합니다. 여러분도 단체가 믿어 줄 수 있는 사람이 되십시오. 특별히 금전 문제에서 깨끗해야 할 것입니다.

또 바울 사도가 로마에 갔을 때도 아리스다고가 동행했습니다. 사도행전 27장 2절에 "아시아 해변 각처로 가려 하는 아드라뭇데노 배에 우리가 올라 항해할새 마게도냐의 데살로니가 사람 아리스다고도 함께하니라"라고 했습니다. 전설에 의하면 네로 황제가 통치할 때 로마에서 순교 당한 것으로 전해지고 있습니다.

여러 가지 신학적인 이론이 있지만 아리스다고는 바울을 돕기 위하여 옥에 갇혔다고 보는 견해가 유력합니다. 이것이 사실이라면 이런 사람이 어디 있겠습니까? 혹 있다손 치더라도 흔한 일은 아니잖습니까? 여러분도 고난 당하지 않아도 될 고난을 당해 본 적이 있습니까? 목회자를 위해서, 그리고 교회의 부흥과 발전, 더 나아가서 하나님 나라의 발전을 위해서 말입니다.

2. 마가

마가는 바나바의 생질, 조카입니다. 바나바는 성령이 충만하고 아주 인격적인 사람입니다. 주님과 몸된 교회를 위해 크게 헌신했던 인물입니다. 특히 바울이 주님을 만나고 변했을 때 아무도 믿어주지 않던 상황에서 바나바가 바울을 도와 주었습니다. 바나바와 바울은 영적으로나 하나님 나라를 위하여 서로 돕고 협력했던 귀한 인물이었습니다. 여러번 도와 주었던 인물로 그 기록을 성경에서도 찾아볼 수 있습니다.

바나바와 바울은 성령의 인도하심을 따라 제1차 세계 선교 여행을 같이 했습니다. 바나바의 생질 마가는 선교하는 중간에 무슨 이유에서인지 되돌아가 버렸습니다. 두 번째 선교 여행을 하려고 할 때 바나바가 마가를 데리고 가려 했지만 사도 바울이 반대했습니다. 마가는 바울과 바나바를 다툼의 자리로 몰아넣은 장본인입니다.

마가가 왜 돌아갔는지는 자세히 설명되지 않지만 어려움이 있을 때 고난을 감당하지 못한 것으로 보입니다. 사람이 어려움이 있을 때 함께 해야 진정한 친구요, 어려울 때 기도하는 성도가 진정한 성도라고 믿어집니다. 어려움이 있을 때 등을 돌리는 것은 진정한 의미에 있어서 친구도 아니요, 좋은 동역자도 아닐 것입니다.

사도행전 13장 13절에 "바울과 및 동행하는 사람들이 바보에서 배 타고 밤빌리아에 있는 버가에 이르니 요한은 그들에게서 떠나 예루살렘으로 돌아가고"라고 했습니다.

바나바의 생질 마가(본명: 마가요한) 때문에 바울과 바나바가 심히 다투었습니다. 그 결과로 서로 갈라섰습니다. 다툴 수 없는 일이었는데 다투게 된 것입니다. 그런데 나중에 마가가 믿음이 성장했습니다. 성숙한 그리스도인이 되었습니다. 하나님의 일을 감당할 수 있는 사람이 되었습니다.

마가는 어디서, 누구에게 그리고 무슨 교육을 받았을까? 베드로전서 5장 13절을 볼 때 베드로 사도에게 교육을 받은 것으로 보입니다. '내 아들 마가'라고 베드로 사도가 표현하고 있기 때문입니다.

마가는 베드로 사도의 가르침을 순수한 마음으로 받아 굳센 믿음의 사람으로 성장했습니다. 하나님 나라의 일꾼이 되었습니다. 훗날 예수님에 대하여 기록으로 남겼는데 그것이 마가복음입니다.

사랑하는 성도님들도 주님에게 매력을 느끼고, 가르침을 받으면 받을수록 더욱 깊어지는 영적인 사람이 되기 바랍니다. 하나님 나라의 일꾼으로 성장하십시오. 일감이 아니라 일꾼이 됩시다.

나중에 마가는 바울의 일에 유익한 사람으로 성장했습니다. 사람은 처음부터 다 큰 사람이 없습니다. 누구나 성장해 가고 있는 것뿐입니다. 마가는 교회의 명을 받았을 때 순종했습니다. 영접하라고 가르쳤습니다. 언제 무슨 명을 받았는지는 모르지만 아마도 첫 번째 선교 여행에서 되돌아간 것이 소문이 퍼져서 골로새 교회가 배타적으로 마가를 배척할 수 있기에, 바울이 마가가 오면 잘 영접하라고 그리스도의 사랑으로 말해 주고 있습니다.

3. 유스도-예수

'유스도'라는 이름의 뜻은 '정의'입니다. 그리고 예수란 '여호수아'로 '구원자', '여호와의 구원'이라는 뜻입니다. 전설에 의하면 나중에 유대의 감독이 된 사람입니다. 유스도의 역할이 무엇이었습니까? 유스도는 바울이 로마 감옥에 갇혀 있을 때 위로했습니다. 바울 사도를 위로해 준 사람입니다.

힘들고 지칠 때 위로자가 되어 주었습니다. 여러분은 목회자로부터 위로받기를 원했을 것입니다. 그런데 유스도는 바울을 위로했던 인물입니다. 목회자를 위로한 사람입니다. 여러분도 평생을 헌신하는 목회자를 위로할 줄 아는 성도가 되십시오.

목회자가 무슨 위로가 필요하냐고요? 그렇지 않습니다. 영적인 전사이기 때문에 목회자도 종종 위로가 필요한 사람입니다. 교회의 내외적인 문제를 해결하기 위해 평생을 고민하고 기도하는 사람이기 때문에 지칠 때가 있어요.

목회자는 세상 사람들이 이해할 수 없는 행복한 시간이 많이 있지만 모든 것이 다 행복한 것은 아닙니다. 때때로 정말 많은 위로가 필요한 사람입니다. 하나님의 위로만이 아니라 사람의 위로도 필요한 사람입니다. 영적인 싸움이 그렇게 쉽거나 만만한 것이 아닙니다.

특별히 믿는 자들의 거짓된 말과 행동, 심지어 하나님의 교회를 혼란
시키려는 사탄의 도구로 나타날 때 정말 힘들고 어려운 전쟁이요, 끝이
없는 싸움이고, 날마다 치러야 하는 전쟁과 같습니다.

골로새 교회에는 할례당이 있었습니다. 유대인들입니다. 유대인들이
바울을 얼마나 많이 괴롭혔습니까? 이방인이든지 유대인이든지 바울
을 힘들게 하고 어렵게 만들었던 사람들입니다. 그러나 유스도는 바울
과 함께 복음을 위하여 수고한 사람으로 하나님 나라를 위해 일하는 일
꾼이었습니다. 목회자 바울을 위로했던 인물입니다.

제23강
골로새서 4장 12-13절

에바브라

사도 바울은 로마 감옥에 갇혀 있는 상황입니다. 바울 곁에는 좋은
동역자들이 많이 있었습니다. 죄 없는 죄수가 되어 로마 감옥에 갇히게
되었을 때 복음을 들고 로마까지 따라가서 함께 고난받은 사람들이 있
었습니다.

바울이 빌립보 감옥이나 로마 감옥에 갇혀 있을 때 같이 갇히던 사람
들이 에바브라입니다. 마가 같은 사람은 처음에는 믿음이 약한 사람이
었지만 베드로 사도 밑에서 날마다 성장하여 하나님의 일에 유익을 주
는 사람으로 거듭났습니다. 심지어 유스도는 바울을 위로하는 위로자
였습니다.

에바브라는 바울에게 어떤 동역자였을까요? 여러분은 목회자에게
어떤 동역자입니까? 장성해서 좋은 협력자, 함께 수고하는 자가 됩시
다. 좋은 위로자가 됩시다. 바울은 10-11절에서는 할례받은 동역자 세
명을 소개했고, 이제 할례받지 않은 세 명을 소개하고 있습니다. 에바
브라와 누가와 데마입니다.

에바브라는 어떻게 봉사했을까요? 어떤 면에서 바울의 동역자였을
까? 첫째로 에바브라는 예수님의 종이었습니다.

1. 그리스도 예수의 종이었습니다

바울은 에바브라에 대하여 "그리스도 예수의 종"이라고 소개했습니다. '그리스도 예수의 종'이라는 말은 바울이 자신을 향해 사용할 때 즐겨 사용하는 표현이었습니다. 서신서를 쓸 때마다 "하나님의 뜻으로 말미암아 예수의 종 된 나 바울"이라고 항상 자기 자신의 신분을 밝힐 때 그렇게 말했습니다. 예수의 종이라고 당당하게 말했습니다.

그런데 다른 사람을 향하여는 '에바브라와 디모데'에게만 사용합니다. 디모데야 바울과 동역한 목회자이지만 에바브라는 일반 성도였습니다. 그럼에도 불구하고 바울은 에바브라를 예수의 종, 그리스도의 종이라고 했습니다.

빌립보서 1장 1절에 "그리스도 예수의 종 바울과 디모데는"이라고 기록하고 있습니다. 골로새서 4장 12절에 "그리스도 예수의 종인 너희에게서 온 에바브라가 너희에게 문안하느니라 그가 항상 너희를 위하여 애써 기도하여 너희로 하나님의 모든 뜻 가운데서 완전하고 확신 있게 서기를 구하나니"라고 했습니다.

에바브라는 바울이 인정할 만큼 신실하고 인격적인 그리스도의 종이었습니다. 충성스러운 일꾼이었습니다. 목회자가 인정하는 종, 사도가 칭찬할 만한 종이었습니다. 하나님께 충성하는 사람이 칭찬할 만한 에바브라였습니다.

목회를 하면서 살펴보니까 사람의 종이 있고, 하나님의 종이 있습니다. 특징은 말하는 것이 다릅니다. 말의 내용과 목적이 다릅니다. 내용이야 무엇이든지 사람의 종은 사람 중심적입니다. 하나님의 종은 하나님 중심적입니다. 에바브라는 하나님 중심적인 사람이었습니다. 예수의 종이었습니다. 주인이 예수였습니다.

에바브라는 골로새 지방에서 출생했습니다. 골로새 교회를 세운 창립자, 개척자로 보입니다. 물론 교회는 성삼위 하나님이 세우십니다.

하나님께서 섭리적으로 세우시고 주관하시며 인도하십니다. 그러나 하나님의 사람을 통해서 일하시는 하나님이십니다. 에바브라가 골로새 교회를 세우는 데 주동적인 역할을 감당한 인물이었습니다. 여러분도 교회가 발전적으로 나아가는 데 주동적인 역할을 하십시오.

주님은 지상 생애의 마지막 주간에 이렇게 말씀하셨습니다. "너희가 사람의 미혹을 받지 않도록 주의하라". 일반적으로 사람은 하나님의 교회를 세우는 성도가 아닙니다. 모으는 사람도 아닙니다. 그러므로 여러분은 기도하는 가운데 다른 사람을 하나님 앞으로 인도하는 일꾼이 되고, 목회자와 함께 하나님의 일을 잘하는 일꾼이 다 됩시다.

2. 기도의 사람이었습니다

에바브라는 기도의 사람입니다. 애쓰고 힘써서 기도하는 사람이었습니다. "그가 항상 너희를 위하여 애써 기도하여 너희로 하나님의 모든 뜻 가운데서 완전하고 확신 있게 서기를 구하나니".

에바브라는 애쓰고 힘써서 간절히 기도하는 사람이었습니다. 하나님의 교회를 세우기 위해 기도하는 사람입니다. '애쓰다' 라는 말은 '열심히 힘쓰다' 라는 뜻입니다. 당면한 어려움과 위협에 대항하여 투쟁하는 모습입니다. 골로새 교회가 당면한 문제를 해결하기 위해 전투하는 모습이 애써서 기도하는 것이었습니다.

사무엘의 어머니 한나도 힘쓰고 애써서 기도하는 어머니였습니다. 이스라엘의 지도자 모세도 중보의 기도자였습니다. 이방인의 사도 바울도 민족과 국가를 위해 기도하는 삶을 살았습니다. 우리를 구원하신 예수님도 하나님 나라를 위해 쉬지 않고 기도하셨습니다. 새벽에도 기도, 저녁에도 기도하는 삶을 사셨습니다.

또 '애쓰다' 란 말은 경기장에서 최선을 다하는 선수와 같이 분투하는 것을 말합니다. 운동 선수들이 운동장에서 얼마나 힘써서 달립니까?

숨을 멈추고 10여 초를 달립니다. 마라톤은 2시간 10여 분을 목숨을 걸고 달립니다. 에바브라는 기도에 있어서 운동 선수처럼 힘쓰고 애썼다고 바울은 증언합니다.

신실한 하나님의 사람의 표시는 기도입니다. 대부분 기도하는 사람이 하나님을 사랑하는 사람이요, 기도하는 사람이 사람도 사랑하는 사람입니다. 기도에 잠을 자고 있는 동안 영적이지 못하고 세속적입니다. 그러나 에바브라는 기도에 있어서 경기하는 선수처럼 힘쓰고 애쓰는 사람이었습니다.

에바브라는 무슨 기도를 그렇게 힘썼을까요? 기도의 내용은 골로새 교인들의 굳센 믿음을 위하여 기도했습니다. 교인들의 확고한 신앙을 위해 기도드렸습니다. 확신에 차서 이단을 대처할 수 있도록 기도했습니다.

말세를 당한 현재의 교인들의 믿음이 얼마나 약한지 모릅니다. 믿음이 강한 사람보다 약한 사람이 많습니다. 믿음이 강한 사람도 있지만 아주 연약한 시대에 살고 있는 것이 사실입니다.

아이들을 키울 때 지나친 보호를 한 것이 원인으로 보입니다. 이를테면 과잉 보호입니다. 부모가 자녀들을 양육할 때 너무나 지나치게 보호하면 마마보이가 된답니다. 목회자들이 교인들을 사랑하는 것은 좋은데, 어린 아이처럼 지나치게 보호함으로써 점점 더 교인들의 믿음이 약해지고 있는 상황입니다.

얍복강 가에 있던 야곱은 어떠했습니까? 에서의 살해의 위협 속에서 살기 위한 몸부림이라 할지라도 하나님 앞에 간절히 기도했습니다. 뼈가 위골이 되도록 기도했습니다. 생명의 위협을 느끼는 그 절박한 상황에서 쉬지 않고 기도했습니다.

그 결과가 무엇입니까? 하나님은 먼저 야곱을 이스라엘로 바꿔 주셨습니다. 야곱이 변하니까 에서도 변합니다. 에서가 야곱의 목을 안고 같이 웁니다. 기도는 사람을 변하게 만듭니다. 하나님의 사람, 하나님을 본 사람, 하나님을 만난 사람이 되게 합니다. 이것이 기도의 위력입니다.

예수님을 생각해 봅시다. 인류를 구원하기 위하여 땀방울이 핏방울처럼 떨어지는 순간까지 하나님 앞에 기도드렸습니다. 겟세마네 동산에서 제자들이 잠든 시간에도 기도하셨습니다. 마음이 고민하고 슬퍼하사 죽게 된 입장이었지만 하나님 앞에 기도드렸습니다(마26:36-44, 눅 22:44).

히브리서 5장 7절에는 이런 말씀이 있습니다. "그는 육체에 계실 때에 자기를 죽음에서 능히 구원하실 이에게 심한 통곡과 눈물로 간구와 소원을 올렸고 그의 경건하심으로 말미암아 들으심을 얻었느니라".

예수님이 이땅에 계실 때 구원하실 분을 향하여 하신 일이 무엇입니까? 심한 통곡과 눈물입니다. 하나님 앞에 간구와 소원을 올렸습니다. 하나님은 예수님의 통곡의 기도와 눈물의 기도를 들어 주셨습니다. 여러분도 하나님 앞에 기도하십시오. 진정으로 도우실 분은 하나님밖에 없습니다.

주님의 기도를 본받은 사람이 에바브라입니다. 사랑하는 성도들도 기도의 사람으로 거듭납시다. 야곱처럼 기도하세요. 예수님처럼 기도의 사람이 됩시다. 기도하는 사람이 죄악된 세상을 이기고, 사탄을 깨뜨립니다. 그리고 자신의 정과 욕을 이기는 능력을 주십니다.

3. 수고의 사람이었습니다

에바브라는 하나님의 교회를 위해 수고하는 일꾼이었습니다. 골로새 교회를 세우기 위해 수고하는 사람이었습니다. 골로새 교회뿐만 아니라 라오디게아 성도들을 위해 수고하는 사람이었습니다. 그리고 히에라볼리를 위해 수고하는 일꾼이었습니다.

사역자가 여러 교회를 세우기 위해 섬기고 봉사하는 것이 얼마나 어렵고 힘든 일인지 아십니까? 사람이 다른 사람을 위해 수고를 하는 것은 그리스도의 사랑으로 사랑한다는 뜻입니다. 교회를 사랑하는 사람이 교인을 위해 수고하는 법입니다.

골로새, 라오디게아, 히에볼리는 브루기아 지방에서 유명한 삼각지를 이루고 있는 곳입니다. 저는 터키를 다녀왔을 때 두 번 이 지역을 방문한 적이 있습니다. 에바브라는 바울이 전하는 복음을 듣고 개종했습니다. 에바브라는 개종한 다음에 세 도시에 대하여 깊은 관심을 가지고 온 정열을 쏟아바친 사람이었습니다. 복음을 전파하고 또 전했습니다. 골로새 교회를 중심으로 교회를 세우는 데 앞장 섰던 인물입니다.

제24강
골로새서 4장 14-16절

사랑받는 누가

사도 바울에게는 여러 면에서 돕는 사역자들이 있었습니다. 돕는 자의 신분을 보면 목회자도 있었지만, 일반성도들이 대부분이었습니다. 돕는 자들의 특징은 그리스도 안에서 아주 신실한 일꾼들이었습니다. 다양한 방법으로 도왔는데 함께 옥에 갇힌다든지, 위로하는 방법으로 도왔습니다. 바울 곁에 있으면서 믿음이 성장하고 인격이 완전히 변하여 새 사람이 되기도 했습니다.

에바브라는 그리스도의 종이 되었습니다. 에바브라는 하나님 앞에서 기도로 힘쓰고 애썼습니다. 이웃 교회까지 섬기는 사람으로 하나님의 교회를 세우기 위해 수고를 많이 했습니다. 또 다른 사람들은 어떻게 도왔을까요?

1. 사랑받는 의사 - 누가

누가는 바울에게 '사랑받는 의사'였습니다. 누가는 의사로서 바울을 따라다니며 건강을 보살펴 주던 인물입니다. 바울이 3차 선교 여행을 했을 때 동행했던 인물이 누가입니다. 바울과 일행의 건강을 항상 돌보는 사람으로 숨은 봉사자였습니다. 현대말로 '의료 선교사' 라고 말할 수 있을 것입니다.

왜 숨은 봉사자라고 말할까요? 누가의 뜻은 '빛' 입니다. 누가복음과 사도행전을 기록한 누가는 자신의 이름을 드러내지 않았습니다. 바울 곁에서 일평생을 헌신한 의사이지만 '우리' 라는 말로 표현합니다. 그러므로 자기 자신은 숨기고 여러 사람을 드러내는 봉사자라는 별명을 가지고 있습니다.

바울이 로마 감옥에 갇혔을 때입니다. 맨 마지막으로 기록한 성경이 디모데후서입니다. 디모데후서 4장 10-11절에서 "데마는 이 세상을 사랑하여 나를 버리고 데살로니가로 갔고 그레스게는 갈라디아로, 디도는 달마디아로 갔고 누가만 나와 함께 있느니라" 라고 기록해 주었습니다. 바울의 임종을 끝까지 지켜본 사람이 누가입니다. 목회자의 임종을 정리해 준 사람, 상당히 의미있는 사람입니다.

예수 그리스도를 사랑하는 표시가 무엇입니까? 목회자를 사랑하는 것으로 표현되는 경우가 많이 있습니다. 물론 목회자는 교인들을 사랑합니다. 미워하는 경우는 거의 없습니다. 다만 아버지의 마음을 가질 때 안타깝고 애타고 속상하는 경우는 허다하게 많습니다.

심지어 누가는 예수 그리스도를 발견하고 누가복음과 사도행전을 기록한 인물입니다. 하나님의 섭리 속에서 성경 저자가 되었습니다. 성경을 기록한 사람은 사십여 명입니다. 역사 속에 그렇게 많은 사람이 살다가 갔지만 40여 명뿐입니다.

누가는 하나님의 성령의 감동을 받아 얼마나 문학적으로 그리고 알기 쉽게 누가복음과 사도행전의 성경을 잘 기록했는지 모릅니다. 후손들에게 최대의 걸작을 남겨 놓았습니다.

누가복음을 읽어보면 누구나 쉽게 이해할 수 있도록 자세하게 기록합니다. 특히 이방인들을 위하여 기록했기 때문에 쉽고 자세합니다. 누구든지 읽으면 알 수 있게 만들어져 있습니다. 쓰임 받은 누가, 누가를 아름답게 사용하신 예수 그리스도를 찬양합니다.

데마도 있습니다. 데마는 에바브라와 누가와 함께 골로새 교회에 소개된 중요한 인물이었지만 데마는 나중에 변해 버린 사람입니다. 처음과 나중이 다른 사람입니다. 바울 곁을 떠난 사람입니다. 바울보다 이 세상을 사랑하여 믿음의 길을 등진 사람입니다. 세상을 사랑하여 하나님의 사람을 버리고 떠나버린 사람입니다. 시작은 좋았지만 나중이 나빴던 인물입니다.

바울이 어떤 사람인데 버립니까? '주께서 내 곁에 서서', 주님이 함께하는 바울이었습니다. 그런데 바울을 버렸습니다. 목회를 하다보면 정말 이런 사람들이 많이 있습니다. 오해를 하거나 지나친 것을 목회자에게 기대하다가 넘어지는 경우도 허다하게 많이 있습니다. 여러분은 이 세상을 사랑하여 떠나버린 데마가 되지 마시고 부족하지만 목회자와 함께했던 누가가 되십시오.

2. 라오디게아의 형제들

바울의 동역자로 '라오디게아 교인들'이 있습니다. 골로새 교회를 사랑하는 이웃 교회 성도들입니다. 아마도 에바브라가 복음을 전하여 라오디게아 교회도 세웠다면 서로 왕래하는 것이 더욱 당연한 일입니다. 이웃 교회와 아무런 관련이 없는 지금의 한국사회는 비극 중에 비극을 겪고 있습니다. 이기주의적인 신앙생활로 말미암아 다른 교회를 위해 기도할 줄도 모르고 물질로도 도울 줄 모르는 상황이 되었습니다.

본래 하나님의 교회는 하나입니다. 지역 교회는 수없이 많이 있지만 하나님이 세우시는 교회는 하나의 교회요, 하나님 나라는 하나의 나라입니다. 그런데 지금은 교인 쟁탈전이 벌어지는 세상입니다. 교인들도 잘못된 처신을 하면서 하나님의 교회를 무너뜨리는 사람들이 많습니다. 봉사와 헌신은 하지 않으면서 편안하고 즐기는 삶을 추구하고 있기 때문입니다. 등록하지 않고 교회에 다니는 교인이 많다는 지적입니다.

물론 요한계시록 3장을 통하여 라오디게아 교인들의 믿음을 살펴볼 수 있습니다. 차지도 않고 덥지도 않고 미지근했습니다. 또 스스로 생각하기를 자기들은 부요한 사람이라 부족한 것이 없다고 생각도 했습니다.

그러나 주님은 문 밖에 서서 문을 두드리고 계셨습니다. "누구든지 내 음성을 듣고 문을 열면 내가 그에게로 들어가 그와 더불어 먹고 그는 나와 더불어 먹으리라". 먹고 마시는 것은 사람에게 있어서 가장 중요한 일입니다. 성경에서 먹고 마시는 문제는 영생으로 이해해야 하는 경우도 있습니다.

사랑하는 성도님들이여, 영적으로 밝은 사람이 되어서 하나님을 잘 믿는 사람, 교회관이 선명한 사람이 되어서 다른 사람들의 믿음을 유익하게 하는 성도가 됩시다.

3. 눔바와 그 집

'눔바와 그 여자의 집'에 있는 교회도 있었습니다. 루디아의 집에서 빌립보 교회가 세워지듯이 눔바의 집에도 교회가 있었습니다. 로마가 통치하던 시대적인 상황에서 자기의 집을 교회로 내놓고 예배생활을 한 것은 목숨을 걸고 순교자의 정신을 가진 사람으로 이해해야 될 것입니다. 기독교가 로마의 국교로 선포되기 이전까지는 교회가 독립적인 건물을 가지지 못했습니다.

빌립보 교회는 루디아의 집에서, 고린도 교회는 가이오의 집에서, 브리스길라와 아굴라는 에베소 지방에서 자기 집에서 예배드렸습니다.

한국교회 역사도 살펴보면 집에서 시작한 경우가 허다합니다. 우리 천성교회도 1980년 3월 25일 갈산동에 있는 장미연립 라동 004호에서 출발했습니다. 공식적으로는 4월 20일 개척예배를 드렸습니다. 그때 예배는 방에서 드렸습니다.

초대교회의 특징이 무엇입니까? 믿음이 있는 유력한 사람의 집에 모여서 하나님을 예배하게 됩니다. 찬양도 드렸습니다. 기도도 합니다. 사랑의 교제도 했습니다. 사도행전 12장 12절을 봅시다. "마가라 하는 요한의 어머니 마리아의 집에 가니 여러 사람이 거기에 모여 기도하고 있더라"라고 했습니다.

사도행전 16장 40-41절에 "두 사람이 옥에서 나와 루디아의 집에 들어가서 형제들을 만나 보고 위로하고 가니라"라고 했습니다. 고린도전서 16장 19절에서 "아시아의 교회들이 너희에게 문안하고 아굴라와 브리스가와 그 집에 있는 교회가 주 안에서 너희에게 간절히 문안하고 모든 형제도 너희에게 문안하니 너희는 거룩하게 입맞춤으로 서로 문안하라"라고 했습니다.

빌립보 교회나 골로새 교회, 라오디게아 교회나 에베소 교회 등등 초대교회는 거의 다 가정에서부터 시작되었습니다. 여러분의 가정이 교회를 세우는 데 좋은 역할을 해야 복된 가정일 것입니다.

4. 회람서신

"이 편지를 너희에게서 읽은 후에 라오디게아인의 교회에서도 읽게 하고 또 라오디게아로부터 오는 편지를 너희도 읽으라"라고 했습니다. 흔히 말하는 회람서신을 일컫는 말입니다. 당시에는 인쇄술이 발달하지 않아서 여러 권의 책을 만들 수가 없었습니다. 사람이 일일이 다 기록해야 하는 상황이기 때문입니다.

바울이 기록한 서신들이 하나님의 말씀이기에 여러 교회가 다 돌려가며 읽어야 했습니다. 그런 뜻에서 오늘날도 마찬가지입니다. 성경은 어느 교회나 다 합당한 하나님의 말씀인 줄로 믿습니다. 개인들도 그렇습니다. 우리가 하나님의 사람이라면 하나님의 교회와 하나님의 나라를 위해 수고하는 일꾼들은 성경을 사랑하는 사람들입니다.

라오디게아에서 오는 편지가 무엇인가? 주로 세 가지 견해가 있습니다. 1) 라오디게아 교회가 바울에게 보낸 편지다(칼빈이나 베자). 2) 바울이 라오디게아 교회에 보낸 분실된 서신이다(Weiss, Eadie). 3) 에베소서로 인근 교회에 회람서신으로 보낸 것이다(알버트, 패커). 일반적으로 세 번째 견해가 가장 유력합니다.

바울은 예배를 위하여 회람서신을 기록했습니다. 교회 문제를 해결하려는 시도도 있습니다. 그런 의미에서 로마서나 갈라디아서, 에베소서나 골로새서가 회람서신입니다. 여러 교회가 돌려가면서 회람서신을 읽었기 때문입니다.

그런데 현대를 사는 우리는 한 사람이 한 권의 성경책을 가지는 것이 얼마나 기쁘고 행복한 일입니까? 한 가정에 아마도 두 권 이상, 열 권까지 있는 집도 있을 것입니다. 이제는 말씀으로 돌아가십시오. 하나님의 음성을 듣고 하루를 시작하십시오. 그렇게 인생길을 가십시오.

제25강
골로새서 4장 17-18절

주 안에서 받은 직분

교회의 머리는 예수 그리스도이십니다. 교회의 왕도 예수님이십니다. 예수님은 창조자시오, 구원자이십니다. 그리고 하나님과 사람, 사람과 사람 사이에 화목주가 되십니다.

교회의 주인이신 예수님께서 우리에게 천사도 흠모하는 귀한 직분을 주셨습니다. 목사와 장로와 집사의 직분을 주셨습니다. 넓게는 찬양대와 권사와 각양 각색의 다양한 직분을 주셨습니다.

하나님의 교회에서 봉사하는 권세를 주셨습니다. 말씀 선포권과 봉사권과 치리권까지 주셨습니다. 히브리서 8장 6절에서는 '더 아름다운 직분'이라는 말로 표현되어 있습니다. 여러분이 맡은 직분이 아름답습니까 아니면 무거운 짐입니까? 아름다운 직분입니다.

여러분이 교회의 왕 되신 예수님께서 주신 직분을 잘 감당하여 아름다운 직분에 대한 상급이 따라오기를 바랍니다. 성도의 영광은 구원의 영광과 직분의 영광입니다. 착하고 충성한 사람에게는 영광과 자랑의 면류관이 준비되지만 악하고 게으른 사람에게는 영벌이 기다리고 있습니다.

하나님께서 우리를 사랑하는 표현이 무엇입니까? 직분을 맡기신 것입니다. 그러므로 성도도 자기의 직분을 귀하게 여겨야 귀한 사람이 되는 것입니다. 직분을 귀하게 여길 때 하나님을 사랑하는 표현과 교회를 사랑하는 표현이 됩니다.

1. 아킵보

"아킵보에게 이르기를 주 안에서 받은 직분을 삼가 이루라고 하라".

아킵보는 누구인가? 골로새 교인입니다. 빌레몬서 1장 2절에 "우리와 함께 병사된 아킵보"라고 했습니다. 아킵보는 바울과 함께 영적인 싸움을 잘 싸웠던 신앙의 용사라고 생각합니다. 하나님의 일을 할 때 충성스럽고 봉사를 잘했던 사람이었습니다. 자기의 사생활에 얽매이지 않고 모집한 예수님을 위하여 충성했던 사람이 아킵보입니다.

빌레몬서 1장 2절을 계속 보면 "네 집에 있는 교회에 편지하노니"라고 했습니다. 이 말을 볼 때 골로새 교회는 빌레몬의 집에서 모였을 것입니다. 예루살렘 교회는 마가 요한의 집에서, 빌립보 교회는 루디아의 집에서, 아굴라의 집에서는 에베소 교회가, 눔바의 집에서는 라오디게아 교회가 모였던 것과 같은 것입니다.

신학자들은 확신있게 주장하지는 않지만 아킵보는 빌레몬의 아들, 어머니는 압비아라고 말합니다. 에바브라가 골로새 교회를 개척할 때 아킵보의 집에서 모였을 것입니다. 에바브라가 자리를 비웠을 때에는 골로새 교회를 이끌어간 사람이 아킵보라고 생각합니다(스콧트나 칼빈).

'주 안에서 받은 직분'이라고 했습니다. '직분'이란 일반적으로 디아코니아로 집사직을 가리킵니다. 빌레몬서에서 목회자를 가리키는 뜻입니다. 교회에서 모든 일을 잘 감당할 수 있는 사람입니다. 무슨 일이든지 대신할 수 있는 사람이 아주 존귀한 사람이 아닙니까? 여러분은 사역자가 없을 때 그 자리를 메울 수 있는 성도입니까?

에바브라가 로마 감옥에 있는 바울을 찾아갔을 때 여러 달이 걸렸습니다. 아킵보는 교회 일을 맡아서 봉사한 사람입니다. 그런 상황에 있지만 수신자를 아킵보로 하지 않고 골로새 교인들을 상대로 했습니다. 이것이 교회의 권위를 높이는 것이고 교회가 아킵보를 인정하라고 가르치고 있습니다.

목회자 바울에게서 배울 것이 있습니다. 그것은 교회를 통해서 격려의 말을 하게 합니다. 교회의 권위를 높이는 동시에 교회가 아킵보의 권위를 인정하도록 권면하고 있습니다. 교회가 교역자를 귀하게 여길 때 교회가 귀해집니다. 동시에 교역자들이 교회를 사랑할 때 교회는 튼튼해집니다. 교역자와 교회는 같이 갑니다. 함께 갑니다.

받은 직분을 삼가 이루라. 이 말의 의미는 '전달되는 것을 받다' 라는 뜻입니다. 직분을 넘겨받는 것을 말합니다. 에바브라가 아킵보에게 직분을 넘겨주었습니다. 에바브라가 넘겨준 것이라 할지라도 그것은 주 안에서 이루어진 일입니다. 바울이 그것을 설명하고 있습니다. 직분은 바울이 준 것이 아닙니다. 교회가 준 것도 아닙니다. 주 안에서 이루어진 사건으로 주님께서 아킵보에게 맡기신 직분입니다.

이것은 차고 넘치도록 수고하고 봉사하라는 뜻을 담고 있는 말입니다. 하나님이 원하는 수준에까지 봉사하고 헌신하라는 의미입니다. 바울이 이점을 권면하고 있습니다. 결국 골로새 교회의 여러 가지 문제에 대한 대답을 한 바울이 이제는 아킵보에게 든든한 교회를 위하여 권면의 말씀을 하고 있는 것입니다.

바울은 훌륭한 교회 지도자입니다. 문제점을 정확하게 파헤치는 능력이 있는 사람으로 성령의 사람입니다. 그리고 사람에게 잘 가르치는 교사였습니다. 튼튼한 교회를 세우기 위한 봉사와 헌신을 가르치고 있습니다.

2. 바울의 매임

"나 바울은 친필로 문안하노니 내가 매인 것을 생각하라". 바울은 자신의 손으로 직접 썼습니다. 때때로 대필하는 경우도 있었습니다. 다른 서신을 기록할 때 직접 기록하지 않고 대필하는 경우가 있었습니다. 대필자가 바울의 말씀을 받아 썼습니다.

로마서 16장 22절에 "이 편지를 기록하는 나 더디오도 주 안에서 너희에게 문안하노라"라고 했습니다.

그러나 마지막의 인사말은 바울이 직접 친필로 썼습니다. 고린도전서 16장 21절에 "나 바울은 친필로 너희에게 문안하노니"라고 했습니다. 갈라디아서 6장 11절에도 "내 손으로 너희에게 이렇게 큰 글자로 쓴 것을 보라"라고 했습니다.

빌레몬서 1장 19절에서는 "나 바울이 친필로 쓰노니 내가 갚으려니와 네가 이외에 네 자신이 내게 빚진 것은 내가 말하지 아니하노라"라고 했습니다.

바울이 왜 친필로 쓰고 있다고 말했을까요? 직접 쓴 이유가 무엇입니까? 자신의 편지임을 확증하는 방법입니다. 당시 사도의 권위를 빙자하여 거짓된 기록이 있을 수 있기 때문이었습니다. 세상에는 가짜와 진짜가 존재합니다. 불의한 것과 의로운 것이 함께 공존합니다.

데살로니가후서 3장 17절에 "나 바울은 친필로 문안하노니 이는 편지마다 표시로서 이렇게 쓰노라"라고 했습니다.

이렇게 대필한 이유에 대하여 어떤 신학자들은 안질이나 육체의 가시 때문이라고 주장합니다. 또 바울의 글임을 증거하는 것이었습니다. 우리는 서신서가 하나님의 말씀인 줄로 믿는 기독교인입니다. 사도 바울을 통해서 우리에게 전달한 생명의 말씀입니다. 애정을 가지고 사랑으로 기록했음을 밝히는 내용입니다.

"내가 매인 것을 생각하라". 이 말은 무슨 뜻일까요? 사도 바울을 불쌓히 여겨 달라든지 옥중에 매여 있기 때문에 알아달라는 것이 아닙니다. 골로새 교인들에게 바울이 복음을 위해 갇힌 것이지, 윤리적으로나 도덕적으로 문제가 있어서 갇힌 것이 아님을 밝히고 있는 것입니다.

바울은 감옥에 갇혔기 때문에 매인 것이지만 복음을 전하는 자로서 자신의 삶의 모든 영역을 스스로 속박시켰다는 의미도 담겨져 있습니다. 골로새 교인들과 아킵보가 알아주기를 원했던 바울입니다. 그래서 바울은 바울입니다.

또 골로새 교인들이 거짓 선생들이나 이단자들에게 속지 말고 복음에 굳게 설 것을 요청하는 것이었습니다. 위조된 문서가 아니니 안심하고 믿고 순종하여 하나님께 영광이 되기를 간절히 원했던 것입니다.

3. 은혜

"은혜가 너희에게 있을지어다". 간단한 축도의 말씀입니다. 은혜는 무엇인가? 아버지 하나님의 은혜입니다. 하나님의 은혜는 일반은총과 특별은총으로 나타납니다. 인간은 하나님의 은혜 없이는 하루도 살 수 없는 존재입니다.

특별히 구원의 은혜입니다. "너희는 그 은혜에 의하여 믿음으로 말미암아 구원을 받았으니 이것은 너희에게서 난 것이 아니요 하나님의 선물이라"라고 했습니다. 또 직분의 은혜입니다. "우리가 하나님과 함께 일하는 자로서 너희를 권하노니 하나님의 은혜를 헛되이 받지 말라 이르시되 내가 은혜 베풀 때에 너에게 듣고 구원의 날에 너를 도왔다 하셨으니 보라 지금은 은혜 받을 만한 때요 보라 지금은 구원의 날이로다"라고 했습니다.

하나님의 은혜가 임할 때 성도가 구원을 받습니다. 하나님의 은혜가 임할 때 마음의 평안과 기쁨이 넘쳐나게 됩니다. 골로새서 1장 2절에 "우리 아버지 하나님으로부터 은혜와 평강이 너희에게 있을지어다"라고 했습니다.

바울이 골로새서를 써서 보내는 목적은 분명합니다. 하나님의 은혜가 교회에 넘치기를 원하는 것이었습니다. 하나님의 은혜로 시작해서 은혜로 마치고 있는 골로새서의 내용입니다.

성경말씀은 처음부터 끝까지 하나님의 성령의 은혜로 기록되고 성도들에게 은혜와 복의 말씀인 줄로 확실히 믿습니다. "모든 성경은 하나님의 감동으로 된 것으로 교훈과 책망과 바르게 함과 의로 교육하기에 유익하니 이는 하나님의 사람으로 온전하게 하며 모든 선한 일을 행할 능력을 갖추게 하려 함이라"(딤후3:16-17)라고 했습니다.

데살로니가후서

골로새서